09 财政政治学文丛

为"得"而"舍"

——财政汲取博弈形塑国家制度的机理研究

武靖国／著

复旦大学出版社

丛书组成人员

丛书顾问　施　诚　王联合
丛书主编　刘守刚　刘志广
丛书编委会（拼音为序）
　　　　　曹　希　李　钧　梁　捷　林　矗　刘守刚　刘志广
　　　　　马金华　马　珺　宋健敏　汤艳文　陶　勇　童光辉
　　　　　王瑞民　魏　陆　温娇秀　武靖国　解洪涛　徐一睿
　　　　　闫　浩　杨海燕　杨红伟　曾军平

总序 PREFACE

成立于2013年9月的上海财经大学公共政策与治理研究院,是由上海市教委重点建设的十大高校智库之一。我们通过建立多学科融合、协同研究、机制创新的科研平台,围绕财政、税收、医疗、教育、土地、社会保障、行政管理等领域,组织专家开展政策咨询和决策研究,致力于以问题为导向,破解中国经济社会发展中的难题,服务政府决策和社会需求,为政府提供公共政策与治理咨询报告,向社会传播公共政策与治理知识,在中国经济改革与社会发展中发挥"咨政启民"的"思想库"作用。

作为公共政策与治理研究智库,在开展政策咨询和决策研究的同时,我们也关注公共政策与治理领域基础理论的深化与学科的拓展研究。特别地,我们支持从政治视角研究作为国家治理基础和重要支柱的财政制度,鼓励对财政制度构建和现实运行背后体现出来的政治意义及历史智慧进行深度探索。在当前中国财政学界,从政治学角度探讨财政问题的研究还不多见,研究者也零星分散在各高校,这既局限了财政学科自身的发展,又不能满足社会对运用财税工具实现公平正义的要求。因此,我们认为有必要在中国财政学界拓展研究的范围,努力构建财政政治学学科。

呈现在大家面前的丛书,正是在上海财经大学公共政策与治理研究院率先资助下形成的"财政政治学文丛"。作为平台,它将国内目前分散的、区别于当前主流方法思考财政问题的学者聚合在一起,以集体的力量推进财政政治的研究并优化知识传播的途径。文丛中收录的著作,内容上涵盖基础理论、现实制度与历史研究等方面,形式上以专著为主、以文选为辅,方法上大多不同于当前主流财政研究所用的分析工具。

上海财经大学公共政策与治理研究院将继续以努力促进政策研究和深化理论基础为己任,提升和推进政策和理论研究水平,引领学科发展,服务国家治理。

胡怡建

2019.10

自序 PREFACE

2018年夏,刘守刚、刘志广两位老师邀请我将博士论文加以修改扩展,纳入"财政政治学文丛"加以出版,我深感荣幸。

与自然科学相比,很多社会科学研究人员对自己所从事工作的"科学性"不那么自信。在自然科学研究中,可以通过望远镜和显微镜对被研究对象进行无干扰的观察,可以人为构建一个实验室环境进行重复试验。社会科学显然做不到这一点。社会科学的研究对象,是包括研究者在内的人们共同生活的、不断变化中的、时空单向度发展的世界。社会科学研究者常常要面临一个矛盾:没有亲身经历就不可能有直观体验,自然也不可能获得最直接的信息;但有了亲身的经历和体验,又有可能与被研究对象之间产生"共情",从而影响结果的客观中立。为了化解这一矛盾,社会科学研究者会有意识地运用一些方法,以尽可能地排除研究过程中的人为影响。这种态度无疑是社会科学作为一种"科学"的立身之本。但问题在于,任何一种"客观"都是人们所主观认为的"客观"。可见,在社会科学研究中,站在一个"外人"的角度观察被研究对象以"旁观者清",与亲身参与被研究事物的某段某方面发展过程以"身临其境",都很重要,同时也各有利弊。无论哪一种方式,学术研究的关键都是采用学术范式、思维和方法去思考问题。

所以,不妨将现代学术当成一种语言,一种记录或理解时代的、具有自身哲学逻辑和基本范式的语言。学术语言仅仅是人们记录和理解时代的众多语言体系之一。除了学术语言,我们还可以通过其他语言来表达对时代的看法,如文学与艺术等。在作者看来,学术语言与艺术语言尽管存在本质差别,但也不乏相通之处。完成一部学术作品,与画家倾尽心血所创作的一幅巨作,与雕刻家千凿万刻完成的一件作品,与小说家呕心沥血写出的一部小说差不多。一幅画、一件雕塑、一部小说,往往不是好在其"好看",更好在作者倾注于其上的、内心所隐藏的对世间万物的悲悯与关怀。而欣赏者对其欣赏的原因也在于他们能从中读出心灵的共鸣。绘画、雕塑、小说、音乐以及学术著作,都不过是人类表达思想的工具或者形式。它们千差万别的外在形式背后蕴含的内在思想,才是其灵魂所在。

之所以有上述看法,是因为我的这部作品与个人经历有一定关联。在世纪之交,我走出校门,进入华北平原中的某个县级税务部门供职,一干就是十余年。工作中,我作为一名基层税务人员,在相当长一段时间内与各类纳税人面对面打交道。也就是说,我亲身经历了税务机关与纳税人之间围绕征税所进行的议价、争论与博弈。而且,20世纪90年代到21世纪初这一段时间的征纳关系,在当时改革进程和特定环境的影响下,呈现出与之前和之后都有所不同的特征。在当时,地方国有企业改革导致大量原来生活在"单位制"体系中的个体被抛向社会,大量农业过剩劳动力也从村集体中脱嵌而出,再加上逐渐成长起来的城镇待业群体,这部分"体制外"人员构成了当时个体工商户与私营企业主的主体。几乎在同一时间,为了适应社会主义市场经济需要,我国税收征管体制也开始了前所未有的改革。税收征管模式由过去的"一员进厂,各税统管,上门收税"的"专管员"模式,转变为纳税人自行申报纳税,税务机关提供服务,并以信息化和税务稽查手段进行监管的新的征管模式。这样,作为纳税人的、"体制外"的个体工商业者与全新征管模式下的税务机关,由于行为选择转变不可避免地产生了一些摩擦。

传统征管模式下,对于纳税人来说,税务部门被具象化为"专管员"个体，征纳矛盾表现为纳税人个体与专管员个体之间的矛盾。这种模式在应对征纳矛盾时客观上存在一种"弹性"。或者说，两者之间的权责边界是模糊的，双方都存在"可进可退"的空间。但这种模式又是管理粗放的，专管员权力过分集中，滋生出大量权力寻租现象。新的征管模式推行后，逐步实现了从税务人员"上门收税"向纳税人"自主申报纳税"的转变。在代表政府的税务部门与作为市场主体的纳税人之间，划出了一个相对清晰的边界，政府的权力及相应责任是什么，纳税人义务与相应权利又是什么，在逻辑上和法理上变得清晰了。税务人员不再代行本应由纳税人履行的申报纳税的义务。对纳税人来说，税收事务中原来所面对的具体的税务人员变成了非个人化的"组织"。一方面，税款核定权原来掌握在专管员手中，现在是税务机关层层审核、审批确定，失去了"商量"的空间；另一方面，原来是税务人员上门收税，现在必须到办税服务厅主动纳税，纳税行为需要进行重大转变。这种情况下，改革的阵痛剧烈地表现了出来。从1994年到21世纪初这七八年时间，成为个体工商户及私营企业主税收博弈行为最为集中的一个时期。

关于大量来自自然人的税收抵制行为的成因，本书最后一章进行了专门论述。我不认为这背后有什么特别目的，驱动自然人做出不遵从行为的主要因素，我将其归结为一种心理上的"脱嵌焦虑"。随着改革的深入，特别是各项税收优惠政策的推行，社会福利体系的完善，税收征管手段的日益精密化，当今抗税现象虽不能说已经销声匿迹，但也算得上越来越罕见了。不过，这带给作者的震动与思索并未结束。我发现，很多税务干部在理解与认知税收时，长期以来存在着一些想当然的、浪漫化的看法，以至于他们在面对纳税人的议价时，毫不犹豫地将此种行为归结为道德问题。其中一个原因可能是，一直以来主流财政理论界对税收无偿性、强制性的简单化理解，无形中遮蔽了人类历史上税收形态面相之复杂多元。这种理解，导致当下无论是一些官员对税收政策的定位,还是主流媒体的渲染以及很多学界人士想当然的认知,都没有贴近甚至切中税收的真实面目。仿佛税收无论作为社会经济调控手段,还是作为财政汲取手段,只要政府出台一项税收政策,进行一次税率调整,就都能够自动地实现。

真实的税收显然不是这样。征税是一种"事关毁灭的权力"。财政史称得上"惊心动魄"。税收不可能像"只要出台一个税种,税收就会滚滚而来"这么简单。"唯有死亡与税收不可避免",这句话常常被税务干部拿来说明纳税义务之不可逃避。但细思之,说这句话的人将税收与死亡并列,其原意恐怕强调的是税收带给人们的"切肤之痛",其实是告诫人们对税收保持敬畏之心的"警言",而不是证明税收义务之不可回避的"证言"。因此,我们对税收问题的讨论,不能停留在基于税收"无偿性""强制性"等理论构建的相应的意识之上。税收从来不是"无条件"的,税收关系的作用也从来不是单向度的。每一次税收政策调整、每一个报税期,都是由无数多个具体的纳税行为组成的,而每一个具体的纳税行为中都蕴含着代价与博弈的可能性。基于上述理解,本书在对包括税收在内的财政现象进行研究时,不再局限于其有偿或无偿的辩论,而是将这些财政现象视为更广泛意义上的"交易"或者"交换",以突出这些财政现象运行中的博弈各方的交互作用,并关注其在推动国家治理与制度变迁中的内在意义。

三年博士学习生涯,接受的主要是学术思维的训练,博士论文自然应该是一个学术作品。但我作为一个学术研究领域的"半路出家"者,天资笨拙,学业不精。再加上所研究问题与自己的亲身经历存在密切关系,有可能进一步影响研究的客观中立程度。当然,正如上所述,在社会科学中亲身经历对于研究来说有利有弊。因此,在我的研究过程中,也只能扬长避短,尽可能地站在客观、中立的角度来进行更具有学术色彩的探讨。

还需要说明的一点是,本书成书过程较长,其间个人的关注侧面以及某些观点也发生着变化,不同时期的文字论述出现在同一著作中,难免有生硬的堆砌之感。记得刘守刚老师鼓励我时说道,"博士论文是一块璞玉",我深受鼓励和启迪。正如世间无完美之人,学术上亦少有完美之文章。学术论文也好,著作也罢,所能表达的,只能是作者当时的思想与观点。时间在一往无前,人的思想观点也在不断发生变化。思想观点无论幼稚还是成熟,只要能够忠实地表达出来,供人评判、借鉴、指点,即为时代做出了贡献。

最后,感谢我的导师毛寿龙教授的悉心教导和无私关怀。从毛老师身上,我看到了一个学术大师的睿智、严谨、正直、乐观和宽容。听毛老师讲课,从不用担心内容重复,每次都能给我们带来不同的故事和新鲜内容,而从丰富的授课内容中又能够体会到毛老师一以贯之、执着秉持的学术之道。毛老师在学业上对我严格要求的同时,生活中也给予我特别的关心。未来唯有把老师传授的学术精神、经世情怀发扬光大,以报答师恩。特别感谢刘守刚老师为本书修改、出版所付出的心血,感谢刘志广老师提出的宝贵意见。

是为序。

武靖国

2021年11月20—26日于扬州瘦西湖畔

目录 CONTENTS

第一章　一个厚重命题：财政与国家治理之关系 …………… 001
　一、财政何以成为国家治理的"重要支柱" …………… 001
　二、财政汲取 …………………………………………… 005
　三、国家治理制度 ……………………………………… 008
　四、本书的研究思路及结构 …………………………… 017

第二章　现有研究成果述评 …………………………………… 022
　一、税收与国家建设 …………………………………… 023
　二、税收与国家能力 …………………………………… 025
　三、税收与国家治理水平 ……………………………… 027
　四、财政收入结构与国家-社会关系 ………………… 029
　五、财政元素与制度变迁 ……………………………… 033
　六、有待进一步探讨的问题 …………………………… 036

第三章　几种重要的研究范式 ………………………………… 040
　一、新制度经济学或交易费用理论 …………………… 041
　二、剥削理论 …………………………………………… 047
　三、奥地利学派 ………………………………………… 051
　四、公共选择理论 ……………………………………… 057
　五、财政社会学以及综合的理论框架 ………………… 064

第四章　财政汲取方式及特征 ………………………………… 068
　一、财政收入与财政资源 ……………………………… 068
　二、国家分配还是经济分配：几种基本的财政汲取方式 …………… 074
　三、古代中国的财政汲取形式 ………………………… 078

四、古代西方的财政汲取形式 ································· 084
五、现代财政汲取方式 ····································· 087

第五章　财政汲取博弈模型 ································· 090
一、理论基础 ··· 091
二、基本框架 ··· 103
三、博弈要素 ··· 109
四、博弈与汲取方式选择 ··································· 118
五、进一步的讨论：强制中的交易及制度输出路径 ············· 129

第六章　以产权换税收 ····································· 133
一、生产关系视角下的人与国家 ····························· 134
二、"公""私"分野与"国有奴隶"制 ··························· 143
三、封建等级所有制下的财政博弈 ··························· 153
四、产权制度与现代税收的产生 ····························· 166
五、进一步的讨论：财政汲取自由度与成长性的矛盾 ··········· 171

第七章　以决策权换税收 ··································· 174
一、"决策权换税收"模型 ··································· 174
二、大纳税人议价与代议制民主制度 ························· 177
三、"自上而下"的改革：制度移植的逻辑 ····················· 190
四、进一步的讨论："大纳税人民主"及其国家治理意义 ········· 200

第八章　以选举权换税收 ··································· 205
一、"选举权换税收"模型 ··································· 205
二、公民权利的"价格"：选举权、所得税与社会制度的共生演进 ···· 207
三、过早"共谋"与制度失败 ································· 226
四、进一步的讨论："智猪博弈"的国家治理意义 ··············· 230

第九章　财政汲取博弈与当代一些经济现象 ············· 234
　一、土地改革 ······································· 236
　二、国有化 ··· 246
　三、当代西方国家的减税政策 ························· 252

第十章　租、利、税选择与中国国家治理现代化 ········· 266
　一、"租金国家"与难产的现代化 ······················· 266
　二、改革开放:用产权换税收的重演 ···················· 272
　三、当今我国的财政收入格局及其社会基础 ············· 281
　四、关于我国财政压力的思考 ························· 291
　五、最后的讨论 ····································· 297

参考文献 ··· 305

文丛后记 ··· 329

第一章 一个厚重命题：财政与国家治理之关系

一、财政何以成为国家治理的"重要支柱"

中共十八届三中全会通过的《中共中央关于全面深化改革若干重大问题的决定》（以下简称《决定》）中，明确提出了"国家治理体系和治理能力现代化"（以下简称"国家治理现代化"）的深化改革总目标。对这一执政理念创新和思想观念解放中的里程碑式事件，近年来已经有大量学者从多个角度进行了广泛解读与论证。"国家治理"在很短时间内已呈"显学"之势，并形成了一种几乎覆盖所有领域的语言生态。

当前的"国家治理"语境，有着鲜明的中国情境特色。它要解决的是如何在中国这样一个拥有悠久历史传统、人口众多、长期落后的国家，实现经济、政治、文化、社会现代化的问题。"国家治理现代化"也渗透着浓厚的问题导向，它要解决的是改革开放三十多年后所面对的经济增长动力衰减、贫富差距拉大、社会阶层固化……一系列关系到国家长治久安和可持续发展的重大问题。而且从历史使命上看，国家治理现代化所承载的不仅仅是对 1978 年以来改革开放路线的延续与深化，其实也是 1949 年以来艰难探索与厚积薄发的传承和改造（王绍光，2014：98—100），甚至可以说，是自晚清以来中国社会千折百回的现代化转型历程中最接近成功的一次尝试。中国能顺利跨过"中等收入陷阱"吗？中国是否已经踏入"转型陷阱"（清华大学社会学系社会发展研究课题组，孙立平，2012），并且正在面对国家治理实践中的"现代化困境"（邱实，赵辉，2016）？可以说，"国家治理现代化"不但是改革开放经验的精辟总结，更是未来改革开放之路上充满挑战的全新命题。

当前不断被论及的"中国模式""中国道路"和"中国经验",尽管争议与分歧不绝于耳,但大多把中国经济发展的成功归结于强大有力的、具备高度学习能力的执政党和政府组织(奈斯比特,2009),以及由此形成的独特的政治模式(郑永年,2009)。正是强大的执政党及其领导下的政府组织,基于对历史经验教训的反思、国外发展成功经验的学习,以及内置于自身纲领中的政治理念,才保持了一种"强化市场型政府"(奥尔森,2007)或"市场维护型联邦主义"(Qian & Weingast,1997)的格局,成为支撑中国成功的关键元素,这也是很多人所认为的"中国特色"国家治理现代化所秉持的基本逻辑。但是这一逻辑也面对着来自"诺思悖论"的挑战。既然国家权力强大到可以为市场经济发展保驾护航,那么同样的国家权力也能够阻碍甚至扼杀市场经济发展。即使假设执政群体由没有任何私利、单纯追求公共利益的人组成,但人的智识的局限性、有限理性以及信息不对称性等也决定了,很难有人能够完整地理解和评估自身政策选择所带来的全部潜在影响。

与自由竞争时代的"小政府"或"有限政府"不一样,"强化市场型政府"要求决策者主动作为,不断为各种生产要素的市场化、效率化结合提供便利条件。这既需要决策者完整地理解市场竞争性质及其运行规则,亦需要其深入汲取历史发展过程中的各种经验教训,以对制度设计过程有清醒认识与准确把握。但人的历史发展是单向度、不可逆的。对人类社会诸现象的研究,不可能像自然科学那样可以在实验室创造一个无外部干扰的、可重复实验的环境。人不能两次踏进同一河流。人类社会的每一步发展变化,都会成为未来发展动向的新的约束条件。人类的历史进程,就是一个在不断试错中曲折前进的过程。当今我们对市场机制在资源配置中作用的认识,是经过几十年曲折探索和沉重代价才换来的。挫折之遗憾,代价之惨痛,至今仍然使人刻骨铭心。显然,"强化市场型政府"对决策者的能力、定力、素养和见识都提出了特别高的要求。决策者必须不间断地学习研判关于经济社会发展的客观规律,坚持不懈地思考和探索自身执政理念、手段与客观规律之间的契合性与恰适性,以使自己的决策选择能够符合现代文明的发展方向。

无论国家治理现代化还是"强化市场型政府",其要义都是在国家统合社会与保持社会活力之间找到一个合适的节点。这个节点,其实也是中国共产党对我国政治、经济和社会发展规律孜孜探求的一个目标。这个节点,联结着传统与现代、政治与经济、国家意志与社会自主等基本对应范畴,"牵一发而动全身"。那么,到何处寻觅这个节点?这个节点会以什么面目展现在世人面前?

《决定》对财政的重要地位作出了前所未有的判断:"财政是国家治理的基础和重要支柱"。《决定》还进一步指出:"科学的财税体制是优化资源配置、维护市场统一、促进社会公平、实现国家长治久安的制度保障"。在当今的政治经济环境下,财政似乎是国家治理现代化的最佳承载物。强调财政的重要性,符合保持一个强大政府的"中国特色"治理体系的要求,也有利于满足"更好发挥政府作用"的深化改革需要,还能够为正确处理国家、市场与社会关系提供条件。值得注意的是,在《决定》文本中,"长治久安"这一词汇仅仅出现了两次。另一处是:"宪法是保证党和国家兴旺发达、长治久安的根本法,具有最高权威。"由此可见,赋予财政以国家治理的基础和重要支柱的地位,承认财政在国家长治久安中的"制度保障"作用,无论从哪方面看,都是我国官方论述与主流理论的一个突破,以至于有学者认为,这是"对世界财政学的发展与进步作出的巨大贡献""将引领世界财政学的创新发展"[1]。由此似可推断,财政是推进国家治理现代化的核心抓手,应该成为联结各个重要领域的关键节点。那么,把财政放到国家治理的重要支柱的地位上,是基于历史经验总结,还是当前深化改革的现实需要呢?

关于财政在国家治理中的重要地位,自古以来就有很多人提出过类似的判断。近代财政学奠基人阿道夫·瓦格纳认为,财政是联结经济系统、政治系统和社会系统的"节点"[2]。奥地利财政学家鲁道夫·葛德雪(Rudolf Goldscheid)说:"揭开一切误导性的意识形态,预算才是一个国家的骨骼"。在当前背景下,财政的极端重要性无须讨论,要紧的是应该怎样理解"财政是国家治理的基础和重要支柱"这个判断。财政在国家治理中的"基础"和"重要支柱"作用,究竟是仅具有改革的特殊意义、仅适用于当前改革背景下财政功能和作用定位的表述,还是具有一般意义、是关于财政在整个国家经济社会生活中长久功能和作用定位的表述(高培勇,2015)?这种基础和支柱地位,仅仅指的是国家对财政资源的获取和支配能力,还是指财政税收在政府调控宏观经济方面的重要作用?抑或另有所指?对这些问题的回答,直接关系到财政学是停留在传统财政理论的框架中,还是挣脱窠臼而进入一个更新的理论世界;也直接关系到财政体制能否科学回应未来国家治理的要求,承担起"优化资源配置、维护市场统一、促进社会公平、实现国家长治久安"的重任。

---

[1] 高培勇.抓住中国特色财政学发展的有利契机(构建中国特色哲学社会科学)[N].人民日报,2017-02-27(16).
[2] 李炜光.财政何以为国家治理的基础和支柱[J].法学评论,2014(2):54—60.

实事求是地看,至少从中共十八届三中全会以来的相关学术文献中,还没有发现对既有财政理论的实质性突破的征兆。虽然当前已经提出了国家治理现代化框架下财政基础理论建设的命题(高培勇,2014),以及基于国家治理的财政改革新思维(刘尚希,2014),但无论"财政全域国家治理"(贾康,龙小燕,2015)还是"大国财政"(白彦锋,张静 2016;刘尚希,李成威,2016)框架,多是对既有财政学理论与经验的综合性阐述。客观地讲,理论创新往往是十分困难、可遇而不可求的事,不必违背学术规律而苛求之。即使没有所谓的创新,人们对事物发展规律的理解加深,或者对思想偏见的扭转,其实也是了不起的进步。但即使从这个方面看,当前对财政的国家治理的重要支柱作用的理解也是不充分、不全面的。主流意见仍然习惯于从财政学基本理论出发,将其理解为更好地履行财政对国家治理的物质支持、资源配置以及宏观调控等职能。比如,有学者认为在新形势下我国财政职能的资源配置、收入分配、调控经济和监督管理这四大职能基本格局可不变,但"调控经济"职能应改为"调控稳定",理由是中共十八届三中全会之后财政不仅要调控经济稳定,还要承担起维护国家政权稳固和社会和谐稳定的使命。还有学者认为,财政职能是社会主义国家职能的重要组成部分,包括维护国家政权、维护社会主义生产关系、调节收入分配、稳定经济、提供公共品和监督的职能。此类文献在财政职能方面有新见解,但更多的是将财政中隐含的维护国家政权和统治安全的潜在职能明确地提了出来。把维护国家政权安全等同于长治久安,遗漏了财政背后国家与社会间的深刻关系及其互动机制,应当说与财政"重要支柱说"的初衷和本意相去甚远。

财政"重要支柱说"给财政理论带来的新意到底是什么?显然不应该是财政为国家行为提供的资金保障职能,因为这一直是"旧的"核心职能;也不应该是宏观调控职能,这也是我们多年来一直强调并实施的既有职能;也不应该是维护国家政权安全的职能,因为这一职能蕴藏在包括财政在内的诸多政府职能之中,无论是不是将其明确提出来,它都客观存在于此,将其在文本上明确化反而不是一个明智选择。有更多的文献试图绕开财政职能这个主题来讨论财政"重要支柱说",如站在国家治理现代化要求、国家-社会-市场关系的角度,提出预算透明化、完善分税制、建立财权事权相适应的制度等一系列建议。但是这些建议已经存在于中央文件之中,这种讨论方式只不过是对中央文件的背书或者重复论证而已。基于人类历史演进的无数经验,基于国家长治久安的宏伟目标,作者认为,财政"重要支柱说"的意义应该是,它触摸到了通过调整国家-社会关系以完善国家制度、实现国家良治的脉搏。这是一条我们曾经过度自信而长期没有当成问题的脉搏,一条我们曾经刻意回避但又必须直视的脉搏。

换一个更加广阔的角度看,财政对于国家治理的颇具深意的作用,可能是它具有"塑造国家的力量"。"在一定意义上说,有什么样的财政就有什么样的国家""财政不只是一种技术或工具,更是塑造着特定的经济、社会和文化,塑造着公共官僚体制以及国家-社会关系,当然也塑造着一个国家的人民"(李炜光,2014)。"财政塑造国家"这一观点,并非什么新的发现。早在百余年前熊彼特就已经敏锐地注意到了这一历史事实,在其著名的《税收国家的危机》一文中,他不厌其烦地反复表达这一观点;所以迈克尔·曼(2015:584)才在《社会权力的来源》中写道:"国家成长与其说是有意识扩张权力的结果,不如说是为了避免财政崩溃而竭力寻求权宜之计的结果。"显然,这一侧面被很多学者在解读财政的"支柱"作用时有意无意地忽略了。在 2013 年以后大量涌现的讨论财政与国家治理关系的文章中,只有少数学者明确提出了国家与纳税人间围绕财政征收进行的博弈对国家治理的客观促进作用,除此之外的大部分文章仍然停留在传统财政职能的论证之中[1]。当然也可以这样争辩,"财政塑造国家"的观点是财政社会学观点,而不是经典财政学所要关注的领域。但是,当财政被当作国家治理基础和重要支柱那一刻起,它就已经成为经济、政治、文化、社会和生态文明体制改革的一个交汇点(高培勇,2014),并已经不可避免地具有了学科建设上的"交叉性"(高培勇,2017)。不理解、不响应这一点,讨论财政对国家治理的支柱作用就失去了其应有之义。

至此,本书所要讨论的主要问题呼之欲出:财政如何成为"塑造国家力量的支撑"? 或者说,财政是如何作用于国家治理制度,并进而对国家治理水平产生影响的? 显然,财政的资金保障、资源配置、调控经济、调节社会的具体职能不是本书所讨论的主要内容,本文将秉持一个财政社会学的思路,从更加基本的制度层面对财政与国家治理的关系进行一番梳理。

二、财政汲取

关于"财政"的概念,站在不同角度可以得到不同的理解。最通俗或最直接

---

[1] 作者在 2017 年通过中国知网,以"财政"和"国家治理"为关键词在"中文核心"和"CSSCI"期刊中进行检索,得到 2013 年来的 59 篇文献,其中以讨论"财政"和"国家治理"关系为主题的文章 17 篇,而以财政博弈影响国家治理为主题的文章只有两篇。

的说法是,财政是一种经济行为或经济现象,这种经济行为和经济现象的主体是国家或政府[1]。但财政既然与国家或政府有关,就不可能是单纯的经济行为或现象。显然,财政也是一个政治经济学概念。在财政概念的学术研究中,不同学者基于不同的学科背景与视角,对财政定义、发展阶段、主要元素等进行过各种类别划分。比如,从历史形态上将财政划分为家计财政、国家财政、公共财政等不同阶段。财政总定义之下的相关次生概念更是数不胜数,如财政收入、财政支出、国家预算、财政政策等。每个次生概念下又存在大量更具体的财政元素,如财政收入下的税收、公债、收费等,财政支出下的消费性支出、投资性支出、转移性支出等。根据本书的研究主题,不可能把"财政"这一整体作为研究对象,只能选取财政范畴中的某一重要方面作为自变量,来有针对性地探讨其与国家治理之间的关系。因此,首先需要对作为自变量的财政现象进行概念化处理与定位。

  本书讨论的着力点在财政资源的获取环节,所以有必要首先对财政资源的获取行为进行一个辨别与解析。最主流的获取财政资源的手段应该是国家对社会财富的"征收",包括货币形式及其他形式(如实物、力役等)的征收。但征收行为不足以概括所有的财政资源获取途径,如古代社会中广泛存在的纳贡行为、国家占有生产资料的自产行为等。所以,需要寻找一个比"征收"更具概括性,能涵盖所有财政资源获取方式且在语义上体现财政资源获取行为特征的词汇。早在1918年的《税收国家的危机》中,熊彼特就使用了"economic bleeding"(经济抽取)一词来表示国家对经济资源的控制和分配行为。一些学者在表达国家的财政资源获得能力时,使用了"汲取能力"(extractive capacity)一词(Migdal,1988;王绍光,2002,2014)。汉语中的"汲"字,原意是从井中打水,还可引申为"吸取",其中隐含着一种为追求某些东西或利益而积极努力的精神。水是生命之源,人们取水可采取各种手段。从井中打水是"汲",利用海绵等物吸水也是"汲"。无论何种手段,人们要获得水资源,都需要付出相应的劳动。同样道理,财政收入是政府和公共行为的生命之源,政府为了获得财政收入会采取各种不同手段。无论何种手段,政府都必须主动作为,付出相应的努力或对价。因此,用"财政汲取"这一价值中性的概念来涵盖国家获取财政资源的所有手段是合适的。相比较而言,其他具有相似意义的词汇如"抽取"在涵盖范围上有所不足,其所代表的动作亦不够传神;"攫取"一词近似贬义,不符合财政行为的中性原则。基于上述

---

[1] 陈共.财政学[M].4版.北京:中国人民大学出版社,2004:24.

考虑,本书用"财政汲取""财政汲取方式""财政汲取手段"等词来表示国家或政府的所有获取财政资源的行为。

"财政汲取"概念的意义,一方面在于表现一种国家获取财政收入的能力,另一方面也在于其背后隐藏的国家-社会关系。特别对于后一条来说,它指的是国家为了获得财政资源而与资源拥有者之间发生的一系列博弈。对统治者和被统治者来说,不同的财政汲取手段代表着不同的议价方式。在现代国家,税收被认为是主要的财政收入来源。公债是国家通过信用取得收入的方式,但公债是以未来税收或公共资产为抵押的,仍可被视为税收的一种变体。税收由于是国家针对私人财产的按比例征收,会不可避免地涉及国家与相关纳税人之间的关系调整。当前常见的汲取方式还有公共资产使用费、国家专卖收入等,它们不是针对私人财产的征收,而是将非私有财产或公共财产出租、出借以收取租金的行为,体现了与税收不一样的国家-社会关系。

广义上的财政汲取还应该包括铸币税(或通货膨胀税)以及"国有化"等手段。相比较而言,铸币税是一种隐蔽的汲取方式,而且很多人认为温和的通货膨胀有利于增加有效需求,刺激经济增长。但通货膨胀是一把双刃剑。执政集团利用货币发行权力汲取铸币税,固然绕开了利益群体的议价压力,但由此导致的国家经济安全以及社会动乱风险最终还是会损害其执政的合法性和稳定性。在这里,国有化需要特别说明。一般认为,国有化是将私人企业的生产资料收归国家所有的过程。但同样是国有化行为,其目标并不见得完全一样。早在自由竞争资本主义时期,一些西方国家就开始将港口、河道、铁路、公路、管网等私人资本难以经营的企业和设施全部或部分地收归国家所有。凯恩斯主义占据主流地位后,私人企业的国有化更是盛行一时。这种国有化的主要考虑是弥补市场失灵。当然也有其他一些阶段性的目标,如政府对即将破产的、有重大经济影响的企业进行收购以防止其破产倒闭造成社会混乱。在社会主义国家,对私人经济进行强制或半强制的国营改造,是建立计划经济、实现公有制一统天下的主要手段。其目的固然是为了按照马克思的设想,把资本变为公共的、属于社会全体成员的财产。但就新中国成立初期的经验来说,国营化改造的另一目的是增强国家的资源汲取能力,从而为达成国家工业化目标提供物质保证。可见,国有化行为在不同历史时期、不同性质政体中,可能会具有不一样的国家-社会关系含义。

还有一个很有意思的标准,可以对财政汲取方式进行划分:汲取方式的性质。一般来说,人们或者组织获得资源的基本方式,除了采狩、自产之外,就只剩下两种途径:掠夺与交换。国家组织汲取财政资源的方式性质比较复杂,利用公有土地或生产资料进行自产固然是重要手段,但这种公共经济由于激励的缺失存在效率局限,所以国家需要更多地向私人经济体或非本国经济体进行索取。对非本国经济体,可以通过战争来获取战利品以资财政,这是一种掠夺手段,但这种手段机会不稳定,而且存在失败的风险。对本国私人经济也可以采取暴力掠夺手段,但这可能是一种"竭泽而渔"的措施,一种贴现率极高的措施,稍有政治远见和文明素养的政治行动者都不会这样做。相反,开明的政治行动者会尽量地采取一种定期、定量汲取的方法,兼顾到私人经济体生存成长与国家组织财政需要两个方面。这种就像对待韭菜一样"定时收割,留茬再生"的汲取方式,已经具备了些许"交换"的性质。将被汲取物视作"保护费"也好,"服务费"也好,被征收者至少可以据此换得一定程度的安全保护。在近代资本主义革命以及启蒙运动以后,随着社会契约论的传播,人们已经越来越坚定地把税收视作公民让渡一部分财产权利以换取国家公共服务的契约。由是观之,尽管国家财政汲取方式的性质比较复杂,但以掠夺和交换为两个极端,所有汲取方式都能够在这一维度上找到应有的位置。

三、国家治理制度

从20世纪80年代"治理"理论在西方兴起,到21世纪以来中国情境的"国家治理"理念的提出,"治理"一词在不同的场景中已经具备了不同甚至是迥然相左的含义。相应地,作为国家治理能力与治理体系的支撑的"国家治理制度",其概念也足够多元化、复杂化。接下来,将逐一辨析治理、国家治理、制度等一系列定义,从而对本书研究的因变量——国家治理制度进行一个清晰的概念化定位。

(一)"治理"本意及"治理理论"

很多学者对"治理"的研究,往往从对英文govern一词的辨析开始。在英汉互译时,一般将govern理解为统治(rule)、控制(control)、指挥(direct)、决定(determine)等行为的综合体。从词源上看,govern与 citizen(公民)、constitution(宪法、章程、惯例)和politics(政治)等概念一起,都源于希腊语中polis(城邦)这一词根[1]。可见,在最初的词源中,govern一词就已经沾染了古希腊城邦的文明底蕴。作为一个汉语词汇的"治理",也可以追根溯源至久远的古代。古代汉语中"治"字是一个从"水"的会意字,最早的意思是"治水",后引申

---

[1] 李向红.英语词汇与文化[M].北京:中央编译出版社,2016:115.

出统治、管理、制造、惩处、诊疗等使动含义,以及社会安定、国家太平的引喻含义[1]。"治理"作为一个词语最早出现在《荀子·君道》[2]中,是一个联合式结构词汇,"治"是统治之义,"理"是整理之义,两字联合表示"统治,管理;整治,整理"。Govern 与"治理"作为中英文之间的相互对译词汇,貌似而神异。相似之处指的是统治阶层对国家、社会事务的统治与管理,神异之处指的是两个词汇所分别代表的古代西方文明与古代中国文明之间内在气质的差别。相应地,以 govern 为词根的 government(政府)、governance(名词意义上的"治理")等词与相应的中文对词汇之间也存在类似差别。显然,当人们用"治理"来表示 govern 时,不知不觉中已经遗漏掉了附着于其上的诸多气质。很多学者在研究"治理"时,往往不假思索地在两种不同的文明场景之中进行随意转换,得出的结论自然难免存在争议。

不过,当前西方社会文化语境中"国家治理""社会治理""政府治理"等复合词汇中的"治理",已经不再局限于 govern 及 governance 的传统含义。20 世纪 90 年代以来,西方学者特别是政治学家和社会学家,赋予了治理许多新的语义(俞可平,2000)。而要理解这些新含义,就必须从近几十年西方政府施政理念以及政府改革的一系列深刻变化出发。20 世纪 70 年代以后,曾在西方国家占主导地位的"全能政府"模式和全面干预政策陷入了成本高昂、效率低下的僵局,以撒切尔夫人、里根等为代表的保守派政治家纷纷开启了"小政府"和私有化进程。这一转向看似是古典自由主义在政府执政理念中的回归,其实是对全能政府模式弊端的一次矫正。资本主义自由竞争时代的"守夜人"政府一去不返,政府所要承担的大量社会责任也已经为时代所框定,但罗斯福"新政"以来的全能政府模式又积弊丛生,唯一出路就是政府在不推卸社会责任的同时,改变管理社会事务的思路与手段。所以,20 世纪八九十年代以来的西方政府治道变革与政府改革浪潮被形象地称为"新公共管理"运动。其主要特点就是政府由"划桨"改为"掌舵",由过去的直接承担公共服务责任,改为间接参与社会治理活动。为此,在公共服务中大量引入社会组织和市场主体,运用市场竞争手段来提高服务效

---

[1] 关于"治"字的原初意义是"治水",可参见:顾建平.汉字图解字典[M].上海:东方出版中心,2008:975.关于汉语中"治"与"治理"的更加丰富含义的解释,可参见:商务印书馆辞书研究中心.古今汉语词典[M].北京:商务印书馆,2000.

[2] 在《荀子·君道》中,"治理"出现的上下文语境为:"至道大形:隆礼至法则国有常,尚贤使能则民知方,纂论公察则民不疑,赏克罚偷则民不怠,兼听齐明则天下归之;然后明分职,序事业,材技官能,莫不治理,则公道达而私门塞矣,公义明而私事息矣;如是,则德厚者进而佞说者止,贪利者退而廉节者起。"从中可看出,古代的"治理"一词蕴含的主要是儒家的治国理念。

率,从而形成既跨越"小政府"局限、又防止"大政府"后遗症的"企业家政府"(奥斯本,盖布勒,2006)或"精明政府"(Johnson,1994)。西方学者对治理的讨论逐渐形成共识后,"治理"一词背后积聚了一整套丰富的内容,从而成为系统化的"治理理论"。总体上看,治理所反映出的观念是:合法的权力并不为政府所完全垄断,在社会上还有一些政府之外的机构和单位维持着秩序,与政府一起进行经济和社会调节(塞纳克伦斯,冯炳昆,1999)。斯托克(2019)围绕治理提出了五个论点,全球治理委员会1995年的《我们的全球伙伴关系》研究报告提出了治理的四个特征。无论五个论点还是四个特征,都表达了关于治理理论的基本观点:治理主体多元化,政府与非政府组织共同参与;治理手段突出协商共治,淡化行政强制;治理目标是提升公共服务效率和水平,降低成本,实现社会善治。

新公共管理思潮与"治理"理论的流行,正值我国经济体制改革和政府改革的关键时期。20世纪90年代,一些学者开始向国内推介西方的治理理论,在国内引发了治理变革、政府流程再造等政府创新热潮。西方世界对"大政府"代价的反思以及政府角色的转变,与我国市场经济建设及"全能政府"的撤退相契合,两股思潮的合流成为20世纪末的一道独特景观。关于这一进程,毛寿龙(2003)认为,是从传统治道的无限政府、人治政府、集权政府和封闭政府等构件,走向现代治道的有限政府、法治政府、民主政府和开放政府等构件。西方与我国在政府改革方向上存在的一些共性,无疑是治理理论在国内得以流行的重要原因。

(二) 中国语境下的"国家治理"

不过,当治理理论的焦点转向"国家治理"后,实现西方语境向中国语境的转向就成为重要任务。如果说治理理论引入国内后就已经存在"中国化"的趋势和要求,那么"国家治理现代化"写入中央文件并获得了官方权威论述之后,该理论的中国化进程骤然加快了。这一进程从官方文献上来看,即"坚持党的领导、人民当家作主、依法治国有机统一"的总体战略,在基本意思上持续表达的是"党领导人民有效治理国家"(王浦劬,2014)。通过文献梳理可以发现,这一进程通过三个方面进行。

第一,批判治理理论的意识形态背景的同时提出替换方案。我国一些学者出于"动机论"的思维习惯,开始对西方治理理论的本质进行辩证分析。他们认为,在多元治理概念的背后隐蔽着意识形态的秩序。西方学者亦毫不讳言,善治"是在新自由主义背景下进入大家的视线的,其目的是限制和约束政府行动的范畴"(皮埃尔·卡蓝默,2005)。毛寿龙(1998)也认为,1980年代以来的西方国家政府改革浪潮,是在自由至上主义思想影响下形成的。我国很多学者对支撑西方"治理"话语的新自由主义逻辑抱有警惕。仅从国家治理角度来看,有两种担心具有现实意义。首先是担心"小政府"理念致使国家能力下降,最后造成整个国家和社会的失败、混乱或碎片化;其次是担心其导致国家自主性下降,最后造成政府被民粹主义所绑架。其实治理理论中的"小政府"并非意味着国家撒手不管,也不意味着国家管控能力的下降。"治理和统治之间并无任何差异,如果有什么不同之处,那也只在于过程"(斯托克,1999)。中国与西方政府的权力来源存在不同的政治逻辑,国内主流学术界在接受了治理理论关于治道变革目标和方向后,需要结合中国主客观条件和话语习惯,特别是要突出中国国情和现实要求(虞崇胜,闫明明,2015),对其背后的意识形态进行替换,以获得其与中国语境的和谐自恰。池忠军、亓光(2016)认为,国家治理现代化是中国特色社会主义制度内生的产物,是作为当代中国话语的政治理论的表达,其推进路径遵循马克思主义实践辩证法的基本准则。所以意识形态替换的一个尝试,是从马克思国家理论中寻找支持。马克思主义的国家治理观能够"为我们分析和研究国家治理问题提出科学的世界观和方法论"(张成福,党秀云,2016)。尽管马克思主义创始人认为,国家的本质是阶级统治的工具,但也承认其本质具有阶级性和社会性双重属性(宋林泽,2016)。人类走向共产主义社会的过程,也是国家的阶级属性逐渐淡化并被社会属性取代的过程。国家要维护自身特殊利益就必须代表社会普遍利益,这是国家不可分割的两种职能(牛先锋,2016)。治理应是属于人民的民主治理,未来社会治理应是以实现"自由人联合体"的"社会自治型治理"为目标(梁宇,2015)。这是治理理论的核心价值所在,也是可以在马克思经典著作中找到理论支撑的论断,自然成为我国主流意识形态所承认、接受的观点。中西方治理变革具体路径的一致性,马克思主义国家理论内涵的丰富性,以及改革开放以来治国理政经验的成功,为西方色彩的"治理理论"语境向中国特色的"国家治理现代化"语境的替换提供了基础条件。不过,这种替换仍然需要进一步发展完善以防止出现逻辑矛盾。比如,马克思主义理论场域中的资本主义国家的公共属性,具体指的是国家为了维护资本家特殊利益而对工人阶层利益的少量让渡,这种曾被批判为资本主义国家"虚伪性"的利益让渡,现在被拿来为"公共治理""社会治理"之正当性进行辩护,类似于用一个证据来说明两种相反的事物。笔者认为,在对包括"治理"在内的政治或社会问题的讨论中,固然应正视其背后的意识形态属性,但亦应摒弃先入为主的偏见,秉持一种科学、中立的学术态度。

第二,运用"治理理论"语言重新解读中国经验以突出中国特色。在找到治理理论中国化的逻辑基础后,就可以运用治理语言来解释、评价1949年后我们党治国理政的历史经验,从而获得更多的历史资源,也为未来的治理变革之路提供更有力的合法性支撑。其做法主要是把基本政治制度和党的主要理论成果转化为国家治理体系的基础性内容。如执政党建设与国家治理(中共天津市委党校党建研究所课题组,2016;史成虎,2016;岳嵩,邱实,2016;李汉卿,2016;陈晓兰等,2016)、协商民主与国家治理(俞可平,2014;张艳娥,2016;李建,2016;李翔,许昌敏,2015;王旺胜,2016;黄骏,2014)、群众路线与国家治理(孟天广,田栋,2016)等。一些学者对社会主义国家的主要缔造者列宁、毛泽东等人的国家治理经验进行了深入发掘(杨晶,陶富源,2016;江宇,2016),并强调了他们的相关思想在国家制度奠基过程中的重要意义。同时,也有学者运用治理视角对新中国成立以来的历史进行分类和解读。孙岩(2016)认为,当代中国国家治理现代化的进程主要在三个维度上展开:基于传统革命思维的行政化治理、基于领袖权威崇拜的运动式治理和基于现代民主政治的法治化治理。唐亚林、郭林(2006)将1949年以来的国家治理模式划分为三个不同的阶段:阶级统治模式阶段、过渡阶段和阶层共治模式阶段。唐皇凤(2009)认为,执政党主导和组织化调控是新中国60年国家治理体系历史演进的本质特征,改革开放以来出现的社会综合治理体系,依然延续了这两个本质特征,并进一步使之精致化。

三是发掘古代中国国家治理经验以增强治理理论的调适性。中华传统文化是国家治理可资借鉴的宝藏,一些学者试图从中华帝国的历史脉络上审视国家治理的制度逻辑,以期获得有价值的学术成果。伯班克和库珀(Burbank & Cooper,2010:519—520)认为,帝国架构具有囊括不同种族、文化、区域的特点,因此有利于包容性治理模式的发展。但帝国架构始终存在着"权威体制与有效治理"的基本矛盾,即中央的权威性与地方的自主性、灵活性之间的矛盾。要将一个民族众多、幅员辽阔、地域差别巨大的帝国维系为一体,帝国架构确实需要自身特殊的逻辑。周雪光(2014)用"委托与代理""正式与非正式"和"名与实"这三对关系来概括中华帝国的治理逻辑,并指出了这一逻辑曾经的合理之处以及遗留的矛盾,如1949年后频繁的"放权—收权"周期和政治运动。顺着这一思路,有学者试图从古代国家治理经验中寻找当代治理难题的源头,同时汲取传统的智慧与营养。黄杰(2010)认为,君主制作为中华帝国政治体系下的一个支柱性正式制度安排,一方面对有效的国家治理起着支撑和杠杆性的作用,另一方面又对帝国体系下存在的内部矛盾和外部危机负有重要责任。正是这种制度安排和权力结构的内在矛盾,导致了帝国体系在近代西方的冲击下陷入"总体性危机",难以实现向近代制度体系的转型。

总体来看,尽管治理理论从西方国家发轫,但本土学者所讨论的"国家治理"已经逐渐转变成中国语境下的问题。从演进过程上来看,在经历了自由资本主义时期个人价值过度张扬,以及后来的国家权力不断扩张后,西方治理理论不是简单的古典价值回归。事实上,即使是资本主义国家政府权力最强大的时期,个人主义的核心价值也从来没有失去,所有的调整都不过是为了更好探索实现个人价值的路径。与之类似,我国由计划经济时代"国家(集体)利益至上"再到当前国家(集体)利益与个人利益兼顾的转变,也并非对正统价值观的背离,而是在经历了长期艰辛探索和曲折发展后所进行的调适。由是观之,在意识形态方面,西方治理理论是"螺旋上升"式地回归了古典,而本土的国家治理理论则是"矫枉纠偏"式地丰富和完善了对正统理论的解释。当然,"异曲"并不必然妨碍"同工",西方治理理论与本土国家治理在策略与目标上存在很多相似之处。它们所要调适的对象都是政府、社会与市场的关系,其具体手段都包括了有限政府、公私合作、社会自治等,都是为了实现"善治"目标。但是,两者之间毕竟存在基本价值上的分歧,这给治理问题的研究带来了困难。一个严谨的学者在研究治理问题之前,需要先界定自己所说的治理究竟是怎样一种概念。而要研究人类社会中"整体"的国家治理,就需要在一定层次上将两者联系起来。

(三) 国家治理制度

可以肯定的是,无论西方治理理论还是本土国家治理,都强调制度进步的重要性。西方治理理论突出的是政府治理理念从凯恩斯主义向新自由主义的转型,这种转型得以实现的载体就是政治行动者的执政理念和国家统治制度的一系列调整。同样,在我国要实现国家治理体系和治理能力的现代化,其实就是要实现制度的现代化(包心鉴,2014)。在国家治理水平与制度的先进性和恰适性之间画上近似符,与中西方治理理论发展的路径相一致,与当前官方的"国家治理现代化"语言逻辑相一致,也符合我国近代以来历史经验教训所昭示的基本道理。

当然,制度与治理并非一对可以相互替换的概念。"治理"是一个使动词汇,而"制度"是一个名词。关于"制度"的定义多如牛毛,采取哪种制度定义,取决于所研究问题的不同。在诺思看来,制度是"为决定人们的相互关系而人为设定的一些制约",其对人类的作用在于"通过向人们提供一个日常生活的结构来减少不确定性"(诺思,1994:3—4)。伊丽诺·奥斯特罗姆(1990:51)把制度定义为"一组用来决定在一些场合谁有资格作出决策、什么行为是允许的或者要被限制的、应该遵循什么样的程序……的运行规则"。但在一些人看来,制度可能是"自发的",是人们基于"演化理性"(哈耶克,2000:5)所作的行为选择的衍生物,即人们在"没有任何协议,没有任何法律上的强迫,甚至不考虑公众利益"(弗鲁博顿,芮切特,2006:8)的情况下将自己组织起来。从制度的角度看"国家治理",可以将其理解为政府利用制度、规则对公共事务、社会事务及市场事务进行干预,进而影响社会群体或个人行为选择的一种行动。治理当然还包括在政府"不干预"或"少干预"的情况下,非政府主体对社会事务的自主管理,但政府"不干预"政策本身,其实也是一种制度规则。从国家治理角度看制度,可将制度理解为一系列对人们之间互动关系产生激励、限制等影响,进而影响国家治理水平的约束。所以,尽管制度的定义是多元的,但可以肯定的是:国家治理能力实则就是国家制度供给的能力(燕继荣,2014)。

当然,制度本身是复杂的、成体系的,既有根本性制度又有分层次的具体制度,既有政治、经济方面的制度又有文化方面的制度,既有正式的制度又有非正式的制度。要想研究国家治理制度,就必须关注到制度的层次问题。政府利用制度和规则施政,政府施政的主要措施又是制定、执行更加具体的低层次制度规则,而政府行为所赖以存在的逻辑基础或意识形态,又可被视为更高层次的基本制度规则。只有把制度范围扩充至影响法律、法规、规章及文件内容的基本政治、经济、文化和行政环境时,才能够从"管理"思维跃升至"治理"思维。简言之,前一种理解是政府以"法"或以"规"来治"人"或治"事",这是国家治理的重要内容,但并非全部。在后一种理解中,政府与其他力量一起都要成为"治理"对象,这就涉及整个社会制约、监督政府的更加基本的政治、经济与文化制度。由是观之,政策、规章等具体制度的因势变革固然是必要的,但具有耐久性的基本制度(如宪法)以及具有稳定性的基础制度(如关系行政结构、政府运行的重要规则)的演进影响更加深远(燕继荣,2014)。

也就是说,我们在从国家治理的角度谈论制度时,所谈论的制度的层次是元规则还是具体规则,是一个非常重要的问题。事实上,很多著名学者注意到了这一问题。在奥斯特罗姆的制度分析与发展(institutional analysis and development,IAD)框架中,制度分析一般可以在操作层次、集体选择层次和立宪选择这三个层次进行。操作层次的分析指的是对在一定行动情景之下,行动者之间的互动行为及其结果进行分析,是一种被布坎南称为"规则之下的选择"的分析。集体选择层次和立宪选择层次的分析则是对操作层次选择所面临的行动情景和规则的分析,是更高层次的"规则本身的选择"。对国家治理问题的研究,可以看成是层次不同的制度分析,自然可以借鉴IAD框架的层次分析技术。

这样，西方治理理论与本土国家治理之间的分歧，可以被理解为是较高层次（集体选择层次或立宪选择层次）制度的分歧，并不意味着制度分析方法的差异。如此，我们就可以运用同一种"成本-收益"函数来对两种不同语境的治理结构进行统一分析。

在讨论国家治理制度时，需要关注的不仅仅是制度本身，还包括制度变迁及其背后的动力机制。或者说，在关注国家治理制度变革走向、内容、步骤的同时，更应关注推动制度变革的力量是什么。在当代中国情境下，很多人强调执政党上层政治胆识以及政府权威推动在改革过程中的重要性（周瑞金，2009；齐明山，1999），这是对"改革动力论"的响应。但是，改革更像是制度变迁本身，而不是制度变迁的根本性动力。在我国走向改革开放之路的过程中，领袖人物的远见卓识、果断决策确实发挥了关键作用。将领袖人物的权威推动看作我国制度变迁的直接动力似乎符合历史事实。但这不过是领袖人物对社会群体利益诉求的一种积极回应，而社会群体利益诉求与各种既有利益分配的制度体系之间的矛盾才是推动改革的根本动力。显然，对这一问题的解释再次印证了马克思"矛盾动力说"的科学魅力，而改革不过是在人们了解到"矛盾动力说"这种知识后，通过主观能动性而采取的积极因应措施。当一些人沉浸在自上而下的"改革动力论"的时候，来自西方的新制度经济学提供了制度变迁动力的另一个视角。诺思在人类行为理论与交易费用理论的基础上构建了自己关于制度变迁的分析范式。在该理论看来，作为正式制度变迁的主要操控者，政治家-官僚阶层会根据自身的成本收益分析来决定是否修正原来的制度。"交易费用"这个新制度经济学中的重要概念被引入了政治学分析之中，并被当成分析政治交易行为的一把"万能钥匙"。

相对于经济市场交易，政治市场交易（如果将政治选择视为一种交易的话）以不完全信息、有理限性和高昂的交易费用为特征。行动者并不完全理解影响他们的事件，高昂的交易费用阻碍着有效解决方案的产生（North，2004）。如果说商业领域通过重复博弈和价格机制可以最大限度地减少信息不对称，逐渐降低交易成本的话，那么政治领域博弈的次数有限性、不可重复性意味着信息不对称是其固有特征并且难以有效弥补。克鲁格（Krueger，1991）在研究了美国蔗糖政治市场后提出两个问题：第一，各种利益的代表在多大程度上知道他们的利益？第二，从政治设计本应是使所有相关人的境况都有所改善的意义上看，集体结果是理性的吗？可见，尽管政治家在决策前会大量地收集信息，决策时会统筹考虑各种因素、推演各种结果，但仍然无法预料到政策带来的中远期影响。甚至维护某些阶层特殊利益的政策,最终损害了这些阶层的根本利益。更不幸的是,政治行动者决策不存在像商人一样从头再来的机会。一方面,政治行动者和利益群体组织会基于自身成本收益估计来决定制度变迁方式的行为选择;另一方面,他们都不能完全地评估自身行为选择最终带来的正面或负面影响,所以制度变迁过程充满着不确定性。路径依赖、锁定效应以及制度剧变同时存在,让所有人都无法准确预测未来究竟会发生什么。这种不确定性是政治行动者的无奈,也是政治的无穷魅力所在。

当然还有制度的评价问题。什么样的制度是"好"的或者"坏"的?什么样的制度变迁是进步或者倒退?对针对具体领域的操作层面的制度来说,能够达到预期的目标就是好的制度,比如,一项财政转移支付或一项产业扶持政策,只需要进行一个政策的绩效评估,就可以判断其好坏。但对于更高层次的制度来说,如何制定评价标准都是个问题,遑论制度评价实施本身。在奥尔森(2007,2014)看来,好的制度应该是增加"共容利益"或者促进"扩展市场型政府"的制度,在阿西莫格鲁与罗宾逊(2015)看来,"包容性制度"是好制度而"汲取性制度"是坏制度,在诺思、瓦理斯和温加斯特(2013)看来,好的制度是能够促使一个国家从"有限进入的社会秩序"向"开放进入的社会秩序"转型的制度。总之,似乎好的制度一定是有利于产权界定的制度,或者是政府能够尊重或保护私人产权的制度。这些好制度促进了生产和贸易中复杂契约的履行,促使政府作为中立的第三方运用强制力保障契约和产权的实现。在这些制度的保障下,人类之间的交易才能逐渐摆脱对人情、亲属及小圈子的依赖,从人际关系化交换(personal exchange,亦有人翻译成人格化交换)走向非人际关系化交换(impersonal exchange)。看起来,很难简单地评价某项制度的好坏,关键是该制度是否符合本国的国情,这也是我国很多人所秉持的制度评价方式。这种说法本身没有问题,但要防止一种概念偷换:只要是现存的制度都是符合本国国情的制度,也是"好"的制度。在这种情况下,世界上似乎没有"坏"的制度,但显然这是有悖于常理的。

当然,对一项制度是否符合国情也可以解释为,这项制度能不能促进本国经济的快速增长。确实,经济增长一直是评价制度的主要指标。诺思在其代表作《制度、制度变迁与经济绩效》一书中,也暗含了将是否促进经济增长作为评价制度优劣的意思。阿西莫格鲁与罗宾逊在《国家为什么失败》一书中认为,包容性制度与长期经济增长之间存在正相关。但是,仅仅用狭义的经济增长作为衡量制度先进性的标准存在一个陷阱。包括苏联及一些东欧社会主义国家在内的经济体,在建立计划经济的初期也曾经历高速经济增长,这显然不能成为计划经济优于市场经济的证据。经济增长的稳定性与可持续性可能比高增长率本身更加重要,而稳定性与可持续性正是高水平国家治理的具体体现。所以,源于劳动分工和专业化的经济增长,为更加复杂的人类社会提供了可供支撑的资源。

讨论至此,可以对本书中的"国家治理制度"进行一个概念化描述。无论西方的治理理论还是中国情境下的国家治理,其共同点都是聚焦于国家与社会、政府与市场等基本关系的调整。这里的国家治理制度,指的是对国家与社会、政府与市场等关系产生调整作用的基本制度体系,包括国家的基本政治制度、基本经济制度以及相应的社会制度、文化制度等。国家-社会关系及相应的国家共同体-公民个体间的关系,总体上属于生产关系的范畴。而国家的政治、经济、文化等制度被认为是上层建筑的组成部分。社会一定发展阶段的生产力所决定的生产关系的总和被称为"经济基础"。经济基础决定上层建筑,上层建筑反作用于经济基础。从足够长久的历史眼光看,是包括国家-社会关系在内的生产关系决定了国家基本制度体系。但从某一特定历史时期看,国家的政治经济制度对生产关系的束缚又会成为主要矛盾。本书所要讨论的财政汲取与国家治理制度之间的关系,其实是生产关系(或经济基础)与上层建筑之间复杂关系的一种具体表现。因此,本书不过度关注具体制度的变迁,而是主要关注制度变迁背后的动力机制。

四、本书的研究思路及结构

本书所要探讨的财政汲取与国家治理制度之间关系的问题,是一个政治经济学问题,也是一个财政社会学问题。在运用经济学工具研究政治和社会问题渐成时髦的今天,很多问题都难以摆脱"经济学帝国主义"的影响。从现有的经济学流派来看,古典经济学由于把制度视为外生变量,难以提供更有价值的帮助,而公共选择学派的拓展以及新制度经济学的发展,可以为本项研究提供方法论基础。

在提出主要命题后,首先需要对现有关于财政与国家治理的文献进行梳理和分析,同时总结此类问题研究中常用的一些学科范式。在此基础上,本书将构建一个分析财政汲取博弈的基本模型,然后对模型的适用情况及其对国家治理制度供给产生的可能性结果进行归纳和演绎,并结合历史经验进行验证、调整和解释。最后,将运用模型对近代以来我国的国家治理制度演进过程和当代世界常见的一些经济现象进行解释。其基本思路如图1-1所示。

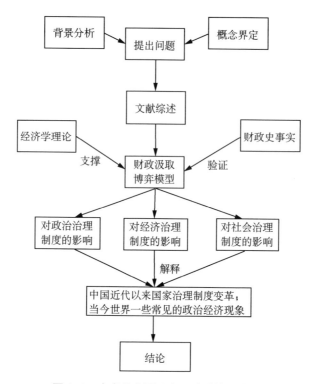

图1-1 本书的主要研究思路结构示意图

既然政治或政策中存在不确定性，那么应该通过什么方式来研究政治或政策行为？应该得出什么类型的结论呢？从20世纪后半叶以来政治经济学的发展脉络来看，主要有两种倾向。一种是科斯、诺思等人开创的以案例研究、历史比较分析为主要方法的经验实证型倾向。另一种是以理性选择理论为基础，以数理指导、统计分析为主要方法的规范化、精确化、模型化倾向。总体上看，两种路径都已经发展出了大量有意义的成果。科斯、诺思等人的贡献自不必说，仅从理性选择理论在政治经济学领域的运用来看，就产生了阿罗不可能定理、集体选择的逻辑、公地悲剧等经典模型。但是，上述两种路径也都存在一些争议。

以案例分析和历史比较为主的经验研究，曾经是制度分析和新政治经济学的主流方法，这符合人类社会制度的小样本特性、文化背景多样性、制度演进的阶段性和不可逆性等特点，但也意味着很多结论仅仅能够得到单个案例的"孤证"支撑。所以在很多情况下，通常是部分研究者通过一个案例提出一个问题，其他研究者则寻找相反的案例进行证伪，难以保证问题与结论的普适性。以理性选择为基础的规范化研究,由于大量使用精美的数学公式和统计回归分析,显然更符合当前社会科学数理化的趋势。但是,这带来的一个问题就是"一味追求理性选择模型的完美,忽视了正式制度和非正式制度的内在关联"(周业安,2001)。理性选择模型往往以严格的假设为基础,而假设的过于严格必然导致模型适用性的损失。即使如集体选择的逻辑、公地悲剧和囚徒困境等经典模型,人们也能够找到大量相反的例证进行质疑。

人类社会的复杂性以及人们的有限理性决定了历史化的比较研究曾经是、未来也应该是人类制度研究的重要方法。从一定意义上说,社会科学的所有问题的研究都是对历史的研究。历史和现实的真相一样都是客观存在的,但人们对历史和现实的真相的理解总是片面的。"不可能有'事实如此'的历史,因为历史可以有各种解释,而且没有一种解释是最终的"(波普尔,1999:404)。每个时期、每个学科的人,都有权形成自己对历史的解释,这其实是历史研究者和学术界人士的责任与义务。因此,运用分析性叙述等手段进行历史性的研究,就成为本书探讨问题的主要方式。

自从诺思运用经济史方法研究制度变迁以来,分析性叙述已经成为质性研究中不可缺少的重要方法。分析性叙述的生命力在于它很好地满足了历史研究的问题导向需要,而且它还契合了当代经济学构建模型以阐明解释的逻辑,并能够"通过比较静态学和由模型产生的可检验推论来评价模型"(Levi & Chen,2010)。对于游走于政治学、经济学与历史学边际的制度变迁研究来说,由于人类社会的复杂性,很难获得大样本的案例来进行定量分析,分析性叙述就成为方法论的首选。很多人担心分析性叙述的一般性或代表性不足,该方法的使用者往往聚焦于某一国家某一历史时期的某些方面的制度变迁,其结论是否具有普遍性?其实,在社会科学领域尤其是制度变迁方面,想得到一个适用于各个地区、各个时代的具有普遍性的结论是很困难的。人类社会大部分问题在绝大多数情况下不可能存在唯一答案,而分析性叙述关注的是"故事、解释和环境",厘清的是"推导的过程"(贝斯,2008:9),它总体来说是解释性的。作者只需要用证据说明,A和B可能存在相关性,基本任务就算完成。用一个简单的方法去研究人类社会演进过程中的某一个侧面,得出一个简单的结论,而不是试图构建涉及政治经济等所有方面的宏大模型,用以解释人类社会所有阶段的社会形态,这应该是社会科学研究的一种常态。

由于本书的研究客体财政汲取本身是一种政治或经济的议价行为,不可避免地要运用一些博弈论知识。客观地看,现在研究个体或群体行为,已经很难离开博弈论。尤其是不完全理性、不完全信息引入博弈论,以及演化博弈、合作博弈的进展,作为工具的博弈论与作为研究对象的人类社会变迁之间的结合已经不存在根本障碍。奥尔森的集体行动理论、哈丁的"公地悲剧"都是博弈论的有效运用。特别是在不完全信息以及不确定性被纳入博弈理论体系后,博弈论自身的发展成熟,使得其在分析复杂的政治过程方面具备了越来越多的优势。但是,政治经济学领域中的博弈论应用,与典型意义上的经济学博弈论仍然存在些许差别。政治经济学者研究的绝大部分问题的结论,都可以通过博弈论进行重写或者再现,包括诺思用相对价格来解释制度变迁,奥斯特罗姆用多中心理论来解释公共池塘治理。但这种重写或再现也容易遗漏掉政治经济学问题研究原有架构中的一些元素。所以,博弈论对于政治经济学者们的研究来说,既是一种必要工具,更是一种思维路线,或者更形象地说,是一种"比喻"。

最后,简单介绍一下本书的基本内容构成。在第一章提出问题后,第二章将就相关的研究成果及学术范式进行一个文献综述,并对现有成果共识、分歧及内在逻辑进行一个总结分析。在第三章,将重点介绍几种研究同类问题的范式。这些重要范式或基础性理论,在当今的学术研究中已经近乎成为共同知识。本书对这些范式及理论的论述,根据研究需要有重点地进行,力求为主要命题的研究构建一个坚实的框架。为进一步夯实论证的基础,在第四章将对中外各个历史时期所出现的主要财政汲取手段进行精细论述与特征辨别,从而总结出人类社会中各种财政汲取现象的共同特征与不同之处。第五章是本书的中心环节,在前期理论搭建的基础上,将提出一个财政汲取博弈的基本模型,并对博弈的参与方、主要策略、议价手段以及外部场景等因素进行详细论述。这个财政汲取博弈模型,是本书所认为的驱动国家治理制度变迁的重要动力结构。自第六章始,将对人类历史上一些财政汲取博弈驱动制度变迁的常见的、有重大里程碑意义的情形分别进行论述。第六章的讨论将从财政现象产生的基本前提条件"公""私"分野开始。伴随着生产资料私有制的诞生、成长与成熟,国家财政制度也从雏形逐渐发展完善起来。经历了各种财政汲取手段的迭代变化,税收最终成为主要的财政收入来源。没有产权就没有真正意义上的税收,"以产权换税收"其实是人类历史上的一个基本逻辑。在第七章和第八章,将分别讨论另外两种财政汲取博弈驱动制度变迁的情形:"以决策权换税收"和"以选举权换税收"。相对于"以产权换税收"的普遍适用,这两种情形发生在特定时期的特定环境中,但其推动了相关国家的文明进步从而促进了整个人类文明的质的转变。在第九章,将运用财政汲取博弈解释当代世界经常出现的一些政治经济制度变革现象,以及这些制度变革对所在国的治理绩效产生的影响。第十章将运用财政汲取博弈解释我国的改革开放制度变迁发生的内在原因,并对当前我国的财政压力、财政博弈议价格局进行分析,从而推演未来可能的制度变迁。

第二章　现有研究成果述评

财政因素与国家治理以及国家兴衰之间有着密切的关系,这是一个古老的历史事实。关于两者之间关系的理论化思考,从经济学诞生之时就已经开始了。不过,直到20世纪六七十年代,经济学家们才开始把财政纳入国家制度变迁及治理水平发展模型中加以系统化研究。比如,希克斯在1969年的《经济史理论》一书中,论述了财政压力带来的国家税收和举债技术的创新对市场经济发展所起的重要作用。诺思和托马斯在1973年的《西方世界的兴起》一书中分析了中世纪以后西欧君主以所有权交换岁入对经济和政治制度的深刻影响。美国学者詹姆斯·奥康纳在20世纪70年代的《国家的财政危机》一书中,认为资本主义各国的财政危机已经成为经济危机的替代表现形式。

特别是20世纪七八十年代以来财政社会学"重生",出现了大量研究财政与国家治理的文献。这些文献研究领域所涉及的范围特别宽泛,但主要集中在以下几个方面:财政(或税收)与国家建设(state-building),财政(或税收)与国家能力(state capacities),财政(或税收)与国家治理水平,财政(或税收)与国家-社会关系,财政(或税收)与制度变迁等。客观地看,上述主题间存在密切联系,比如所谓的"国家建设",主要就是国家能力建设或实现国家的"良治"。但细观之,这些主题间仍然存在着力点或侧重点的细微差别。比如,有的文献侧重于财政或税收因素推动国家制度建设的过程,而有的文献对财政或税收因素在促进国家能力的一些具体方面着墨甚多;有的文献研究了财政因素在促进国家治理制度变迁中的具体作用路径,有的则对财政收入结构与一些表现国家治理水平的数据指标间的关系进行了计量分析。鉴于此,下文将依次综述这几个方面文献的主要观点。

一、税收与国家建设

税收与国家建设(或国家构建)之间的关系一直是财政社会学以及财政政治学的焦点问题。作为财政社会学的创造人之一,熊彼特认为,税收不仅能帮助创建一个国家,更能帮助"发展一个国家"(Swedberg,1999:108)。这里首先需要厘清的是"国家建设"或"国家构建"的概念。在经合组织(OECD)2008年的一份报告中,将国家建设定义为"一个由国家-社会关系驱动的国家发展能力、制度和合法性的内生过程"[1]。布罗蒂加姆(Brautigam,2016)认为,国家构建是指政府提高有关行政、财政与体制能力的过程,其目的是与社会进行建设性互动并有效追求其公众目标。可见,这里的国家建设主要指的是一个国家的政治、经济、行政等制度形成以及治理能力进步的过程。

税收与国家建设之间的关系本身是一个很复杂的问题。综合来看,税收对国家建设的影响主要体现在公共利益过程、国家制度发展过程、回应型和责任型政府三个方面(Prichard,2010)。

从公共利益过程来看,与租金、贡赋等汲取方式不同,税收来源于政府对私人产权及其滋育价值的一定比例的征收,这就意味着纳税人事业越兴旺发达,政府的税源就越充裕,这使得政府有更强烈的动机来构建促进经济增长的制度体系。

从国家制度发展过程看,对税收的依赖会促使一个国家发展出一套官僚机构来进行税收征收,这有可能成为改进公共管理的重要推动力。多数欧洲国家自19世纪开始出现公共管理的官僚化,一个重要原因就是征税需要的推动(Kiser & Karceski,2017)。古代中国早在秦王朝就出现了比较完善的官僚体系,亦与国家的财政汲取需要有关。官僚化提高了国家对社会的控制能力以及资源汲取能力,这使得中世纪广泛存在的"包税制"被永久性的现代税收制度所代替(布罗蒂加姆等,2016:2)成为可能。当政府没有必要再借助包税商、封建组织等中间机构汲取财政资源,而是通过自己的官僚组织直接与纳税人打交道时,可以说,这意味着治理制度与国家能力实现了质的飞跃。

从现代政府的形成过程看,税收能够通过刺激公民与政府形成"税收议价"或"财政契约",来推动回应型政府与责任政府的形成(Prichard,2010)。在这个

---

[1] OECD. Concepts and Dilemmas of State Building in Fragile Situations: From Fragility to Resilience [J]. OECD Journal on Development, 2009, 9(3): 64-152.

议价中,税收驱使纳税人集体参与政治活动,并导致他们通过短期冲突或长期增加政治参与向政府提出互惠要求。为了提高税收遵从度和维持国家财政收入,各国政府被迫响应这些公民的要求(OECD,2009;Moore,2007;Prichard,2009)。通过议价,公民接受或遵从税收,以换取政府提供高效的服务,对法律的遵守和承担公共责任。这样一种税收议价是互惠的,公民获得了更高质量的治理,政府获得了更大规模、更可预期、成本更低的税收收入(利瓦伊,1988)。

税收促进了现代意义上的国家制度的形成,一开始主要是来自西欧的历史经验。在中世纪西欧的各政体中,国王或君主主要依靠自己领地的经营产出来维持统治。但中世纪后期各个政体之间不断发生的战争,使得君主自己领地的产出已经不足以应付财政需要,这迫使各国君主不得不向贵族和商人的私有财产征税。但当时的贵族和商人都拥有较强的议价能力,比如,英格兰贵族不但在议会中拥有席位,还掌握着军事力量,而商人可以在多个政体或城邦之间流动。君主要想增加直接税,只有通过与国家精英进行协商才能达到目的。这带来了两个政治问题,即刺激了议会制度的发展,并促进了国家官僚机构向着更强、更大、更专业的方向发展(布罗蒂加姆等,2016)。

那么在发展中国家或欠发达国家,税收与政治进步之间的关系是否也如此呢?近年来,一些学者就此进行了研究。比如,菲耶尔斯塔和特希尔德森(Fjeldstad & Therkildsen,2016)研究了坦桑尼亚和乌干达人头税的兴衰,发现围绕税收进行的谈判促进了民主化进程,并促使两国在 21 世纪初取消了人头税。布罗蒂加姆(2016)发现,毛里求斯的蔗糖出口税帮助私人部门组织起来并发展了与政府互动的能力,这使得毛里求斯在独立时就能有不寻常的民主程度以及当地人在官僚系统中的极高占比。埃塞俄比亚早在塞拉西皇帝时期的就创设了一个带薪公务员队伍,以代替传统的依靠地方贵族和权威人士征税的方式,这成为该国构建中央集权的官僚组织的开端。在四十多年后的今天,埃塞俄比亚仍然拥有南部非洲最高水平的地方管理能力(Cohen,1972;Zewde,2002)。而在一些过度依靠资源租金的国家,由于向国内个人或经济主体征收的财政收入占比较小,也就没必要维持一个专业化的官僚组织,这间接导致了国家构建与国家能力的停滞不前甚至倒退。比如,依靠石油的沙特阿拉伯"解散"了税务部门,依靠劳动力输出的也门"抛弃"了其税收体制。没有了税收体制,这些国家因此也失去了控制财政机关、获取生产者信息和有关经济基本数据、建立有效管理私营企业的规章制度以及培育现代会计和行政实践能力的动力(Chaudhry,1997:32—34)。

二、税收与国家能力

由上可见,税收对国家建设进程的促进,其实就是对国家能力以及国家治理水平的促进。但"国家能力"是一种很宽泛的定义。从文献资料看,人们对国家能力的理解存在不同的侧面,甚至存在一些偏见。比如,有很多人把国家能力与政府对经济、社会事务的管控范围、管控力度等同起来。按照这种观点,亚当·斯密与萨伊等早期古典经济学家所提倡的"最小政府"就是一种能力极其孱弱的政府,遵循凯恩斯主义的"全能政府"才具有更强的"国家能力"。显然,事实并非如此。

20世纪七八十年代在西方学界出现的"国家学派",对"国家能力"的贡献甚多。国家学派是伴随着"新公共管理"运动及"治理理论"的兴起而产生的,只不过"国家学派"的观点是对"新公共管理"思潮中"小政府"及新自由主义的质疑与矫正。以查尔斯·蒂利(Charles Tilly)主编的《西欧民族国家的形成》以及彼得·埃文斯等主编的《把国家找回来》等论文集为代表,西方政治学界出现了一波以"国家为中心"的研究范式转换,改变了"国家过时论"一统天下的学术状况(曹海军,2013)。国家学派在基本范式上与新自由主义存在差别,作为该学派的核心概念,"国家能力"鲜明地承载了这种差别。比如,斯考切波(Skocpol,1985)认为,国家能力是一种政府有效地管理其领土范围内各种事务的能力。普赖斯-史密斯(Price-Smith,2001)认为,国家能力是一个国家能够最大程度保持繁荣稳定的能力,对其领土行使事实上和法律上的控制、保护它的国民免受侵略并且能应对各种危机的能力。这些定义中,都突出了国家对社会事务的管理、渗透、嵌入、引导和控制等方面的作用。

国家学派与"新公共管理运动"及治理理论在基本范式上截然相对,但至少在"国家能力"的定义方面,"国家能力"论对新公共管理运动的批判存在着误解。"新公共管理"思潮并非古典自由主义时期"守夜人"国家角色的简单复归,而是对"大萧条"以来国家干预市场经济、社会事务的手段与思路的一种进化性调整。政府角色表面上的后退,其初衷不是以国家能力的下降为代价,而是追求一种更高效、更精明的政府。需要特别注意的是,西方发达国家新公共管理思潮的产生以及治理理论的出现,是以这种国家本来就很强大的"国家能力"为前提的。一些国家能力羸弱的发展中国家,首要任务可能是需要构建一个强有力、高权威的理性政治组织,而不是脱离本国实际追求所谓的"小政府"或自由放任思维。

从财政汲取的视角看,西方国家强大的国家能力,体现为政府以税收为主要手段把较高比例的社会财富转化为公共资源。有大量数据表明,发达国家税收占GDP的比重要明显高于发展中国家。故而很多学者在讨论"国家能力"时,不约而同地把财政汲取能力作为国家能力的重要组成部分。如米格达尔(Migdal,1988)认为国家能力包括渗透社会能力、规范社会关系能力、汲取资源和适当分配使用资源的能力。布罗蒂加姆(Brautigam,2002)认为国家能力包括监管能力、行政能力、技术能力和汲取能力。王绍光(2014)认为国家能力包括强制、汲取、濡化、认证、规管、统领、再分配、吸纳和整合能力。将国家从社会获取财政资源的渗透能力作为"国家制度建设的首要任务"(王绍光,2002)或重要方面,是很多学者的共识。

但是,财政汲取能力的衡量与评价十分复杂且容易形成误解。比如,有人片面地认为,财政汲取能力就是国家能够把更大比例的社会财富转移到国家组织控制之下。相当长的时间内,这种思路在包括计划经济时期的我国在内的很多国家占据支配地位。计划经济是一种把绝大部分生产资料国有化的经济体制。在此体制下,国家作为生产资料的所有者,对近乎所有的产品与利润都拥有控制权。如果将国家能力等同于财政汲取比例,那么计划经济国家应该是国家能力最强的国家。实践中,亦能够找到支撑这一判断的一些证据,比如计划经济国家往往能够集中力量办成少数"大事"。但事实上,计划经济是一种"短缺经济",也是一种财政资源缺少成长性的经济。可见,要科学评价财政汲取能力必须充分考虑其背后的成本。一种是可见的征收成本,即国家征收社会财富或国有化生产资料时,必须付出的人力、组织、金钱等支出。另一种是难以衡量的机会成本,即这笔被征收的或被国有化的财富如果留在社会,其可能产生的增殖比例。这部分成本是隐性的,虽然难以测量,但可以根据其背后的激励机制及"拉弗曲线"绘出其变化趋势。当然,还有因为社会组织群体对国家汲取行为实施抵制而产生的额外成本。当汲取成本大于汲取收入时,对于国家来说是不划算的,这种成本收益倒挂的状态并不是"强大的"汲取能力所应有的状态。

探讨至此,我们可以将税收与国家能力统一起来,将国家能力定义为对内控制社会、提供公共产品以及对外应对竞争的能力,这种能力尽管不能完全等同于财政汲取能力,但会以一定比例的社会资源汲取程度为保障。税收对国家能力的促进作用在于,税收与租金、利润或国有化等手段有本质不同,税收是国家对私人产权的一种征收或者说"合法侵犯"。国家要尽可能低成本地取得税收,就必须与被汲取者进行议价、协商以寻求合作。当产权征收行为成为一种得到社会主流意见认可的法治化行为时,其就不会受到社会群体成规模的、激烈的抵制。从这个意义上说,和平的、低成本的财政汲取能力才是国家能力的核心。奥布莱恩(O'Brien,1981)认为,1660—1815年英国作为世界霸主的崛起,是因为英国政府能够和平、可靠、顺利地通过税收、借款等各种手段筹措到足够的战争经费。斯考切波和蒂利(Skocpol & Tilly,1976)也认为,16世纪之后的欧洲,只有那些建立起有效汲取所需资源的机构和制度的政治实体才能存活下来,并最终成为一个民族国家。塞斯(Thies,2004)对1975—2000年发展中国家的研究表明,民主国家确实能够汲取到更多的税收收入。北欧一些具有"社团主义"色彩的高福利国家,纳税人税负高达50%~60%,整个社会仍然保持了和谐稳定。相比之下,一些发展中国家广泛存在着财政来源非税化、过度依赖资源租金、财政资金去向不透明等问题,在这种情况下,高税收不可能和平实现,自然也无法形成强大的国家能力。

正因如此,贝斯利和佩尔松(Besley & Persson,2009)才认为,国家能力不仅包括财政能力,同时也包含了法律能力。特别是,后者反映了政府对经济的一种支持和规范的能力。福山也将强大国家、法治与政府负责制视为成功国家的三个主要因素。所以,在没有一个现代化法治的环境约束下,仅仅靠"强大的政府",只能收获短暂的强大"国家能力"的表象。真正可持续的国家能力从来不是为所欲为、不受约束的政府所能够建立起来的。

三、税收与国家治理水平

财政社会学一直存在这样一个隐含理论假设:只有真正的税收国家才能形成高质量的国家治理(Moore,2004,2008)。国家治理水平与本文所要研究的国家治理制度不能完全等同。但研究国家治理水平,一定意义上就是在研究国家治理制度的结果。前者一般指的是一系列定量或定性指标,如世界银行的"世界治理指标"体系、联合国开发计划署的治理指标项目等。到目前为止,国际多边或双边组织开发出的、具有一定影响力的国家治理指标体系已多达20余套,侧重点包括公众参与、政府效能、遏制腐败、政治透明度、政治稳定性、公共服务水平等方面。后者指的是国家治理水平赖以成长和实现的一系列基本制度。一个治理水平较高的国家,一般来说具有较现代化、符合本国特点的国家治理制度。所以,综述财政汲取与国家治理水平之间关系的文献,对于本书主题具有直接参考意义。

此类文献基本上围绕一个主题进行研究：财政汲取方式与国家治理水平之间有没有相关性，有何种相关性。一些文献通过不同的方法，证明了不同的汲取方式对国家治理水平确实产生了不同影响。比如，一些通过垄断自然资源出口而获取自然资源租金（natural resource rents）以及依托地理要冲而获得大量战略租金（strategic rents）的发展中国家，治理水平一般都比较低（Moore，2004）。自然资源租金对国家治理机构的影响类似于"资源诅咒"，其原因可能在于丰厚的租金降低了国家对公民或者社会的财政依赖，从而导致国家自给性较高，公民失去了政治参与的机会。垄断自然资源租金的统治者会发现，为某些阶层提供秘密的赞助比提供普遍性的公共产品对自己更有利，所以"裙带政治"出现而公众监督弱化（Collier & Hoeffler，2005）。丰富的自然资源还为政府官员的寻租行为提供了条件，从而使得自然资源与腐败和经济增长之间形成了相关性（Leite，Weidmann，1999）。政府会利用自然资源租金来平息不同政见者的反对、回避政治责任并减轻制度改革压力（Isham et al.，2003；Martin & Subramanian，2008）。针对中东石油国家和其他石油输出国的研究都发现，对自然租金的过度依赖，不可抗拒地延缓了国家"良治"制度的出现（Chaudhry，1997；Karl，1997）。战略租金也有类似的影响。巴斯和格雷宁（Busse & Gröning，2010）、布鲁蒂加姆和克纳克（Brutigam & Knack，2004）发现外国援助资金流入与治理质量恶化相关。古普塔等人（Gupta et al.，2003）证明外国援助流入和国内税收之间也存在相互抵消的效应。但也有研究基于不同的前提得出了不一样的结果。罗斯（Ross，2014）研究发现，税收和民主（作为善治的指标）之间并无显著相关。外国援助与本国腐败之间的相关性也需要更多的证据支撑（Tavares，2001；Knack，2001）。

与自然资源租金及战略租金作用相反的是，一个国家的财政收入如果以税收为主要来源，那么国家治理水平会更高。马骏、温明月（2012）运用非洲国家的面板数据研究发现，一个国家税收国家的特征越强，其治理质量就越好；反之，税收国家的特征越弱，或者租金国家的特征越强，其治理质量就越差。张景华（2014）在研究中使用了政治风险服务集团（PRS Group）提供的国际国别风险指南（International Country Risk Guide）作为治理评价指标，验证了"税收影响一国政府的治理质量"这一命题。显然，上述文献都假定了自然资源租金和税收收入之间的替代效应（Bornhorst & Gupta，2009），既然出卖自然资源更加便捷、约束更小，那么费尽心机去设计税收制度就没有必要了，税收制度所代表的国家与公民之间的互动关系自然也不会产生。

上述文献在印证税收国家形成高质量国家治理的假设方面提供了大量的论据,但存在一些缺陷。第一,无论财政汲取方式还是治理水平都是动态变化的,在两者之间建立严格的对应关系存在困难。是税收汲取带来的博弈促进了国家治理,还是国家治理促进了税收收入,抑或两种关系兼而有之?显然,上述文献更多的是提供了相关性证明,而没有提供对其内在因果关系更有力的论证。第二,衡量国家治理水平的指标问题。很多国际组织建立了衡量国家治理的指标体系,这些指标体系均具有一定的科学性与适用性。不过,即使再完善的指标体系也难以完全弥合国别之间在文化传统、地理环境、历史背景等方面的巨大差别。所以,穆尔(Moore,2004)曾警告,第三世界国家背景存在根本不同,岁入更依赖国内纳税人的发展中国家的治理水平必然好于租金国家,相关结论的得出必须慎之又慎。

四、财政收入结构与国家-社会关系

"国家-社会关系"的定义是模糊而宽泛的,由于这一关系常被用于描述社会生产、交换以及剩余产品分配等行为,所以在有些学者的使用中,其范围几乎等同于生产关系。在这里,只能从财政汲取的角度来定义国家-社会关系,即国家(或政府)与被汲取相对人(公民或纳税人)之间围绕财政汲取所形成的关系。原则上,一种财政汲取方式就意味着一种特定的国家-社会关系。比如,税收是国家对私人财产权的一种征收行为,而租金是国家把本属于国有的生产资料等物质出租给经营者然后收取的以"租"来表现的财政资源。显然,税与租背后存在不同的政府与被汲取者之间的关系。

既然每一种财政汲取方式对应一种国家-社会关系,那么由不同财政汲取方式搭配所形成的一个国家的财政收入结构,就意味着这个国家复杂的整体国家-社会关系景象。就财政收入结构与国家-社会关系之间的关系来说,两者是相互作用的。人们最容易从历史中看到的是国家可以根据财政汲取需要来培育、建构一种国家-社会关系。比如在古代中国的战国时期,一些诸侯国为了更好地获得农业税赋和劳役,把分封制改为郡县制;中世纪的俄国统治者为了更便捷地汲取农业资源,构建了"村社制度"这样一种封建等级所有制(金雁,秦晖,2013:42)。秦汉帝国人为地摧毁了周初以来的"封建制",而中世纪俄国则是人为地构建了一种封建制,表面上虽然政治制度发展趋势截然相反,但财政方面的目标是相同的。更重要的一方面是,一种总体性的国家-社会关系的形成,又为统治者的财政汲取提供了全新的条件与挑战。如上所述,国家-社会关系本质上属于生产关系的范畴,或者说是生产关系的一种表现形式。而财政税收制度应该属于上层建筑范畴。所以总体上看,财政收入结构与国家-社会关系之间的关系应该是后者决定前者,同时前者对后者产生反作用。

一些学者从财政收入结构出发,对不同的国家-社会关系进行了定义。塔尔许斯(1988)根据财政收入来源,定义了六种不同的国家类型:贡赋国家(tribute-state)、领地国家(domain-state)、关税国家(tariff-state)、自产国家(owner-state)、贸易国家(trade-state)和税收国家(tax-state)。贡赋是人类进入早期阶级社会后出现的财政汲取方式,其往往意味着一种封建式的、等级化的权利义务关系。比如,封臣或诸侯向君主纳贡,骑士或大夫向封臣或诸侯纳贡,都意味着接受贡赋者要向缴纳者承担保护义务。在萨米尔·阿明(2007:243—245)看来,贡赋形式既不同于阶级社会早期的社群所有制,也不同于中世纪后期的自由和商品化形式,而是一种前资本主义社会的普遍形式,所以封建主义仅仅是贡赋形式的一种特殊类型。因此,古代社会中的政体大多可以被定义为一定色彩的"贡赋国家"。"领地国家"主要指的是中世纪封建社会形态下,以"国王靠自己生活"原则下的一种国家-社会关系。在中世纪西欧,国王靠来源于自己领地上的收入生活,而不是靠赋税生活,这既是一种事实,也是一种道德箴言和道德诉求。在当时的人看来,靠自己的领地收入为生,而不榨取臣民、不损害臣民的利益,是贤明的君王或领主应有的德行。14世纪之后,这一格言渐渐失去其初始的含义,开始被人们当作抗议君主过重课税和权力滥用的理由,因而逐渐被看作中世纪君主的财政原则(熊芳芳,2015)。一直到资本主义革命前,英国国王"源自各种特定权力和国王个人特权"的财政收入仍然保持在70%以上(布拉迪克,1996)。在德国,直到16世纪各个邦国才逐渐从采邑发展成典型意义上的领地国家,17世纪兴起的财政学派——"官房学派"所重视的,仍然是如何依靠君主的资产获取财政收入(朱孝远,2013),这种领地国家形态直到19世纪初才逐渐淡去。在法国,中央集权制度确立较早,大约在15世纪30年代,国王确立了对征税权的控制,国家税收逐步取代封建赋税成为国王收入的主要来源,国王从"靠自己生活"转向"靠臣民生活"(熊芳芳,2015)。

随着商业贸易的发展,与以向私人征税为主要财政来源的国家相比,贡赋国家与领地国家的竞争力日益虚弱。特别是在国家间发生战争时,财政资源汲取能力方面的差距直接决定着战争结局。无论是英国称霸全球还是拿破仑横扫欧洲,都是现代意义上的税收相对于其他财政汲取方式的胜利。不过在一些国家,贡赋、领地收入等古老汲取手段的代替物并非只有税收。随着商业贸易的发展,商人阶层和资产阶级成为财富的主要拥有者,而且商业贸易征税的最便捷方式,是在关隘或海关设卡征税。在中世纪后期西欧的一些封建城邦特别是沿地中海的城市,发展成为靠关税生存的政体。在清帝国后期直到中华民国,关税也成为财政收入的重要来源。通过关隘或海关提取税收成本极低,而且还会随着商业贸易发展稳定增长,这使得很多统治者开始重视甚至鼓励商业发展。但关税国家或贸易国家最大的一个问题是,纳税人很难与统治者之间形成直接的议价过程,关税以及在关隘抽取的流转税并不需要以被汲取群体的同意为前提。

在现代社会,自产国家与税收国家是两种最常见的国家-社会关系。顾名思义,自产国家的财政收入不依赖向私人经济的征税,而是主要依赖国家组织控制或拥有的资源或生产资料孳生物的政体。或者说,自产国家是国家组织者直接控制并经营大部分经济资源以获取剩余的国家类型。在坎贝尔(Campbell,1996)看来,苏联以及东欧社会主义国家的财政收入主要来自国营企业利润,是典型的自产国家。同样道理,在我国,从1956年完成社会主义改造到1978年实行市场导向经济改革这一段时间,其实也是自产国家(马骏,2011)。相应地,税收国家是以私人部门缴纳的部分利润为主要财政收入来源的国家。税收国家与自产国家的一个重要区别是:在税收国家中,政府组织汲取财政收入的主要方式是把本属于社会个体所有的部分利润征收为国家所有,汲取过程本身是一个所有权转移过程;但在自产国家中,国家组织直接控制经济资源,经济资源所产生的利润自然属于国家所有,汲取过程与生产经营过程合二为一了。由于较高的国家自主性,自产国家会形成一种"社会依赖于国家"的国家-社会关系,人民因此很难形成参与政治、影响国家收支政策的要求以及国家财政必须对社会公开、对公民负责的要求(马骏,2011)。相比较而言,税收国家中的国家-社会关系会逼迫政治行动者建立较完备的私人产权制度,并提供公共产品以保障公民安全与福利。

既然税收国家比自产国家在治理方面具有更大优势,那么税收国家对自产国家的代替就应该成为一种普遍趋势。但事实上,社会发展面临不确定性与复杂性。在现代社会,并不存在纯粹意义上的税收国家和自产国家。第二次世界大战后的西欧各国,"通过开办国有企业创造利润,然后用利润来支付社会资本和社会费用支出"(奥康纳,2017:169)俨然成为重要汲取方式。在20世纪六七十年代的我国,除了占财政收入80%左右的国营企业的利润与税收外,仍有10%以上的财政收入是来自"集体经济"。熊彼特也认为,"税收国家并非只有来源于他人的收入,它也有自己的收入;它不仅有继承自前任的多数情况下不大的土地财产,也可以在资本主义世界中为自己开创经济活动领域并成为企业的经营者",但熊彼特接着说:"当它这么做时,它就越过了自己的界限"[1]。对于现代国家来说,过度依靠某一税种或某一种财政汲取方式都是相当危险的,一个复合的财政收入来源体系对于保障国家安全来说至关重要。比如,塔尔许斯(Tarschys,1988)就认为,在当前各国,"一些非税收入,如用户收费和其他贸易收入仍然具有重要意义,而当前的'税收国家危机'可能导致政府收入结构更加复杂"。在第一次世界大战结束后,葛德雪认为要摆脱税收国家的危机,就必须发展"国家资本主义",即成为"有产国家"或"自产国家"。计划经济实验的教训表明,自产国家面临着财政源泉成长性不足的根本缺陷。从较长历史期间看,税收国家与自产国家之间的变化可能并非单向过程,在一定的宏观背景特别是财政需求结构性变化的条件下,从自产国家走向税收国家,或者税收国家蜕变为自产国家,都是有可能的。

关于这一话题,一个备受关注的问题是,我国是不是税收国家?如果不是的话,是不是应该转变成税收国家?王绍光(2007)认为,我国自秦汉起,就已经从"领地国家"迈进了"税收国家"。因为秦汉以后,财政来源开始主要依靠农民和其他劳动者缴纳的赋税和提供的劳役。但许多学者持不同观点,刘志广(2013)认为,我国自秦汉之后建立的是一种以农业自然经济和官营经济为基础的租金型财政制度。古代皇权专制下的中国是不是税收国家,取决于对当时生产资料所有制特别是土地所有制的理解。自中唐"两税法"以后,以国家绝对权力为基石的"均田制"崩溃,以"不抑兼并"为主要特点的土地私人占有制到来,专制王朝按理应该成为税收国家。但整个中国皇权专制时代,"家天下"的意识形态使得皇帝拥有不可挑战的大家长式的绝对权威,严格等级关系下的特权阶层以及底层平民,其拥有土地都是出于"皇恩浩荡",并非法律上的权利,因此,由这样的土地占有关系而形成的财政类型,是典型的"家财型财政"(刘守刚,2012)。

在计划经济时代我国是自产国家,这一点少有异议。但改革开放及市场经济体制确立后我国是否已经由自产国家变成了税收国家?对于这一问题,学术界存在争论。马骏(2011)认为,尽管经济改革以来中国整体上开始从自产国家向税收国家转型,但仍算不上完全意义上的税收国家,还保留了鲜明的自产国家

---

[1] 熊彼特.税收国家的危机[M]//哈罗德·格罗夫斯.税收哲人:英美税收思想史二百年.刘守刚,刘雪梅,译.上海:上海财经大学出版社,2018:197.

色彩并具有租金国家特征,这使得现阶段国家自主性一直较高,对社会的依赖程度自然也比较小。在可以预见的将来,中国将继续向税收国家转型,但仍会顽强地维持自产国家的特征。陈少英(2010)认为,税收国家理论是西方学者针对私有制社会的特点,从财政角度对国家形态的界定,具有独特的制度背景。税收国家的标准是以国家、社会二元化为前提,以税收收入为基础,以民生福利为理念,以课税平等为原则。只要满足这些形式要件,在公有制的社会主义中国也同样能够实现税收国家。客观讲,我国虽以公有制为基础且政府全部收入对税收依存度比较低,但随着市场经济的发育和成长,同样呈现出构建税收国家的可行性。现代税收国家的建成,无疑需要我国在经济体制、法律制度和社会文化观念等方面的深层次变革相配合(张富强,2016)。

在很多学者看来,我国未来能不能成为税收国家,对于国家治理具有至关重要的意义。如刘志广(2013)认为税收型财政制度、市场经济和现代国家治理是"三位一体"的。税收型财政制度的建立,是我国走向"采用现代预算制度来组织和管理财政收支"的"预算国家"的关键一步(王绍光,2007;王绍光,马骏,2008;魏风劲,2009)。"预算国家"又是"面向利维坦的信托"(大岛通义,2019:109),是国家治理现代化的一个根本性标志。但用税收与国家-社会关系这一框架来解释中国现象时,面临着中国独特情境下的诸多前所未有的挑战。比如,税收必然与私有产权相联系吗?如是,公有制主体下的税收又是什么性质?最简单的一个问题就是:国有企业缴纳的税收是税收吗?另外,关于税收国家与预算国家的问题,是不是只有税收国家才能发展出有效率的预算约束制度?比如,李炜光和任晓兰(2013)就认为,作为后起国家,税收法定原则与预算法定原则并行不悖。是不是一定要先经历"税收国家"才能发展成为"预算国家",还有待进一步检验。在基于税收的来自社会的压力之外,政治行动者的自我学习能不能成为走向预算国家和社会良治的另一种动力结构?这些问题都是理解中国现象时必须解答的重大课题。

五、财政元素与制度变迁

上述文献都是间接地涉及财政汲取与国家治理制度演进。还有一些文献直接地讨论了两者之间的关系。

大量历史经验表明,围绕财政汲取与支配而进行的斗争很大程度上影响了一个国家的政治制度变迁。正是这一动力,推动了英国从封建领主制演变成君主立宪制、建立公共财政制度,也推动了中国从封建领主制走上封建君主制、王室财政制度(雷俊,2008)。同样是这一动力,推进了财政民主化进程,并促进了民主政治以及法治框架的发展与成熟(财政部财政科学研究所《英法历史比较与借鉴》课题组,2013)。即使在西方国家之间,财政汲取也是造成政治制度差异的重要元素。有人认为,英法两国的封建君主根据自身历史境况选择了不同的税收汲取模式,进而导致了两国代议制体系的不同。英国国王把汲取收入的目光放到了对外贸易带来的关税上,这促进了议会民主制度的发展;而法国长期依靠对固定资产的征税,这相应地导致了君主专制的发展(Zolberg,1980)。熊芳芳(2015)认为,中世纪晚期法国君主征税权的确立,实质上改变了中世纪法国的社会基础和权力运作方式。

贝茨和雷恩(Bates & Lien,1985)的研究更加完整地呈现了不同税收选择对政治体系产生的影响:国家运用强制手段可以很容易地对不可移动的税基征税,比如土地和不动产;但当对资本、收入等可移动物征税时,就不得不寻求纳税人的合作。为了达成这种合作,国家必须让纳税人在税收制度决策中发挥一定的作用,这最终导致了议会民主制度的发展。财政汲取不但推动了基本政治制度变化,还对较低层次的行政制度的变迁产生了影响。凯泽尔和凯恩(Kiser & Kane,2001)在对近代英法两国税务行政管理的研究中发现,英国政府的组织化和官僚化程度高于法国,这是由于英国税收主要依赖于间接税,税务行政机构的组织化和官僚化所产生的效率,能够在一定程度上降低征税活动中评估和监督等方面的交易费用。

少数学者直接论及财政汲取对国家经济制度的影响。冯俏彬(2006)注意到从中世纪到近代的英国社会有三条清晰的制度变迁线索,产权由不完全到完全、国家组织由产权与政权合二为一到彻底分开、财政由国王的私人财政向社会的公共财政转化,三条线索共同构成一个完整的制度变迁体系。财政汲取似乎对收入分配制度也有影响。杨白冰(2015)认为,税收制度的构建应以产权为基础,税收本质上是一种私人产权与公共产权的交换。合法征税的前提是产权的清晰界定,税收的价格等于国家界定与保护产权的成本。贺蕊莉(2011)认为,我国保留了诸如租金型和利润型等古老的财政收入制度,在增强国家自产能力的同时,影响了税收在调节贫富差距中的基础性作用,国家自产能力是以扩大贫富差距和损害市场经济秩序为代价的。

从文献上看,财政汲取对国家治理制度的影响是广泛的。它还深深地塑造了一些国家的基本社会管理制度。申端锋(2014)分析了近代以来我国基层社会管理体制的变迁:清末与民国对农村地区实行的是以汲取农业税为目的的"汲取—政府强制模式";在 1958 年后的人民公社时期,实行的是不对农民直接征税、通过集体经济组织提取农业剩余的"积累—政社一体模式";包产到户后一定程度上恢复了"汲取—政府强制模式",但到 21 世纪初已经转为"惠农—政府自主模式"。秦晖认为,俄国的村社制度并非如一些人所想象的那样是原始公社制度的残余,或者是值得利用的通向财产公有"乌托邦"的萌芽,而是 16 世纪以后才被人为构建的,"保证公社交纳剩余产品、履行封建义务的手段"(秦晖,2013:75)。与此异曲同工的是商鞅变法以来中国所形成的所谓的"地主的土地私有制",其实也是为了加强财政汲取而实施的"国家垄断",而不是民间的竞争(秦晖,2014:256)。一些学者注意到了财政压力对我国其他社会制度的影响,比如,财政压力驱动了农村社会保障及合作医疗制度的变迁(毛翠英,2008;陈少晖,李丽琴,2010),推动了一些地方政府的户籍制度改革(王清,2011)。

从历史事实看,财政压力是自古至今国家制度变迁的重要驱动力,不仅仅是我国,也是世界各国制度变迁的主要影响因素。何帆(1998)认为,我国计划体制向市场经济过渡的直接原因是国家所面临的财政压力。正是财政收支出现了难以克服的困难甚至财政危机,才使得原有的治理方式难以为继,不得不进行改革。刘志广(2007)也认为,社会经济转型是财政压力下财政制度变迁及产权结构调整的必然结果。财政压力导致制度变迁是一个财政社会学早已提出并证实了的命题。关键问题在于,财政压力为什么在不同的历史时期的不同国家产生了不同的制度结果?是财政压力导致了英国查理一世与法国路易十六的增税行为,从而引起了资产阶级性质的革命,进而产生了资本主义国家。但是面对同样的财政压力,同样位于西欧的西班牙却没有走上资本主义道路。面对财政压力,日本的明治维新取得了成功,但同时代的中国戊戌变法却早早夭折。如果说财政压力是我国计划体制向市场经济过渡的直接原因,那么必须指出,在整个计划经济时代的大部分时间里中国都处在财政压力甚至财政危机的状态,为什么制度转折发生在此时而非彼时呢?显然,财政压力并不必然导致促进国家"良治"的制度变革,在一定的政治、经济条件下还有可能出现国家政权的"内卷化"[1]。财政压力导致制度变迁的说法,实

---

[1] 内卷化(involution)如今已经被广泛用于文化、农业以及政治制度等各个领域。一般认为社会学意义上的"内卷化"源于美国人类学家吉尔茨。黄宗智在《长江三角洲小农家庭与乡村发展》中,把内卷化这一概念用于中国经济发展与社会变迁的研究,杜赞奇在《文化、权力与国家:1900—1949 年的华北》中又提出了"国家政权内卷化"。综合来看,"内卷化"指的是一种"没有发展的增长"的状态,或者是边际效益递减至趋近于零仍然不停止成本投入的状态,一种勉强维持的状态。关于本文中"内卷化"的概念,将在本书第五章有详细的定义和解释。

际上把政治行动者假设成为财政收入最大化的理性政治人,忽视了历史背景、文化传统、政治家理想以及政治行动者的未来预期等一系列外在因素。面对财政收支的失衡,现代国家的政府既可以采取预算收缩政策,也可以扩大公共债务规模。一些政治行动者还可以通过意识形态宣传和精神号召来减轻财政压力,比如,计划经济时代的中国以号召"知识青年上山下乡"的方式来缓解城镇就业问题,一些国家通过鼓励国民无私奉献等方式来号召国民共同应对危机。不同的经济、政治、文化背景下民众所拥有的与国家或政府进行议价的能力,影响着财政危机背景下博弈双方的行为选择及制度后果。因此,财政危机或许仅仅是制度变迁的一个"窗口期",至于制度向何处变迁,取决于更深层次的因素。

六、有待进一步探讨的问题

上述几类文献,不约而同地认为公民/纳税人与国家/政府之间围绕财政汲取所进行的博弈,是促进国家治理制度进步的重要动力。人类社会极其错综复杂,人类群体的行为选择也充满了不确定性。受自然科学影响,社会科学研究者总是希望能够在复杂的社会生态结构中抽象出简洁的方程式,从而发现稳定的因果关系。但由于人类社会的复杂与不确定性,因果关系式一旦为了简洁而抽象掉其他大量的干扰变量后,其解释能力可能会大大下降,甚至失去其应有的意义。就纳税人与国家之间的博弈促进国家治理进步这一命题来说,可以找到很多历史事实加以证明,同时也能找到一些看似相反的历史事实加以质疑。在具体的历史时期或者特定环境中,各个群体围绕财政汲取进行的博弈导致国家治理制度、治理体系与治理水平的方式、方向以及结果很可能存在天壤之别。绝对地说财政博弈"必然"对国家治理水平有积极作用,这种判断过于武断。当然,可以采取更加"中性"、更加具有涵盖性的说法,比如可以说,纳税人与国家间的博弈是制度变迁的一种驱动力。这种说法看起来是不会犯错误的,但这只不过是对历史事实的简单描述,人们对社会规律的探寻显然不能停留在如此简单化的理解上。因此,关于本书的核心命题,重要的是要弄清楚纳税人(或公民)与国家(或政府)之间博弈的具体结构和整体过程,或者说,摸清纳税人与国家之间博弈影响国家治理制度变迁的基本因果关系链条,以及在不同背景下发挥作用的主要方式。

当前,学者们一般将国家治理视为政治学或公共管理学问题,将制度变迁视为制度经济学的主要研究对象,而本书的主题又是一个典型的财政社会学命题。

政治学、经济学、社会学以及管理学等学科的交叉融合,为研究工作提供了足够多的理论工具、足够大的挥洒空间。迄今为止的相关文献与研究成果,在这块新画布上已经留下了诸多色彩斑斓的印记,但仍有大量的留白需要有人去填充,以使得整个画作能够早日以比较完善的面目展现于世人。总体来看,就本书核心命题而言,现有文献至少在以下三个方面有待进一步深化研究,这也是本书试图填补的目标所在。

一是需要更好地统一"纳税人-政府"博弈与"集体行动逻辑"。上述文献中,一般是将"纳税人"作为一个有共同利益的群体来看待,这至少不符合一部分历史和经验事实。按照奥尔森的观点,当集团人数较少时,集体行动比较容易产生;由于"搭便车"现象的普遍存在,随着集团人数增加,产生一致的集体行动就越来越困难。如果将所有纳税人视为一个整体,其实这个集团很难形成一致行动,也就难以对国家或政府形成单向的、稳定的压力。同理,由极少数具有共同特殊利益的纳税人组成的小型"压力集团",反倒有更大的概率影响国家决策过程,从而形成对自身有利的政策环境。另一种情况是,在"一人一票"的西方式"民主国家",一些政客可以煽动占人口大多数的小纳税人或平民,对富人或大纳税人进行"合法的"反向剥夺。显然,按照这种逻辑,"纳税人-政府"博弈并不能与国家良治之间建立必然的正相关关系。一方面,生物学和人类学已经证明,集体行为是包括人类在内的很多动物的本能行为,"互惠性"或"同情心"是人类天生的性格特质;另一方面,"搭便车"和"公地悲剧"的事实也证明,人类追求自我享受和利益最大化的预期是稳定的。人类的社会性决定了人们的个体行为能够汇集成一致的集体行为,但如何汇集、汇集成什么样的集体行为,还取决于其他的一系列前提条件。至少,笼统地把社会群体划分为统治阶级与被统治阶级过于简单化了;把国家或政府看成代表统治阶级利益的暴力垄断组织,也过于简单化了。所以在研究中,需要把博弈主体划分得更加精细一些,对他们利益取向的判断也应更加客观一些。

二是需要更好地关照人性假设与现实的契合度。传统的政治学和公共财政学,假设政府是代表公民利益的,政府官员和政治家的目标是社会利益的最大化。公共选择理论把经济学中的经济人(或理性人)假设移植到政治领域,认为政治领域中的个人也是以自己的利益最大化为行为准则的经济人。自此之后,关于政治交易市场与政治制度变迁的研究,基本上沿用了理性经济人的假设。尼斯坎南从公共选择论的角度对政府官员的行为进行了深入分析,得出了官僚所追求的目标函数是预算规模最大化的结论。与此类似,利瓦伊(2010)也认为政治行动者会致力于国家岁入最大化。但用经济收入最大化来假定所有政治行动者的行为目标并不符合历史真实。尽管充裕的财政收入可以为统治者提供足够大的转圜空间,但很少有统治者把经济收入作为自身统治所追求的单一目标。里彻尔认为,国家经济并非一心一意地谋求利润,也不受利润动机主宰;谋求在成本之上获取剩余,这既非国家经济的意图也不是它的目标[1]。政治家一般都有政治理想,民主制度下政治家会追求任期内的政绩,并为下一次选举做铺垫;世袭制度下政治家会考虑如何尽可能安全地将权位传给其后代。一些独裁者为了维持统治,有时会宁愿牺牲掉财政收入的增长而追求其他方面的长久之计,有时则会为了某些短期的极具诱惑力的收益而横征暴敛。一个更完美的说法是,政治家或统治者追求的是自身利益最大化,其中既包括经济利益,也包括政治利益,甚至包括生物学意义上的其他利益。政治家行为选择的所有考量,都是基于自身收益与成本衡量后做出的理性选择。但是,不仅仅政治家,所有人类甚至动物,追求的都是自身利益最大化。这种看似全面的说法容易陷入泛泛而谈的境地。客观地讲,恐怕更难找到一个既能克服理性经济人局限,又能防止泛泛而谈的关于国家行为的完美的前提假设。一个有价值的方案可能是,在公共选择行为研究中关注事件发生的具体情境,根据当时环境来为研究对象的目标集合进行合理赋值。

三是需要更多地顾及不同历史、政治、经济和文化环境对"纳税人-政府"博弈路径和结果的影响。矛盾是事物发展的动力。纳税人和政府作为人类社会关系中一对重要的矛盾,自然也推动着社会的变迁与发展。但是,很多偶然因素与自然因素早早地"框定"了各种文明的发展方向。比如,在人类文明初期,不同的地理位置决定了大河文明与海洋文明两种迥然不同的特质。又如,英国产业革命的发生依赖于财政制度的变迁与财政效率的提高,而其财政制度的变迁可能并非欧洲优秀文化与先进的政治法律制度的继承与延续,而是因被海峡隔绝而偏僻落后的英国的贵族政治、岛国文化、地缘政治与重商主义生存经济偶然结合的产物(宋丙涛,2015)。按照制度变迁"路径依赖"理论,某个体制一旦被人们选择,由于学习效应、规模经济、既得利益约束、协调效应以及适应性预期等因素的存在,会导致该体制沿着既定方向不断自我强化。一旦人们做了某种选择,就好比走上了一条"不归路",摆脱既有体制远比老老实实地留在旧体制内困难。"路

---

[1] 汉斯·里彻尔.共同经济与市场经济[M]//理查德·A. 马斯格雷夫,艾伦·T. 皮考克.财政理论史上的经典文献.刘守刚,王晓丹,译.上海:上海财经大学出版社,2015:305.

径依赖"的存在还意味着,人类早期文明时代因自然环境造成的气质差异,会随着时间推移和制度进化,在相当长的时期内变得越来越大。这就像气球上的两个点,当气球干瘪时,两点距离较近,当气球被吹起时,两点距离会越来越远。在人类历史的大部分时间里,相互隔绝的各种文明沿着自身的逻辑独自发展,形成了文明万花筒。直到在近几百年全世界建立起广泛的联系后,通过文化融合与制度学习,世界各国才出现了趋同的现象。本书在研究中需要找到一个概念,能够把不同的原初环境的影响统一起来,既要保证脱离机械的决定论泥沼,又要能够解释得通文明差异现象。

综上,在财政汲取特别是税收与国家治理的关系上,现有的研究成果相当丰富。但现有成果多将目光集中到了问题的"知其然"方面,在问题的"所以然"方面需要继续深化研究。大量成果已经证实了税收对促进国家治理能力与治理绩效的独特作用,但对其背后机理的研究探索,总体上还停留在推论、猜想甚至联想的阶段。导致这些缺陷与不足的原因,可能与问题本身的复杂性有关,但这不应成为学术研究将其绕开的理由。

第三章 几种重要的研究范式

科学研究是一个知识积累的过程。当今的学术研究大都是站在"巨人肩膀上"进行一些新的探索。前人的研究成果为我们提供了现成的理论基础、基本假设、研究工具以及价值观和方法论,或者说,提供了不同的研究范式。按照托马斯·库恩的定义,范式(paradigm)是一种对本体论、认识论和方法论的基本承诺,是科学家集团所共同接受的一组假说、理论、准则和方法的总和,这些东西在心理上形成科学家的共同信念。简言之,范式就是一个共同体成员所共享的信仰、价值、技术等的集合。尽管关于范式的定义看起来是明确的,但学者们在判断不同层次的思想观念、理论体系、研究框架以及工具方法时,究竟哪些内容、哪个层次才算得上范式,仍然存在分歧。本书不打算就范式的准确定义进行讨论。按照库恩的解释,范式应该是在学术共同体内得到一定程度公认的、整体化系统化的,并对某一领域的研究产生过"革命性"影响的理论结构。因此本文所称的范式,指的是在经济学、政治学、公共管理学与国家治理领域的学术研究中曾经产生过的,有革命性、创新性影响的、基础性的价值观念及方法论。

在"经济学帝国主义"大行其道的今天,一些经济学常见范式及其在政治领域运用的模型,似乎可以成为研究核心命题的理论工具,如萨缪尔森-伯格森的"社会福利函数",马斯格雷夫等人的"公共财政理论",以及现代功利主义者的"最优税收理论"等。但本书主要研究工作是围绕不同群体的财政汲取博弈进行的,在此背景下"制度"不是事先给定的博弈约束条件,而是被研究对象。因此,把制度视为既定条件然后对个人选择进行均衡分析的古典经济学及其衍生模型,就难以为本项研究提供更有力的支撑。根据这一需要,至少有以下几种范式,可以为研究财政税收与国家治理/制度变迁问题提供理论基石。

一、新制度经济学或交易费用理论

一般认为,新制度经济学是关于交易费用的理论。古典经济学把制度看成一种给定的条件,然后研究既定条件下微观主体的行为选择及均衡问题。19世纪末开始,以凡伯论、康芒斯为代表的一些人开始把制度作为研究对象,他们被称为"制度学派"。制度学派是以主流经济学批判者的身份出现的,但它本身缺乏一种统一的研究纲领及方法,因此在学术发展过程中逐渐被边缘化甚至被抛弃。随着交易费用理论的提出和发展,一些学者开始运用该理论研究资源配置以及制度变迁问题,一种以经济学方法特别是交换费用理论来研究制度的学说即新制度经济学应运而生。相应地,以凡伯论、康芒斯等为代表的、对理论化、规范化研究范式持反对态度的早期制度研究者,被冠以"老制度主义学派"。与老制度学派相比,新制度经济学由于拥有规范化的、统一的研究方法,从而更具说服力与精确度;与主流经济学相比,新制度经济学以制度为研究对象,从而更具历史穿透力。在价值观、分析框架和基本方法等方面,制度经济学与新古典经济学为代表的主流经济学基本上是一致的。制度经济学的方法论基础是规范的个人主义,主要方法侧重于经验实证研究,但近年来也存在理性模型化的倾向(周业安,2001)。不过,新制度经济学领域很多有意思的结论,多是通过案例或经济史研究发现的。

(一) 产权理论

当罗纳德·科斯将交易费用引入经济学后,很多人开始运用交易费用原理来解释政治制度的变迁,从而使新制度经济学具备了从经济领域到政治领域的广泛解释力。在经济学领域,交易费用理论衍生出产权理论、企业理论和契约理论;在政治经济学领域,交易费用理论也成为国家理论、意识形态理论和制度变迁理论的主要分析工具。制度经济学研究的目标,其实就是人们如何在现实世界里做出选择以及这些选择如何改变周围的世界。而影响人们行为选择的根本因素是人们所感受到的、所追求的不同的目标激励。那么,对人们产生激励或者说影响激励格局的主要因素又是什么?很明显,是经济利益的分配结构。在这一认知上,制度经济学的观点与马克思主义者的"生产关系"论有相似之处。在马克思主义者看来,生产关系就是包括物质生产、分配、交换和消费等内在的人与人之间的社会关系,它主要表现为一种物质关系。这种关系在普遍情况下,几乎等同为物质的所有制关系。比如:生产资料归谁所有?人们运用生产资料实施生产行为并滋生的产出物如何分配？马克思主义者将生产资料所有制结构作为划分社会形态历史阶段的主要标准。而在新制度经济学领域，学者们把物质所有权及分配结构定义为"产权"。

当今很多经济学家赋予"产权"以不同的概念。德姆塞茨(2014)认为，产权是能够帮助人形成他与其他人进行交易时的合理预期的一种社会工具，其主要功能是激励人们将外部性较大程度地内在化。阿尔钦(2014)则认为："产权是一个社会所强制实施的选择一种经济品的使用的权利。"马克思的所有制理论通过生产资料归属权的分析抽象出社会形态发展的历史阶段。产权理论的视点则落在了产权安排与资源配置效率上，旨在阐明产权制度与经济效率的关系。即：产权理论将权利关系定义为个人对于财产的一种排他性的占有关系，这种排他性的占有在给经济主体带来收益的同时，又引起一定的交易成本(孙拥军，2010)。运用产权概念来理解历史分析中一些常见的所有制方式，如共有制、私有制和国有制，相对于阶级分析方式来说有不一样的发现。对于共有制，是一种由共同体的所有成员实施的权利，这"意味着共同体否定了国家或单个的市民干扰共同体内的任何人行使共有权利的权利"(德姆塞茨，2014)。也就是说，共同体所有制对于所有共同体成员来说不具有排他性。相应地，私有制"意味着共同体承认所有者有权排除其他人行使所有者的私有权"(德姆塞茨，2014)。基于自愿或者合作原则，共有制与私有制并不存在本质区别。比如，一个小山村里的居民可以将各自拥有生产资料甚至土地联合起来共同耕种，也可以通过投票决定是否将共同拥有的土地分到各家各户。所以，共有产权与私有产权之间可以基于同样的原则进行相互转换。但"国有制"完全不一样。国有制意味着"只要国家是按照可接受的政治程序来决定谁不能使用国有资产，它就能排除任何人使用这一权利"(德姆塞茨，2014)。

对于统治者来说，产权安排具有两方面的意义：一是产权安排提供了一种生产激励结构从而促进经济增长，这为统治者的财政汲取提供了源泉；二是产权安排影响着统治者的财政汲取方式选择。比如，统治者可以通过承认并保护私人产权来换取税收，还可以将产权收归"公有""官有"或"国有"，然后获得利润，中国古代史中的"盐铁专营"即为此类。从历史上看，是构建一种承认和保护私人产权的税收制度体系，还是构建一种以非私有产权为主的租金或利润汲取体系，成为统治者的两种基本选择。前一种选择能够保证财政资源的成长性，但也意味着统治者权力受到强大的私权约束；后一种选择能够保证统治者对资源汲取的自由度，但又必然要承担财政资源成长性的损失。这种动力结构正是以道格拉斯·诺思(Douglass C. North)为代表的制度变迁学派的主要研究对象。

(二) 暴力潜能理论

诺思的研究集中在一个问题上:解释不同经济体贫穷或富裕的根源。而决定一个经济体是贫穷还是富裕的根源在于制度。在诺思1973年的著作《西方世界的兴起》中,提出有效率的经济组织是经济增长的关键,也是西方经济兴起的原因所在。有效率的组织需要在制度上作出安排和确立产权以便造成一种刺激,将个人的经济努力变成私人收益率接近社会收益率的活动(诺思,托马斯,1999:5)。诺思的观点挑战了试图从偶然的技术革新中去寻找产业革命原因的"技术决定论",并革命性地指出,是制度决定了一个国家的经济发展。如果说《西方世界的兴起》更多地阐述历史事实的话,那么在1981年的《经济史的结构与变迁》一书中,诺思又从理论上进行了深化与扩展。诺思对三个变量进行了着重分析:对经济活动产生动力的产权,界定和实施产权的单位——国家,决定个人观念转化为行为的道德和伦理的信仰体系。从而,产权理论、国家理论和意识形态理论成为制度变迁理论的三大基石。1990年《制度、制度变迁与经济绩效》出版后,诺思的制度变迁理论已经成为比较完善的体系。总体来看,基本观点是:制度决定了国家的兴衰,一个尊重和承认私人产权的制度能够形成有效的经济激励,从而实现经济长期增长;决定制度变迁的基本原因是相对价格,制度的制定者之所以改变原来的制度,是因为他们认为借此获得的收益大于因此而产生的成本;国家在制度变迁中具有关键作用,国家既可以通过界定和保护产权促进经济增长并获得未来长期稳定的财政收入流,也可以破坏产权以尽早获得现时的巨额财政收入,因此"国家决定产权结构,因而国家最终要对造成经济的增长、衰退或停滞的产权结构的效率负责"(诺思,1994:17)。也就是说,国家有时候倾向于做"扶持之手",有时候又倾向于做"掠夺之手",此即著名的"诺思悖论"。

为了进一步研究统治者基于相对价格进行的制度选择对于国家兴衰的影响,诺思后来又提出了一个综合性的解释框架:"暴力潜能"分配论。该理论认为,若暴力潜能能够在公民间实现平等分配,会产生契约性国家;若分配不平等则产生掠夺性国家。在此思路之下,诺思构建了一个关于国家的模型,该模型有三个特征:第一,国家为了获取收入,向国民提供个人或财产的"保护"和"公正"的服务作为交换;第二,为使岁入最大化,国家将选民分为不同的集团,并为每一个集团设计相应的产权制度;第三,由于总是存在着能提供同样服务的潜在竞争对手,国家的执政者将受制于其选民的机会成本(诺思,1994:23)。在诺思的框架中,统治者无疑是租金或财政收入最大化者,但统治者同时也可以是全社会总产出最大化者,因为这关系到其统治的合法性。所以统治者在一定条件下也有愿望提供产权保护,监督合同履行以降低交易费用,以此促进整个社会的经济活力。但是,"在使统治者的租金最大化的所有权结构与降低交易费用和促进经济增长的有效率体制之间,存在着持久的冲突"(诺思,1994:25)。从一个特别长的历史进程中看,统治者与被统治者的根本利益是可以达成一致的。但是在某个特定的时段,两者的直接利益存在着非此即彼的"零和"甚至"负和"冲突。所以,统治者常常面对一种艰难的抉择:是放弃眼前的或者暂时的但又是急需的利益来追求长远的、与被统治者共享的共容利益,还是通过牺牲掉被统治者的利益先保住自身急需的利益?显然,所有的统治者都会优先考虑自身的利益,但统治者自身偏好、性格特质以及所面对挑战的特殊性影响着统治者对自身收益的贴现率认知。

(三)坐寇-流寇模型

在制度选择与国家兴衰的研究中,曼瑟·奥尔森是另一位具有重要影响力的政治经济学家。奥尔森的研究从"集体行动的逻辑"开始,并以此来解释国家繁荣与萧条的内在原因。在思考国家兴衰时,奥尔森提出了一个特别有震慑力的模型:坐寇-流寇模型。对于任何一个匪帮或黑手党来说,一般不会把平等交易作为获取资源的主要手段(否则就不是匪帮或黑手党了),并代之以暴力或强制掠夺。如果匪帮将一个区域内住户的所有财产掠夺一空,就会产生以下极端后果:住户"用脚投票"、逃亡别处;匪帮由于失去了财富来源也不得不流窜别处。所以一个理性的匪帮会对住户使用一种掠夺率来代替全额式掠夺,这种掠夺率不能高到使得住户大规模逃走,又不能低到无法持续自身生存发展以及享受的需要。而且,理性的匪帮为了方便汲取起见,还会提供一定的公共产品,如维持市场秩序、打击偷盗行为、防止其他匪帮侵入等。这样,匪帮与住户之间就产生了"共容利益"。为了使人们更精确地理解共容利益,奥尔森做了一个比较:在一个人口众多的社会中,单个强盗的盗窃行为对社会造成的损害很小,他获得的利益相对来说也很小,因此他也不会意识到他的盗窃行为给社会造成的损害。相反,控制一个社区犯罪活动的黑手党由于其对犯罪的垄断性,其对社区收入的看法拥有一个相对妥当的共容利益观,所以它使用自己强制性的权力来为自己的社区利益考虑(奥尔森,2014:5)。因此,单个罪犯可以毫无顾忌地大肆行窃,而理性的黑手党首领一般不会收取全额保护费。

坐寇-流寇模型可以解释国家和专制制度的起源,但难以完整解释民主制度的发生。为此,奥尔森引入了时间概念和国家间竞争两个因素。一个拥有长远观点的专制者,出于统治权的延续需要,会试图让其臣民确信他们的资产会永远地得到保护,不用担心在未来会被充公。但问题在于,"君主的承诺是不可靠的,因为其承诺得不到任何来自司法或者其他独立权力部门的制约","在任何专制社会里,怀有与流动匪帮首领一样动机的专制君主注定是要出现的"(奥尔森,2014:5)。这是因为,有很多事件的发生,包括专制统治者个人的气质与目标,都会影响其对贴现率的看法。而且在没有相对独立的司法机构制约的情况下,统治者将权力变现的欲望往往会顺利实现。但是,当民主国家出现后,民主国家有可能在战争中击败专制国家,因为在民主国家统治者权力受到制约,其对公民财产的征收会被限定。这种情况下民主国家反而能够汲取到更多的财政收入。民主制度带来了统治者对契约的遵守,对契约的遵守带来了人们对未来的稳定预期,稳定的心理预期促进了经济高速增长,这又为国家财政提供了源源不断的收入。这种良性循环是传统专制制度难以企及的。

在奥尔森看来,持久的民主意味着持久的财产和契约权利,而持久的财产与契约权利又意味着政府与纳税人之间形成了共容利益,两者之间出现了"正和博弈"。因此,国家的繁荣需要一个以保护私人产权、维护市场规则为己任的"强化市场型政府"(market-augmenting government,或译作"扩展市场型政府")。奥尔森也注意到,强化市场型政府自身存在一个难以调和的内在矛盾,"(私有财产)权利从来都不是自然所赋予的,而是社会的——而且通常是政府的——规划设计的产物"(奥尔森,2014:152)。在这一点上,奥尔森与诺思等很多学者的观点惊人一致。这也意味着,政府有权力保护产权,也有足够的权力侵犯产权(只要其愿意)。强化市场型政府所需要的条件,最可能在稳固的、尊重权利的民主体制中得到满足。但受集体行动逻辑的局限,即使民主体制也有可能产生恶的结果。在这里,奥尔森提出了一个"分利集团"的概念。利益集团是具有一致性利益方向的个体组成的特定群体,他们根据自身偏好,通过各种途径向政府施加压力,以影响政府决策向有利于自身的方向发展。按照"集体选择的逻辑"原理,利益集团的集体行动及其对政府政策的影响力受集团规模因素和"搭便车"的影响。集团规模越大,越不利于集体一致行动。但同时,利益集团规模越大,对政府政策的压力也越大。在《国家的兴衰》一书中,奥尔森分析了分利集团与国家兴衰之间的关系:大量具有特殊利益的分利集团、分利联盟的存在,是国家衰落的重要原因。表面上看,利益集团之间广泛的讨价还价,似乎有可能实现有效率的结果。但问题是像纳税人、消费者、失业者以及贫困家庭等群体由于人数过多,可用于选择性激励的组织资源过少,受协商成本和搭便车现象干扰,将难以形成讨价还价的一致性行为。所以,"即使民主制度最发达的国家,所有具有共同利益的人形成对等的组织,并通过广泛讨价还价以达成最优结果的可能性都是不存在的"(奥尔森,2007:38)。所以奥尔森悲观地指出,即使在个人权利保护得最好的社会中,变相的强取豪夺也有可能发生,比如,"一是通过游说活动,以赢得符合特殊利益集团利益的立法和法规,二是通过卡特尔化或共谋行为以操纵价格和工资"(奥尔森,2014:152)。在当今西方国家,既有特殊利益集团追求自身特殊利益的行为,也有政客与占投票人多数的平民阶层共谋,对富人阶层进行"反向剥削"的行为。

从本书研究需要看,新制度经济学范式其实是一种"新经济史学"[1]的范式。具体来看,在以下三个方面可以构成本书的基础。第一,在方法论上,将现代经济学理论与历史研究相结合,围绕制度、制度结构和制度变迁构造框架。把产权、国家和意识形态作为影响历史进程的三个基本要素,这既是经济史学的一次革命,也是现代经济学的一种全新思路。特别是明确提出相对价格是制度变迁的源头,这其实就是交易费用的方法论。第二,在基本框架上具有整合性与恰适性。诺思关于政府"掠夺之手"和"扶持之手"的理论、奥尔森的"强化市场型政府"与共容利益,都是新制度经济学中具有代表性的解释框架。很多学者也提出了类似的解释框架。比如,阿西莫格鲁与罗宾逊(2015)提出,"包容性"的政治经济制度能够实现长期经济增长,而"汲取性"的政治经济制度会导致政体周期性崩溃。这些框架都能够比较一致地把"掠夺性"和"契约性"国家理论整合在一起。第三,主要观点具有很强的解释力与说服力。诺思的理论体系中,包括了国家通过界定和保护产权以换取岁入的"契约论"观点及其背后的逻辑链条,这是研究财政汲取与国家治理的基本出发点。政治制度与经济的长期持续增长问题是诺思研究的一个重点。历史经验已经多次证明,只有权利开放秩序下的国家才有可能实现可持续的经济增长。那么就存在一个问题,一些限制进入秩序下的"自然国家",在不改变基本政治制度的前提下,通过学习、引进权利开放秩序

---

[1] "新经济史"这一名称是诺思在1966年发表的《美国过去的增长与福利:新经济史》中提出来的。它与福格尔1974年的著作《为非作歹的时代:美国黑人奴隶制经济学》一道,被认为是新经济史学派诞生的两个标志之一。所谓新经济史,应该是把现代经济学理论和方法与历史研究有机融合在一起去"透视"人类经济社会发展史,从中找出有规律性的东西,进而提炼出对经济变迁理解分析的基本框架的一种研究范式。参见:马涛.经济思想史教程[M].上海:复旦大学出版社,2002:483—484.

下的治理制度,能否实现持续增长?对此,诺思等人基于权利限制秩序自身的逻辑,基本上持否定态度。但根据奥尔森等人的"强化市场型政府"或"维护市场型国家"的框架,只要政府对私人契约与个人财产权利提供可靠保护,就能实现经济的增长,似乎自然国家的统治阶层在不放弃主要权力的情况下,通过学习也可以达到权利开放秩序的同等目标。但细细思量,两者观点并不矛盾,关键是把目光放多远。从短期比如几十年来看,政治上保持权利限制进入的国家,通过"强化市场型"政府色彩,可以实现经济高速增长,这种例子屡见不鲜。

二、剥削理论

即使批评者也不得不承认,马克思主义是具有高度逻辑自洽性和强大解释力的科学理论体系。而且,与新制度经济学、公共选择等学派相比,马克思主义不但是一种学术范式,更成为具有深远影响的人类革命和社会建设的指导性理论。"从其基本内容看,马克思主义经济理论本质上是制度经济理论,马克思采用的是制度分析方法,是较早地把制度纳入经济分析中的理论家。"(于金富,2008)当然,马克思主义的价值观、基本方法与主要结论与新制度经济学等其他学科存在本质差异,但这并不意味着两者之间有不可逾越的鸿沟。至少在学术领域,相互学习、借鉴和调整是一个学科不断发展进步的必要态度。关于马克思主义的方法论和基本观点不必赘述,在这一部分,将首先阐述以马克思主义为代表的剥削理论范式可资借鉴的内容,然后列举一些西方学者对马克思主义理论的新发展。

马克思主义的两个基本分析工具——生产力与生产关系的矛盾、经济基础与上层建筑的矛盾,可以比较完整地描述人类社会运行的动力机制。如果仔细对比诺思的制度变迁理论与马克思的相应观点,可以发现很多异曲同工之处。不过,一些马克思主义的追随者们存在把人类社会进程公理化、公式化的倾向。最典型的莫过于把人类社会形态分成原始社会、奴隶社会、封建社会、资本主义社会、社会主义(共产主义)社会等相继的几种类型。另一个简单化、公式化的观点,是把人们划分成统治阶级和被统治阶级两大集团,国家被视为代表统治阶级利益,运用暴力和强制手段压迫被统治阶级的合法工具。人类社会中群体的利益追求与价值取向是复杂多元的,即使假设可以将所有的群体抽象地归纳为两个阶级,也很难在统治阶级与国家(或政府、政治家官僚阶层)之间简单地画上等号。历史上存在无数个国家为统治阶级利益而抛头露面的案例,但也不乏一些政治家拿"统治阶级"利益开刀的案例。关于这种现象,过去教科书式的解释认为这不过是统治阶级内部开明分子的改良之策,本质上维护的仍然是统治阶级的根本利益。不过这至少说明,国家或者掌握权力的阶层,是一种相对独立于所谓"统治阶级"的力量,这种力量具有一种很多学者所认为的国家"独立性"或"自主能力"。从这个意义上说,参加政治博弈的基本力量不应是统治阶级和被统治阶级两方力量,具有自主性的国家也可能成为博弈中相对独立的力量。对于掌握政治权力的皇帝、国王、政治家或官僚阶层来说,出于维持统治地位的需要,他们的决策可能会更倾向于某个阶层。但在一定条件下也不排除一种可能:统治者不想受到任何一个阶层的绑架。这是统治者的理性选择,也是历史上经常发生的事实。

(一) 财政危机理论

在当今西方学术界,马克思主义仍然是一个有重要影响的流派,只不过已经呈现出万花筒般的景象。一些西方马克思主义学者的成果可以直接为本文提供启示。美国经济学家詹姆斯·奥康纳(James O'Connor)在20世纪七八十年代率先注意到了国家在再生产领域中举足轻重的作用,从而将资本主义经济危机理论转化成了国家财政危机理论。奥康纳在继承马克思主义基因,考虑到经济阶级之间关系的同时,进一步考虑了经济阶级与国家权力之间的关系。他的分析率先从资本主义国家职能的矛盾性入手。经过多次经济危机的洗礼,资本主义政府逐渐改变了"守夜人"的定位,开始愈加深入地干预再产生过程。一方面,政府要为资本积累创造更好的条件,如修路架桥、水电管网建设等,从而成为"社会资本家";另一方面,要尽可能地协调阶级矛盾以维护"社会公正",增强自己的合法性,从而成为"社会管理者"。然而这两项职能是相互矛盾的,奥康纳将国家占有的剩余价值划分为社会资本及社会支出两部分来说明问题。社会资本是国家开支中用来创造生产条件、体现国家积累职能的部分,既包括私人企业无法承担及不愿承担的公共基础设施建设等社会投资,也包括社会保险、教育事业、公共医疗等社会消费。社会支出是用于维持阶级统治、保证社会安定和提高消费能力,体现国家合法性的非生产性支出,包括失业津贴、对穷人的救济等。资本主义国家职能的矛盾性,必然导致国家财政收支之间的"结构性缺口":对于工商资本家阶层来说,他们要求国家将更多预算用于社会投资,而工人们则要求国家财政更多地用于社会消费,失业者和贫困阶层则要求扩大社会支出。各个阶层都希望从国家财政中多分一杯羹,却没人愿意缴纳更多的税金,从而导致越来越严重的财政危机。

奥康纳的国家财政危机理论，把马克思关于经济领域对抗性矛盾的分析应用于国家预算分析。这种对抗性决定了政治领域中国家既要以确保资本主义生产和资本积累顺利进行为己任，获得资本家的支持，保证自己的权力基础，又要想方设法安抚工人阶级以实现社会和谐，保证资本主义的合法性（江洋，2014）。所以，"财政危机不过是资本主义生产本身固有矛盾——社会化生产与生产资料私人占有之间矛盾——的化身"（奥康纳，2017）。奥康纳所关注的财政危机与下文将要提及的布坎南所关注的国家赤字是同一个问题，只不过奥康纳从资本主义不可调和的基本矛盾的角度，提出了改变基本制度的解决方案，而布坎南的解决方案则是"财政立宪"。奥康纳已经注意到了资本主义国家与"统治阶级"的不一致问题，资本主义国家财政虽然曾经被资产阶级所绑架，但发展到现代，能够绑架国家财政的已经不限于资产阶级。拥有选票规模优势的劳工阶层同样可以对国家提出并实现自己的财政需求。

（二）有组织的资本主义

在资本主义经济危机理论的发展方面，哈贝马斯的"有组织的资本主义"与奥康纳的"社会资本家"概念相近。在哈贝马斯看来，"有组织的资本主义"是与自由资本主义不同的国家干预的资本主义。自由资本主义阶段国家权力的合法性是以市场制度能确保等价交换和公平交换关系为基础的。但随着垄断资本的形成和垄断经营方式对市场规则的破坏，公平交换的传统观念失去了论证资本主义国家合法性的作用。这种情况下，资本主义国家为了获得新的合法性基础，只有通过对社会经济过程的直接干预，采取新的原则来"弥补自己因自由交换的功能失调而进行的活动所造成的社会恶果"。但国家的直接干预必然导致危机从经济系统向行政管理系统转移。行政管理系统向经济系统进而向社会文化系统的入侵，破坏了原来自由资本主义体制下社会文化系统的自足性，削弱了资本主义制度赖以存在的"传统自发形成的辩护潜能"（哈贝马斯，2009），这构成了晚近资本主义制度的合法性危机。沃尔福冈·施德雷克利用合法性危机理论研究了20世纪70年代以来西方国家的政治经济政策和危机问题。在他看来，资本主义国家采取的"金融化"手段拖延了合法性危机的爆发，这些手段先后包括通货膨胀、国家债务和私人信贷市场扩张等，每种措施大约奏效十年，到2008年合法性危机终于以全球性金融危机的方式爆发。施德雷克指出了资本主义制度和民主制度之间的矛盾，以及国内民众和资本对国家的两种不同期待：民主制度的本质要求由多数选民选举出来的政府满足众多选民的利益诉求，而资本主义的发展则以资本利益最大化为诉求。这一基本矛盾在战后经济增长黄金时期一度潜伏,一旦情况有变就变得难以调和(施特雷克,2015)。

由上可见,随着凯恩斯主义的普及和国家干预的增强,后工业社会下的经济危机理论逐渐向财政领域发展。对于资本主义国家的执政者来说,财政汲取越来越面临着"两难":如果向精英阶层征税,则资本会利用全球化便利"用脚投票",逃向其他国家或"避税天堂";如果向平民阶层征税,则有可能在未来的选举中失去选票。但从唯物主义观点看,矛盾就是社会发展的动力。一方面,这种两难逼迫执政者在国家治理中加强不同阶层间的利益协调;另一方面,也逼迫执政者不断发明创造出新的财政汲取方式,这又成为国家治理制度发展变迁的一种动力。

(三)掠夺性统治理论

剥削理论是解释财政现象的一个常用工具,相应的研究成果也比较多。另一个比较有影响力的成果是美国华盛顿大学政治学教授玛格利特·利瓦伊(Margaret Levi)提出的"掠夺性统治理论"。利瓦伊是深受诺思和马克思影响的政治学家,她的"掠夺性统治理论"用于解释统治者与民众之间的博弈,并得出一系列颇有价值的结论。该理论首先假设统治者致力于国家岁入的最大化,但他们的最大化行为将受到一些约束,即"他们之于代理人和民众的相对议价能力、交易费用和贴现率"(利瓦伊,2010:11)。按照该理论的观点,统治者会设计一系列制度结构或营造宏观环境,以增强自身的议价能力,减少交易费用,以期待从政治交换中获得更多利益。"他们相信有些制度将有效地促进他们的利益,他们才会设计出这样的制度(他们的利益也许会,但不一定,同普遍利益或统治阶级的利益相重合)"(利瓦伊,2010:17)。统治者提高自己的议价能力、降低交易费用的主要方式是多种多样的,常用的起码有三种:使用强制措施、维持和发展一种服从规范或者遵从的意识形态,以及创造"准自愿服从"(利瓦伊,2010:51)。就笔者看来,"准自愿服从"或许是利瓦伊在这个问题上的最成功发现。按照她的阐述,在现代社会中,公民纳税是一个有条件的服从,即"准自愿服从"。具体意义是指,纳税人愿意纳税取决于两个条件:(1)纳税人相信统治者会遵守协议;(2)纳税人相信其他人也会遵守他们的协议。纳税人是策略性行动者,只有当他们预期其他人也合作的时候才会合作。第一个条件是指,政府要寻求公民在纳税上的高度合作,就必须使公民相信自己提供所承诺的税收回报的可靠性和能力。第二个条件是指,要使纳税人相信其他人也照章纳税了。如果纳税人发现其他人没有遵从,即使相信政府履行了回报承诺,也有可能选择不服从。

准自愿服从的特点是把税收看成一种公平的契约,既对政府有约束力,也对所有纳税人有约束力。"准自愿服从"通过聚焦于作为纳税人的公民面对国家征收时的行为选择,很好地统一了掠夺论与契约论:一个政府是掠夺型的还是扶持型的,完全取决于这个政府的所作所为,而不是取决于纳税人的所作所为,这一点其实就是"诺思悖论"的翻版。至于政府究竟会采取掠夺策略还是契约策略,则更多地取决于历史、文化等背景因素。

三、奥地利学派

从某种意义上说,20世纪是计划经济与社会主义风靡全球的世纪。20世纪二三十年代,横扫整个资本主义世界的"大萧条"与苏联如火如荼的社会主义建设形成了鲜明反差。在这种背景下,西方社会对自由放任市场经济的怀疑以及对计划经济的好感成为当时特别是第二次世界大战以后的一种普遍社会心态。这成为以凯恩斯主义为代表的国家干预思想得以流行的重要社会心理基础。

在国家干预思想大行其道的时代,弗里德里克·哈耶克是少有的坚决反对者之一。在1944年出版的《通往奴役之路》一书中,哈耶克系统地阐述了自己批判计划经济和社会主义,反对政府管制和国营经济的观点。直到1988年,近九十高龄的哈耶克撰写了最后一部著作《致命的自负》,仍然岿然不动地坚持自己的观点。几十年风云变幻、时过境迁,凯恩斯主义的需求管理政策因西方国家"滞涨"的持续而被证明存在致命缺陷,国际社会主义运动也遭受巨大挫折。以哈耶克及其导师米塞斯等人在批判国家干预主义与计划经济过程中形成的一套经济学方法论与逻辑结构,因其在与凯恩斯主义的世纪辩论中取得阶段性胜利而名声大噪。

以米塞斯、哈耶克等为代表的"奥地利学派"(以下简称"奥派")的学者们,提出了一种与流行的古典经济学主流范式迥然不同的理论范式。古典经济学的基本原则是"约束条件下最大化",基本假设是"理性经济人",其研究的目标是对人的行为以及未来进行预测。从这方面看,哈耶克所批判的凯恩斯主义甚至社会主义都与古典经济学在基本逻辑上不存在矛盾。因为,既然国家干预能够发挥预期作用,取得想象中的效果,那么就必须承认人的思维是理性的、可以理解、可以干预的,政府通过采取不同的干预措施就能够决定人的行为选择走向何方。但奥派秉持了一种方法论上的主观主义观点,不再运用所谓的均衡模型来理解人类社会,而是认为人类社会的发展是演化的,未来具有巨大不确定性,人类社会是不可预测的。这样,就从根本性的层面对主流经济学形成了否定。

既然是一种"范式",就是一种系统化的知识。此处无法对奥派的认知方法进行过多介绍。仅就本书研究主题看,财政本身既是国家统治或治理的需要,也是国家统治或治理的基础性部分。但奥派的基础观点中,充斥着对国家财政制度与行为的批判性、否定性内容。要完整了解一个物体或者现象,不能"管中窥豹"式地将自己约束在某一个角度,而是应该由内及外、上上下下、远视近观,从不同侧面进行刻画,然后拼出一个完整的图像。社会科学研究亦是如此。运用奥派的观点来审视财政与国家治理的关系,有利于形成针对这一问题的全景图像。

(一)自发秩序与集中秩序

如上所述,奥派秉持的是一种"个人主义"方法论。准确地讲,这里的"个人主义"并不是一种与集体主义相反的价值立场,而是一种分析人类社会现象时的起点。哈耶克认为,"我们在理解社会现象时没有任何其他方法,只有通过对那些作用于其他人并由其预期行为所引导的个人活动的理解来理解社会现象"(哈耶克,1989:6)。"一个行为的性质,决定于行为的个人受此行为影响的多个人对于这一行为所赋予的意义""某一行为之为个人行为,另一行为之为国的行为或市的行为,是靠这个意义来识别的"(米塞斯,2015:43)。也就是说,当我们在理解"国家""政府"或"市场"的行为时,"不能问政府做什么,市场做什么,而是问政府中的人做什么,市场中的人做什么"(毛寿龙,2017)。但问题在于,奥派所要研究的主要对象并不是人的个体,而仍然是政府与市场行为。因此,需要在人的个体行为与政府或市场等集体行为之间找到合适的媒介。这个媒介在很多奥派人士那里,主要是他们对人类社会基本秩序的理解,这也是该学派研究的一个重要着力点。

长期以来,很多学者站在不同视角,对人类社会的基本秩序进行了探索性研究。第二次世界大战结束后,迈克尔·博兰尼通过对人类的"自发秩序体系"(System of Spontaneous Order)的论证,质疑当时广受崇拜的"集中计划生产"秩序。同时代的哈耶克也在批判"计划经济""国家干预主义"等"人为制造"的秩序(artificial order)或"被指导"的秩序(directed order)的过程中,提出了人类社会的"自我成长的秩序"(self-generating order)、"人类合作的扩展秩序"(extended order of human cooperation)等概念。一般认为,集中指导秩序是一种层级分明、按指令行事、单向作用的秩序,是一种"金字塔"状的信息传递结构;

而自发秩序是一种扁平的、相互协作或竞争的、多向作用的秩序,是一种网状的信息传递结构。可以说,"集中指导秩序"与"自发扩展秩序"的分歧,背后体现了百余年来支配政府行为选择的两种迥然不同的价值观和国家观。哈耶克、波兰尼等人并没有对"秩序"这一词汇进行刻意的解读。综合理解,他们笔下的秩序,指的是人类社会中遵循一定规律的运行体系(system),或者说,是一种在一定时期内、一定环境下相对平衡的人类社会生态系统。可以将"秩序"定义为一种在既定环境下人类博弈各方行为选择的相对均衡状态。在此均衡状态下,博弈主体的行为选择具有一定的可预测性、趋向性以及确定性特点。与此相反的是"非均衡"或混乱状态,博弈主体的行为选择不可预测、趋向不明、不确定。无论均衡还是非均衡,都不是一成不变的,更不是绝对的,均衡之中隐藏着破坏元素,非均衡状态中也蕴含着走向均衡的内在力量。

穆瑞·罗斯巴德(Murray Rothbard)是奥派的另一代表性人物,他曾经从"人际关系的类型"出发讨论基本秩序。按照罗斯巴德的观点,人际关系有两种基本类型:暴力掠夺与自愿交换(罗斯巴德,2015:163—167)。显然,交换与暴力掠夺是人类原始秩序中最基本的获取资源的方式。对于强者来说掠夺比交换成本更低,所以无论动物还是人类,掠夺一直都是优先选择。不过,人们都是策略行动者,会根据不同的环境进行下意识的成本收益评估,然后相机做出是交换还是掠夺的选择(Loewenstein,1989)。所以罗斯巴德认为,人类所有的行动其实都是一种交换。比如,荒岛上的鲁滨孙为了生存而进行的采取、狩猎等都是用汗水换取收获的交换。即使是充斥暴力与强制的奴隶制下,也不过是一种强制交换(罗斯巴德,2015:167)。无论如何定义交换与掠夺,这两种行为选择从生物性质上看并无本质区别。动物界看似弱肉强食,但即使是凭借本能行事的动物也并非仅有掠夺这一种手段。比如,动物间会出现种群内部成员之间的"血缘和亲属交换"(奥菲克,2004),这种交换促进了养育后代、狩猎、采集、警戒等成员间分工合作机制的形成。而且,物种间也会出现所谓的"共生"现象,如小鱼为鲨鱼"剔牙"现象等。对于动物来说,是通过掠夺还是交换获益,是基因自然选择的结果。但对于人类来说,选择掠夺还是交换,主要是有意识的选择。"人的社会之特征,是有意的合作;社会是人的行为之结果,也即,有意地要达成某些目的,因而有了社会。"(米塞斯,2015:143)人类已经进化出了自我意识与计算能力,能够形成物权观念以及对未来收益的预期。在这种情况下,交换与掠夺这两种资源获取方式,对于人类文明和制度的发展来说,就具备了重大差别。

表面上看,掠夺与交换仍然都是人类社会中的强者根据成本收益判断之后进行的选择。比如,对于土匪来说,掠夺表面上收益更大,但当强者的掠夺水平超过弱者预期收益水平时,弱者会因无利可图而停止生产。为了防止竭泽而渔,精明的强者会像奥尔森所假说的那样从"流寇"转为"坐寇"。与掠夺相比,交换尽管需要付出对应价值物,但由于不存在暴力对抗风险,经济效率反而更高,收益也更可持续。根据主观价值论,自愿交换的双方能够获得双赢。因此,交换促进了人类社会的大分工,分工的精细化进一步促进了交换的发展。分工与交换对人类文明发展提供了一种远比掠夺更优越、更稳定、更有机会实现帕累托改进的方案。但问题在于,人类社会中商业交换的维持及交换范围的扩展,是以交易双方的相互信任为基础的。没有信任这种社会资本(social capital),交换就只能停留在简单的以物易物阶段。初始的交换不过是亲缘交换的有限扩展。交换范围越大,信任越难以维持。原始交换秩序尽管具有巨大的经济效率意义,但这种秩序要获得革命性扩展,还需要其他前提条件。博兰尼、哈耶克笔下的自发秩序以及集中秩序,在此意义上其实是如何对待、维系人类社会分工与交换的两种不同方案。

在早期作为社会主义批判者的奥地利经济学家们眼中,所谓的集中秩序其实指的就是计划经济或国家干预。在他们看来,社会主义计划经济制度最大的问题在于,它不可能有经济计算。关于这一点,今天的我们已经有了深刻理解。但奥派学者们在批判集中指导秩序、提倡自发秩序的过程中,走向了另外一个极端,以至于很多人认为奥派反对所有的政府干预行为(尽管奥派的学者们会经常否认这一点)。比如,罗斯巴德(2015:825—827)认为:"以侵略性的物理力量侵入社会,即是干预;它意味着用强制取代了自愿行动。我们必须记住,行动学上讲,哪个人或者群体使用这种力量并无区别;这种行动的经济学本质和结果是相同的。""与自由市场相反,所有干预的情形,都为某一批人提供收益,而以损害另一批人为代价。"

自发秩序是一种在没有政府干预的情况下,每个人顺从自己的本性来进行分工与交换的秩序,这是经济增长和社会繁荣的原始动力。但随着交换范围的扩大,维持信任、防止欺骗、监督合同履行的成本加速递增。所以自发秩序中交换与分工的发展必然存在一个规模边界。交换要冲破亲缘关系与地域局限的樊篱,从"人际关系化交换"走向"非人际关系化交换",必然需要国家组织为交换行为保驾护航。从这个意义上说,国家干预或者说集中秩序并非一无是处,关键问题在于国家干预行为是降低还是加大了交易成本。从现实中看,市场秩序在经济绩效方面总是好于国家秩序。第一,倾向市场秩序的国家与倾向国家秩序的国家相比,具有更稳定、更可持续的经济增长。但要观察到两者之间的差距,需要较长时间周期。比如,19世纪60年代中国的洋务运动与日本"明治维新"几乎同时开始,到90年代方显示出优劣。类似可比较的例子还有计划经济时期的苏东国家与西欧国家,当代的南美国家智利与阿根廷等。第二,在一个国家内,倾向市场秩序的地区与倾向国家秩序的地区相比,具有速度更快、健康度更高的经济增长,同样也需要较长周期才能看清这种差距,比如我国的东北地区与东南地区的经济差距。第三,在不同的行业与领域中,倾向自发秩序或市场秩序的行业与领域往往更有活力,而政府政策扶持的行业与领域往往会在一定时期陷入困境。比如在文艺领域,相声、二人转、豫剧等文艺形式的繁荣得益于其原始秩序,基于市场秩序的大量电视台喜剧节目的出现及竞争,极大促进了各类喜剧形式的发展。一些政府保护的艺术形式如京剧等反倒门庭冷落。根据现实经验,在一个领域、一定区域内形成和维持市场秩序,关键是政府通过采取符合市场逻辑的决策,充分发挥市场在资源配置中的决定作用。但是,即使政府官员们就此达成了共识,他们的行为选择也不一定真的符合市场逻辑。政府本意是想扶持市场发展,有可能反而对市场发展造成了障碍;政府本意想出台政策帮助一个行业更好发展,有可能最终害了这个行业;政府好心好意管制一个领域,有可能造成更多的问题。类似的例子屡见不鲜。

(二)制度变迁的演化理论

上述关于基本秩序的论述中,已经提及制度变迁的"演化"观点。奥派的学者一般认为,尽管人类个体行动是有目的、有意识的,但其从宏观上会导致无意识的、非设计的结果(杨虎涛,2010:126)。这种演化论观点是在反对以计划经济为代表的"理性建构"观点过程中形成的。在奥派人士看来,知识和信息是主观、分散并且不断变化的,人类不可能完整地、准确地掌握知识和信息,因此人类社会发展的未来是不可能被准确预测的,未来的事件取决于尚未创造出来的企业家知识。故而主流经济学的约束条件下利益最大化的决策模型,以及以预测未来为主的目标设定都难以成立。也就是说,认为人类未来发展的道路可以通过人类自身的智慧和理性进行设计的观点是不现实的。

制度变迁的"演化论"不仅仅是奥派观点。托斯汀·凡伯伦(Thorstein B Veblen)等人创立的"制度学派",以及20世纪80年代以来出现的"演化经济学",都将"演化"论视为反对主流经济学范式的利器。凡伯伦在其1898年发表的《经济学为什么不是一门演化科学》的著名论文中,批评"包括经济学在内的社会科学和政治科学不符合进化科学的标准",而"任何进化科学是一种严密的理论体系,它是一种关于过程的理论,一种逐渐展露序列的理论"。在很多人看来,以欧几里得几何学以及牛顿物理学为代表的自然科学才是真正意义上的科学。真正的科学必须遵循罗素在《西方哲学史》中所总结出的逻辑,"从被认为是自明的公理出发,根据演绎推理前进,而达到那些远不是自明的定理"。在自然科学研究中,人类不断探索发现"天行有常,不以尧存,不以桀亡"的自然界规律。天体物理学家可以根据星体运行轨道推算出一些未被发现的星体的存在,这一推断后来被更加先进的望远镜所证实。门捷列夫在研究化学元素周期律过程中预言还存在其他一些未知的元素,这些元素后来果然被化学家们所发现。自然科学的成功使人们认为,通过归纳、演绎、推理以发现规律、预测未来是可能的,也是科学的使命与魅力所在。在生物界,生物学家们仍然能够通过基因、遗传学等知识来发现一些普遍存在的规律。这似乎进一步强化了上述科学逻辑。主流经济学亦正是基于这种逻辑而建立的,比如,先提出一个"理性经济人"假设,再归纳、演绎、推理出各种经济领域的定理、规则等。不过,从生物的进化过程开始,就已经出现了明显的不确定性,或者说不断出现超出原有约束的新事物,生物进化本身充满了难以预知的创造性。不然就无法解释生物进化过程中不断出现的生物"大爆炸"以及高智慧生物的出现。在人类社会出现后,人类社会的复杂性又远远超出了非人类的生物界,从而使任何的定律化、公理化的尝试都面临更加不确定的挑战。这意味着社会科学为了增强自身的科学味道而从自然科学中借鉴而来的研究范式与方法,恰恰使得其变得更加不科学。社会科学要真正地成为科学,就需要借鉴、接受生物进化论的思路,承认创造性和不确定性。

为了增强社会科学领域的科学性,一些学者甚至开始运用生物学或医学技术来研究人的行为。20世纪六七十年代以来,一批生物学家出版的一系列科普性质的作品,对人类社会形成了强烈的隐喻,从而出现了一种"社会生物学"现象。比如,1975年理查德·道金斯出版《自私的基因》一书,提出了令普通大众震惊的观点:不但人类个体生来就是自私的,连生物群诞生之前的、没有任何生命主动性的基因都是"自私"的;导致自然选择的基本单位,或者自我利益的基本单位,既不是物种,也不是群体,严格来说也不是个体,而是遗传单位基因。2013年,罗伯特·赖特在《道德动物》中,运用进化心理学观点剖析了人类的情感、婚姻、家庭、友谊以及竞争等心理行为,认为人类社会基本的道德规范都不可避免地有进化论色彩。哈伊姆·奥菲克在2004年出版的《第二天性:人类进化的经济起源》中认为,人的交换倾向、智力与情感进化、社会经济活动方式和内容之间存在着复杂的共生演化关系。1990年,爱德华·威尔逊与查尔斯·拉姆斯登合著的《普罗米修斯之火——关于精神起源的反思》一书,在融合生物学、神经学、心理学和各种社会学科的基础上,提出了"基因与文化协同进化"的模型。生物学家携最新学科进展侵入人类社会研究领域,其扎实的实验学、细胞学以及野外种群观察的证据,为社会科学特别是经济学的范式调整、方法进步与领域扩展提供了更大空间。在此影响下,心理学、实验学知识被广泛运用于经济研究,出现了赫伯特·西蒙的"有限理性"和"决策模式理论",以及丹尼尔·卡尼曼的"前景理论"等一系列具有突破意义的行为经济学理论成果。

人类的行为固然具有永远无法摆脱的生物学基础,但人类毕竟与其他生物存在质的差别。我们无法否认人类社会发展过程中的演化或进化特征,也就是说,我们必须坦然接受人类个体的渺小,整体社会发展的不确定性以及未来的不可预测性。但这绝不意味着我们只能"佛系"地、无所作为地坐等不可预知的未来的到来。人类具有思考、规划未来的愿望,具有互助合作的潜能,也具有学习与调整自身行为的素质。人们或许永远无法预知自己的行为会对宏观整体的发展有何影响,但人们知道宏观整体发展是无数个体行为共同努力的结果。从这个角度看,"演化性"是人类文明进程的一个重要特征,但不包含在人类文明所追求的目标体系之中。具体到本书的主题来说,一个个公民个体与国家共同体之间围绕财政汲取进行的博弈,推动着制度以演化的方式向前发展。其间量变与质变纵横交错,渐变与突变曲折反复。未来的结果或许总是出人意料,但博弈的参与者应有的态度,就是做好自己的分内之事。

四、公共选择理论

一般认为,公共选择理论是运用经济学工具研究"政治市场"交易过程的一种"政治经济学"理论。即把政治舞台理解为市场,把选民、官僚和政治家视为政治市场中的博弈者,把选票看成货币,以此研究人的公共选择行为。简单来看,公共选择理论在方法论上有三个特征。

一是政治交换中的理性经济人假设。即把经济市场中的经济人假设引入政治市场,强调政治博弈参与者对自身利益最大化的追求是制度变迁重要动力。这从其奠基人布坎南对仁慈政府或家长制思想的批判中可以明显体现出来。

二是方法论上的个体主义。当我们讨论政治议题与制度构建时,往往习惯于用"人民""阶级""群体"等集体化的词汇来定义博弈主体,仿佛共同体中的众多个体是思想意识高度一致、行动整齐划一的整体。但事实上,集体选择是一定规则下众多个体的行为选择的集合。无论是在个人活动还是在集体活动中,个人都是最终的决策者,是大量的个人行动共同组成了集体行动。"政治'选择'也是从一定规则之下的个人之间的互动关系中产生的",即"他们在可以利用的范围内做出选择,以便使他们的回报最大化"(布伦南,布坎南,2012:17)。所以公共选择归根结底仍然是个人选择,只不过它不是个人对自己私人事务的选择,而是个人对与自身利益有关的公共规则的选择。

三是交易政治。经济学研究一般有两个范式:资源配置最大化范式和交易经济学范式。前者研究的是人和社会如何选择以便对稀缺资源进行合理配置的问题,后者将研究的重点放在交易、贸易、协定和契约的过程上来。既然政治活动也是交换,那么交易的对象就应该是包括选票在内的各种利益和好处。市场与政治之间的差别,不是个人追求的价值或利益种类的差别,而是个人追求自身利益时所处的条件和手段的差别。市场交易的客体是私人产品或服务,那么相应地,政治交易的客体是不是公共产品呢?表面上看似乎是这样,选民们投票的过程似乎是在选择公共产品。但布坎南认为,公共产品与私人消费品不同之处在于不可分割,因此,"在政治领域,在最一般的层次上,人们之间'交易'的结果是一组达成协议的规则"(布伦南,布坎南,2012:17)。

上述三个要素事实上已经成为当前研究政治制度、公共政策等问题时常用的基本假设。尽管布坎南被公认为公共选择理论的奠基者,但当前学术界一般认为公共选择理论存在不同流派,即使一些公共选择理论界的重要人物,他们的研究方向也大相径庭(如布坎南早期的合作者戈登·塔洛克后来转向了官僚制研究)。不过,就本书的研究对象来说,仍然是布坎南开创的研究路径更具有借鉴意义。布坎南的研究从民主制度下个人的财政选择开始,最终目标仍然落在财政选择上,这为研究财政与国家治理的关系提供了一条清晰的脉络。具体来看,布坎南的公共选择范式讨论了以下三个基本问题。

(一)契约主义、仁慈专制与多数票民主

公共选择理论是研究规则的理论,或者更精确地说,是研究"规则的规则"的理论。故而这种学问被称为"constitutional economics",并常被译作"立宪经济学""宪法经济学""宪则经济学"等。在通常的翻译中,constitution 被认为是"宪法"。但至少在布坎南的理论体系中,constitution 的意义不仅仅局限于一个国家或政体的"宪法"。它可以被翻译为"基本规则""规则之规则"或"元规则",或者我们干脆将其理解为一个组织在刚成立时颁布的"章程",或者玩扑克时事先就游戏规则进行的约定。

当然,布坎南思考的着力点仍然是政治领域博弈过程中"先定规则"的重要性,故而可称之为一种"宪则主义"。对于任何一个国家或政体,率先制定一部对未来有约束力的宪法都是极端重要的。事实上,历史上出现的任何一个政体都或多或少地存在着与"宪法"地位或作用相当的"元规则",这些规则可以是成文的,也可以不是成文的;可以是一部法律,也可以是一种官方宣扬的意识形态。不过,这些宪则出现的方式存在着本质区别,布坎南认为存在两种最基本的宪则产生方式:契约主义的宪则与非契约主义的宪则。布坎南明确承认,自己的立场是契约主义的,即"我们所理解的个人展开讨论并最终达成某种初始协议,它规定了彼此独立的个人的权利,并建立起一个负责保护和落实这些权利的权威机构"(布伦南,布坎南,2012:17)。对于非契约主义的宪则形成方式,布坎南认为主要有两种:威权主义与多数主义民主。

契约主义者与非契约主义者在方法论和认识论上最大的差别在于,后者假定政治中的个体参与者寻求的公共利益,是一种外部的客观存在。契约主义者则认为,并没有一个客观存在的、"不以个人意志为转移"的"公共利益","公共利益或私人利益以及二者不同程度的混合,都是内在地得到理解的,因此对于实践它们的个人而言都是主观的"(布伦南,布坎南,2012:42)。为了进一步说明自己的观点,布坎南借用科学活动和经济活动来加以比较。科学是人们从事的一项社会活动,在科学活动中人们都承认存在着非个人的、一致同意的价值(即真理)。但在经济交换活动中,并不存在一个非个人的、相互一致的价值判断,因为每个人对消费品的价值偏好都不一样。契约主义者会把政治活动比拟成经济活动,而非契约主义者往往将其比拟为科学活动,认为"公共利益"是客观存在的,它就像一个"崇高的圣杯"一样"就在那里"(布伦南,布坎南,2012:44),并等待着人们去发现。

把社会活动的互动过程概念化为"作为科学的政治"或"作为真理判断的政治"(布伦南,布坎南,2012:46),即把"公共利益"看作一种与"真理"一样客观存在的、静静地等待人们去发现的东西,是威权主义和反个人主义的立论基础。因为只有这样,统治者才能够用威权主义的命令方式,以号召人们牺牲个人利益为手段,"带领"人们去追求"公共利益"。这被布坎南称为"仁慈的神话"。布坎南认为,"'作为科学的政治'范式是反个人主义的,因为它把最终价值来源定位在个人的心理领域之外,而个人恰恰就是在自己的心理领域表达有效偏好的"(布伦南,布坎南,2012:46)。在这一点上,布坎南与哈耶克出奇地一致,即把威权主义对"公共利益"与"共同目标"的追求过程看成是"理性的僭妄"。

在布坎南的批判名单中,除了威权主义还有多数主义民主。"一人一票、多数票通过"在当今已经成为民主制的代名词。但在百余年前,这种"民主"还是一种被经常批判的贬义词,包括美国国父华盛顿、英国首相丘吉尔在内的贵族精英阶层都对这种民粹色彩的制度持质疑态度。美国政治学家达尔(Dahir,1956:67)认为:"以人头论多少的多数原则,把不平等的强度表面上平等化了。因此多数原则建立在一种虚构的、软弱的和不现实的约定上:让我们假设各种选择的强度是一样的。"很多人也认为多数票表决规则在发现、产生和追求"公共利益"方面比其他任何政治权威方式如君主制、寡头统治、单一政党制等更有效率。但民主制度优越性赖以存在的基础,仍然是存在客观上的"公共利益",唯有如此多数票规则才能够被用来发现"公共利益"。但孔多塞的"投票悖论"与阿罗不可能定理也说明了,如果众多社会成员的偏好出现分散性差异,而社会上又存在多种备选方案,那么在选票民主制度下将难以得到令所有人都满意的结果。多数票规则的这种内在缺陷,使得多数人与少数人在追求公共利益过程中出现利益冲突的情况下,多数人存在利用选票规模来剥夺少数人利益的可能性。因此就这方面来看,多数人民主尽管在追求"公共利益"方面有可能比威权主义效率高一些,但其行为方式与威权主义之间可能并没有实质差别。

(二)无知之幕与一致同意

为了进一步说明公共利益取决于每个人的心理状态及行为选择,亦为了说明个人选择对公共选择可能的影响,布坎南引入了"时间维度"。对于每个人来说,都有自己独特的历史,过去的经历影响着当下的选择,而当下的选择又是未来的历史,并会影响着未来的选择,故而个人选择具有时间序列性。比如:从未品尝过葡萄酒的人不可能表现出对美酒的偏好,即使约束条件允许其做这种选择;没有受过长跑训练的人,不可能参与马拉松比赛的竞争,无论他是否有这种强烈的欲望(布伦南,布坎南,2012:80)。这样,个人就可以针对未来自身的发展目标进行行为设计与风险防范。比如,一个人想在未来成为运动员,当前就必须坚持训练;想让自己寿命更长,就应该注重饮食、养生和锻炼,并在患病后按时就诊吃药。但当个人面对公共选择时,无法像私人决策这样,"将决策的多期相互依赖性纳入考虑"(布伦南,布坎南,2012:87)。虽然个人也会意识到,个人当前的投票选择,会影响到组织未来的运行方式进而影响自己的未来利益,但个人也会意识到,在成千上万个组织成员中,我一个人的选票的影响可能是微乎其微的。事实上,相对于对自己未来发展的信心,一个人会对自身所处的组织的未来发展感到不确定。所以,"作为从事公共选择的许多人中的一员,这个人肯定表现出较少的兴趣以未来时期的眼光做出当期选择"(布伦南,布坎南,2012:87)。由于个人在公共选择中无法预测未来,使得个人在公共选择中倾向于(或者只能倾向于)对组织未来行为方式进行宪则约束,也就是说,既然无法约束组织行为未来的结果,那么当前就开始对组织的运行规则进行约束,以防止未来可能出现不利于自己的结果。举个简单的例子,假如一个人认为自己在未来有可能成为富人,为了防止未来的个人所得税不利于自己,他就会在投票时选择一个更保险的规则设计方案,比如他投票同意"在提高个人所得税税率时,必须得到80%以上选票的赞成"。

个人在进行公共选择时对未来的不确定性,其实就是罗尔斯所说的"无知之幕"。这就像几个人在打牌时,谁也不知道最后的输赢结果。既然这样,大家就打牌的规则进行事先约定,如约定"赢的人请客喝酒"就不存在阻力,这条规则能够得到一致同意。当然,前提条件是参与游戏的人水平是相当的。试想,在牌局结束时,胜负已定,此时再提议"赢者掏钱买酒喝",很可能会遭到利益受损人的拒绝。人们没有注意到个人选择在私人行为与政治行为中时间视野的差别,是导致一系列财政困境产生的重要原因。在这里,布坎南举了一个"拉弗曲线"的例子。拉弗曲线讨论的是税率与税收总额之间的关系,这种关系中存在一个税率拐点,拐点之前随着税率上升,税收总额也是上升的,拐点之后,随着税率上升税收总额反而下降。但是,并不是说高于拐点的税率一经出台,税收马上就开始下降,纳税人对税率的反应需要一个周期。即使过高的税率伤害到了经济增长,这种恶果也是随着时间推移逐渐呈现的。所以个体作为财政决策者,可能会首先感受到高税率带来的政府收入增加以及自己在其中获得的好处,而不是提高税率使整个经济体系在未来蒙受的损失,因此个体很可能会投票赞成提高税率,这被布坎南称作"高征税陷阱"(布伦南,布坎南,2012:96—99)。类似的"通货膨胀陷阱"与"公债陷阱"都与个体决策者在面对私人行为和政治行动时的时间视野不同密切相关。

通过引入时间维度,布坎南说明了个人在进行集体性的政治选择时往往是非理性的。"如果缺乏对集体财政倾向的约束,而仅靠形成财政决策的现有规则和程序,即使是在其私人活动中具有长远眼光的人,在作为政治行为的参与者时,也是非理性的。"(布伦南,布坎南,2012:101)这样,构建一个超越时间维度的宪法约束,对于公共选择过程来说,不但是可行的,也是必需的。这种超越时间维度的决策机制为布坎南一直提倡的"一致同意规则"提供了可能性。即当个人的公共选择距离个人具体利益足够遥远,个人未来发展情况不确定时,个人有可能会同意对未来规则进行一种当下看起来中性化的约束。当所有人的公共选择投票距离各自利益足够遥远时,同样有根据认为所有人有可能会赞成一种对未来进行约束的规则。

早在《一致同意的计算》一书中,布坎南就论证了"一致同意规则"的重要意义:它"在某种意义上使集体决策变成了自愿决策",并将"有效地消除所有有关的外部性"(布坎南,塔洛克,2000:95),从而使政治博弈成为一种正和博弈。批评者认为,"一致同意规则"由于高昂的决策成本,其实是难以实现的"乌托邦"。但从人类社会发展的经验教训以及未来需要来看,这种"先定规则"对于人们破解发展中的零和博弈现象,寻求真正的公平正义以及共同利益至关重要。布坎南举了土地改革的例子:很多无地农民认为现有的土地制度不公平,从而支持政治行动者的土地产权没收然后重新分配的制度,但得到土地的农民难以避免在未来可能同样被没收的命运。在没有宪法保护的情况下,一个人今天投票赞成的一项剥夺别人权益的规则,在未来极有可能"反噬"自己。

(三) 结果公正与规则公正

上述讨论到最后,会涉及一个基本问题:公正的评价标准问题。公正价值是一种几乎人人向往但又模糊不清、分歧众多的价值取向。很多人心目中的公正观念,主要与分配公正有关。比如,评判一个社会是否比较公平或平等,主要衡量标准就是贫富差距足够小。所以在相当长的历史时期内,所谓的公平、公正,其实约等于财富分配的均等化。为了实现这种均等化,人们投票赞成一种由统治者领导他们没收富人财产进行均分的方案。布坎南证明了,如果没有一种先定规则或元规则对未来的投票规则进行宪法约束,仅凭多数票民主制度,几乎可以肯定这种多数人"剥夺"少数人权益的事件会发生。一个 A、B、C 三人博弈的结构,假设适用多数票规则,那么两方联合起来(如 A 和 B)剥夺另一方(如 C)就是一种占优策略。假设投票是周期性进行,那么这种三方联盟博弈就不存在内在稳定性从而出现循环。比如,B 和 C 联合起来剥夺 A。这样,旧的联盟不断崩解,新的联盟不断出现,每一方都有可能剥夺别人,也有可能在未来某一时期成为别人剥夺的对象。

与上述结果公正不同,布坎南所提倡的是一种在先定规则下所呈现的过程公正。假设在"无知之幕"下,所有参与者自愿地一致同意了某项规则,那么未来在此规则下产生的任何结果,对所有参与者来说都是公正的。同样,因违反此规则而得到的任何结果都是不公正的。在这里,布坎南引用了霍布斯在《利维坦》中的一句话:"国家的法律一如赌博的规则:凡是全体赌徒同意的事情,对他们便无不公正可言。"(布伦南,布坎南,2012:162)因此,宪则主义视角的优点就在于,"它把规范性研究的领域,从可以想象的各种收入分配,转向可以产生收入分配的各种具有可行性的制度安排"(布伦南,布坎南,2012:162)。

为了进一步探讨,布坎南对多数主义规则情况下以及多数派受到宪则限制情况下的财富分配选择进行了比较分析(布伦南,布坎南,2012:138—144)。如上所述,多数派在不受任何约束的情况下,会投票通过一个对少数派税率为百分之百、对自己派别税率为零的纯剥夺型的税率结构。首先,假设多数派受到限制,在向少数征税时由于受到宪法约束,只能采用同一税率(非百分之百税率)对所有少数派成员征收货币税。在此情况下,具有决定权的多数派尽管仍然会对少数派实行最大化税率,但由于宪法所限,这种税率必须小于百分之百,这意味着少数派可以留得一部分收入。如果多数派把这部分税金用于转移支付的话,那么这对于实现预期中的收入平等来说具有积极意义。其次,假设多数派的征税权受到进一步限制:要么不征税,要征的话必须对所有人按同一税率征税。这种情况下,多数派投票通过的税率水平会低于从少数派征收最大化税收所要求的税率水平,也就是说,少数派的税后所得进一步增加了。对于穷人来说,他们属于多数派时能够得到更多转移支付,属于少数派时纳税较少,所以穷人的处境会相对更好一些。但这种情况无法防止多数派把税款全部据为己有,不向少数派进行任何转移支付。最后,假设在限定税制必须是统一的比例税率情况下同时限定:所有税款必须在全体公民之间平等分配。这种情况下,收入越高的人希望税率越低越好,收入越低的人希望税率越高越好,此时中等收入者的选择就成为关键一票。也就是说,这种情况下一般不会出现很高或很低的税率,最有可能的是出现一个中性税率。这种情况下,富人受到的损失不会太大,穷人获得的转移支付额度亦不会太大。

上述分析说明,在保证分配公正方面,普通的多数主义政治是一种极不完善的规则。相比之下宪则主义的规则安排要好得多。但如果把财政分配平均化作为目标,宪则主义的规则安排也无能为力。无论是对税率进行事先限定,还是同时也对转移支付进行事先限定,都难以实现财富分配的绝对平均化。要回答这一问题,就必须回到立宪经济学的本初意义上来。为什么要追求财富平均呢?财富平均就真的是所谓的"公平"吗?如果在无知之幕状态下,所有人一致同意了某项对未来公共选择行为进行约束的元规则,那么元规则之下的任何一个结果,实质上都是公平的。以被人们寄予调节贫富差距厚望的个人所得税为例:假如在人们的月收入只有一百元时,政府出台一个所得税法,规定对月收入超过一万元的个人按一个很高税率征税。显然，由于人们普遍感觉到距离自己收入达到一万元的时间会很遥远，一般不会投票反对这一提案。若干年后多数人的收入真的达到一万元时，人们就没有合法理由拒绝纳税。这种税收无论税率有多高，无论对于富人还是穷人，都是公平的。从这个意义上说，公平与财富分布的均等与否关系不大，但与规则是否体现所有人的意愿，是否由所有人自愿一致同意关系重大。

综上，公共选择理论为研究财政与国家治理制度间的关系问题提供了一种具有开创意义的范式。这种范式表面上看，主要体现在"应然"方面，即"一致同意"的规则在绝大多数情况下仅仅是一种理想或构想。但这并不能否定其积极的现实意义。事实上，近代以来的一些具有开创意义的税种的成功开征，都一定程度上与"无知之幕"的存在有关，详细事例会在以后各章进行阐述。值得关注的是，布坎南一直强调，他在"宪则经济学"领域的研究，仅限于"民主制度"或"选票市场"的个人公共选择，言下之意是非民主制度下的个人选择行为并不一定适用其研究方式。不过，假如把投票理解为一种博弈的话，投票与其他议价方式并不存在本质差别。在政治交易领域，投票是一种明确出价的交易，但在投票之外仍然存在其他很多形式的非明确出价的博弈形式，这一点是确凿无疑的。所以应该认为，公共选择理论在更广领域内具有适用性。

五、财政社会学以及综合的理论框架

上述各范式为解释本文的核心问题提供了坚实的理论基石。按照新制度经济学的制度变迁理论，是相对价格的变化导致了决策者采取改革现行制度的手段以追求更多收益。按照剥削理论的说法，财政汲取是剥削关系的一个组成部分，它与其他社会矛盾关系一起成为驱动人类社会发展的动力。按照公共选择理论的观点，财政汲取博弈是不同群体进行政治交易的过程。尽管很多人认为这些范式的价值观存在"本质"区别，但撇开"本质论"的认知态度，上述范式研究着同样的问题，使用着类似的方法，得出的结论也有相互印证之处。范式之争、门户之见在学术研究领域是可以超越的樊篱，所以，本书采取了一种整合各个范式的方法。基于公共选择的"理性经济人"假设，利用剥削理论的事物发展动力构造，将制度变迁理论的相对价格作为利益驱动，来讨论财政汲取与国家治理制度变迁之间的内在关系。

无论是侧重经济史的诺思、希克斯，还是侧重人类基本秩序分析的哈耶克、布坎南，无一例外地把政府的财政行为当作理论框架的重要基点。不过他们都没有去专门研究财政与制度变迁、国家性质以及国家治理之间的关系问题。这一任务被一门交叉学科即财政社会学承担起来。本书的核心问题,本身就是财政社会学的一个重要命题。在前文中已经多次提到财政社会学,在这里,有必要对财政社会学的来龙去脉及主要观点进行一个系统化的论述。

财政社会学的诞生颇具戏剧性。1917年奥地利在第一次世界大战中失败后,巨大的战争债务使其陷入严重的财政危机。为化解危机,鲁道夫·葛德雪在其发表的《国家社会主义或国家资本主义》一文中提出,既然国家已经无法依靠传统的税收手段来承担战争债务,那么就应该转向依赖营利收入,所以国家要有计划地控制私人经济,将"负债的税收国家"转换为"具有资本能力的经济国家"。此观点遭到了约瑟夫·熊彼特的反驳。熊彼特在随后的《税收国家的危机》中,认为税收国家与现代国家是同时诞生、一起发展的,私人部门缴纳的税收成为税收国家的财政收入主要来源,所以税收国家的政府必须依赖并保障个人利益以及私人经济的有效运转,因而国家财政支出越高,越需要鼓励和尊重个人追求自我利益,而不是以战争为借口反其道而行之,对私人财产和生活方式进行行政干预。虽然两人观点相左,但两人的争论催生了财政社会学这一门交叉性学科。简言之,财政社会学关注以下几个问题:国家的角色应该在以营利生产者和产权保护者为两端的标尺上如何定位?国家应该在多大程度上干预私人经济行为?国家不同程度的干预行为分别体现了怎样的国家-社会关系,并对政治制度与社会变迁产生何种影响?

按照熊彼特的观点,西方世界由"领地国家"向"税收国家"转变的进程,就是现代化立宪民主国家生成的进程,这一进程的基础是整个社会对私人产权保护的共识。或者说,只有基于私人产权保护的税收国家才有可能成长为现代立宪民主制国家。围绕熊彼特的这个假说,学者们进行了大量研究和论证。总体上看,结论有以下三个。第一,税收推动代议制民主发展。西欧国家政治制度发展的历史说明,税收不但是现代国家诞生的资源基石,更是现代国家发展特别是代议制民主制度形成的强大推动力。第二,不是所有的税收形式都能推动现代国家的构建。直接税与间接税的作用机理存在差别,而"资源税"或者"关税"虽有税之名,但更像自然资源租金或战略租金,所以有利于政府与社会之间互动以及政治制度化建设的财政收入形式只能是特定的税收,而这些税收又是非民主国家执政者心存忌惮的税收。第三,从西欧经验看,"家财型财政"转向税收型财政,既是传统财政向现代财政的转型,也是传统国家走向现代国家的表征(刘守刚,2008),更是国家治理现代化的推动力量。关于财政收入来源影响国家基本制度的逻辑模式,马骏(2011)进一步将其归纳为三种:征税→代议制模式,租金→国家自主模式,税收讨价还价→政治民主模式。沿着财政社会学的基本思路,一些学者进行了积极探索,并取得了部分重要成果,如奥布莱恩对欧洲财政税收历史的研究,贝斯利和佩尔松关于财政制度与国家能力来源的研究,穆尔关于财政收入来源结构对发展中国家治理水平的研究等。

总体上看,财政社会学称不上一个标准的"范式"。它在基本价值观上倾向于新古典自由主义,在研究方法上主要以经验实证或历史分析为主,某种意义上说,它更像是新制度经济学或制度变迁理论的一个分支。不过,财政社会学拥有自身独特的气质,它有一个明确的问题——财政来源与国家基本制度变迁,有一个坚定的目标——如何使税收这种契约形式在国家良治之路上担负起应有的角色与责任。葛德雪与熊彼特的争论至今已百余年,财政社会学几经曲折,如今正在进入一个全新的发展时期,一群拥有共同信念与目标的学者们正坚持不懈地在这个领域拓荒与耕种。从这方面看,财政社会学俨然已经成为一个学术共同体一致同意的分析框架。

不过必须指出的是,现今的财政社会学尽管自命了"社会学"之名,但其与社会学的融合度远远不足。在传统财政学领域,学者们沉迷于政府与市场关系的争论上。在尚处边缘地位的财政社会学领域,学者们虽开始关注更为基本的国家与社会的关系,但这里的社会往往被有意无意地定义成一个与国家并立的"社会整体"。比如,很多研究立足于所有纳税人在针对政府某种征收行为时的行动一致性上,忽视了纳税人群体自身也存在利益差别与诉求冲突。某种意义上说,这种对社会的理解,似乎停留在帕森斯的"结构功能主义"[1]阶段。20世纪

---

[1] 结构功能主义是20世纪40—60年代社会学的一个重要范式。科特·帕森斯与其弟子罗伯特·默顿是结构功能主义的主要构建者。帕森斯研究社会问题的起点是社会秩序问题,即社会中的个人都只关注自身,而且经常在牺牲别人利益的基础上追求自己的需要时,社会怎样协调一致。按照霍布斯的观点,解决这一问题的主要方式是成立国家,然后由国家力量保护所有个人不受彼此和敌人的伤害。作为回报,公民必须接受国家行使其权力的合法性。意即在国家和其成员个体之间存在一种非正式的契约。帕森斯不认可这种回答。他发现,人们对社会规则的遵从不只是出于对惩罚的消极恐惧,更有积极主动的遵从。所以社会规则不仅是一种作用于个体身上的外力,而且能够通过持续的社会化过程实现"内化"。基于此,帕森斯构建了一个描述"社会系统"的AGIL框架。该框架认为一个社会系统要维持下去,必须包括四个基本功能:履行适应功能的经济子系统;履行目标达成功能的政治子系统;履行维持功能的教育或社会化子系统;履行整合功能的社区子系统。结构功能主义将社会视为一个系统整体来观察其运行规律,在第二次世界大战后西方社会走向富裕、政治上共识性增强的时代受到推崇。但当20世纪70年代社会冲突兴起后,这一思想走向衰落。关于结构功能主义的详细介绍,可参见:安东尼·吉登斯,菲利普·萨顿.社会学(上)[M].7版.赵旭东,等译.北京:北京大学出版社,2015:74—76.

80年代以来,在已经实现或正在走向现代化的国家中,人们个体正在加速对传统共同体遗存、社区、核心家庭的"脱嵌",原子化、个体化进一步导致了人类个性的解放,互联网技术的发展导致了生产组织方式的剧烈变化,人际关系与生产关系都在呈现出一些前所未有的新面貌。相应地,社会学家们的主要关注点已经"赶时髦"式地转向了后结构主义、后现代主义、后工业化以及风险社会。在这种背景下,财政社会学家们如果不能在研究中与当代世界的主流现象相契合,就无法触及社会跳动的主脉搏。

第四章　财政汲取方式及特征

人们习惯于把政府从社会汲取到的所有的财政资源称为"税收",这遮蔽了阶级社会发展史中形形色色的财政汲取手段以及各种性质不同的政体中各种财政汲取方式之间存在的巨大差异。比如,在回顾我国税收史时,将"贡""助""彻"等视为税收的源头,这常常使人们认为我国税收从古至今是一脉相承的,而事实是近现代税收与古代税收之间存在质的差别。又如,很多学者习惯于对我国与西方各国间的税制结构与财政收入来源结构进行比较。但事实上,即使中西方间一些税种的称呼与制度设计完全相同,由于基本政治经济体制方面的差别,这些税种也存在相当明显的不可比因素。因此,出于研究需要,有必要对人类历史上出现过的财政汲取方式进行一个概念化的阐述。

一、财政收入与财政资源

按照财政学教科书的定义,财政收入指的是政府筹集、支配和使用的资金。如陈共主编的《财政学》认为,财政收入是国家占有的、体现各种利益分配过程的一定量的国内总收入。按照不同的标准,可以分为预算收入和预算外收入、经常收入和临时收入、直接收入和间接收入等。如果仅仅研究财政专业问题,这个定义是合适的,但考虑到不同社会形态下国家或者政府控制、干预和影响经济的程度,在研究国家与广义上的纳税人的博弈时,这个概念明显偏窄。国家通过各种手段所汲取到的财政收获,不仅仅表现为货币收入,在早期的国家财政运行中,实物和劳役也都是重要表现形式。而且,国家对货币发行权的控制、对劳动力的控制等都在一定程度上具有财政意义。因此,国家的财政汲取从广义上看,是对包括财产、所得等货币性收入在内的各种社会资源的汲取。这里用财政资源这一更具涵盖力的概念来指代国家的财政汲取物。为了方便进一步理解,现对财政资源的表现形式、性质等进行论述。

(一) 财政资源的表现形式

早期人类社会,由于商品经济和货币形式不发达,国家主要通过征收实物或劳役的手段来获得岁入。实物征收体现了国家通过财政手段对物的控制,劳役征发体现了国家对人身的控制。可见,财政资源的主要表现形式不外乎人、财、物。但我们平时讨论财政问题时主要涉及的是"财",即货币收入,附带着会讨论"物",但忽视了对"人"作为财政征收标的的探讨。其实,国家组织在财政汲取中对人的控制历史要比对物、对财的控制历史更加古老。在刚刚从原始社会组织演变出的具有一定国家形态的部落中,尽管在公共事务决策上实行的可能是军事民主制,但部落成员由于亲缘关系的存在,对部落共同体存在强烈的人身与心理依附。这种依附关系有利于部落组织集体劳动与对外战争。同时期能够更好体现人身控制的财政作用的,是"公共奴隶"的存在。在阶级社会早期,由于原始公有制仍然强大,私有制尚在发育之中,部落国家通过战争掠夺的奴隶大量成为部落整体所有的"公共奴隶"或"国家奴隶",这些奴隶的人身归部落或国家所有,其劳动成果自然也直接归部落国家所有。在古代中国的各个封建王朝,长期存在着为皇室专用物品提供劳动的手工业匠人,他们的后代也被限定只能从事同样的工作。在汉代这类人被称为"徒"或"奴"[1]。直至明代,朱元璋仍然通过编定匠籍的手段,使官办手工业机构的工作者"世役永充,子孙承袭"[2]。尽管当时政府规定工匠家庭可以免除部分杂役,工匠的逃逸现象仍然十分普遍[3],这说明当时官府对匠人及其后代人身自由的限制是一种严酷的剥削。这些因统治者需要而被一定程度上剥夺了人身自由、从事官营手工业的群体,其实是一种"官府奴隶"或者"皇室奴隶",更准确点,可称之为"国家匠奴"[4],他们所创造

---

[1] 范文澜.中国通史简编(第2编)[M].北京:人民出版社,1978:75.
[2] 白寿彝.中国通史(第9卷)[M].上海:上海人民出版社,1999:795.
[3] 同上书:797—799.
[4] 关于"国家匠奴""官府奴隶""皇室奴隶"等概念,当前在学术研究中并不存在,但这种现象在中国古代历史上是长期存在的。中国典型的奴隶社会,一般认为到春秋战国后已经结束。但奴隶制度又延续了很长时间,人身买卖仍然很普遍。而且,不但私人可以蓄奴,官府也存在蓄奴行为。官奴所分布的领域主要是官办手工业。当然,后来的奴隶制度已经不是完全意义上的奴隶制度,奴婢也好,匠奴也好,其人身安全都已经得到了部分法律保障,甚至一些开明皇帝都颁布过释放奴隶的政令。

的、被官府或皇室所占有的财富,也算得上是广义财政资源的一部分。以"国家农奴""匠奴"等为主要表现形式的人身依附型财政汲取方式在中世纪及以前的西方社会也普遍存在,此处不再赘述。对于统治者来说,在控制生产资料物权的同时控制劳动力的人身权,然后将自己控制的生产资料与自己控制的劳动力结合起来进行生产以获利,是一种汲取度最深、汲取便利性最强、话语权垄断最完整的财政汲取方式。从封建社会时期的官营手工业长期延续到当今国有企业在多数国家的普遍存在,说明追求财政自产能力一直是政治家们不愿放弃的诱惑性追求。

上述关于财政资源表现形式的讨论会带来一种担心。由于财政资源范围的泛化定义,仿佛政府的强制性权力就是财政资源,这容易导致概念间的界限模糊和相互窜入。不过从人类历史上看,强制和资本确实是可以相互作用、相互替代的资源(蒂利,2012)。或者说,强制权力不仅能够带来资本,强制权力本身就是一种资本。当然,财政资源与国家权力之间还是存在概念区别的。作为财政收入的替代定义,本文中所使用的财政资源,主要还是指代国家通过各种途径占有的、可以自主支配的物质资源。只不过其与一般意义上的财政收入定义不同,财政资源从广义上包含了国家与个体之间的各种关系,这些关系有可能为国家汲取物质资源提供有利条件,从而具备了一定的物质性意义。

总体上看,财政资源形态经历了从实物、劳役向货币转化的过程。决定这一转化过程的一个重要因素是所有权制度或产权制度的变化。理论界一般认为税收的产生与国家和私有制观念的产生同步,也就可以认为国家和私有制观念的成熟过程也是税收的成熟过程。在封建社会,以人身依附为特征的封建关系的存在,其实是私有权制度与私有制观念不成熟的表现。这种情况下,封建主对土地与农奴人身的占有是财政汲取的重要合法性理由。比如,中国皇帝对田赋、劳役的征用,一个冠冕堂皇的理由就是"家天下",即"这本来就是我的"。如果我们把税收理解为"对私人产权的合法侵犯",那么在封建社会不存在完善的私人产权的情况下,其税收形态也必然是不完善的形态,或者说仅仅是税收的雏形。从这个意义上说,财政的"国家分配论"认为税收是国家将社会收入征收之后进行的再分配或"二次分配",也仅仅适用于近现代以来的社会。在古代社会特别是封建社会形态中,没有完善的私人产权,没有成熟的税收,当然也没有现代意义上的再分配或二次分配。

总之,由于前资本主义时代人身依附关系的存在,当时的所有财政汲取手段与近现代的财政汲取手段都存在性质差别。无论是讨论财政资源中的人、财、物具象,还是讨论古代税收与现代税收的不同,都是试图辨清基本生产关系对各种财政税收概念的限定作用。毕竟,将财政现象放到历史长河中进行研究时,我们无法脱离当时生产关系情境。

(二) 财政资源汲取的强制(或自愿)程度

一般地,掠夺与交换是获取资源的两种基本途径。如上一章所述,掠夺与交换也意味着两种不同的基本秩序或人际关系类型。就满足公共需要来看,掠夺背后是暴力机器或强制力量,而交换背后是自愿。人们习惯上以为,交换通常是市场行为的特质,而政府的财政汲取行为往往具有强制性。比如,在我国的财政学教科书中,认为财政的本质是"国家为实现其职能,凭借其强制权力无偿地参与一部分社会产品或国民收入的分配所形成的一种分配关系"[1]。这种逻辑反映到关于"税收"的定义上,认为税收是"国家为了实现其职能,凭借政治权力,按照预定标准,无偿地参与经济单位或个人创造的国民收入分配所形成的特定分配关系"[2]。在这里,"强制性""无偿性"都成为税收的本质特征。但这些都是"国家分配论"的观点,按照与此相反的"社会契约论",可以推导出一些不一样的观点。比如,认为人民向国家纳税是为了能够更好地享有其他自然权利以及公力救济,税收是人们为了获得更好权利保护而付出的有偿的代价。这样就存在一个重大问题:税收究竟是一种强制还是交换?近几十年来,特别是随着"公共财政"概念及理论的提出以及"国家财政"向"公共财政"的转型,这一问题成为财政学家们争论的一个焦点。

细细品味,这一问题本身是存在问题的。因为要准确回答这一问题,就必须对税收进行严格定义。但税收远不是财政汲取手段的全部。古代税收与现代税收存在重大差异,即使是现代税收的诸税种之间也存在不同之处。如果非要用强制或交换来表述财政汲取行为的某种特征的话,一个更科学的方式,是把绝对强制与绝对自愿当成一个标尺的两端,然后把人类历史上出现过的所有财政汲取方式根据被汲取人接受程度在此标尺上寻找其适合的位置。如古代社会中对犯罪之人抄没家产(这当然算不上一种"税收",但也是一种财政汲取方式),无疑是一种极其暴力的手段。古代社会向农民征收的田赋,背后国家强制力量的支撑显然是决定其能在多大程度上成功的关键因素。相比之下,现代民主政治制

---

[1] 这种论述见于各类财政学教科书,是我国理论界关于财政本质的主流定义。
[2] 这里的税收定义文本出自:张继民.税收学[M].成都:西南财经大学出版社,1997:7—10.在大多数税收学教科书中,关于税收的定义与此类似。

度下的税收由于以代议机构投票通过为前提,其纳税人遵从程度相对较高,自愿性与交换特质当然也要强一些。但并不能绝对地说,古代汲取方式都是强制的或者现代汲取方式都是自愿的。在古代社会,诸侯国或边疆小国向宗主国进献贡赋,实际上是想据此来维系自己与宗主国之间的保护与被保护的关系,其中显然蕴含了一种权力与责任、权利与义务的交换关系,这种关系并非绝对意义上的强制关系。可见,强制与自愿似乎很难构成评价财政汲取方式现代化与否的标准。同样一种汲取方式,在一定条件下会呈现出自愿交换的一面,在另外条件下则可能更多地具备强制色彩。

税收究竟是一种强制还是交换关系,取决于如何定义强制和交换关系。有学者认为,强制其实也是一种交换,只不过是"强制交换"而非自愿交换。从财政汲取方面看,这是有几分道理的。因为对于汲取者来说,财政汲取过程非常符合人们根据经验得出的一系列朴素真理,如"鱼与熊掌不可兼得""天下没有免费的午餐"等。任何一种汲取方式背后都有其难以避免的代价,尽管有些汲取方式当时看起来是"免费"的,但若干年后其代价可能才会显露出来。从这方面看,强调税收的"强制性""无偿性",对于现代财税事业发展的意义值得商榷。

(三)汲取方式的可见性

在教科书中,会把税收以税负能否转嫁划分为直接税与间接税。税负能转嫁的是间接税,反之则是直接税。一般地,税收理论界会把针对财产与所得征收的税种视为直接税,把针对经营收入征收的税种如消费税、营业税、增值税等视为间接税。其理由是财产与所得税主要是针对私人财产权利征收,纳税人与负税人是一致的;而货物劳务税主要针对企业法人的营业收入征收,企业可以通过提高产品价格的方式将税收负担转嫁给消费者。这种观点看似完美,其实是存在问题的。比如,企业所得税的纳税人是企业而不是居民个体,按上述逻辑也是可以转嫁的。而且就企业来说,其通过价格转嫁税收负担的过程会受到一系列条件的约束,如社会平均利润率等。税负转嫁问题是一个有意思的问题,尽管这一问题很值得推敲,但它提供了一个理解财政汲取的视角:不能仅仅观察财政汲取行为的表面现象,更要深入理解其内在本质。税收是一种直观可见的财政征收手段,在这种情况下直接的税收负担者仍然扑朔迷离。那么对于税收之外的其他的一些财政汲取手段,其财政负担的转移过程岂不是更加难以捉摸?

这里首先需要思考:讨论税负转嫁问题或者说财政负担问题的意义是什么?对于居民或纳税人来说,一个很重要的意义是这关系到税收公平问题。设想一个国家只有个人所得税这一种税,无论这种税的税率设计及征收过程是否公平,其公平或不公平都是可见的,人们用不合作手段追求税收公平的行为就有了具体的目标。但当一个国家建立了一套既包括直接税又包括间接税的复杂、立体的复合税制时,就意味着直接的税收负担很大程度上难以被准确观察,纳税人无法完整计算自己在整个财政系统中的付出与收益,其追求财政公平的行为当然也就很大程度上变得无的放矢。客观讲,税收或财政公平问题是相对的,大多数情况下财政或税收法律已经构建了一个既定的公共财富分配格局,人们通过财政税收博弈所追求的目标,往往是争取在未来的税收或预算法案调整中让自己获得更多的利益预期。

但对于执政者来说,这一问题的意义或角度不一样。执政者更多考虑的是财政收入的可得性,或者说以更少成本来汲取到更多财政资源。从这一角度出发,间接税是更好的方案,因为间接税的纳税人主要是企业法人,负税人主要是消费者或自然人。换句话说,企业可以将税收理解为"拿别人的钱交自己的税",政府则把企业当成了事实上的"代扣代缴义务人"。很多税收专业人员喜欢将征税过程比喻为"拔鹅毛",理想的方式是让被汲取者感受不到税收痛感,在"鹅不叫"的情况下将鹅毛拔到手。税收实践中,很多征收手段亦是为此而设计的,如扣缴义务人制度等。不知不觉中税收就流入了国库,纳税人看不到具体的纳税环节,也就减少了实施抵制行为的可能性。当然,直接成本最低、隐蔽性最强的财政汲取手段并不是常规意义上的税收,而是"铸币税"或"通货膨胀税"。无论在历史上还是当今世界,都有执政者对这一汲取措施过度依赖,在享受其便捷的财富聚敛功能的同时,亦很难回避最终的"饮鸩止渴"的结果。

讨论财政汲取的可见性或隐蔽性的另一意义在于,认清财政资源来源究竟是什么。尽管财政学中存在"生产性国家"的概念,财政社会学中存在"自产国家"的概念,但有一点是不容否定的:国家或政府本身并不创造财富。国家或政府可以组织生产,而且国家或政府还可以拥有生产资料的支配权,但国家或政府作为一个集体组织,无法与生产资料进行结合。所谓的生产性国家或自产国家,其所意指的不是国家或政府自身进行生产,而指的是国家作为生产的组织者,通过一定方式将生产资料与劳动者个人结合起来的一种政治经济体制。也就是说,国家或政府的所有财政资源,归根结底来自社会成员个体的创造。在这方面,企业仅仅是一种生产组织方式,政府也是一种生产组织方式,企业家或者政府成员的管理、决策、指挥等本身对于财政创造会发生一定的甚至极端重要的作用,但按照马克思的观点,财富的创造或者说劳动与生产资料结合的过程,只能由劳动者来完成。从这个意义上说,执政者通过技术、制度设计等手段对财政汲取行为加以遮蔽,有利于其在财政汲取时回避不合作现象,从而降低征收成本,但不可能从根本上改变财富生产过程。

综上,国家或政府所汲取的不仅仅是财政收入,而是更加广义上的财政资源。财政资源定义的广泛程度既体现在其表现形式上,也体现在财政汲取手段的多样性上。财政学者大多认为,财政范畴反映的是一种政治经济关系,但更深入地思考,其实每一种财政汲取手段反映的都是具体化的、相互存在差异的、具有一定历史阶段性的政治经济关系。

二、国家分配还是经济分配:几种基本的财政汲取方式

上一部分讨论了不同标准下财政汲取方式的分类情况,这有利于理解财政汲取方式的多样性与复杂性。但它并未对任何财政汲取方式提出完整的定义或概念。其实,用抽象语言对任何一种汲取方式进行完整定义都是困难的,因为即使表面看起来一样的汲取方式,在不同的历史阶段也可能存在质的差别。而且有些汲取方式在一定条件下是多种汲取方式的混合体,比如古代的"田赋",看起来像是税收,但有时候更像是地租。但出于研究需要,又不得不对各种汲取方式进行界定,以防止未来的讨论中出现概念混乱甚至偷换。当前财政税收教科书中对各种财政收入来源的定义,不完全符合本文研究的需要,这一点下文将会提及。为了对财政汲取方式进行定义和分类,有必要先搞清楚财政汲取行为的一些基本元素:由谁汲取?对谁汲取?汲取什么?依什么汲取?汲取物用于什么?等等。一般地,财政汲取指的是国家或政府对社会中的组织或个体实施的汲取,汲取物为社会组织或个体创造的财富的一部分,具体包括劳动、实物及货币等,汲取物主要用于(至少是名义上用于)公共事务。这与教科书中关于财政和税收的定义类似。但如果停留在这个层次,不同财政汲取方式之间的差别将难以展现,很多问题也就失去了讨论的必要。实际上,这里有一个辨别财政汲取方式之间差别的基本尺度:财政汲取凭借的主要是什么?关于这一问题,教科书上几乎千篇一律地认为,财政或税收征收凭借的是"政治权力"。比如,我国的教科书中一般认为税收是国家凭借政治权力,无偿地征收实物或货币,以取得财政收入的一种工具。这其实是一种"国家分配论"的观点。国家分配论长期以来是我国财政学界的主流理论。作为国家分配论的奠基之作,许廷星教授1957年出版的《关于财政学的对象问题》一书论证了"财政的分配关系"和"经济的分配关系"之

间的联系和区别[1]：

> 财政所表现的分配关系其所以与一般经济所表现的分配关系不完全相同，因为经济的分配关系是从生产资料所有制发生的分配关系，而财政的分配关系则是从国家职能所发生的分配关系。前者表现在经济的领域，后者既表现在经济的领域，同时也表现在非经济的领域。但二者相同的地方，是在同一的社会生产关系决定下，都是属于社会产品或国民收入的分配或再分配。

这里的经济分配关系指的是所有制分配关系，即初次分配；财政分配关系即国家凭借强制权力，为实现统治目标或公共职能进行的分配，是二次分配。国家分配论的言中之义是，财政收入都是凭借政治权力强制获得的，这就是财政关系或者二次分配；而凭借经济权利获得的不是财政收入，这是经济关系或初次分配。这用来解释近现代以来的大多数财政现象似乎不存在什么问题，但在"朕即国家""家国一体"的封建社会，皇帝获得财政资源的理由，是基于其对生产资料甚至生产者人身的所有权，还是基于强制性的国家权力呢？这很难说得清。事实上，国家分配论对财政与税收的定义，前提条件必须是所有权制度或产权制度的完备，也就是说"公"与"私"之间形成明确的边界。所有权或产权制度的发展是一个漫长过程，直到近现代，国家公共利益与私人的财产权利之间才出现了明显的边界。这挑战了"国家分配论"的普遍适用性。

无论从历史还是现代看，国家或政府获得财政资源，所凭借的都不仅仅是政治权力或国家强制工具。古代社会中私有产权不发达、封建的人身依附关系普遍存在的情况下，国王或皇帝获得财政资源，其理由很大程度上是因为国王或皇帝认为，"这些东西本来就是我的"，留给生产者的财富是我的"恩赐"，收回本属于我的财富"天经地义"，这种财政汲取凭借的是封建式的所有权意识而不仅仅是政治权力。在现代世界各国，国家或政府仍然可以通过国营垄断经济来获得利润，这种财政资源汲取方式凭借的也不是政治权力而主要是所有权关系。由此可见，政治权力与所有权关系都能成为财政汲取的凭借物。当然，在执政者通过所有权关系来汲取资源时，以国家机器及暴力工具为表现的政治权力可以作为执政者打击被汲取者不合作行为的一种力量保障，但这是政治权力的另外一种角色。这样，我们就可以根据财政汲取的基本凭借是政治权力还是所有权关系，来定义一些基本的财政汲取方式：

---

[1] 许廷星.关于财政学的对象问题[M].重庆:重庆人民出版社,1957:9.

如果生产资料本来就是公有(这里的公有,指的是私人所有以外的非私有形式,如官有、皇有、国有等),国家组织劳动者(这些劳动者有可能人身权属于国家,也有可能有人身自由但被国家所雇佣)与这些生产资料相结合进行直接生产,然后凭借生产资料所有权对滋生财富进行占有,这种财政汲取方式是"国有企业利润"或"官营利润",可以简称为"利润"。

如果生产资料是私人所有(这里的私有,既可能是私人个体所有,也可能是小共同体所有),私人自发地将生产资料与劳动力相结合进行财富生产,国家凭借政治权力对这些生产资料滋生财富的占有(一般情况下,国家仅仅会根据一定的税率占有一部分而非全部),就可以称之为"税收"。

如果生产资料本来就是公有,但国家不直接组织生产劳动,而是将生产资料的一部分权利(主要是使用权或经营权)租给私人,由私人自行组织生产劳动,国家凭借租赁合同对一部分滋生财富的占有,可以称之为"国有生产资料租金",简称为"租金"。

以上三种是人类历史上最基本的财政汲取方式,也是本部分讨论财政汲取现象时所涉及的基本概念。简言之,利润凭借的主要是所有权,税收凭借的主要是政治权力,租金是介于利润与税收之间的折中方式,是国家与私人关于生产资料经济权利的一种分享方案,国家通过租金获得财政资源,表面上凭借的是合同,实质上凭借的是所有权与政治权力的混合物。

这里存在一个疑问:财政汲取是一种价值汲取行为,是政府对本不属于自己的社会财富根据公共需要而据为己有的征收行为。如果政府用自己拥有的生产资料进行生产的自我组织,然后占有生产物,这不是天经地义的吗?又怎能被视为"汲取行为"呢?这一问题前面已经提供了答案:国家或政府本身并不创造任何财富,财富的创造者只能是劳动者个人。所以,国家无论通过何种方式占有生产资料,它都必须将生产资料与具体的劳动者相结合才能产生财富。国家或政府可以是财富生产活动的组织者,但不可能是财富的创造者。从这个意义上讲,国家或政府对生产资料的任何形式的占有,都会基于某种生产组织形式,或者说是某种财政汲取形式。

上述三种财政汲取基本形式可以涵盖阶级社会中大部分财政汲取现象,但仍然不是财政汲取形式的全部。在古代社会,"贡赋"是另一种具有重要地位的财政汲取形式,在某些历史阶段甚至是主要汲取形式。《尚书·禹贡》中说,"禹别九州,随山浚川,任土作贡",其意思是指禹要求被征服的部落根据土地的肥沃程度与出产物,向夏部落缴纳贡赋。在典型的封建社会,诸侯向国王纳贡是天经地义的义务，并且由国家暴力机器作保障。比如春秋时期，管仲曾以"尔贡包茅不入"为理由伐楚，楚王也承认"贡之不入，寡君之罪也"[1]。相应地，更低一级的大夫向诸侯纳贡，农民向大夫纳贡亦行此理。不过，贡赋隐含了一种权力义务的双向关系。纳贡者向受贡者缴纳贡物，既标志着归属关系或藩属关系，也标志着一种保护与受保护关系。比如，古代中国的藩属国向中央朝廷纳贡，看起来像是一种"保护费"。中世纪欧洲的封臣向国王纳贡以换取保护的意图更加明显。诺思在解释中世纪西欧的采邑制或庄园制时认为，这种生产关系中"王权有责任保卫王国并需要资源来履行该项义务，于是给予领主一片指定的地区，而得到的回报是同样明确规定的劳务。这样封建主义便成为政府用以获得资源以履行其对王国职责的财政制度"（诺思，1999:40）。领主是国王土地的承租人，领主以同样的方式将土地授给骑士或农民，骑士或农民又成为领主土地的承租人。诺思进一步细化了土地转授的不同类型：以服军役为条件的租佃；只交租但不服军役的租佃；军事警卫人员的租佃；神职人员的租佃；农奴的租佃。其中农奴租佃与其他租佃最大的不同是，农奴受法律的约束必须留在土地上，无法随时将占有权归还领主而离去（诺思，1999:40）。可见，无论是在"大封建"时期的古代中国（这里的"大封建"时期主要指的是春秋战国以前的"封邦建国"时期），还是在中世纪的西欧，贡赋都是一种代表着封建社会关系的财政汲取方式，虽然有强制性色彩，但其内在的权力义务关系是其更加突出的底色。

很多学者将古代社会中农民或农奴向上级领主缴纳的土地生产作物的一部分称为"地租"。但由于人身依附关系的存在，这种地租其实具备程度不同的"贡赋"的色彩。关于古代中国的赋役体制，刘志伟（2019）有一段论述：

> 比如在中国古代典籍中，"有田则有租，有丁则有役"的说法屡见不鲜，现代人从这一原则性的字面表述，很自然会读出与现代土地税和人头税相一致的含义。然而，细致地分析历代赋役的构成，从各类赋役项目的征派方式中把握其内涵，令我们认识到，以现代的赋税概念来理解王朝时代的赋役，其实是一种误读。这种误读可能掩蔽了王朝赋役的本质，阻碍了从王朝赋役体制的实际形态去探究王朝国家原理。中国王朝时期的赋役同现代概念的土地税和人头税的本质区别，在于承担这些赋役的主体，是王朝的编户齐民，他们纳赋服役，基于与君主之间的人身隶属关系，是臣民为君主当差。王朝国家按田土征收赋税，只是配户当差的一种方式；而征调差役，实际上

---

[1] 见《左传·僖公四年》。

也根据人户的财产状况来分派差役负担的轻重。历代征收税粮和佥派差役,都是以人户与土地财产相配合为基础的。赋役的来源不是财产,而是编户的臣属身份,土地财产只是臣民承担赋役能力的保障和衡量均平的标准。

在谈到古代中国社会时,很多学者自豪地认为当时的国人享受了同时代西方世界所没有的自由,如早早地解放了奴婢、早早地拥有了迁徙的自由等。还有学者认为,古代中国早早地承认了土地私人占有的制度。且不论这些观点是不是符合史实,仅从财政汲取的角度来看,古代中国更早地破坏了层层封建的财政汲取制度,建立了皇权针对底层农民的直接汲取的财政制度,这一点确实领先西方世界。但这种汲取制度得以形成的基础条件并不是私人产权的发达,而是皇权与"编户齐民"之间的人身隶属关系的变化,本质上可以说仍然是一种封建关系。

综上,贡赋、租金、利润与税收构成了四种最基本的财政汲取形式。但人类阶级社会中出现的很多财政汲取手段有时候会兼具几种形式特征。而且,如果详细观察,有一些财政汲取手段无法准确地在贡、租、利、税之间进行定位,或者说其属于哪种基本的汲取形式,取决于我们从何种角度来看待它。

三、古代中国的财政汲取形式

古代中国关于财政汲取形式较早的文献记载见于《孟子·滕文公(上)》中:"夏后氏五十而贡,殷人七十而助,周人百亩而彻,其实皆什一也"。一般认为,这里的"贡""助""彻"是统治者对自耕民或小奴隶主课征的一种具有地租色彩的田赋。范文澜在《中国通史简编》中认为,夏"贡"应该是耕种土地的自由民向统治者进贡的一定量的产品;殷"助"应该是"井田制"下自由民为统治者耕种"公田"的一种力役;周"彻"应该是由力役地租转化而来的实物地租。

上文中已经提到,"贡"不仅仅是自由民向统治者的进贡,亦包括了各个部落向部落盟主的进贡。词典中对"贡"的解释是"古代臣民或属国把物品献给朝廷",体现的是一种下对上的"贡献"关系。一些学者将"贡"与"赋"联合起来使用,甚至将古代中国的经济体制称为"贡赋经济"。"赋"在古文中的意义是由下对上的"交给",如"赋予"等,后来引申为一种征收行为,如"赋以重税"等。"赋"字从贝从武,在上古时期特指臣民向君主缴纳的马匹、粮草等军用物资。随着时代变迁,赋的概念从军赋扩大到来自农田、关市及山川林泽的所有课征物。贡、赋、租、税等在不同的历史时期存在混用的情况。比如，最典型的财政汲取物——农民上缴的田地生产作物，既有可能被称为贡或赋，也有可能被称为租或税。要理解某一时期某种财政汲取形式的实质性特征，不能仅凭其名称，必须结合当时的历史背景进行分析。但相比较而言，贡与赋总体上表达出了下级阶层对上级阶层的一定程度的人身依附关系，而在租与税的语境中这种人身依附关系没有得到过多的强调，反而在一定程度上体现着所有制关系或产权关系。可以简单地说，贡与赋主要是凭借依附关系征收，租与税主要凭借经济关系征收。

就人身依附关系来看，细究起来仍然是错综复杂的。一般地，人身依附关系同落后的文明发展程度相联系，所以人们会直观地认为，奴隶主与奴隶、封建主与农奴之间是典型的人身依附关系。这种观点过于简单化了。以中国古代的"助"和"彻"为例，无论商代还是周代，为公田耕作提供力役或者耕种公田缴纳租物的人不大可能是奴隶，更有可能是平民阶级。当时奴隶主要由战争掠夺的俘虏转化而来，周代以后奴隶有了固定化、世袭化的倾向，奴隶多因其来源、职役和等级的不同而有各种各样的名目，且由专门分工固定下来，一般都有世袭不变的社会地位[1]。可以猜测，周代的专业化奴隶应该是世世代代从事同一职业的老奴隶的后代。由于出身问题，奴隶没有人身自由，不可能拥有独立财产，他们作为奴隶主的"所有物"为奴隶主劳动，劳动所得全部归奴隶主所有。显然，奴隶主向"家奴"进行"财政"汲取的意义并不大。被统治者向统治者缴纳地租或田赋，一方面说明土地的所有权仍然属于统治者，另一方面也说明耕种者是相对独立的人，其对土地的生产经营具有一定（哪怕是很少）的支配权力。从史实上看，商周时期直接的被汲取者主要是公社农民和手工业者阶级，在周代应该是城郭之内的"国人"或者郊外的"庶人（野人）"，这些人是介于奴隶主与奴隶之间的阶层。他们是部落共同体的成员，或者是嫡长子继承制度下逐渐沦落为平民的、与贵族有血缘关系的人。相对于奴隶而言，他们才有被汲取的资源和资格。也就是说，这里的人身依附关系，并不是彻底的人身归属关系。人身依附关系主要表现为个体对共同体的依附，同时个体相对于共同体具有一定的私有财产或有限的人身自由，但与共同体之间又相互承担着难以准确划清的，或者说相互无限的权利（或权力）和义务（或责任）。

---

[1] 白寿彝.中国通史(第3卷)[M].上海：上海人民出版社,1994.关于商、周奴隶的来源,分别见第257—260页、第317—318页。关于这两个时期的"平民阶级",见第252—257页、第311—317页。

在讨论了古代中国贡、赋、租、税的概念以及人身依附关系之后,就可以对古代中国历史上最典型的财政汲取方式——农民缴纳土地生产物这一现象进行辨析了。这一财政汲取方式,在夏商周时期被称为"土贡",后来可以被称为"贡赋",再后来随着土地私有产权的发展又被称为"租税"。"税"作为一个独立的汉字在文献中出现,最早是在《春秋》所记鲁宣公时期的"初税亩"。春秋战国时期,"井田制"逐渐崩坏。"公田"上的收成无法跟上"私田"[1],长期耕种"私田"的农民在经过数代耕作之后,已经取得了事实上的土地占有权(这里用的是"占有权"而不是"所有权",此时名义上的"所有权"仍然属于公社或者国家)。而且,农民私自开垦荒地而形成的田亩,大量游离于国家税租控制范围之外。为了适应经济发展的趋势和增强国家竞争力,各诸侯国纷纷进行赋税制度改革。鲁国在鲁宣公十五年实行"初税亩",按照《谷梁传》的说法,是"初税亩者,非公之去田而履亩十取一也"。其要点有二:一是"履亩而税",意思是所有土地不管由谁控制,严格按亩数纳税,这就改变了"井田制"下"公田藉而不税"[2]的局面;二是在税率上十而取一,这就等于把过去的"助、彻"并行,劳役租与实物租共存的局面改为"彻"法一统天下。但要做到上述两点,就必须首先将公社农民的"私田"固定化,亦即由暂时的占有变成永久的占有,这一步在历史文献中有明确的记载[3]。到战国时期,以商鞅变法"废井田、开阡陌"为代表,农民或地主的土地私人占有制基本上确立。但与此同时,占有土地的新兴地主、自耕农承担军赋(军役与军需)的义务也被确立。所以说,以"初税亩"为代表的土地占有制的私有化过程,其实就是统治者通过一定程度上承认土地私有来换取农民缴纳军需物资、参加军役的义务的过程。

土地私人占有制的确立,使得贡赋的色彩相对淡化,租税的色彩开始浓厚起来。地租是"土地所有权在经济上借以实现即增殖价值的形式"[4],反映的是

---

[1] "井田制"中的"公田"指的是田中收获用于公社事务的耕地,"私田"指的是田中收获归耕作者所有的耕地。无论公田还是私田,所有权都归公社所有,区别仅在于收成的分配走向不同。不能将此处的"私田"理解成土地私有。

[2] 《礼记·王制》记载:"古者公田藉而不税。市,廛而不税。关,讥而不征。"一般认为,"藉"在这里的意思是"借",即借助公社成员的劳动来耕种公田,然后公田上的收获归共同体共有并用于公共事务。

[3] 古代文献关于农民的"私田"占有权固定化的阐述,可参见:白寿彝.中国通史(第3卷)[M].上海:上海人民出版社,1994:816—818.

[4] 中共中央马克思恩格斯列宁斯大林著作编译局.马克思恩格斯选集(第2卷)[M].北京:人民出版社,2012:606.

所有者财产的权力;"捐税体现着表现在经济上的国家存在"[1],反映的是国家的政治权力。农民通过承担国家义务换得了土地的私有,看似是统治者与农民的双赢,但农民付出的代价其实很大。农民获得的不是土地所有权,更不可能是现代意义上的土地产权,甚至连永久性的土地使用权都算不上。"人们从睡虎地出土秦简与青川出土的秦牍中已明确知道秦朝实行的是严格的国家授地制,而不是什么'土地自由买卖'。"(秦晖,2014:256)秦汉所确立的土地所有制是一种"封建土地等级所有制"。皇帝作为最高地主有最高所有权,他有权力和责任把天下的土地作为私产传给子孙。其次是拥有战功或拥戴之功的"世家大族"可以通过分封食邑的方式来获得土地权利。但即使是这些上层统治阶级,从皇权那里得到土地、农户的赏赐也是不能自由转让的。普通农民作为实际耕种者,更是自始至终都未获得过真正的支配权。这种情况一直延续到北魏至隋唐的"均田制"。按照"均田制",国家把土地"授予"农民,看似实现了"均田地",但田分"永业田"与"口分田",前者可以传承子孙但不可转让,后者在农民身死后要还给官方。到了宋代才出现了"田制不立"的情况,国家不再对私人占有土地的规模进行限制,土地私有制得到了完善,但也导致土地的买卖和转让更加肆无忌惮。土地的封建等级所有制是与政治上的皇权专制紧密联系的,这种制度一直延续到清末。由此可以认为,整个中国古代社会的赋税制度都处于一个贡赋与租税难以彻底区分的状态之中,只不过随着土地私人产权制度的缓慢发展,租税色彩逐渐有所强化。在许慎的《说文解字》中认为"税,租也""租,田赋也"[2]。从皇权专制制度的建立开始,国家财政收入的主要来源就一直是田赋。但田赋的性质并非仅仅是土地税,同时也是土地占有者向作为土地所有者的国家(或皇帝)缴纳的地租,以至于在相当长的时间里,在中国各类文献中"租"与"税"二字意思完全可以通用。这种既像税又像租的缴纳物有双重意义:一方面,意味着土地的终极所有权属于国家或者皇帝;另一方面,也意味着被授予土地的地主或者农民享有一定的、有限的土地权利。

在分析了贡赋租税难以区别的田赋之后,还需要了解其他一些财政资源汲取方式。这就必须先了解我国古代赋税制度的另一个特征:名义税负轻,实际税负重。很多学者认为古代中国有轻税传统,自汉代始就有田赋"三十税一"的旧

---

[1] 中共中央马克思恩格斯列宁斯大林著作编译局.马克思恩格斯选集(第1卷)[M].北京:人民出版社,1972:181.
[2] 许慎.说文解字详解[M].北京:中国华侨出版社,2014:194.

例,这意味着税率仅有百分之三。而且,逢灾年减免田赋一直被当成善政受到歌颂。但另一种截然相反的现象,苛捐杂税、横征暴敛、官逼民反又不绝于书。这两种看似矛盾的现象,其实不难解释:古代中国是田赋看似较轻,杂赋实则过重。古代中国的财政汲取方式多种多样、名目繁多。除了长期占据财政收入主导规模的田赋外,还有与田赋性质类似的各种附加税。相对于私人土地应缴纳的田赋,农民耕种"公田""官田"等国有土地的地租负担更重。比如,三国时期曹操实行"屯田"制,耕种者需缴纳的比例高达产出的百分之五十。除此之外,还有关税和贸易税性质的"关市之赋",人头税性质的"口赋"或者"算赋",商品税性质的盐铁酒肉之税,畜牧税、渔业税性质的"山海池泽之税",等等。除了实物与货币以外,统治者强迫人民承担的无偿劳动以及兵役,往往是比田赋更重的负担。农民承担国家战争和军用物资的义务,一直存在于我国古代的财政体系之中。一定年龄段的壮丁都有服兵役的义务,同时也有"更赋"义务,即为宫殿、城池、陵墓等大型建设提供无偿劳动。农民不但要服兵役,还要缴纳军用物资。自秦汉以后,国家还开征了"刍""稿"等税,主要是农民上缴的用于饲养战马的草料。在一些朝代,官府会把军马寄养在农民家。而且,在北魏至中唐的"均田制"时期,服兵役的农民还需要自备军事装备。《花木兰》的故事中,花木兰代父从军,就需要"东市买骏马,西市买鞍鞯,南市买辔头,北市买长鞭"。

我国古代财政汲取方式还有值得注意的另一个特点:固定性严重不足。固定性被认为是税收的三大特征之一。但在古代中国,皇权专制下的"家天下"以及"人治"特质,决定了当时的赋税制度是随意的、多变的。统治者征收资财,首先考虑的是自身需要而不是人民能不能承受。中唐时期的"两税法"被认为是我国财税史上的一个里程碑,但当时的指导思想就是变"量入为出"为"量出为入",根据财政需要来决定税率。"明代的田赋是专断的,没有固定数额。"[1]明朝末年加征"三饷",完全是合法税率之上的暴征,由此引起的社会动乱成为明朝灭亡的内在原因。清朝末年的田赋加征以及随意征收的厘金,也是引起社会动荡的重要原因。在皇权专制背景下,不受制约的征税权就是绝对皇权的重要体现。从这一点上判断,封建社会的中国税收,无论有税之实还是有税之名,都不是现代税收。

表4-1列举了古代中国历史上曾经出现过的部分财政汲取手段。表中"大类"一栏为了方便理解而设。用一两句话说明白古代的某种财政汲取手段是很

---

[1] 白寿彝.中国通史(第9卷)[M].上海:上海人民出版社,1999:697—698.

困难的,所以这里为古代的每一种财政汲取手段找到了一种现代财政汲取手段的对应概念。古代汲取手段与其现代对应概念之间最大的相近之处是征收对象或征收环节(即表中的"课税对象或征收环节"一栏)的类似性,除此之外,两者之间在形成途径、征收方式等方面存在诸多不可比性。表 4-1 中为了方便理解进行了简单类比,不意味着两者之间可以画等号。表 4-1 中的"俗称"指的是此种汲取方式在古代文献中经常化的称呼。"性质"一栏对该汲取手段的主要特征进行一个简单描述,即该汲取手段到底是税、租、利、贡等基本汲取方式中的哪种。当然,如果是税收的话一定与现代意义上的税收存在重大差别。所以对那些可以称为"税收"的汲取手段,统一地称之为"古代税收"。"主要形态"一栏指的是汲取物是实物、货币还是劳役。"出现朝代"一栏中如为空白,则意味着这种汲取手段曾出现于多个朝代。

表 4-1 中国古代主要财政汲取方式一览表

大类	俗称	性质	主要形态	课税对象或征收环节	出现朝代
土地税或农业税	田赋、田租	兼具土贡、地租和土地税	实物为主,后逐渐货币化	私人占有土地上的农业产出;农民租种官田、公田或皇室土地的农业产出	
	户调	地租	实物	农民自产的布帛丝绸等	北魏至唐
	附加租赋	加征的田赋	实物或货币	根据财政所需在法定税率基础上加征	
人头税	口赋、算赋、丁银等	古代税收	实物或货币	人身	
财产税	户税	古代税收	货币	按户等高低区别征收	
	算缗	古代税收	货币	车船、储蓄等个人财产	汉代
	间架税	古代税收	货币	房产税:根据房屋大小、数量征收	唐代
	率贷	古代税收	货币	家庭储蓄	唐代
所得税	贯贷税	古代税收	货币	利息税	自汉始
交易/行为税	关市之赋:市赋	古代税收	货币	交易所得	
	契税	古代税收	货币	房地产、车船等转让所得	
关税	关市之赋:关赋	古代税收	货币	货物流转环节征收	
	舶脚	关税	货币	货物报关环节征收	唐
	市舶课	关税	货币	货物报关环节征收	宋至清

(续表)

大类	俗称	性质	主要形态	课税对象或征收环节	出现朝代
商品税	商税	古代税收	货币	货物销售或流转环节征收	
	茶税	地租或税收	货币	生产和销售环节征收	
	酒税	古代税收	货币	私人酿酒收入	
典当税	僦柜纳质钱	古代税收	货币	典当行的收入	唐代
官营经济	官办工业、手工业所得	垄断利润	劳役		
资源税	矿税	古代税收	货币	私人开矿者收入	
	山海池泽之赋	兼具租金与资源税	货币或实物	人们在国有山泽中的采狩所得	
力役	徭役	贡赋	劳役	人身	
贡纳	朝贡或土贡	贡赋	实物	藩国或边疆民族进贡	
捐	捐助		货币	皇帝买卖职位或爵位	

四、古代西方的财政汲取形式

很多人认为中世纪欧洲的封建社会才是经典的封建社会。在这种封建社会形态下,财政制度的一个基本特点是国王"靠自己过活"[1],意即在财政收入来源上,国王以"自产收入"为主。在中世纪的英国,国王主要通过三种手段获得财政收入:王室领地收入、关税收入和封建特权收入。王室领地收入指的是国王通过对没有分封给贵族的或者根据封建法从贵族手中没收的土地的经营所获得的收入。在1505年以后的一个世纪里王室领地收入占国王正常收入的三分之一左右(Helm,1968:22)。关税收入名义上是议会批准的税收,但这种批准权在1642年以前从来都是有名无实,关税实质上是国王的特权税(于民,2012:33—35)。封建特权收入包括的内容很多,包括监护权收入、优先购买权收入、森林罚金收入、逃避骑士封爵罚金收入、船税收入、专营权收入、铸币权收入等(于民,2012:35)。封建特权收入体现了国王作为封建总领主和最高司法裁决者的地位。比如当封臣去世

---

[1] 关于国王"靠自己过活",在英格兰中世纪历史上主要作为一种原则和要求出现,而不是大部分时期的历史事实。尽管英格兰国王的正常财政收入规模很大,但由于战争、挥霍、封赏等,仍然经常陷入收不抵支的局面。当国王向国内各阶层征收额外的财政资源时,代表大贵族利益的议会就会以国王应该"靠自己过活"来拒绝,而国王则以"共同利益"和"共同需要"为由,扩大自己的财政汲取基础。关于这一原则更详细的论述见:施诚.中世纪英国财政史研究[M].北京:商务印书馆,2010:121—131。

后,其后代要继承地产必须先向国王缴纳一笔继承金。如果后代不满21岁,地产由国王暂时监护,监护期间地产收入归国王所有,此即监护权收入。

随着新大陆的发现和殖民地的扩张,一些君主又从海洋贸易垄断以及殖民地经营中获得大量财政收入。可以说,新航路的发现是资产阶级对利润的追求以及西欧君主对财富的追求共同促成的,探险家、殖民者与君主共同参与了殖民地利润的瓜分。此外,"什一税"也是一个古老的税种,但由于该税是由教众向教会缴纳的,主要用于神职人员薪俸和教堂日常经费以及赈济的宗教捐税,所以不能算严格意义上的国家税收。总体上看,在不发生长期战争的情况下,国王自给自足或者说"靠自己过活"是不存在问题的。但西欧封建主之间常常因为继承权等问题发生连绵不断的战争,这对西欧的财政制度产生了深远影响。1640年代英格兰国王查理一世与议会之间发生战争的诱因,是查理一世要增税以应对战争,1789年法国国王路易十六召开三级会议的目的亦是如此。国王要在"天赋神权"意识形态下扩大自身财政收入的来源,来破除"靠自己过活"的限制,而其他被汲取者极力维护国王权力与自己财产权利之间的边界,这构成了中世纪后期西欧政治经济制度变迁的关键推动力。

仅从古代税收的种类来看,西欧与中国似乎不存在根本区别(见表4-2)。但需要强调的是,由于封建社会形态的不同,中世纪西欧在税收权力结构上呈现出与东方国家不同的一面。

首先,由于中世纪以来西欧没有形成东方式的皇权专制,在征税权上国王受到了一定制约。以英国为例,自诺曼征服以来,"贤人会议"及后来的"议会"都在名义上拥有对一些税收的开征批准权。由于西欧的封建关系是一种契约关系,国王作为宗主向封臣或骑士征收的各种封建特权收入,在名义上也是以契约的形式存在的。国王由于自身财政需求的增长,并不想受到契约限制。但贵族却可以把契约作为约束国王征税权扩张的工具。

其次,由于同样原因,中世纪后期西欧各国的用税权也受到了议会约束。无论是秉持"朕即天下"的中国皇帝,还是信奉"君权神授"的西欧君主,其自身的财政与国家财政之间出现一定界限,是财政史发展的规律。在古代中国,早在汉朝就设"治粟内史"和"少府"两个官职,分别掌管国家财政收支和皇室内部物资需用。中世纪的英格兰早在盎格鲁-撒克逊时期,就已经出现了"司宫"负责国王财政事务、"国库"负责国家财政收支的职能分离格局(马金华,2011:14)。1066年诺曼征服后,随着宫室财政事务和国家财政收支日益复杂,国库与王室内务部门的界限进一步清晰,亨利一世时期(1100—1135年)成立了财政署,职能和机构设置更加专业化与复杂化。不过,古代中国皇宫内务与外庭之间财政仅仅是职能分离,皇帝对所有内外财政支出的绝对权力是一样的。但在西欧特别是英格兰,王室财政与国家财政的分离伴随了议会对用税权控制的增长。如公元1348年,英国下院在批准1/15税时强调这次税款"只能用于苏格兰战争",公元1390年下院批准每袋羊毛可征40先令的出口税,其中30先令须用作战费(Lyon,1980:552)。不过征税权与用税权在西欧各国的具体表现存在差别。相对于英格兰,法国国王权力就没有受到议会的影响。

最后,西欧国家的征税方式亦与古代中国不同。早在秦汉时期中国就确立了与郡县制相适应的、通过官僚系统与基层宗法组织征税的体系,这种体制虽然在效率上有一定优势,但难以防止官僚系统的贪污腐化、中饱私囊。而且这种体制征收税额较易估计、汲取难度较小的农业税尚能应付,但难以征收流动性较大、收入难以核实的商业税收。在封建社会的西欧,出现了与封建制度相适应的另一种征税体系。对于农业地区的封建领主庄园,国王通过领主这个"汇总纳税人"来获得收入。对于一些商业城市,国王通过向其颁发"特许状"的方式来获得收入。西欧封建国王和领主们对金钱的渴求以及城市市民对政治和经济权力分享的需要,使双方之间很容易达成一种妥协关系——"赎买"。城市定期给封建主缴纳一定数额的金钱,封建主则给城市颁发内部事务自治的特许状(冯正好,2008)。

表4-2列举了西欧中世纪后期的主要财政汲取方式。

表4-2 西欧中世纪后期主要财政汲取方式一览表

大类	名称	简介
自产收入	王室领地收入	国王自营的土地或从贵族手中收回的土地上的收入
关税	固有关税、羊毛补助金、桶税、镑税	针对进口货币征收
封建特权收入	监护权收入	封臣后代继承地产时向国王缴纳的继承金
	专营权收入	君主垄断经营产业的收入
	铸币权收入	君主依靠货币发行权垄断而汲取的收入
	贡金	册封贵族后代为武士时、贵族女儿出嫁时向国王缴纳的费用
	力役	农奴或农民向君主提供的无偿劳动
	罚没收入	贵族或自由人触犯法律后缴纳的罚金
	优先购买权收入	国王有权按"国王的价格"而不是市场的价格征购王室需要的货物
	特许状收入	国王通过契约方式授予城市自治权,以此换取定期定量的"赎金"

(续表)

大类	名称	简介
所得税/财产税	房屋税	对不动产征收
	工资税	对工资所得征收
	土地税	兼具地租税和财产税性质
	房租税	对房屋租金或地皮租金征税
流转税/收入税	地租税	对地租收入课征
	黄金税	对开采黄金收入课征
	济贫税	对地租、工商利润等征收的，专门用于救济贫困阶层的税种
	消费税	对盐、香料、酒、茶叶及其他商品征收
	进出口税	对特定的进出口物品征收
	其他商品税	对谷物、酒、盐等产品销售收入征收
行为税	契税	对不动产转让行为征收
	印花税	政府对商业账簿、凭证或契约进行认证时征收
	法律诉讼费	政府征收的调解、解决商业争端的费用
人身税	人头税	对人身征收

五、现代财政汲取方式

资本主义制度对财政汲取产生了颠覆性影响。资本主义制度彻底打破了封建社会形态下的人身依附关系，使得"公"与"私"之间出现了明显的边界。如上所述，税收是政府对私人产权的"合法侵犯"，没有完备的私人产权，就不存在完整意义上的税收。所以在封建社会的层级所有制结构以及人身依附关系广泛存在的情况下，税收既有可能具备一定的"租"的色彩，也有可能具备浓厚的"贡"的色彩。资本主义制度出现后，税收才有机会彻底摆脱租、贡、税难解难分的状态，成为真正意义上的"现代税收"。

当然，现代税收形成的过程也是税收被赋予其他一些职能的过程。在当代，已经很少有人把税收仅仅当成财政汲取的工具，而是赋予了税收弥补市场失灵、促进分配公平等其他职能。斯坦因甚至认为，税收代表了民族经济生活的一个方面，它依据国家宪法与行政管理权力，抽取个人一部分经济所得并使之成为共同体的经济收入。用最一般的术语来说就是，税收是个人结合于国家的一种经济表达形式[1]。税收理念的重大转变,是现代税收制度体系得以产生的重要条件。早在18世纪后期,亚当·斯密就在《国富论》中提出了平等、确定、方便征收和经济的征税四原则。斯密已经注意到了征税对经济所产生的影响,所以他认为每个国民都应该按照各自的能力,即按各自在国家保护下所获得收入的比例纳税,这种"量能纳税"原则是现代税收的重要特点。斯密还注意到了税收的"确定性"特点,纳税日期、方式和比例的确定,不但会减小征税对商人成本收益预期的干扰,而且会压缩税吏们加重赋税、勒索财物的空间。伴随着现代经济学的发展,税收理论也越来越科学化、精密化。利用经济学公式可以精细地计算出一项税收的开征、一次税率的调整对投资、储蓄、工资、劳动等各种生产要素的影响。特别是"最优税收理论"的发展,为政府追求税收经济的帕累托最优提供了理论支撑。从税收制度设计上来看,政府会尽量使直接税呈现累进性特点,以期在调节贫富差距方面发挥作用。同时,间接税税制设计更加精妙,特别是增值税的发明在实现"环节征税"的同时又防止了重复计征,成为很多国家的税制首选。税收领域的另一个重要发展是税收的征收管理。现代税收管理具有三个特点。一是征收组织的官僚化,有一支稳定的公务员队伍专门负担税收征管工作。征税官僚阶层最早在18—19世纪的英国发展成熟,并成为世界各国的一致做法。二是征管手段愈加法治化、流程化,形成了固定的税务登记、纳税人自行申报、税务机关评估检查、违法处理等制度。三是国家针对纳税人的信息化监控手段日臻完善,在很多国家已经实现了税务部门与银行机构的信息共享,公民收入信息在政府监控面前已经处于"不设防"状态。

在现代国家,一般会构建一个复合的多元化税制体系,既包括所得税和财产税也包括流转税,既有直接税也有间接税,各个税种在筹集财政收入的同时,履行着不同的社会调节功能。相应地,一些传统的汲取手段如封建特权收入、殖民地收入、人头税等在现代国家已经日益衰微甚至绝迹。现代国家的一个重要标志就是税收成为财政收入主要来源,但这并不意味着税收是财政收入的唯一来源。事实上,没有一个国家的所有财政收入全部来自税收。在计划经济国家,来自国营企业的利润是主要财政收入来源。即使在西方资本主义国家,国有经济也占据着一定的比重。利润之外,形形色色的租金仍是很多国家的重要财政收入来源渠道。比如,在一些矿产资源丰富的发展中国家,政府可以通过垄断矿产

---

[1] 斯坦因.论税收[M]//理查德·A.马斯格雷夫,艾伦·T.皮考克.财政理论史上的经典文献.刘守刚,王晓丹,译.上海:上海财经大学出版社,2015:51.

资源的所有权来获得自然资源租金;在一些地理位置特别重要的国家,政府可以通过向其他国家出租用于军事用途的土地而获得战略租金。表4-3列举了当代各国主要的财政汲取手段,显然并非汲取手段的全部。税收虽然成为财政汲取的主要途径,一些传统汲取手段退出历史舞台,但仍然遵循了税、利、租三分的基本格局。就这一点来看,财政汲取形式多变的表象下,其基本特征是稳定的。

表4-3 现代国家常见的财政汲取手段

类别	名称	课征对象
所得税/财产税	个人所得税	个人收入所得
	企业所得税	企业利润
	房产税	房地等财产
	遗产/赠与税	将要继承或赠与的财产
流转税	增值税	生产、销售、服务环节的增值部分
	消费税	特定产品的销售收入
	营业税	特定行为收入
	关税	进出口货物
行为税	契税	以所有权发生转移变动的不动产为征税对象,向产权承受人征收
	印花税	对经济活动和经济交往中设立、领受具有法律效力的凭证的行为征收
资源税		开采的自然资源
社会保障税		以组织、企业的工资支付额为课征对象,由雇员和雇主分别缴纳,税款用于社会福利开支
利润	国有经济利润	国营企业、国有企业或具有国有股份的企业创造的利润的一部分或全部
地租	国有土地权利转让收入	国有土地权利出让价款

第五章　财政汲取博弈模型

前文已经提及,人们对财政因素影响国家治理的方式存在不同理解。很多人将其理解成财政为国家生产公共产品提供物质保障,或者认为财政税收是弥补市场失灵、政府干预经济的主要手段。这两种路径,其实指出了财政在国家治理事务中的角色,或者说涉及的是国家治理的操作层面的制度规则。上述观点显然是不全面的,因为忽视了财政影响国家治理的第三条也是极其基本的路径:财政汲取本身对国家治理基本制度的形塑作用。相比而言,这个路径涉及的不仅仅是具体规则,更关系到集体选择规则以及"规则的规则"的演进。

关于这个路径,已经有很多学者从不同方面进行了研究,并形成了一些成果。上文已经综述了一些相关文献,并归纳了几种主要的分析范式。财政汲取方式影响基本政治制度,背后的动力机制其实是国家/统治者与公民/纳税人/被统治者之间的博弈。关于这个博弈的研究,仅从现有文献看存在着一些不足。最明显的是对博弈参与者的划分过于简单化,如把参与者分为国家与纳税人两方。马克思主义者习惯于将阶级斗争双方定义为统治者与被统治者两类,其他社会力量不过是这两支基本力量的依附者或同盟军。这种抽象的划分把特别复杂的人类社会群体现象一下子明朗化了,有利于学理分析,亦有利于得出比较规范的结论。但问题在于,人类社会中总是包括了大量规模、地位与利益取向存在差别的群体,这就导致两方基本力量之间不可能泾渭分明。当然,按照马克思主义矛盾论关于"主要矛盾"与"次要矛盾"的观点,一个时期占支配地位的主要矛盾,总是"双方"的矛盾。但事物的动态变化还意味着,各个群体或群体代理人之间的纵横捭阖才可能是博弈的常态。也就是说,在博弈体系中谁与谁联合,谁与谁对立,通过什么方式联合或对立,这些问题比博弈过程本身更加重要。当博弈方不是两个而是多个时,结盟问题决定着博弈的结果,研究多方博弈的关键就是研究在既定条件下联盟的变化。

另一个值得注意的缺陷是研究者在关注财政对国家治理正面影响的同时,没有完整地或足够全面地考虑可能的负面影响。按照财政社会学的基本观点,当纳税人拥有国家所急需的财政资源且具备较强议价能力,国家因战争等需要不得不向这些纳税人伸手时,双方的讨价还价促使统治者不得不让渡一部分权力。此时财政汲取对基本政治制度产生了以限制绝对权力、走向法治社会的良性形塑效果。当然其中也隐含了另一个链条:如果纳税人相对于统治者议价能力偏弱,那么统治者未必接受纳税人的条件,社会良治型的政治制度体系未必产生。很多研究者聚焦于上一个逻辑链条成功的经验倡导,而忽视了下一个逻辑链条本身更强大的历史约束力及其背后的力量。这一个缺陷是与博弈主体划分的简单化紧密联系在一起的。正是把博弈主体笼统地划分为相对立的两方,才推导出关于财政资源汲取的博弈必然促进国家良治的武断结论。只要我们把博弈主体的划分稍加复杂化,就可能得出不同的结果。比如,可以把纳税人划分为富裕阶层、平民阶层两个群体,统治者既可能通过与富裕阶层联合以更激烈地压榨平民阶层,也可以通过与平民阶层合谋,利用"少数服从多数"的民主制度对富裕阶层进行反向剥削。事实上,这两种博弈方式无论在历史上还是在现实政治生活中都广泛存在。本章的主要任务,就是在弥补上述不足的基础上,发展一个更完善的国家-纳税人间的博弈模型,并试图有一些新的发现。

一、理论基础

(一) 方法论的个人主义

"方法论的个人主义"是现代社会科学广泛使用的方法论。有人将它的源头追溯到韦伯、熊彼特,甚至斯密、托克维尔等。有一点是确定的,作为一种观念的"个人主义"由来已久,但作为一种方法论的个人主义,应该是近两三百年的事情。方法论的个人主义作为一种基本的逻辑假设,从霍布斯、洛克、斯密、康德再到韦伯、哈耶克、罗尔斯以及当代大多数哲学家和经济学家,呈现出一脉相承的稳定性。在社会科学发展过程中,学术共同体中的个体通过自己的不断探索与思考进行着方法论的"自然选择"。个人主义并不完美,事实上确实也面临着大量争议,但总体上看,它"虽多受批评而未被替代"(赵汀阳,2011)。即使是拥趸甚众的整体主义,也尚未获得像个人主义那样的合宜性以及受信任程度。

通过个人主义与整体主义的比较,可以直观发现两者之间的区别。仅从制度分析的方法论来看,个人主义的关键假设是:只有个人才有目标和利益,社会系统及其变迁产生于个人的行为选择(Rutherford,1999:38)。给定环境,个人总是会以符合自己目标的方式行事,社会制度也将随着个人行为的变化而变化。所以,大规模的社会学现象最终都应该通过考虑个体的气质、信念、资源以及相互关系的理论加以解释。整体主义主要指的是老制度经济学派凡伯伦、康芒斯等人所使用的分析方法。整体主义的方法论假设是:社会整体大于其部分之和,社会整体显著地影响和制约其部分的行为和功能。所以,个人的行为应该从自成一体并适用于作为整体的社会系统的宏观或社会的法律、目的或力量演绎而来,从个人在整体当中的地位或作用演绎而来。整体主义方法论注意到了人类社会化的一面,但其局限性也十分明显。如果不首先从人类个体出发而仅仅强调集体行为或整体利益,就容易造成个体行为或利益简单相加就是集体行为或利益的错觉。整体主义方法论赋予了人类群体或者制度以"生命",或者能够自我复制、延续和成长的特质。这类似于把群体或者制度本身视为一个"黑箱",人们把主要精力用于研究其外在的运行规律,而无须关注黑箱内部的机理。

还有一种与整体主义表面相似但内涵迥异的概念——集体主义。集体主义一般是与"集体理性""理性建构主义"等联系在一起。方法论的集体主义,总是在研究诸如"社会""阶级"等颇为盛行的集合性概念时才能够大显身手,仿佛"这类实体乃是独立于构成它们的个人而存在的",与行动者个人相比较,这类概念"不仅具有着首位的实在性,而且也有着更大的价值"(邓正来,2002)。从集体主义方法论出发,容易得出理性建构主义的结论,认为社会秩序可以通过人为的设计来进行重建。整体主义及集体主义之类的集合性概念的一个主要挑战是它们并非独立存在,总是受到个体行为选择的影响。如果不考虑个体行为选择,集体主义或整体主义将成为无源之水、无本之木;如果考虑个体行为选择,那么就在一定意义上转化成了个人主义。

个人理性并不能必然导致一致的集体理性,甚至有可能导致集体非理性,这已经为"集体行动的逻辑"所证明,也是个人主义方法论得以大行其道的根本原因。但对于个人主义本身,也存在诸多不同的观点。一些人对个人主义的批判,是认为这种方法论以荒岛上的鲁宾孙为起点,忽视了人的社会性的一面。批评者还认为,个人主义无论在逻辑上还是在时间上,都把个人放在集体或社会前面,这不符合历史真实。因此,需要用突出人类社会性的"关系主义"(赵汀阳,

2011)或者"合作主义"来对个人主义方法论进行代替。但是,从米塞斯、哈耶克、波普等人对"个人主义"的阐述来看,他们同样反对"原子式"的个人主义,同样也不认为个人在顺序上必然先于社会。米塞斯(2015:43)从人类行为学出发来理解个人主义,他认为:

> 人,从他的"人前阶段"(his prehuman existence)演化出来的时候,已经是一个社会的动物,会思想、会行为。理知、语言和合作,其发展是同一过程的结果;它们一定是相互关联而不可分开的。但是,这个过程是发生于人与人之间。个人们的行为之变动不居,就是这个过程的进展。除掉了一些个人,就没有这样的过程。除掉了个人们的一些行为,就没有任何社会基础。

米塞斯(2015:44)还从另一个方面批驳了集体主义:

> 凡是想从集体来着手研究个人行为的人们,都要碰到一个不可克服的障碍。那就是,事实上每个人同时会属于而且确属于几个不同的集体。由于同时并有的社会团体的众多,和它们之间的利害冲突而引起的一些问题,只有方法上的个人主义,才能解决。

那么,到底什么才是真正的个人主义呢?按照哈耶克的理论,真正个人主义的本质特征应该是"首先,它主要是一种旨在理解那些决定人类社会生活的力量的社会理论;其次,它是一套源于这种社会观的政治行为规范"(哈耶克,1989:6)。笔者对这句话的理解是:我们研究问题时首先要弄清什么才是决定人类社会生活的力量,这种力量必须首先从人类个体身上去寻找;寻找力量的目的是研究人类的社会行为,所以"人类先于社会存在"是一些批判者对个人主义的误解。

方法论个人主义带来的重要启示,恐怕是要准确理解人类社会的极端复杂性以及人们的有限理性。这要求社会科学的研究主要应该是解释性的,而不宜是预测性的,更不能是对未来的人为设计。要谨慎地得出结论,要让结论经受得起"证伪"的科学素质考验。在哈耶克看来,人们甚至连"解释"都难以做到,"社会科学的目的在于解释个体行为"是一种误解。"假如说有意识的行为能被'解释',那么,这是心理学的任务而不属于经济学或语言学、法学或任何其他社会科学的范畴。"(哈耶克,1989:64)社会科学研究中,人类很难进行现象解释,因为人类很难像自然科学那样看清楚研究标的真相。由于人类社会的极端复杂性、个人行为选择的多样性以及因地理区隔造成的文明差别,人们所认为的事物真相,仍然不过是头脑中的一种主观印象。"我们所做的事情只不过是对我们可以理解的个体行为进行分类,并发展这种分类。简言之,是把我们在进一步的研究任务中所必须使用的材料有秩序地排列起来。"(哈耶克,1989:64)也就是说,"对人类这样具有'有限理性'的动物而言,没有'客观'知识,只有'主体间(intersubjective)客观'的知识过程"(汪丁丁,2009)。所以哈耶克的本意,还是建议人们去尽可能地了解社会现实。人类永远不可能彻底摸透人类社会所有的运行规律,但人们可以知道是无数人类个体的具体行为选择决定了社会事务的走向,而且对于我们自己已经掌握的资料,可以进行更加科学的、贴近现实的分类与梳理,而不是武断地、自作聪明地下结论、作预测,替未来人设计制度。这是一种可贵的谦逊,也是作为"科学"的社会科学应有的态度。

(二)有限理性、不确定性与效用最大化

在方法论个人主义之外,个人的有限理性、社会的不确定性以及效用最大化,是本文的另外三个基本假设。关于个体有限理性,已经有很多专家学者进行过完备的讨论。此处需要说明的是,人的有限理性已经得到了大量心理学、行为经济学的实验佐证。可以说,有限理性不仅是一种假设,也是一种社会事实。人的"有限理性"是因为,人类不可能完全知道所有的信息,在绝大多数情况下只能在少数几个方案中进行选择。一些实验证明,即使完全知道各个方案中自己的得失比例,人类也有可能选择看起来明显不利于自己的方案。比如"最后通牒"实验[1],得到的结果高度一致且显著地背离了教科书中"理性人"假设所作出的预言。由此有学者认为,博弈双方的共同知识可能不是主流经济学假设的"理性经济人",而是"强互惠性"(strong reciprocity)。更奇妙的是,一些学者对人类大脑的研究,找到了人类强互惠行为或利他行为存在的生理学证据(Singer et al.,2004)。

上述研究成果挑战了古典经济学的"理性经济人"假设。其实,亚当·斯密及其信徒们并没有发明"经济人"假定(哈耶克,1989:11),或许读了他的另一本重要著作《道德情操论》之后,才能完全理解斯密的全部思想[2]。当"理性经济

---

[1] "最后通牒博弈"是实验经济学中一个热门的选题。最后通牒博弈通过在参与者之间构建一个非零和博弈的结构,来理解人们在选择时的"理性"。这种博弈实验有各种版本,但大都挑战了"人们追求物质利益最大化"这一假设,即人们虽然追求经济利益,但有时候宁愿损失一些个人收益也要追求一种更加公平公正的规则环境。

[2] 相对于《国富论》,《道德情操论》一书在斯密思想中的重要地位被忽视了。《国富论》强调了人的自私与利己在促进文明进步中的基础作用,《道德情操论》则认为人类普遍具有"同情心",与同情心有关的正义、仁慈等一系列美好品质,对个人自身及他人都会产生深远影响。《国富论》与《道德情操论》所讨论的问题看起来截然相反,却是内在互补的。

人"假设被有限理性所代替后,人们追求"经济利益最大化"的潜在假设亦不再适宜。理想化的"囚徒困境"中,博弈参与者被假定为绝对追求直接的自我利益,而现实社会中总是不乏"宁愿损己,也要利他"的人。要想统一这两类矛盾现象,只能说人们追求的是广义上的自我利益最大化,并非单纯的经济收益。或许良心的安慰,或者惩罚坏人的快感,以及"冲冠一怒"时的所作所为,对于个体来说也是一种收益,一种更广泛意义上的"效用"。由此可以认为,个体的"效用最大化"是一个比理性经济人更加适用的假设。对于国家的统治者来说,他们所追求的,也并非单纯的财政收入最大化。财政收入对他们极端重要,财政收入越多,他们可选择的空间就越大,越有机会用物质资源购买和平、稳定、服从和保护。但财政收入最大化与其说是统治者的核心目标不如说是核心目标实现所依赖的约束条件。他们的核心目标可能是"子子孙孙无穷匮也"地传承王位,也可能是追求现世的奢华享受,或者追求名垂青史的政治成就,抑或各种目标兼而有之。即使是同一个统治者,在不同年龄阶段、不同内外部压力之下,核心目标也可能存在差异。所以对他们而言,"效用最大化"也是个适用的假设。

那么,作为统治者代理人的官僚系统,是否也适用"效用最大化"呢? 早在1958年,诺斯古德·帕金森就在其杂文集中用戏谑的口吻,总结出了一条官僚世界中的"帕金森定律"[1]。但对官僚组织规律的科学性探索是从公共选择学派诞生后开始的。1967年,安东尼·唐斯在《官僚制内幕》中使用了官僚化官员被自我利益所驱动的假设,并认为官僚化官员试图理性地实现他们的目标,而他们的目标是复杂的,包括权力、收入、声望、安全、个人舒适、忠诚、卓越工作的自豪感等。几乎同时,戈登·塔洛克在《官僚体制的政治》中使用了官僚体制的"政治人"假设。在他看来,官僚体制里的"政治人"跟市场环境下的"经济人"一样,出于理性谋求自身利益的最大化,所不同的是"经济人"所追求的是直接的物质利益,"政治人"所谋求的是在组织内部职务的晋升以及权力的扩大。相比之下,"政治人"的行为更难以揣测其真实目的,具有隐蔽性。在官僚体制内部,个人的行为动机往往和组织的目的存在不同程度的偏差,这是为什么官僚体制在某些方面效率低下的一个原因。1971年,尼斯坎南在《官僚制组织与代议制政府》中,提出了官僚预算最大化模型。按此模型,官僚的理性自利与经济市场中的消

---

[1] 英国著名历史学家诺斯古德·帕金森在《帕金森定律》一书中,对官僚系统中的种种人浮于事、机构膨胀、相互倾轧、效率低下的乱象进行了批评,并总结出了几个官僚组织运行中的"定律"。该书并不是严肃的学术著作,但其针砭时弊的力道让人叹为观止。直至当今,帕金森定律仍然是人们批判官僚组织运行低效问题的重要文学工具。

费者和厂商相比并无二致，官僚机构和个人行为动机的出发点，既不是社会公共利益，也不是国家利益，而是官僚制组织和官僚自身的利益。官僚的效用函数，主要包括薪金、福利津贴、公共声誉、权力、恩惠、机关产出等，几乎都是与机关预算呈正相关。官僚为了自身利益最大化，必然追求预算规模最大化。无论持理性经济人还是政治人观点，上述学者大多认可官僚是由自我利益所驱动的，而官僚的自我利益不完全相同于厂商的纯粹经济利益。与统治者的"岁入最大化"类似，官僚的预算规模最大化也是其自身复杂效用格局的约束条件。对于具体的官僚个人来说，效用目标是多元的，既追求官阶、层级等政治地位，也追求工资、奖金等经济收入，同时也不排除其对自身价值以及政治理想的追求。

最后讨论一下"不确定性"。无论自然知识还是社会知识，都具有分散性特点，再加上人类智识的有限性，这意味着任何人都不可能掌握所有领域的所有知识，连某一具体领域的知识也不可能全部知道。如此一来，事物发展、制度演进的过程中，都存在难以预测的不确定因素，其结果自然也是不确定的。在经济领域，通过长期充分竞争以及重复博弈，参与者可以比较完备地知晓一个成熟市场的相关信息，如价格信息、供求信息、供应商信息等，可以按照原有的套路进行决策。但市场也是风云变幻的，无数企业家都通过预测未来的方式进行"押宝式"的风险投资，但真正成功的总是少数人。相对于重复博弈的商品竞争市场，政治"市场"博弈的回合空间更小，竞争参与者更是以保守自身信息秘密为取胜之要，所以政治市场决策的结果更加不可预测，风险也更大。另外，按照"理性预期"学派的观点，人们总是倾向于从自身的利益出发，根据现有信息做出合理而明智的反应。这意味着政府所有试图通过政策进行经济、社会调节的行为，都会为人们采取的理性反向行为选择所抵消，这种现象进一步放大了不确定性对政府行为可能的影响。

（三）国家理论与"国家自主性"

国家是一种政治结构，还是一种经济主体？是阶级统治的暴力工具，还是履行公共服务职能的法定机关？是具有独立人格、可以自我维持和生产的实体，还是由不同主体共同组成的集体联合物？不同的人站在不同的角度和立场上，得到关于国家的不同定义。本文无意对繁杂的国家定义进行训诂和评议，但出于研究国家与纳税人之间议价的需要，必须对"国家"这个议价方进行概念化处理。为此，需要对一些基础性的国家理论进行一个简单辨析，然后再对各个历史时期参与博弈的、代表国家的主要政治力量进行一个精确的定位。

按照我们对马克思主义的理解，国家是一种政治组织，是建立在一定经济基础上的政治上层建筑,是阶级矛盾不可调和的产物和表现,是阶级统治的暴力工具[1]。但当前也有很多学者认为,过去我们的主流意识形态中,片面强调了国家作为阶级压迫工具的一面,而忽略了国家履行公共职能的一面(吴英,2009)。而且,在马克思与恩格斯的经典著作中,除了大量的强调国家作为阶级统治工具的判断之外,也确实能够找到一些关于国家履行公共职能、调和阶级斗争的论述。因此,国家具有阶级压迫工具和调和阶级矛盾的两重属性,就成为当前很多主流学者所接受的共识,也成为他们论述马克思经典理论与"国家治理现代化"之间内在一致性的重要逻辑起点。根据这一观点,国家被视为一种统治机构或工具,包括军队、警察、司法机关、官僚组织等等,统治阶级掌握着这些机构或工具的使用权力,并利用暴力工具来剥削和压迫被统治阶级,这是国家的主要职能。除了主要职能外,国家还担负着其他多方面的职能,比如它要"调整各个剥削阶级之间以及统治阶级成员之间的关系"[2],还要提供经济、教育、文化等领域的公共服务以缓解被统治阶级的反抗。但总体上看,这种观点把"统治阶级"看成了一个整体。尽管注意到了统治阶级内部及成员之间也存在需要调和的矛盾,但这从来不是讨论的重点。

另一种具有重要影响的国家理论是新制度经济学的国家理论。在新制度经济学体系中,国家理论与产权理论、意识形态理论一起,被看作是影响制度变迁和经济增长的基石。根据本书研究需要,综合观察该理论,特征有三。一是经济与交易成本的视角是新制度经济学国家理论的出发点。在这一点上,该理论与社会契约论、剥削理论并无实质差别,后两者也强调了国家形成与演进中的经济动力。但相比之下,新制度经济学的理论逻辑具备更强的自洽性。契约理论可以解释为什么国家提供一个经济地使用资源的框架,从而促进福利增长(诺思,1994:22)。但契约理论的一个缺陷是,只假设了订立契约之原因和契约本身的作用,没有进一步分析立约各方的利益要求以及为了实现各自利益最大化所进行的博弈(杨德才,2007:128)。在这一方面,契约理论与掠夺或剥削理论具有相似之处,后者也是在揭示国家为了实现统治者利益最大化而榨取选民租税的本质的同时,忽视了国家同选民之间的互动关系,没有看到国家也会成为促进社会总收益提高的一种力量。而新制度经济学中,国家"扶持之手"和"掠夺之手"的双重角色,以及是保护产权还是侵犯产权的行为选择,既体现了历史现实中的国

---

[1] 韩树英.马克思主义哲学纲要[M].北京:人民出版社,1983:388.
[2] 同上书:392.

家职能作用的矛盾性,又能够通过相对价格、交易成本等经济概念进行统一的解释。二是突出了国家与公民之间议价能力的比较。新制度经济学国家理论以理性经济人为基本假设,以交易成本为分析工具,以此研究制度变迁,必然要把博弈各方在制度变迁中的相对收益,以及由此带来的行为选择作为主要动力。而相对收益其实就是参与各方的相对议价能力。根据"暴力潜能"理论,暴力潜能在公民或国家之间的分配格局,决定了契约性国家或掠夺性国家的诞生。而暴力潜能既包括军队、警察、监狱等暴力工具,也包括特权、权威、垄断权等"无形资产",是决定博弈各方议价能力的重要因素。三是博弈参与方的多层次、开放性特质。作为理性经济人,制度变迁中的博弈各方根据自身成本收益比较进行行为选择,这就意味着其选择是开放的、动态的,而不是固定不变的。这打破了传统思维中统治者与被统治者之间泾渭分明的假设。比如,无论在民主投票还是集体行为的参与中,都有大量的人采取"搭便车"策略。又如,一些小集团可以在两大对立集团之间采取策略性行为以博取最大化收益。

根据上述两个基本国家理论,在分析国家与纳税人的博弈时,应该采取一种相对收益的观点,而不是拘泥于阶级斗争理论中简单"贴标签"的做法。由此,就需要对"国家"这一博弈参与方的主要利益群体或个别阶层进行梳理。在历史上的各种社会形态以及不同的国家类别中,统治阶级及被统治阶级的内部结构千差万别。一般来说,传统意义上的统治阶级包括最顶层的统治者如君主、皇帝等,然后是最高统治者的执政基础或共同利益者,包括王室贵族、功勋贵族、大地主、大领主等。在被统治阶级中,包括拥有一定人身自由、生产资料或土地的自由民、平民,以及租种地主、领主土地的农奴或佃农,而没有人身自由的奴隶处于阶级链的最底层。可以认为在资本主义以前的阶级社会中,基本阶级有三个:最高统治者、其他统治阶级和被统治阶级。按照传统的说法,最高统治者与其他统治阶级的根本利益是一致的,都属于统治阶级的一部分。

到资本主义社会后,按照阶级斗争观点,原来多元的阶层格局逐渐演变成两大对立阶级:资产阶级和无产阶级。原有各阶层的人民,要么上升为资产阶级,要么丧失土地和生产资料后沦落为无产阶级。原来的君主或皇帝要么被推翻,要么通过君主立宪成为没有权力的国家象征。这样,最高层统治者与统治阶级的其他成员就实现了高度融合并成为一个整体。但这种曾经被视为绝对正确的观点,现在看来存在局限性。按照此前各阶层根据相对收益实施行为选择的假设,以及决策者所追求的与自身利益有关的政治、经济目标的多元可变性,最高统治者在行为选择上不一定与其他"统治阶级"始终一致。即使在资本主义社会,通过选举上台的政治家,也不可避免地(至少在某些方面)存在与整个资产阶级利益不一致的政治理想。这种情况在逻辑上完全可以存在,在历史现实中也能找到大量案例。在古代中国各个朝代,凡是开明的皇帝都会把皇亲贵族的土地兼并视作威胁,一方面为了获得支持对他们不断酬庸,另一方面也时刻对他们的势力扩张保持警惕。在西方,英国资产阶级革命实际上是作为统治阶级一部分的新兴贵族对统治阶级的另一部分(国王及保王派)进行的战争。所以诺思才指出"革命将是由统治者的代理人或由相竞争的统治者或列宁主义者式的少数精英集团发动的宫廷式革命"(诺思,1994:32)。即使一些国家发生的社会主义革命中的"列宁主义者式的少数精英集团",也大多出身于富裕的统治阶级。到了最高统治者(主要是中世纪的封建君主)消亡的资本主义社会,仍然能够看到,在资产阶级内部也存在制度变迁的矛盾驱动力。在"一人一票"民主制度未实现的贵族民主时代,代表大资产阶级利益的总统、总理或首相也要面对本集团的长远利益与眼前利益的矛盾,以及集团内各产业资本家群体之间的矛盾。在"一人一票"民主制度普及的当今西方社会,政治决策者有更大概率在决策中背离所谓的统治阶级——资产阶级。这里想说的是,无论是前资本主义时期的国王、皇帝等最高统治者,还是资本主义时期的总统、总理、首相等统治阶级最高代表,他们作为国家最主要的决策者,都希望能够拥有独立决策的能力,都不希望自己的政治决定被任何一个群体所绑架。实际上,他们希望自己能够拥有与其他统治阶级以及被统治阶级进行博弈的议价能力,而且他们也倾向于利用自己的政治地位与权力谋取更多的议价能力。为了更好地说明这一点,下面引入"国家独立性"或"国家自主性"的概念。

  国家自主性理论是从 20 世纪 70 年代逐渐兴起并不断发展的一种政治理论。简言之,国家自主性指的是"国家这个公共权力部门按自身意志行动的能力"(谢江平,2016),或者说"相对于各种社会力量,国家所表现出的自主行动的能力"(黄军甫,2014)。马克思与恩格斯都注意到了国家自主性问题。最典型的例子是马克思在《路易·波拿巴的雾月十八日》中对法兰西第二帝国的描述。1848 年法国革命后,路易·波拿巴在选举中当选为总统,并于 1851 年 12 月发动政变成立了军事独裁政权,脱离了资产阶级议会的控制,而且其行为出现了践踏资产阶级利益的现象。针对路易·波拿巴当选为总统后"想要扮演一切阶级的家长似的恩人"[1]的

---

[1] 中共中央马克思恩格斯列宁斯大林著作编译局.马克思恩格斯选集(第 1 卷)[M].北京:人民出版社,2012:772.

现象,马克思认为这主要与两方面因素相关。一是与市民社会和议会权力相比较,法国的行政权非常强大,这使得包括经济统治阶级在内的市民社会很难通过议会对行政权加以制约,国家的自主性能量逐渐积累起来。二是法兰西第二共和国时期资产阶级与无产阶级之间、资产阶级各派别之间在相互斗争中均无法取得绝对优势,为波拿巴钻空子提供了条件。所以在波拿巴统治时期,"国家才似乎成了完全独立的东西"[1]。恩格斯在《家庭、私有制和国家的起源》中也指出,在资本主义国家,"互相斗争的各阶级达到了这样势均力敌的地步,以致国家权力作为表面上的调停人而暂时得到了对于两个阶级的某种独立性"[2]。这意味着国家一方面主要照顾着在经济上占统治地位的阶级的利益,另一方面又承担着调和阶级冲突、维持国内和平的职能。但是在总体上,马克思和恩格斯受限于当时历史条件与政治现实,关于上层建筑对经济基础的"反作用"以及国家独立性的论述,与经济基础对上层建筑的决定作用相比,明显不够充分。随着资本主义国家内部阶级调和新情况的出现,西方的新马克思主义者阿尔都塞、波朗查斯等人,开始对上层建筑对经济基础的反作用问题进行研究,形成了"多元决定论"的观点。波朗查斯认为,资本主义国家具有"相对自主性"的基本特征,资本主义国家不能简单地被看作"统治工具"。而且资本主义国家的相对自主性,并非像马克思和恩格斯认为的,是处于社会阶级势力平衡状态下的暂时性特征,而是与资本主义生产方式紧密相关的一般性特征,一定意义上说,它是"一个在制度上固定不分阶级的社会的国家"(波朗查斯,1982:206)。20世纪六七十年代西方政治学界的"回归国家学派"也对国家自主性的研究做出了重要贡献。其代表人物斯考切波(2007:30)将国家定义为"以行政权威为首的并由该行政权威在某种程度上妥善协调的一套行政、治安和军事组织。任何国家都是首先和主要从社会索取资源,利用这些资源来创立和维持的强制组织和行政组织"。在斯考切波看来,国家自主性以强制力为基础,但国家自主性赖以存在的根源仍然是国家自身特殊利益,即保障社会统治秩序。这种观点明确地提出了国家汲取资源、利用资源维持统治对于自主性的重要意义。也可以这样理解,国家组织一产生,就天然地拥有合法的暴力机器的控制权;而这种合法的强制性权力,本身就是国家自主性的代名词。这样,国家自主性就具有了在人类阶级社会、各类国家

---

[1] 中共中央马克思恩格斯列宁斯大林著作编译局.马克思恩格斯选集(第1卷)[M].北京:人民出版社,2012:761.
[2] 中共中央马克思恩格斯列宁斯大林著作编译局.马克思恩格斯选集(第4卷)[M].北京:人民出版社,2012:189.

形态中的普遍存在性。

不同学者所依据的基本理论不同,对国家自主性的理解也存在差异。有人从否定僵化的经济决定论、承认政治与经济领域相对分离、国家对经济基础"反作用"的角度理解;有人从阶级分析的角度理解,认为国家自主性是指国家作为一个政治统治组织,并非总是受到统治阶级的控制;有人从利益集团的角度理解,认为国家自主性是指国家具有相对于社会各种利益集团的超然地位;还有人从国际环境的角度理解,认为国家自主性是指国家不受国外力量的控制(王宝磊,2015)。事实上,无论是政治因素对经济因素的反作用,还是国家统治者独立于所有利益集团进行决策的政治追求,以及不受外国力量控制的想法,都是国家独立性的来源,而且不同的来源带来的可能是表面现象相似,实则性质不同的"独立性"。曹海军(2013)将国家自主分为绝对自主、相对自主和嵌入自主三类。绝对自主指的是全能型权威国家中,政权组织和官僚体系能够独立于社会之外出台和实施国家政策、法律、法规的能力。相对自主指的是资本主义国家作为统治阶级和被统治阶级利益调解人的角色。嵌入自主指的是国家政权机关不仅有通过保持自身内部一致性而获得自主的能力,而且还能够渗透到社会各个场域与社会团体内部,以保持对整个社会的控制力。任何一个执政者都希望自己的决策过程不受来自任何一方的压力干扰,这是国家自主性赖以存在的逻辑基础,但绝对自主与相对自主无疑是两种迥然不同的压力感知状态,而嵌入自主则像是执政者化解自身压力的一种精妙手段。

国家独立性的存在,意味着国家在一定意义上是独立于统治阶级和被统治阶级的一种力量。但国家主要是一种机构或者工具,其自身不具有意识和理性,代表国家意识和理性的是国家的最高决策层及其下属的官僚组织。言下之意就是,国家独立性实际上就是国家的最高决策层不想被任何群体绑架、试图独立于所有利益集团的一种心态和行为追求。

(四)剥削与转嫁

通过国家自主性的分析,可以把最高决策层与一般的统治阶级区别开来。为了更加精确地描述博弈参与方,本书将最高决策层及其附属群体和官僚代理组织统一称为"执政团体"或"执政者"。据此,当考虑"阶级"间的斗争时,博弈的参与方不再是统治阶级与被统治阶级双方,而应该是执政团体、"统治阶级"与"被统治阶级"三方。这里的"统治阶级"与"被统治阶级"之所以加引号,是因为它们与传统观念中的统治阶级与被统治阶级定义不一样。简单地说,在财政汲取博弈过程中,很难准确地说到底是谁"统治"谁,双方更像是在博弈中立场相左、处于不同地位、拥有不同议价能力的博弈参与群体。但是,阶级斗争无论是以战争或暴动的形式,还是以议会斗争、街头抗争的形式,其实都是直接的政治斗争,在背后决定政治斗争的又是更加根本的生产关系。此处所要研究的,是国家与人民之间的财政关系,那么这种财政博弈与阶级斗争中的政治博弈或经济博弈是什么关系?有没有自身的特殊性呢?

财政关系存在的根本原因,是代表"国家意志"或"国家理性"的执政团体需要汲取足够的财政资源以追求执政目标。为此,执政团体必须向拥有财政资源的阶层进行征收。但问题是,在大部分时间中,大量财政资源都掌握在"统治阶级"手中,而"统治阶级"与执政团体属于根本利益一致的同一阶级。当然,随着历史发展与环境变化,"被统治阶级"中的一部分人可能会富起来,从而拥有更多的物质资源,执政团体也会向这部分人伸手。但这部分人也会借机讨价还价,争取让自己加入"统治阶级"的行列。也就是说,在特定历史时期,"统治阶级"而不是"被统治阶级"表面上要承担大部分的财政负担。但问题又来了,"统治阶级"相对于"被统治阶级"拥有更强大的话语权与影响力,他们必然要通过各种方式,把自己承担的财政负担转嫁出去。

转嫁手段是多种多样的,有的明显有的隐蔽。根据剩余价值理论,生产与分配环节中的"剥削"本身已经隐含了对财政负担的转嫁。资本家剥削工人阶级的剩余价值中,既包括扩大再生产、资本家个人享受所需的利润,也包括了以资本家名义向国家缴纳的税款。在前资本主义社会,具有人身依附性质的超经济剥削占据主导地位,土地领主可以更方便地把财政负担转嫁给农民或农奴。总之,财政负担的最终归宿必然是底层的工人、农民以及其他群体。但就财政负担转嫁来看,剥削理论指出的仅仅是经济手段(或"超经济手段")的转嫁,在现实的政治生活中,财政负担转嫁还应该包括政治手段。这种手段主要是博弈各方通过议会斗争、投票、舆论、街头抗争等途径来影响执政者的政策走向以及制度设计,进而追求本集团财政利益最大化。这种手段,从现象上看似乎不是严格意义上的转嫁,而是标准的政治议程或政治博弈。但从本质上讲,博弈参与者的根本目标与基本动力仍与经济转嫁时一样,只不过这种手段把各方博弈的舞台前置了,由制度政策出台后的操作层面的博弈,上升到了制度政策出台前期的集体选择甚至立宪选择层面的博弈。比如,在个人所得税制度的出台过程中就充满了不同利益阶层的博弈。是采取单一比例税率呢,还是采取累进税率?如采用累进税率,级差有多大?高低税率如何设定?这些议题的讨论都体现了各利益阶层之间的斗争。如果某些阶层通过抗争推动了个人所得税制改革,本阶层成员的应税负担下降了,那么就可以说他们通过政治博弈,把一部分财政负担转嫁了出去。

与上述财政负担转嫁相似的一个概念,是税收学中的"税负转嫁"。按照理论界的说法,税负转嫁是税收负担从纳税人身上转移到其他人身上的过程,或者说纳税人通过提高或压低价格把税负转嫁给负税人的过程。税负转嫁以及税收负担的最终归宿是一个相当古老的问题,亚当·斯密、大卫·李嘉图等曾经就此进行过讨论[1]。税负转嫁事实上也是财政负担转嫁的一种手段,不过,税制意义上的税负转嫁是一个可以被"剥削"手段所涵盖的问题,本文中不把它作为重点。

二、基本框架

(一) 财政汲取的三方博弈

通过上述理论分析,可以得出本文的基本框架。在新制度经济学的"相对价格"理论以及剥削理论的基础上,可以明确由财政汲取引发的博弈行为构成了制度变迁的重要动力机制。通过公共选择"理性经济人"假设和"集体行动的逻辑",以及"国家理论"中关于"国家自主性"的假定,可以把执政群体从"统治阶级"中单列出来,作为博弈的单独一方。这样就把传统认知中的统治阶级与被统治阶级、国家与纳税人之间的双方博弈改造成了一个三方博弈的架构(见图5-1)。

在图5-1中的框架中,一系列外生变量会对财政汲取博弈运行情况产生影

---

[1] 在《国富论》中,亚当·斯密区别不同税种阐述了税收转嫁与归宿问题。在地租税中,如果是直接地租税则不能转嫁,由地主负担;如果是土地生产物税,这种税起先由农民垫支,由农民再转嫁给地主,故地主是真正的纳税者。在利润税中,农业者转嫁给地主负担,工业者转嫁给消费者负担,只有对利润中的利息课税时才不发生转嫁。在工资税中,农业转嫁给地主,工业转嫁给消费者。李嘉图的观点则不同,认为除了土地征税归地主负担外,对利润、工资征税等,最终都由资本家负担,因而租税的最大负担者是资本家而不是土地所有者。按照斯密与李嘉图的观点,农民和工人向地主和资本家转嫁税负才是常态,这与我们的直观感受截然相反。其原因就在于这两人不可能站在剩余价值理论的角度来分析转嫁问题。实际上,税负的转嫁方向决定于直接纳税者和可能的负担者之间的议价能力,而议价能力受到产品市场供求关系、劳动力供求关系的影响。对于资本家来说,当产品供小于求时,可以通过提价的方式向消费者转嫁;当上游原材料供小于求时,可以通过压价的方式向原材料供应商转嫁;当劳动力市场供小于求时,可以通过压低工资的方式向员工转嫁;当三条路都不通时,只好自己承担。对于工人来说,当劳动力市场供小于求时,可以不接受资本家的转嫁,甚至向资本家转嫁;当劳动力市场供大于求时,就不得不接受资本家的转嫁。对于拥有土地所有权的地主与租种者农民,市场供求同样存在类似的影响,如地广人稀,则农民议价能力更大,地主承担税负的可能性也更大;如是地狭人稠,情况相反。

响。因为战争、内乱、自然灾害等意外事件给财政收支带来的巨大压力甚至财政危机,使得执政者必须在短期内汲取大量的现金资源;海外强大政治力量出现对执政者的执政地位形成巨大威胁。这些外生变量改变了博弈各方的议价能力,影响了博弈各方对现状的评价以及对未来的预期,促进各方不断调整博弈策略。在各种约束条件限制下,执政者会对原有的财政汲取手段进行改革,也会向先进的政治实体学习借鉴更有效的制度。而其他博弈者所采取的议价行为也会成为执政者进行制度改革的动力与压力。正是在财政汲取博弈结构的运行、调整和变化过程中,国家治理制度不断被供给和输出。

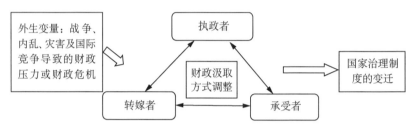

图 5-1　财政汲取博弈分析的基本框架

(二) 参与方:执政者、转嫁者与承受者

整个人类社会类似一个复杂的生态系统。由于先天禀赋以及后天机会的差异,每个人根据不同的标尺总是可以被划分到不同的阶层,于是就有了政治、经济、宗法等方面的地位不平等。在古罗马,有贵族、骑士、平民、奴隶,在古代中国有天子、诸侯、大夫和士农工商,在中世纪欧洲有封建主、臣仆、行会师傅、帮工与农奴。在各个历史时代,社会地位与层次总是多种多样的,总是存在规模、利益与价值取向不同的各种阶层,而且几乎在每一个阶层内部又有一些特殊的阶层。马克思从阶级斗争观念出发,将所有社会阶层划分为压迫者和被压迫者两部分。他在《共产党宣言》中指出,"我们的时代,资产阶级时代,却有一个特点:它使阶级对立简单化了。整个社会日益分裂为两大敌对的阵营,分裂为两大相互直接对立的阶级:资产阶级和无产阶级"[1]。但凡激烈的阶级斗争,都是两大阵营的斗争而不是多阵营的混战,所有的阶层都不过是在两个阵营中进行立场选择。研究阵营之间的斗争历史与内在逻辑,就是在关注主要矛盾。但是,其他阶层的选择问题同样值得探寻,甚至可以说,社会各阶层在阶级斗争过程中的立场选

---

[1] 中共中央马克思恩格斯列宁斯大林著作编译局.马克思恩格斯选集(第1卷)[M].北京:人民出版社,2012:401.

择,就是阶级斗争本身。阶级斗争的历史,也是各个阶层进行立场选择的历史。从这个认知出发,就必须从过去对统治者与被统治者、压迫者与被压迫者之间"脸谱化"的描述中走出来,去详细地分析观察各个主要阶层在斗争过程中的具体行为选择,以及这种选择所产生的内在影响。正如哈耶克(1989:22)所说:将严密组织的国家看作一方,将个人作为另一方,这远远不是唯一真实的世界。

在批判了统治阶级与被统治阶级二元论、讨论了国家自主性和财政负担转嫁后,财政汲取博弈中的博弈参与方已经浮现出来。从理论或者逻辑上看,这主要是一个三方博弈,参与方分别是执政者、财政负担转嫁者、财政负担承受者。温加斯特(2011:108—111)曾经提出一个包括统治者与两个公民群体的博弈模型,用以解释英国光荣革命及市场维持型联邦制的产生。但这个模型主要是简单化的静态博弈,没有考虑到历史进程中可能发生的博弈参与方身份的替换。在本书的博弈模型中,执政者是以最高统治者为核心的,通过利益、纪律、责任等纽带紧密联系在一起的垄断行政权力的团体,但这个团体的性质、目标、成员身份等有可能会随历史阶段的变化发生重大变化。在古代专制社会,执政者指的是国王、皇帝及其大臣和负责执行的官僚组织;在古代民主城邦国家,执政者指的是通过民选等方式产生的执政官、保民官及其他政务官员;在近现代民主社会,执政者指的是通过选举产生的总统、总理、首相及他们任命的内阁成员和负责执行的文官组织。同样是国家机构的议会、参议院等民主议事机构,如果仅仅是代表不同利益的议员们议事表决的场所的话,不属于执政者,如果具备一定的行政权力的话(如资产阶级革命后的英国议会),则有可能属于执政者。

此处所说的财政负担转嫁,其实就是博弈各方讨价还价以追求自身利益最大化的过程。由于这一过程的复杂性与多样性,需要进一步深入讨论。仅就"转嫁者"与"承受者"的界定来说,还需要明确两点。第一,两者在同一人身上是可以并存的。如当代社会的企业主,他要向国家缴纳增值税、消费税等间接税,这些税可以向消费者转嫁;他还需要向国家缴纳个人所得税,这种直接税一般就是自己承担。所以从某些税种看,他是纳税人但不是完全的负税人;但从另一些税种看,他可能既是纳税人又是负税人。第二,两者是可以转化的。这一点很容易说明,比如,一个自耕农把一块地租给别人耕种,那么他在保持承受者地位的同时,又转化成了转嫁者。

财政负担转嫁者和财政负担的承受者之间的关系,与剥削阶级和被剥削阶级、压迫者与被压迫者之间的关系有相似之处。但是,"转嫁者"与"承受者"是为了研究财政与制度变迁问题而引入的概念,它们之间的界限,必然与剥削阶级和被剥削阶级、压迫者与被压迫者之间的界限有所区别。比如,当转嫁者的财政负担无法向别人完全转嫁之时,在他身上就形成了转嫁者与承受者重合的现象,但绝不能说此时剥削阶级和被剥削阶级重合了。两者之间的关系,与税收学中"纳税人"与"负税人"之间的关系也很类似,但涵盖范围大于"纳税人"与"负税人"。比如,假设执政者采取了公共设施服务收费的方式筹集财政资金,按照税收学的概念,使用公共设施并缴费的人并不是纳税人。但按照本文定义,此人却属于承受者。又如,在以农业税为主的古代社会,如果执政者以土地为课税对象,那么地主或拥有小片土地的自耕农看起来都是承受者。但地主可以将租税负担转嫁给佃农,而自耕农必须自己承担,所以此时佃农和自耕农才是真正的财政负担承受者。由于转嫁者与承受者这对概念与纳税人与负税人这对概念在很多情况下是重合的,前者适用于所有情况,而后者更多地适用于近代以来的情况,所以在下文的叙述中将根据实际情况混合使用。

如上所述,转嫁者和承受者之间存在频繁转化、共生共存的关系,是不是可以说,两者之间界限已经模糊,研究两者博弈已经失去意义了呢? 表面上看,在现实中两者之间的角色是复杂的,进行准确判断是困难的;但在逻辑上,两者之间的角色却是清晰可见的。而且,在历史事实中,在某一时期、某一领域,非承受者的转嫁者与真正的承受者之间的阶层分布的鸿沟也是明显的。比如,在"东方式的"封建专制社会中,地主与佃农之间的财政负担转嫁关系是一种很重要的政治经济关系,地主作为名义上的纳税人,佃农作为实际负税人的情况是普遍的、稳定的。又如,在资本主义社会的前期,资产阶级是名义上的纳税人、工人阶级是实际的负税人,这种关系也是普遍的、稳定的。只不过这类关系本身是剥削关系的组成部分,不细加分析不易发现而已。在发达的现代国家中,纳税人与负税人之间的转换关系更加复杂化了,如在英美国家,个人所得税成为主要税种,中产阶级及富裕阶层都成为个人所得税纳税人,这意味着在大多数公民身上实现了纳税人与负税人的重合。但这并不是说财政负担的转嫁就淡化得没有意义了。事实上,在成熟的资本主义国家,财政负担转嫁的战场已经转移到了议会中。代表不同阶层利益的议员们围绕税收法案进行的激烈攻防,其实就是财政负担转嫁的集中体现。

(三)策略选择:联盟与崩解

在博弈论教科书中,一般会分"非合作博弈"与"合作博弈"两部分来介绍,重点多放在前者上面。所以人们谈到博弈论时,如非特别说明,一般指的是非合作博弈。最典型的例子就是"囚徒困境":两个囚犯基于自己的理性判断,最终导致了共同收益最小的方案的出现。但纳什在他那篇著名的论文中,还讨论了两人讨价还价的结果。既然是讨价还价,就意味着改变了"囚徒困境"博弈中一次性、不可通信性的假设。"通过增加局中人签订合同或通信的选择自由讨论变换了博弈的概念",这使得博弈参与方都有强烈动机"试图通过增加通信或签订合同来改变博弈结构"(Myerson,2015:255)。如此,非合作博弈就有了转变成合作博弈的可能。简言之,合作博弈与非合作博弈的主要区别就是,当人们的行为发生相互作用时,参与人之间能否达成具有约束力的合作协议。如能,则是合作博弈;如不能,则是非合作博弈。当然,对于博弈各方来说,合作博弈与非合作博弈之间并不存在本质区别,合作与不合作都是为了追求收益最大化而选择的策略。绝不是说非合作博弈中参与人之间就永远不会合作,也不是说非合作博弈在解释人们之间的合作行为时就无能为力。当无法达成有约束力的合作协议时,参与人之间如何才能通过理性行为的相互作用以达成合作目的(董保民等,2008),这既是非合作博弈也是合作博弈研究的目标。

博弈参与方能够形成合作联盟的一个前提是,合作收益对于每一个合作者来说具有超加性。博弈方合作获得的净收益,大于两者分别参加博弈获得的净收益之和,意即两方合作能取得 $1+1>2$ 的效果。但是,联盟要长期存在下去,还取决于能不能形成一个博弈各方都能接受的、关于联盟分配的方案,这其实就是合作博弈(或联盟博弈)的解。为此,经济学家和数学家们研究出了在严格假设条件下的联盟博弈的稳定解:核仁(nucleolus)和夏普利值(Shapley value)。在理论上合作博弈是有解的,否则在现实生活中就不可能出现如此众多的合作现象。但现实生活又是千变万化的,这意味着合作博弈存在稳定解的严格假设条件不断受到破坏,永久联盟也就事实上难以存在,这解释了在国际关系上"没有永远的敌人,也没有永远的朋友"的现象。

具体到执政者、转嫁者与承受者三方之间围绕财政汲取进行的博弈,这是一种可重复进行的动态演化博弈,所以任何一方都有与其他两方中的一方合作的可能。比如,执政者可以与转嫁者合作,把财政汲取的负担都压到承受者身上,也可能与承受者合作来更多地汲取转嫁者的财富(此时,承受者与转嫁者的角色一定程度上出现了互换)。对于转嫁者与承受者来说,都有与执政者合谋以削弱对方的愿望,但在特定条件下也不排除双方共谋以抵抗执政者。每一次针对第三方的两两合作的形成,都可以视为是一个达到"纳什均衡解"的两方讨价还价问题。但由于外部条件以及成本收益函数的变化,每一对联盟都无法永久地保持下去。也就是说,联盟中的每一方都时刻面对着两种可供选择的策略:继续与

A联盟下去,还是转向与B联盟。这样,就可以列举一些三方博弈中可能出现的情况。

(1) 没有合作的情况。一般情况下,执政者向转嫁者汲取,转嫁者向承受者转嫁,承受者向转嫁者和或执政者进行抗议,似乎没有合作联盟的出现。当然,当执政者向转嫁者汲取财政资源时,后者除了向承受者转嫁之外,也会千方百计地抵制执政者的汲取行为。特别是无法转嫁、必须自己承担时,转嫁者有更大的动力去抵制。典型的例子是英法新兴资产阶级对国王的革命行为。欧洲资产阶级革命时期,资产阶级与无产阶级在很多时候是合作联盟,来共同抗议封建制度的压迫。此种背景下真正的转嫁者其实是享有封建特权却不纳税的贵族阶层。新兴资产阶级与无产阶级之间既存在转嫁或剥削关系,又共同受到特权贵族的转嫁与剥削。在一个复杂的社会中,财政负担的转嫁与承受可能环环嵌套,难以清晰辨别。这也意味着财政汲取博弈中各方混战、没有合作的情况是很难长期稳定存在的。

(2) 转嫁者、承受者联盟。有时候,承受者或因为转嫁者的鼓动,或因为自己感觉到执政者所作所为导致了自己的贫困,也可能参加到转嫁者的反抗行动之中去,从而形成比较广泛的统一战线。这种情况在历史鼎革时代并不鲜见,如近代社会中各国由资产阶级领导的、工人、农民参与的反抗君主专制的革命。当然,更常见的是承受者直接抵抗转嫁者,如"反贪官不反皇帝"的农民起义等。但真正有建设意义的革命行为,多是拥有一定财富的转嫁者带领承受者对执政者的革命。

(3) 执政者、转嫁者联盟。由于执政者与承受者之间在很多情况下无法直接发生联系,这种情况的发生,一般指的是执政者默认或同意转嫁者将租税负担转嫁给承受者的行为。转嫁者一般也会把这种支持当成愿意向执政者缴纳赋税的前提条件。在早至《汉穆拉比法典》,晚至中世纪后期的专制社会的法律中,都倾向于保护奴隶主、领主以及地主的特权地位。背后的逻辑是,在"超经济剥削"与人身依附大量存在的中世纪社会,执政者只有赋予王室宗亲、功勋贵族以政治特权,才能获得他们的支持。其结果一般是,执政者与转嫁者共谋以对底层的承受者进行剥削,然后就剥削来的财富进行内部分配。

(4) 执政者、承受者联盟。执政者是拥有一定独立自主性的团体,从维护自身地位和利益的理性出发,执政者并不希望转嫁者对自己的议价能力过于强大。但承受者作为转嫁者的对立方,往往因为议价能力问题无法形成对转嫁者的威胁。在这种情况下,执政者有可能会通过各种手段扶持承受者,以共同削弱转嫁者的议价能力。在中国历史上经常发生开明皇帝及大臣抑制豪强兼并的行为,在英美资本主义国家发展史上曾经多次发生过执政者支持工会组织向资本家议价的现象,都可以看成是这一联盟的具体表现。

可见,从较长期的历史发展进程看,财政汲取博弈是一个不存在长期稳定解的"三方联盟博弈"。这里的"三方联盟博弈"意义主要体现在:在特定时期会形成一个两方联盟,但当外部条件变化导致联盟两方中至少一方发现,摧毁既有联盟或者与另外一方联盟的收益更大时,原两方联盟会崩解,然后新的两方联盟会出现。而且在历史进程中,两两联盟会不断发生变化,旧的联盟不断崩解,新的联盟不断产生。三方联盟博弈的特质,使得国家治理制度衍生出丰富多元的模式,使得人类社会的进程呈现出螺旋前进状态却又避免了简单重复。财政汲取博弈中出现无稳定解的三方联盟博弈的原因包括两个方面。一是财政汲取本身就是一种对参与各方产生强烈外部性的行为,每一次汲取方式、财税政策的变化都会改变各方的博弈得益。二是博弈各方都无法形成绝对的议价优势,任何两方的联盟都能够对第三方形成有效约束。一个形象的比喻是:可以将这种结构看成一个平面三角形,而三角形存在的条件就是"任何两边之和大于第三边"。当然,这个三角形的具体形态是不断变化的,其中一条短边由于种种原因可能变成长边,随后两条其他边马上联合起来抑制其继续变长。对于这种情况,还可以想象成历史上精彩的"三国演义"。一般情况下,弱弱联盟以对抗强者是理性选择,但当弱弱联盟中的一方发展壮大有超过另两方的趋势时,另一个弱方与原来的强方有可能组成新的联盟以削弱之。任何一方的过分强大,都为另两方所不乐见,而且任何两方的联盟也都不稳定[1],如此反复循环。

三、博弈要素

(一) 议价能力:暴力潜能、自产能力与贴现率

利瓦伊(2010:18—24)在讨论"掠夺性统治理论"中统治者的议价能力时,认为其相对议价能力取决于两个方面:其一是他人对统治者所依赖资源的控制程度;其二是统治者对他人所拥有资源的控制程度。这里的资源主要有:强制资源,如军队和警察等;经济资源,如生产资料或财富的控制权等;政治资源,如投

---

[1] 三方联盟博弈是合作博弈的一种表现形式,关于它的定义及无稳定解的特点,可参见:谢识予.经济博弈论[M].4版.上海:复旦大学出版社,2017:361—370.

票权等。诺思认为,在统治者与选民之间围绕财政汲取进行的谈判中,谈判力量主要由以下三点决定:国家提供财产保护时选民可以获得的潜在利益的大小;替代当前统治者的难易程度,即现有统治者的竞争者接管政权和提供同样(或更多)服务的能力;决定不同种类的税收带给国家的收益和成本的经济结构(诺思,2013:126)。下面在此基础上进一步扩展,列举影响三方议价能力的主要因素。同一因素在三方中是此消彼长的关系,当某一方某项能力强一些时,其他两方的同类能力就相对弱一些。总体上看,议价能力是一个相对概念,是一方相对于其他各方的议价优势,这一优势是动态变化的。

1. 强制资源的垄断程度(暴力潜能)

一般地,执政者垄断了国家暴力机器,而且具备使用强制手段的合法性。但反抗者也有可能获得一定的暴力资源。在中世纪西欧,作为特权阶层的封臣往往拥有一定的军队力量,可以对宗主产生威胁。英国资产阶级革命时期,议会可以组织军队与国王对抗。但在另外一些情况下,转嫁者和承受者不具备可以与执政者相抗衡的暴力强制资源,比如秦汉以后的中国封建王朝,皇权在大部分时间垄断了军队这一暴力工具。

2. 经济资源控制程度(自产能力)

执政者以自有、官有或国有的方式控制的资源越多,受其他势力钳制的可能性越小。但是,执政者拥有的资源与私人资源相比,再生产的效率存在劣势,所以执政者保持经济资源控制水平的难度很大。如果不采取对私人经济的限制措施,国有经济所占比例会逐渐下降。而对于其他两方来说,一旦控制了执政者所急需的大部分资源,就具备了可资依靠的主要议价资本。

3. 对财政资源需求的急需程度(贴现率)

贴现率决定于执政者的政治目标以及当时所处的内外部环境。战争、自然灾害等意外事件的发生容易使执政者陷入财政危机。此时执政者的贴现率会变得很高,更愿意用较大的代价换取更多的可支配资源,或者采取必要手段把未来的财政收入提前征收入库。而在一般的情况下,执政者更愿意追求比较稳定的财政收入流。

4. 政治资源的掌握程度(群体规模)

对于执政者来说,投票支持自己的人民数量越多,议价能力越强。但人数过多也容易出现"搭便车"。反倒是人数不多的群体更可能产生一致性行动。在中世纪,人数较少的贵族阶层的集体行动可以迫使国王接受一些条件。在资本主义社会,组织性较强的资本家阶层可以通过投票或游说来争取自身利益。议会民主制度下,那些集体行动能力强、组织化程度高的阶层和利益集团能够对执政者的财政决策过程施加更强大的影响,形成有利于自己的政策;而组织化程度低、集体行动能力弱的阶层可能在政策博弈中处于不利地位(Bates & Lien,1985)。杰考伯斯(Jacobs,1988)的研究发现,由少数大企业掌控的高垄断性行业往往能够利用更多资源来"绑架"立法者,以获得更低的企业税率。在普选权完全落实的情况下,资本家阶层相对于平民阶层虽处人数劣势,但平民阶层成员数量众多、利益相对分散,很难形成一股有明确建设性意见的力量,而且他们的自发性反对力量比较容易被政客或执政者所利用。

5. 执政者构建"囚笼"的可能性(用脚投票能力)

由于执政者掌握着暴力工具,纳税人会把逃离作为抵制的选项之一。当纳税人感觉到逃离的潜在收益大于逃离的成本时,就有可能付诸实施。对于执政者来说,纳税人逃离是一种"用脚投票",也是对自己统治的挑战。执政者需要通过封闭、监视等手段形成"囚笼效应",最大化地提高纳税人逃离的成本。显然,并不是所有人都具有逃避财政义务的能力。安土重迁的农民不可能具备像到处巡游的商人那样的议价水平,以劳动力为唯一交换资源的工人不可能具备像以资本为资源的企业家那样的议价水平。

6. 执政者的潜在竞争者的替代能力

对于执政者来说,最大的敌人通常并不是纳税人或者负税人,而是潜在的竞争者。如果有一个时刻准备代替现任执政者的潜在势力,那么现任执政者的议价能力将会受到深刻影响。转嫁者或承受者可能与潜在执政者进行合谋以推翻现任的执政者。在多党制竞争的政治制度下,反对党时刻有影子内阁在为未来的执政做准备。在极权专制及一党执政制度下,执政者不允许有合法的反对派候选人存在。但在任何情况下,潜在的竞争者总是存在的,只不过不成规模、没有准备的潜在代替者,要成功代替现任的成本会特别高。

7. 终极议价行为(消极生产)

这也是资本家、工人等群体相对于执政者所具有的特殊议价手段。当心存不满的纳税人既无法积极抵抗,又无法消极逃避时,他们会选择采取一种自我牺牲、同归于尽的方式进行博弈,如关门歇业、遣散工人等。对于以经济增长为重要追求目标的执政者来说,这是一种来自纳税人的严厉警告。2010年,澳大利亚联邦政府在与本国采矿企业之间的关于开征"超额利润税"的斗争中失败,其中一个原因就是采矿企业以"投资罢工"(investment strikes)相威胁,使得以投资、就业和经济增长为目标的澳州政府不得不放弃征税(Marsh et al.,2014)。

但是对于经济增长目标不是特别重要的执政者来说,纳税人这种抵抗方式不会产生有效的杀伤力。比如:在一些拉美国家的"国有化"运动中,企业的"投资罢工"很难起到作用,反倒会成为被国有化的口实。

8. 市场供求关系

如果劳动力市场供大于求,资本家就可以加重对被雇佣者的转嫁;当资本市场供大于求时,劳动者的议价能力会增强,反之则相反。这种议价能力的变化也会对财政汲取博弈产生影响。对于企业家来说,因市场供求关系变化造成的利润波动,直接决定着他们可以接受的财政汲取的比例空间。

(二)约束条件:经济结构、意识形态与交易费用

利瓦伊(2010:35—39)认为,生产力与经济结构、国际环境和政府形式是掠夺性政治理论的三个约束性变量。本文认为,就国家与纳税人的博弈来看,意识形态、文化、交易费用、纳税人组织形式等因素也在一定程度上影响着博弈进程与结果。

1. 生产力水平与经济结构

生产力决定了生产关系,而生产关系或者说经济结构,对国家与纳税人之间的博弈产生决定性影响。经济结构一方面决定了博弈各方的身份,另一方面也决定了博弈各方的议价能力。在中世纪的欧洲,封建经济关系使得君主—贵族—骑士—农民形成比较完全的契约责任关系,但这种封建关系是一种单向转嫁关系,国王能够直接要求封臣承担封建责任,却无法直接向底层生产者征税。在早期资本主义雇佣关系中,工人阶级与资产阶级之间不再有人身依附关系,执政者理论上可以同时向资产阶级与工人阶级汲取财政收入。但潜在财政资源的所有权主要掌握在资产阶级手中,作为"无产者"的工人阶级尚不具备成为主要的直接纳税者的可能性。而资产阶级会借"剥削"之机将税收负担与其他负担一起转嫁给工人阶级。但随着资本主义社会的发展,当工人阶级逐渐积累一定的私有财产,执政者与资产阶级就财政负担问题讨价还价越来越艰难时,执政者必然会考虑将工人阶级纳入纳税人行列,比如通过个人所得税、房产税等方式向中产阶级征税。中产阶级也会借此向执政者开出一系列政治条件。

2. 国际环境

国境是封闭还是开放,国际贸易受限制还是被鼓励,对执政者和纳税人的议价都产生深远影响。通常情况下,执政者采取封闭国境的措施,都是为了提高自己的议价能力,同时防止被统治者议价能力的增长。但这也与执政者目标、经济特征、传统文化以及政府形式等有关。一个开明的统治者,通过开放国境线并征

收关税,完全可以获得更加可观的财政收入。但在世袭专制制度下,统治者最主要的目标并非经济目标,或者说经济目标仅仅是为实现更重要目标的工具,当经济目标与核心目标相冲突的时候,统治者有可能会选择后者。中国明、清时期实行"闭关锁国"政策,既有占主导地位的农业自然经济内在气质的导引,也有统治者害怕外国人和沿海人民往来会"滋扰生事"的心态,当然还有统治者认为天朝物产丰富,无须同外国互通有无的狂妄自大,但维持"家天下"的政治目标压倒一切,无疑是根本原因。相比之下,新航路开辟后的欧洲国家执政者的行为就不一样。他们可以一方面通过贸易关税取得大量财政收入,还通过为本国商人提供海上保护征收"保护费"。关于国际环境影响议价能力的情况,利瓦伊(2010)的论述很有参考价值:

> 国际贸易、海外殖民地和国际政治经济的其他诸多方面,也是决定统治者可获得的岁入来源与相对议价能力的重要因素。如果生产者依靠政府寻求关税保护、管制要素市场等,统治者的议价能力将得到提高。如果统治者拥有不受其国内选民控制的国外岁入来源,统治者的议价能力也将得到提高。然而,相较于其选民,统治者在国际贸易中的相对垄断和相对收益程度,取决于国际竞争的程度、统治者在该竞争中的地位、统治者的岁入对贸易的依赖性以及贸易商的议价能力。如果臣民能够与其他的统治者做成更好的交易,如果势力强大的选民控制了国外的岁入来源,统治者的议价能力将被削弱。

3. 政府形式

人类历史上出现过多种政府形式,如君主制、军事独裁制、寡头制、代议民主制等。不同的政府形式下博弈各方的议价能力存在本质差异。但从另一方面看,政府形式本身的形成以及转变过程,一定程度上也是国家与纳税人博弈形塑的结果。

4. 文化因素和意识形态

西欧文化中重视契约的传统,促使"人际关系化交换"向"非人际关系化交换"更快转变,从而推动了社会分工合作秩序的扩展。这种传统为执政者的议价行为套上了一个枷锁,因为就执政者与纳税人之间的契约来看,相对于拥有合法强制手段和暴力工具的执政者,纳税人违反契约的可能性更小,执政者违背契约的动机更多也更强烈。同样道理,东方及中东国家文化中不重视契约但重视亲戚关系的传统,促使"人际关系化交换"长期无法向大规模的"非人际关系化交换"转变,经济发展陷入缓慢甚至停滞状态。在这种专制环境下,纳税人与执政者之间很难形成所谓的契约关系,执政者有更多机会追求不受约束的绝对权力。

相对于文化传统,意识形态是一个已经被异化或者泛化的概念。此处不打算就意识形态的定义进行讨论。根据一些人将意识形态划分为奴隶主意识形态、封建主意识形态、资产阶级意识形态以及无产阶级意识形态的思路,似乎可以结合研究需要,将意识形态划分为执政者的意识形态、纳税人的意识形态以及负税人的意识形态等。仅就国家与纳税人博弈来看,意识形态具有说服纳税人遵从国家法律、依法纳税,从而减轻征收成本的作用。但意识形态这一名词并不能掩盖不同利益群体针对不同资源汲取方式的不同理解。即使对同一意识形态下的同一观点,不同的人也可能存在不同看法。比如,官方宣传的税收用于公共利益,可以增强政府征税的合法性。但纳税人同样也有"以子之矛,陷子之盾"的方法,他们可以把税收用途作为税收遵从的先决条件,以增强自身抵制政府征收行为的合法性。就此来看,意识形态对于博弈各方都是一把双刃剑。

5. 交易费用

制度经济学中的交易费用很大程度上指的是协商政策并在达成协议后执行政策的成本。对于执政者来说,主要的交易费用包括协商合同、度量收入来源、监控服从、使用代理人或其他中间人、惩罚不服从者以及创造准自愿服从的费用(利瓦伊,2010:24)。对于执政者来说,通过一项税收法案、雇佣征税人员需要成本,核查纳税人的计税依据、对违反税法的纳税人进行惩处并昭告天下以儆效尤同样需要成本。一个税种的征收成本与税收收入之比高到一定程度时,这个税种就失去了征收的经济意义。一个税种是不是公平固然重要,但是否具备征收的价值也同样重要。中世纪后期欧洲曾经出现过的壁炉税、窗户税等看起来比较公平的税种,它假定拥有壁炉或窗户越多的家庭越富有,越有责任缴纳更多税收,但最大的缺陷在于成本过高。20世纪80年代,我国一些地区曾经开征"自行车税",每辆车0.5～4元不等。随着自行车的普及,监控管理成本与税收收入逐渐倒挂。自行车税无论从哪方面看都很不合算,即使每人一辆车,一个百万人口的城市一年才能征收200万元,连征收成本都填补不了,失去了财政收入意义。相同命运的还有筵席税,该税税率是对超过规定标准的筵席征收消费额15%～20%的税。但自1988年开征以来到1994年,全国筵席税收入仅为87万元。筵席税看似对调节贫富差距有益,也有利于制止铺张浪费,但监管问题始终无法解决。对于纳税人来说,交易费用主要是会计核算、申报缴纳等涉税事务中付出的时间、人工、精力等成本。这种纳税成本的高低对博弈双方存在不同影响。如果因为执政者及其官僚组织在税收服务、业务办理等工作中效率低下,造成纳税人的交易成本过高,那么就给了纳税人消极抵制纳税的口实,纳税人的议价心理增强。同样道理,如果执政者及其代理人提供了优质的税收服务,纳税人就失去了借此抵制税收的理由,有利于提升被汲取人的遵从程度。

6. 纳税人组织形式和外在技术条件

纳税人组织形式和技术条件作为外生变量,也会对国家与纳税人间的博弈产生影响。以股份制为主要特点的现代企业制度,以及股权分散、所有权与经营权分离的发展趋势,在很大程度上为执政者通过税制设计汲取财政资源提供了便利条件。当执政者向自然人征税遇到巨大困难时,他们可以将触角转向企业。大型企业一般不会是一个人独有的企业,董事长或董事会一般不会就具体的纳税事宜发表意见,真正的纳税决策权掌握在职业经理人手中,职业经理人显然不会冒个人道德风险去违反税法。所以理论上看,法人比自然人具有更高、更可靠的纳税遵从度,征税机关更愿意与企业法人而不是自然人打交道,这也是包括我国在内的很多国家把间接税而不是直接税作为主要财政收入来源的重要原因。

不过,现代企业制度的发展也使得企业财务会计制度空前复杂化,现代金融信用体系的深入发展又加剧了这种复杂化。大型企业会聘请精明的、专业的会计师、税务师来打理涉税账务事宜,并想方设法实施避税。大企业的这种会计技术优势使得征纳双方之间形成了严重的信息不对称。但同时,税务机关针对各类纳税人的信息监控技术也不断完善。在发达国家,税务机关在政府支持下打造的涉税信息侦查系统已经成为"天罗地网"。税务机关与金融机构、海关等关键部门实现了信息共享,让纳税人的涉税信息数据无处遁逃。近年来网络信息技术的大量应用,又使税务机关如虎添翼。事实上,税务部门已经与警察和情报部门一起,构成了国家所依赖的庞大社会监督系统。

(三)议价手段:准自愿服从与"用脚投票"

三方议价的目的,是利用自身所具备的议价能力来争取到更多的收益。但作为具有学习反思能力以及一定预测能力的人类来说,在经过了给定议价能力情况下的数次博弈后,必然要思考,如何才能提升自身的议价能力,从而"一劳永逸"地确立自己在博弈中的优势地位?"釜底抽薪"式地削弱其他参与者的议价能力的方案便成为首选。比如,执政者会通过意识形态等手段,来增强财政汲取的合法性;也可以通过建立生产资料公有制或国有制的方式,彻底斩断纳税人议价能力的源头。纳税人则会通过强迫执政者签订契约或颁布法律的方式,防止执政者有机会再做同样的侵犯性汲取措施。由此可知,财政汲取博弈存在不同层次。在较低层次,博弈各方依赖自身议价能力争取最大化利益;在较高层次,博弈各方通过更加基本的方式来增强自身的议价能力或削弱对立方的议价能力。为了更抽象地讨论这一问题,这一小节主要讨论博弈参与者的议价手段。

对于执政者来说,议价手段既包括政治手段也包括经济手段,有时还包括技术手段。政治手段主要有强制、法律、意识形态等。关于强制或暴力手段不必再展开阐述。法律手段主要用于增强执政者财政汲取的合法性或义理性。意识形态手段有助于形成财政征收对象的"准自愿服从",从而减少财政汲取的成本。经济手段中,将生产资料或财富收归国有是最直接、短期内较有效的手段,但公有经济的低效问题制约了这种手段的意义。另一种隐蔽的经济手段即制造通货膨胀,对很多执政者来说具有特别的吸引力,因为这个手段可以绕过议会与公民的监督,凭借政府自有的货币发行权力就能够不知不觉、不动声色中向所有人征收"铸币税"。"铸币税"本身是一个古老的财政汲取手段,但系统化、精密化的应用还是在当代。技术手段在议价中的地位也不容忽视。西方主要发达国家已经建立起了严格细密的纳税人信息监控手段,有的国家已经实现了税务部门与金融机构的常态化联网,可以实时调查纳税人的生产经营、收入支出等信息。互联网技术的进步,给政府利用信息化手段进行涉税信息收集、评估提供了良好条件。还有一种税收制度的技术手段即代扣代缴手段,可以减少征收过程受干扰的可能性。比如:通过明确个人所得税代扣代缴义务,有效防止了纳税人可能的抵制现象;通过税制设计更多地征收针对企业的间接税,回避与个人经济利益直接相关的直接税,有效减轻了财政汲取中可能出现的公民抵制阻力。

无论是转嫁者还是承受者中的纳税人,其议价方式都是一致的,主要有合法手段、非法手段、消极不合作手段以及逃跑等。在代议制民主制度下,纳税人可以投票支持反对派候选人,或者游行示威、集会抗议。通过投票方式影响税收政策,在代议民主下是公民最重要议价手段之一。但这种手段很容易被政治家所利用,而这也是很多人诟病"少数服从多数"投票式民主的重要原因。在纳税人非法议价手段中,又有隐蔽手段及公开手段两种。所谓隐蔽手段,主要是通过隐匿收入、多列支出、虚假申报、不办税务登记等欺骗性措施,逃避法定的纳税义务。这些手段是法律明文禁止的,但征税机关要发现这些措施就必须先进行调查、寻找证据加以确定,这客观上增加了政府的征税成本。

值得特别讨论的是公开的非法议价手段,如纳税人"抗税"行为。按照税收管理中的专业定义,抗税指的是纳税人以威胁、暴力等手段拒不缴纳税款的行为,或者拒绝接受征税机关调查,威胁、围攻、殴打税务人员的行为[1]。抗税与欺骗性偷税手段都是税收征管法律所规定的、必须承担法律责任的违法甚至犯罪行为。但两者不同之处在于,抗税行为是一种更加激烈的、"明目张胆"的抗议。理性的公民都能预计到暴力对抗国家法律与国家机器的后果,但当纳税人仍然采取暴力抗议手段时就需要讨论,为什么这些人甘愿放弃自己的理性,冒着受到惩处的危险,选择用暴力不合作的手段进行对抗呢?尽管官方在描述公民涉税违法、犯法行为时,往往将抗税与偷税并列,但公开的抗税手段与欺骗性的偷税手段存在本质差别。运用欺骗手段进行偷税的人,并不直接挑战税收法律的合法性;而抗税者与国家机器的直接对抗的"以卵击石"行为,实际上已经昭示抗税者从心里质疑国家征收某一税种的合法性。运用信息化、税银联网等技术手段可以有效地减少偷税行为,但同样的技术措施对于消除抗税行为发生的土壤并无太大作用。抗税行为涉及的不仅是法律执行问题,也涉及征税合法性问题。从宪则经济学理论上讲,如果税收制度是"一致同意"的,就不应该存在抗税行为;如果税收制度没有"一致同意",那么就需要整个社会就征税问题的民主程序及赞成比例等事先达成一致。这样就能够形成社会主流接受的一种基本规则:无论赞成还是反对,代议机制一旦通过一项税收法案,不同立场的纳税人都应该遵从。抗税现象,特别是重复、频繁发生的抗税现象,实际上反映出社会上存在的情绪,是国家与纳税人之间关系深度失调的表现。因此,尽管各个国家在各个时期都对抗税行为予以谴责和惩处,但有远见的政治家和思想家,总是能够从抗税现象中发现一些社会疾病。所以,我国历史上发生的很多抗税抗租行动,都能够得到历史学家的溢美之词。美国的开国元勋杰斐逊甚至认为,"对于政府而言,每隔20年左右的时间发生一次抗税起义是良药"[2]。

抗税是一种"暴力不合作",其实纳税人拥有的"非暴力不合作"议价手段更

---

[1] 如《中华人民共和国税收征收管理法》第六十七条规定:"以暴力、威胁方法拒不缴纳税款的,是抗税,除由税务机关追缴其拒缴的税款、滞纳金外,依法追究刑事责任。情节轻微,未构成犯罪的,由税务机关追缴其拒缴的税款、滞纳金,并处拒缴税款一倍以上五倍以下的罚款。"
[2] 转引自:查尔斯·亚当斯.善与恶:税收在文明进程中的影响[M].翟继光,译.北京:中国政法大学出版社,2013:334.因为是转引,这句话的真实性存疑,但这话所表达的意思本身,反映了一些有远见的政治家对公民不遵从纳税的理解与认知。

丰富。如果纳税人对某项税收存在强烈的心理抵触,而且有足够的精力和意愿的话,其可以发明出各种消极不合作的手段以增加税务机关的征收成本。比如,想方设法钻税收法律法规的空子,对应该配合税务机关的事务采取消极、拖延的态度,等等。欧洲一些国家曾经出现过针对拥有壁炉的家庭征收的"壁炉税",但居民只要锁上房门就可以抵制税务人员的核定。于是执政者又开始征收在户外就能看见的窗户税,居民又纷纷采取封住窗户的方法。

在当今全球化背景下,纳税人的不合作议价手段进一步强化,特别是"用脚投票"成为某些纳税人的撒手锏。遍布世界各地的"避税港"(tax heaven,意为"避税天堂")为避税提供了便利。不过,通过向国外转移财富的方式逃避纳税只适用于富人,因为财富转移需要成本。如果说中产阶层和平民阶级凭借人数优势,在代议制民主体制下一度获得了相对于富人的议价优势,并与执政者共谋成功地使富裕阶层承担了更多税收的话,那么近几十年来全球化的深入以及大量发展中国家的经济开放政策,大大加强了富裕资本家阶层的议价能力。在过去,资本家向海外移民的成本相对较高,限制也比较多。因为当时很多发展中国家还处在封闭或半封闭状态,不具备投资的条件。20世纪七八十年代以后,一方面,各个国家都有意通过低税率吸引资金;另一方面,包括中国在内的很多发展中国家实行了开放政策,大力发展外向型经济,资本家可以轻松地将资本投入这些发展中国家。这使得执政者在与本国以资本家为代表的大纳税人议价过程中优势渐失。

四、博弈与汲取方式选择

(一) 从财政压力到财政危机

财政压力的存在,是国家与纳税人之间发生议价行为的外在场景。根据瓦格纳定律,近代国家的性质决定了财政支出的增长总是会高于国民收入增长,政府支出占国民生产总值(GNP)的比重将与人均收入水平一起提高。更为不幸的是,当国民收入下滑时,财政支出的削减将是特别痛苦甚至十分危险的过程。长期存在的财政压力,意味着"财政风险"——政府拥有的公共资源不足以履行其支出责任和义务,以至于经济社会的稳定与发展受到损害的一种可能性(刘尚希,2003)——是政府难以摆脱的梦魇。当这种可能性变成现实,就意味着财政危机的发生。由此可以认为,财政危机是政府通过正常手段无法汲取到足够财政资源以应对公共支出责任,以至于必须进行结构性重大改变加以应对的临界状态。一旦发生财政危机,统治者就面对着艰难的取舍,比如:是让渡部分关系到核心利益的权力来换取纳税人的配合,还是冒着社会动乱的巨大风险运用强制手段征收更多的额外税收?

可以将财政压力与财政危机看成两种程度不同、但性质相似的状态。越来越难以应对的财政压力往往是财政危机的先兆。有远见的政治家面对财政收支缺口,会赶在财政危机之前进行体制改革,以防止未来可能发生的颠覆性事件。缺乏远见的决策者可能会在财政危机到来时才不得不采取行动。但财政危机到来时,往往已经没有了可供决策者从容操作的空间与时间。国家性质与财政制度的本性,决定了在任何一种政治制度下财政压力的存在甚至财政危机的发生都有其必然性。政治家的改革措施可能会避免或延缓这一次危机,却不意味着能够成功地躲过下一次危机。但辩证地看,财政危机的发生又给一个国家进行结构性变革提供机会。从积极意义上说,财政危机会导致更激烈的国家与被汲取者的议价,逼迫政治家与决策者进行制度创新方面的探索。

可见,财政危机对于执政者来说,是一种已经失去在既定框架内的转圜余地的艰难抉择状态。是让渡部分核心利益来向某些群体换取财政资源,还是冒着社会动荡的风险运用强制手段进行财富征缴?执政者需要"两害相权取其轻"。但政治制度演进的未来总是变幻莫测,最精明的政治家也不能精确评估各种选择对未来的潜在影响。故而对财政危机这一历史现象进行剖析以了解其规律与特征,有着十足的必要性。

从古代社会的历史经验看,无论繁荣的城邦还是庞大的帝国,最后都难逃衰败的命运。约瑟夫·泰恩特(2010:266)认为,"社会复杂性的增强伴随着人均投资成本的提高""对社会政治复杂化的投资通常会达到一个'边际回报递减'的拐点",言下之意是社会复杂性的增加造成交换成本的增加,进而导致"复杂社会的崩溃"。这与奥尔森分利集团造成国家衰败的观点相类似。或者说,社会的复杂化导致制度变革愈发困难,这进一步导致了阶层固化与社会结构僵化,阶层固化与社会僵化又束缚了制度变革的可能性,社会冲突无法调和,不得不以原有统治政权退场的方式来出清矛盾。不过,在信息技术高度发达的当代社会,技术的发展可以为破解交易成本瓶颈提供有利条件,这一定程度上替代了制度变革应该发挥的作用。也就是说,在现代技术环境下,即使没有制度变革,执政者仍然能够运用新发明出来的技术手段来缓解社会矛盾,因交易成本上升而导致的"复杂社会的崩溃"可以相当程度上被推迟下去。但推迟矛盾爆发不等同于彻底化解矛盾。通过梳理世界上各主要国家的历史,还没有发现哪个国家不曾发生过财政危机(当然,这里指的是本文所定义的"财政危机")。只不过一些现代化程度较高的国家有比较成熟的政治、经济运作手段可以避免财政危机演变成无法收拾的社会危机。

财政支出的刚性与财政收入的线性增长之间存在着持久的张力。当有可能引发社会动荡的"黑天鹅"事件发生时,政府的第一选择往往是通过财政买单的方式来避免危机蔓延。当代最典型例子是大型企业的"大而不倒"现象。涉及大量国民储蓄存款的金融机构或者大量雇佣工人的企业,一旦倒闭将引起社会骚动或者大量工人失业。在这些企业遭遇破产危机时,政府常常施以援手。1998年,美联储和美国财政部向面临破产危险的长期资本管理公司进行救助;在2007—2008年金融危机中,美国联邦政府向通用、福特等大型汽车企业提供了贷款救助。在市场经济环境中,一些企业退场是市场的自动出清行为,是优胜劣汰、新旧替换的必由之路。但执政者出于选举需要,往往以维护社会稳定为己任,"花钱买稳定",结果用扩大财政支出的方式干预了市场出清过程,把危机留给了未来。

在前资本主义时代,财政危机过程一般都是由收支失衡导致国家无法应对突发性事件,进而出现政治、社会危机并发症。到资本主义时代,国家信用的成熟以及金融体系的完善,使得执政者可以通过借债缓解财政收支缺口带来的巨大压力,税收国家、预算国家正在变成"债务国家"。这样,原来可能要发生的财政危机被拖延了,但仍然在未来以债务危机的方式呈现。虽然预算制度的完善,特别是结构性或周期性预算平衡理念的提出,给国家防止债务危机提供了理论背书和便利条件,但从现实中看,这不过是再次延迟了危机爆发的时间而已。自从进入资本主义时代,多数资本主义国家都经历过债务危机,有的甚至频繁发生。后来,人们为了防止债务危机又探索出很多办法,而且在一些国家还取得了不错的效果。比如,智利进行了预算制度改革,确立并严格执行了"结构性平衡规则",很好地化解了财政风险,顺利度过了2008年的全球经济危机(马骏,2014)。不过智利经验只算是阶段性成功,自1980年代债务危机以来,智利能做到预算结构性平衡的时间不过二十多年,还需要进行长期观察[1]。

---

[1] 2019年10月份,因为政府稍稍提高了电价和地铁票价,智利就爆发了大规模的社会动荡。从新闻媒体的报道看,这次动乱具有骚动主体与诉求的不可辨识性。参与动乱的群体原本的诉求是恢复地铁票价,但票价恢复之后,暴动依旧在继续。这次动乱没有领导者,也没有明确的利益诉求,一些人参与暴动,看起来更像是在当时经济背景下的一种情绪宣泄。面对这种情况,智利政府提出的解决方案主要包括提高养老金额度、完善卫生医疗保险、提高最低收入标准、取消能源价格上调计划等等,即主要以扩大财政支出的方式来缓解社会矛盾。因此,在任何一个追求预算结构性平衡的国家,这一目标都会在某些时期受到严峻挑战。

综上，财政危机与社会危机之间存在紧密的因果关系。有时候是社会危机导致财政危机，有时候是财政危机引发社会危机，但大多数情况下两者是混合发生。制度的结构性改革是阻断两者联系的有效手段。现代国家信用的产生其实也是一种结构性变革，客观上为各国政府应对财政危机"硬着陆"提供了"缓冲器"；预算制度的完善及预算理念的变化也可以看作是结构性变迁，扩充了政府防范财政危机的空间。可见，制度的结构性变革为财政汲取方式的调整创新提供了条件，财政汲取方式的变化亦成为制度结构性变革的有机组成部分。人们为防范和化解财政危机想尽办法，不断突破既有的思维方式与制度框框，这其实促进了制度进步。但不容否认的是，一个财政危机或债务危机频繁发生的国家，不可能是经济增长稳定、社会治理先进的国家。认识到财政危机难以避免的意义在于：一方面，应尽可能地从长远利益出发防止财政危机；另一方面，更要未雨绸缪，完善制度，防止财政危机发生引发社会危机。

对于执政者来说，财政本身的"危机"并不是真正的危机，真正的危机是因财政失衡造成的社会动荡进而导致的政治危机。在前资本主义国家，财政危机一般是以政权更迭甚至社会倒退的方式来出清。在资本主义时代，财政危机的一个重要表现是债务违约，包括对外主权债务违约和对内国债偿还违约。对于弱小国家来说，主权债务违约有可能导致主权丧失，这一威胁几乎具有与国内社会动荡同样的杀伤力。1870年代，奥斯曼土耳其帝国债务违约，导致了英国入侵；1880年代，埃及财政破产，直接导致了英法等债权国入侵；1930—1940年代，纽芬兰因债务危机，通过全民投票的方式选择并入加拿大。拉美各国债务危机爆发频繁，1890年代，委内瑞拉发生债务危机，受到了美国"炮舰收债"威胁；1910年代，尼加拉瓜、海地发生债务危机后被美国强行占领，代收其关税以还债。对于强国来说，债务违约虽然不可能导致主权丧失，但对本国国家信用的打击同样是致命的。早在14世纪，英格兰国王的债务违约就造成了佛罗伦萨的银行破产，并最终导致了佛罗伦萨经济的衰落。但后来英国国王再不可能从富裕的商业城市国家借到钱，这也成为资产阶级革命发展的一个潜在原因。俄国十月革命后，苏联宣布不承认沙俄政府的债务。当后来苏联出现财政危机，想在国际社会借钱度日时，却苦于当初的沙俄债务没有偿还而无法如愿。真正在防范财政危机或债务危机扩散方面取得的决定性进展，发生在第二次世界大战后特别是近几十年。随着预算制度的完善、预算理念的更新、国际金融市场的成熟以及国际关系模式的进步，如今的主权债务危机已经很少通过战争、主权威胁的方式来解决。在当代国际社会中，当主权债务即将违约时，债务方与债权方会协商议定主权债务重组的方案以和平化解财政危机。当然,债权方一般会对债务方提出一系列附加条件,如改革国内相关制度、进行经济领域的改革、实行财政紧缩政策等,这对于债务国来说仍然是切肤之痛。欧债危机之后,南欧各国尤其是希腊、意大利等国被迫实行严苛的财政紧缩政策,结果导致大规模的社会抗议。

为了理解财政危机转化为国家危机或社会治理危机的路径及可能性,特对近代以来部分国家和地区的财政危机发生、应对及结果进行一个比较(见表5-1)。从中可看出,财政危机引发社会危机,并以政权颠覆方式出清矛盾的情况,主要发生在前资本主义时期以及苏联、东欧等社会主义国家。

表5-1 近代以来部分国家和地区财政危机情况一览表

危机名称	发生时间	政体	危机原因	应对措施	最终结果
英国:1630—1640年代财政危机	1630—1640年代	君主专制	对外战争	召开议会筹款	发生资产阶级革命
英国:复辟时期财政危机	1660—1680年代	君主专制、议会制	王室收入减少及对外战争		发生光荣革命
法国:1770—1780年代财政危机	1770—1780年代	君主专制	对外战争、宫廷挥霍	召开三级会议筹款	发生大革命
美国:独立后债务危机	1880—1890年代	复合共和制	独立战争借款到期	创建国债市场,成立央行,建立税收体系	美国成为联邦国家
中国:明中晚期财政危机	16世纪中晚期	君主专制	边防支出庞大;皇室挥霍沉重;吏治腐败	外患意外消除;制度创新(张居正改革、一条鞭法)	危机化解
中国:明末财政危机	1630—1640年代	君主专制	内乱外患;财政收入来源持续萎缩	横征暴敛,加派"三饷"	明王朝灭亡,经济倒退
中国:清晚期财政危机	1850—1890年	君主专制	外患内乱	横征暴敛;制度创新(出让关税权以举借外债,征收厘金)	平息太平天国,收复新疆,出现"同光中兴"
中国:清末期财政危机	1895—1911年	君主专制	外患内乱;推行"新政"增加了财政支出;巨额战争赔款	横征暴敛;滥发货币	通货膨胀、军队欠饷、爆发辛亥革命;压抑民族工业;小农经济破产

(续表)

危机名称	发生时间	政体	危机原因	应对措施	最终结果
中国：民国财政危机	1937—1949年	军事独裁	抗日战争和国共内战	举借外债；横征暴敛；滥发货币	严重通货膨胀，政府治理失败
东欧社会主义国家债务危机	1970—1980年代	无产阶级专政	斯大林模式缺陷；在经济停滞的同时维持高社会福利	对外妥协举借外债（接受西方附加的政治条件）；对内妥协（实行多党制）	开启西式民主化进程
1980年代拉美债务危机	1980年代	准民主或军人独裁	"高目标、高投资、高增长"方针，举债进行公共建设；进口替代工业化模式；国际原料价格下降；财政制度落后	债务违约；通货膨胀	拉美"失去的十年"
墨西哥债务危机	1994年	民主国家		债务违约及重组	危机延迟
阿根廷经济危机	2001年	民主国家		债务违约	长期高通胀，经济难以恢复
1880年代埃及债务危机	1882年	君主专制		债务违约，成为英国保护国	主权丧失
1870年代土耳其债务危机	1876年	君主专制		债务违约，被英国入侵	主权受损
1890年代委内瑞拉债务危机	1890年代	军事独裁		债务违约，受到美国炮舰威胁	主权受损
海地、尼加拉瓜债务危机	1910年代	军事独裁		债务违约，被美国占领，控制关税以还债	主权受损
纽芬兰债务危机	1929—1933年	议会民主	关税下滑，渔场破产	债务违约；让渡主权	加入加拿大成为其一个省
韩国：1997—1998年金融危机	1997—1998年	民主制	金融危机引起	接受IMF附加条件的援助；实施结构性改革	度过危机
印尼：1997—1998年金融危机	1997—1998年	强人独裁	金融危机引起	接受IMF附加条件的援助	苏哈托下台，国家陷入动荡
欧洲五国主权债务危机	2008—2013年	民主制	欧洲一体化制度缺陷；经济结构问题	财政紧缩	引发社会抗议

(二) 财政压力下的汲取方式选择

如上所述,财政危机是执政者通过既有手段无法汲取到足够财政资源以应对公共支出责任的一种临界状态。那么,财政压力是如何一步步演化成财政危机的?财政汲取方式多种多样,在既有汲取方式范围内挖掘潜力能不能防止财政危机的发生?执政者在面对财政危机时,有没有可能绕过存在不确定性的结构性变革?为了进一步理解执政者在财政压力下决策的约束条件,下面对上述问题进行更加深入的探讨。

根据历史经验,采取财政紧缩政策是应对财政危机的最直接举措。但正像当前一些国家经历的那样,这种措施存在着很大的社会风险。在选票民主国家,财政紧缩政策往往成为政权更迭的主要诱因。另一个直接举措是增税。既可以选择普遍增税,也可只针对特定群体增税。但只要是增税,一般都会引起税负加重者的抵触。在当今全球化背景下,各国的增税政策慎之又慎。美国总统布什、法国总统奥朗德等均因增税政策失去国内某些阶层支持,从而未能成功连任。在上述常规手段无法实施或者效果不彰的情况下,还有一些隐性的汲取手段。比如,让企业承担更高比重的社保基金,提高国家垄断产品的价格,利用国家货币发行权搞"财政赤字货币化",等等。但这些措施都存在重大缺陷。社保缴纳比例的提高必然压缩企业利润空间,导致企业竞争力下降,从而伤害国民经济活力。而且,社保基金"专款专用",提高社保缴纳水平对于保障社会福利水平是有效的,但对其他方面的财政支出很难起到支持作用。提高国家垄断产品价格会导致社会所有群体的生产生活负担无差别式地加重,从而导致底层群体与普通民众的抗议。近年来,先后有多个国家发生了因为能源价格上调而引起的大规模社会抗议现象。

当常规手段与隐性手段都无法提供足够帮助时,还可以采取举债手段,即以未来的税收或国有资产为担保举借外债,或者面向居民发行国债。但由于存在普遍认可的债务警戒线,国家的举债空间并非没有限制。而且这涉及未来偿还的问题以及国家信用问题。对内对外举债成功的前提条件都是潜在债权人相信该国政府在未来有能力偿本付息。如果政府信用不足以支撑债权人的预期,该国政府就必须通过提高利率水平的方式加以弥补。也就是说,政府信用好不好直接影响着举债成本。这意味着,举债作为一种财政收入来源,本身受到的外部约束并不弱于其他汲取方式。当上述手段都不能满足需要时,还可以采取一些变现手段,如变卖国有资产、出售国有土地、转让国有股份等。但这种措施将永久性地损害执政者的经济自主性。当上述手段都已用尽,财政危机仍无法避免时,执政者除非能发明出新的应对方式,否则就只有两条艰难的道路可选了:一条是运用国家强制力深入挖掘现有汲取方式的潜力[1],如强制国有化、强行征收私人财富等;另一条是以权利换税收的道路,即通过与资源拥有者讨价还价,以答应他们的部分诉求为条件,换得他们缴纳更多的税收。

上述应对措施多是正常的"开源""节流"手段失效后的迫不得已的选择,其收益固然可以立竿见影,但其代价更是显而易见(见表5-2)。在中外历史上,这些应对措施大都曾经被作为应急方案多次出现,其后果往往影响深远,甚至一定程度上左右了历史步伐。人类的财政史足够"惊心动魄"。财政危机背景下博弈各方的行为选择,正是令人心魄震动的故事情节的源头。

表5-2 应对财政危机的常用方式比较

措施	收益	代价
债务违约	强制地拖延了偿还时间	永久性损害国家信用
外债重组	延长了偿还时间	接受苛刻条件,甚至丧失部分国家主权
出售国有资产	即时变现	损伤政权的经济自主性
制度/技术创新	汲取能力提高	可遇不可求,存在不确定性
强制国有化	增强执政的自主性	损失经济效率与财政收入成长性
籍没私人财产	立即获得收入	破坏经济社会环境,导致国家社会冲突
横征暴敛	立即获得收入	严重破坏经济社会发展
通货膨胀	立即获得收入	严重破坏经济社会发展
提高社会保险税率	强化社会保障能力	导致市场主体负担加重
提高垄断产品价格	增强财政汲取深度	容易引发社会抗议
以权利换税收	出现新的制度供给	破坏既有政治秩序,未来存在不确定性

当然,上面仅仅是在假设基础上的理论推演。但这已经足以表明,面对财政危机决策者有两种根本路径选择。一种是通过开放式改革以实现帕累托改进的路径,即重新调整、优化配置原有的政治、经济权力分布格局,以制度创新来"开创"新的财政收入源泉。其难点在于,这种改革会破坏原来均衡状态下的利益结果,导致一种对执政者来说不可控制、难以预测的结果。大部分政治决策者不是风险爱好者,不是冒险家,不喜欢"不确定性"。所以,这种改革能否启动、能否坚

---

[1] 利用技术手段加强纳税人信息监控,提升税收征收水平也是一条可行路径。但这种方式存在"天花板",即当强化征管的边际成本大于边际收益时,这种手段就失去了意义。相比较而言,税收征管是一种"操作规则",不是此处讨论的主要内容。

持,很大程度上取决于政治领袖的个人魅力、性格以及对未来发展预知的能力。另一种是内向化的路径,即通过进一步强化对社会、经济和意识形态的控制,来防止因财政危机导致的社会失范、动荡的可能性。至少在未来一段时期内,这种措施带来的结果是相对可预见、可控制的,故而往往是决策者面对社会风险时的"下意识"的第一选择。从足够长的未来发展时空看,前一种路径是更优的选择。但在历史上,后一种路径选择却反复出现。政治决策者也是有限理性、有限知识的个体,他们在决策时面临的环境错综复杂且动态变化,他们的执政目标多重立体、纵横交错甚至相互矛盾。因此,不断深入研究财政博弈过程及各种制度选择的潜在利弊,然后为决策者提供一些有价值的参照,帮助其更全面地理解决策潜在的成本与收益,使决策过程与结果更加切合整个社会发展进步的需求,是相关领域专家学者义不容辞的责任。

从性质上看,第一条道路是开放性的改革道路,第二条道路是内向性的保守道路。有一个词语能够比较匹配地形容第二条道路的特质——"内卷化"。如今,从学术领域到生活领域,内卷化一词被大量滥用,以至于其意义已经严重脱离了其本来面目。从词源上看,"内卷化"是英语词汇 involution 的汉语翻译对应词。在英文中,involution 是 involute 的名词形式。involute 或 involuted 的原意是(叶片、花瓣等边缘)向内卷曲的、内旋的,引申为繁杂的、纷繁的。相应地,involution 的基本意思就是"卷绕,内卷"。有趣的是,现代英语中表达事物运动状态的一组以"-volution"为后缀的单词,被学者用来表示人类社会(文化)变迁的几种模式(王琛,2013):revolution(革命),evolution(进化),devolution(衰退),involution(内卷)。Revolution 是运用强力手段颠覆一个现存的政权或制度;evolution 是逐渐发展和增进的过程;devolution 是退行、下放、衰退的过程。同样地,社会学者们也赋予了 involution 更加丰富的意涵。

1963 年,格尔茨(Clifford Geertz)在其著作《农业的内卷化:印度尼西亚生态变迁的过程》中,用"农业内卷化"来表示爪哇岛上农业不断向劳动密集型发展的状态。但更早的"内卷化"概念出现在艺术领域。在谈到"内卷化"时,格尔茨不认为是自己发明的:"我这里所用的内卷化的概念,来自美国人类学家亚历山大·戈登威泽(Alexander Goldenweiser),他用这个概念来描述一类文化模式,即当达到了某种最终的形态以后,既没有办法稳定下来,也没有办法使自己转变到新的形态,取而代之的是不断地在内部变得更加复杂。"(格尔茨,1963:82)为了进一步说明,他引用了戈登威泽的论述:"就像后期的哥特式艺术一样。基本形态达到极限,结构特征得到了固定,创造的源泉枯竭了。但是,艺术仍然在发展,在所有边缘被固定的情况下,发展表现为内部的精细化。扩张性的创造用尽了资源,一种特别的鉴赏性便开始了,那是一种技术性的细节……"(格尔茨,1963:82)可见,戈登威泽所说的文化艺术中的"内卷化",指的是在外在创新性扩张被抑制后,对内部的细节不计成本地精雕细琢。格尔茨的"农业内卷化",指的是在资本、土地资源被限定的条件下,劳动力持续地被吸收到农业中获取收益并使农业内部变得更精细、更复杂的过程。

后来,黄宗智在著作《华北的小农经济与社会变迁》和《长江三角洲的小农家庭与乡村发展》中借用了格尔茨的"农业内卷化"来表示清末到民国时期中国小农经济的生产特征。在他看来,"农业内卷化"是"以单位劳动日边际报酬递减为代价换取单位面积劳动力投入的增加",这导致人口稠密的长江三角洲从20世纪30年代到80年代以来一直在"没有发展的增长"悖论中徘徊(黄宗智,1992:427)。后来,美国学者杜赞奇又把"内卷化"概念引入20世纪上半叶中国国家政权研究,他认为,"政权内卷化"与"农业内卷化"具有相似之处:没有实际发展的增长(即效益并未提高);固定方式(如赢利型国家经纪)的再生和勉强维持。其不同之处在于正规化和合理化的机构与内卷化力量常处于冲突之中,功能障碍与内卷化过程同时出现(杜赞奇,1994:68)。

学术界对"内卷化"存在一些批评,如"概念定义不当"(彭慕兰,2003),"未达到在特定学术研究阶段已无须加以追究的清晰程度"(刘世定,邱泽奇,2004),等等。但"内卷化"所隐含的一系列性状,如"过密化"、内倾的、停滞的、复杂倾向的、不计效用无限投入的等,因为契合了特定时期中国政治体制、小农经济以及文化科技等发展的特定轨迹,成为我国社会学研究中的热门概念,并被广泛地借用到农村组织、社区治理、行政体制、政治制度等领域的研究中。总体上看,"内卷化"形象地代表了一种"没有发展的增长"的状态,或者随着资源投入的增加,边际净收益无限接近于零甚至成为负值的状态。由于这种状态在财政汲取中也存在,就可以用财政汲取"内卷化"来代表财政汲取的一种状态,一种执政者对财政收入的心理贴现率很高的状态。在这种状态下,财政汲取的边际净收益率越来越小,或者从长远估算已经变成负值。这里的边际净收益率,指的是财政收入减去因财政汲取产生的潜在成本后的净值。潜在成本包括由于财政汲取导致的经济增长率下降带来的成本、资本外逃的损失、税收征收成本等。很多潜在成本是隐性成本,但会随着时间推移逐渐显现。随着财政汲取比例的提高,从短期看财政收入会有增长,但从长期看财政收入可能是下降的。总之,财政汲取的"内卷化"是执政者以牺牲未来经济增长和社会发展为代价追求当前财政资源更快增长的一种行动思维与行为方式。

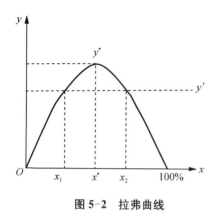

图 5-2 拉弗曲线

"拉弗曲线"有助于理解财政汲取的内卷化。按照"拉弗曲线"所揭示的原理,有两种税率可以获得同一规模的税收收入:低税率与高税率。在图 5-2 中,X 轴表示税率,Y 轴表示税收收入,在某一税率 x^* 下,y^* 点可以达到理论上的最高税收收入额。此时如果执政者仍然要以提高税率的方式追求更多的税收收入,随着税率的提高,税收收入反而会下降,比如下降到 y',此时的高税率 x_2 所取得的税收效用与低税率 x_1 是相同的。也就是说,执政者把税率从 x^* 提高到 x_2 的努力,不但在增加税收收入上徒劳无功,而且还更加严重地伤害了经济活力。可以假想,当执政者把税率提高到 100% 时,税收收入是零。如果从执政者获得税收收入来看,这似乎与税率为零时等价,但中间的代价是私人经济全部停止。在图 5-2 中,当税率超过 x^* 后,可以说税收汲取进入了"内卷化"状态。"拉弗曲线"表达的是税率与税收收入的关系。将税率转化为财政汲取率,将税收收入转化为财政收入,同样适用。不过,"拉弗曲线"仅仅考虑了过度征税带来的经济增长损失,还没有考虑到征收成本等因素。如果考虑到其他成本,曲线掉头向下的时机还要前移。

按照税收"中性"原则,只要征税就存在对经济自发秩序的人为干扰,就必然产生公共支出对私人投资或消费的"挤出效应"。税收应尽可能避免对市场运行的扭曲,不影响私人部门原有的资源配置状况。当然,也有人认为税收具有优化资源配置的作用,如对重污染企业课以重税、通过个人所得税累进税率缓解贫富差距等,这是另外一个问题。对于执政者来说,不顾国家经济承受力而过度汲取必然导致经济萎缩,这一点既是历史教训,也是公共知识。既然如此,为什么有的执政者仍然会选择竭泽而渔的手段,不顾杀伤国家经济来获得财政收入呢?一般的解释是,执政者面对的是很紧迫的、关系到自身执政地位的严重危机,此时执政者迫切需要的是大量财政收入以渡过最危险的难关,至于导致经济下滑、激起社会矛盾等等,都是未来的或然性事件。一旦度过危机,有远见的执政者会痛定思痛,推行改革以防止再次发生危机,改革财税制度以恢复经济增长。但这并不必然发生,"好了伤疤忘了痛"也是人之常情。

更为不幸的是,无论财政内卷化、经济内卷化还是社会内卷化,其过程都是在不知不觉中渐进完成的。何时进入内卷化轨道,很难找到一个明显的节点。

在执政者与博弈各方的重复互动之中,通过一个个看似理性的具体选择,在大多数人们没有发觉的情况下,内卷化就可能已经开始了自己的渗透过程。当一些人发觉时,往往已无力回天。"温水煮青蛙""积跬步成千里""从量变到质变",可能是形容内卷化过程的形象谚语。在一定的政治、经济和文化环境中,走向内卷化的过程是自发的、渐进的,所以在同样的环境中,防止内卷化更加需要远见卓识和勇气。

五、进一步的讨论:强制中的交易及制度输出路径

将经济学的研究范式运用于其他社会科学特别是政治学领域,是 20 世纪后半叶以来学术界的一个重要动向。这种研究方法的跨界渗透碰到的最大障碍,是市场交换与政治行为之间的重大差别。人们习惯性地认为,市场交换过程中尽管可能存在欺骗或强制,但总体上是基于自愿而进行的。但在政治行为中,获得政治权力的个人或团体总是强调或维系其在主权范围内强制权力的垄断地位,并以暴力为依托来进行利益分配、财政汲取等行动。暴力或强制,就成为政治行为区别于市场交易行为的最明显特征。

不过,经济学的"均衡"思想在政治行为中的适用并非没有根据。与市场行为一样,政治斗争也是一种"竞争"。公共选择理论认为,可以对民主政治制度下政治家围绕"选票"的竞争进行经济学分析。退一步讲,即使在非民主制度下,统治者仍然要面对来自国内潜在对手及国外政治实体的竞争。所以,"强制或权力本身的存在并不足以影响竞争性产出的'效率'或'剩余最大化本质'"(约翰·奈,2003:150)。只要存在竞争,理论上讲,效率高的组织就会不断替代效率低的组织,无论这些组织生产的是何种性质的产品。在政治竞争中,由于初始条件、路径依赖、交易费用、信息不对称以及人的非完全理性等现象的存在,固然难以通过反复议价来实现价格均衡,但从足够长的时空区间看,几乎所有的政治行为选择,其实都是在通过试错来追求下一次的阶段性均衡结果,即演化博弈论中的"动态均衡"。也就是说,政治斗争总体上也将是一种"优胜劣汰"。

一定意义上看,市场交换与政治行为之间最主要的区别,不在于有没有竞争,而在于政治行为中监督成本的存在。市场行为也有交易成本,但产品制造和销售过程中由于供需多方的相互监督,其交易成本主要体现在市场机制本身无法单独完成的"负外部性"上。但政治领域中统治者榨取剩余的过程完全不一样。设想一个对统治者来说最"完美"的汲取方案:完全控制劳动者的人身自由,

完全控制所有生产资料，然后通过暴力驱动劳动者与生产资料相结合，以期实现对所有利润的汲取。在这种获得绝对自产能力的情况下，监督成本有可能高到统治者无法承受，因为统治者需要为手拿皮鞭的监工们开出足够诱人的报酬，同时还要承担没有积极性的劳动者消极怠工的隐性损失。为了规避过高的监督成本，统治者可以采取多种方案：可以将资源"承包"给少数人，然后与这些人签订剩余分配的分成合同，这样统治者就可以通过中间"包税人"来获得收入而不必直接监督生产过程；还可以将资源的经营使用权利赋予直接生产者，然后收取租金，如此亦可以一定程度上减少监督成本。相对于初始方案，后两种方案中统治者的剩余分配权看似缩小了，但可以省掉一大笔监督费用，还可以通过社会财富的增殖来获得更大规模的剩余产品，因此更具有竞争性。事实上，上述逻辑构成了财政汲取博弈驱动制度变迁的一个重要基石，即通过承认私人一定程度的剩余索取权（或者说，向私人转让一部分剩余索取权），来换取更多的租金收入。剩余索取权是所有权的具体表现，亦是产权的核心。这一逻辑可被简称为"以产权换租金"。由于出租方掌握着政治权力，而且剩余分配比例往往以相对法定的形式加以固定化，这种租金相对于市场交易中的租金具有了一定程度的"税收"特征。因此，"以产权换税收"就成为财政汲取博弈模型的基础性体现，这也是第六章准备具体讨论的主要内容。

以上讨论的前提，是将充斥着暴力和强制的政治制度变迁过程理解为一个"交易"驱动过程。这种理解乍看起来不那么直观，不容易被人所接受。为此约翰·奈（2003：154）曾经举过一个形象的例子：

> 在强制权可交易的程度上，我们可以展开科斯定理的逻辑。如果交易成本不高，控制手段易于观察和辨认，任何从给定权力获益的人都有可能最终拥有权力。理解这一点的最简便方式是设想某人拥有镇上唯一的一支枪。持枪使他可以迫使别人执行自己的命令，也允许他抢劫别人。但是如果说有人能比他更好地利用这支枪，那么就有了交易产生的激励——要么那个人直接以更高的价格从枪主那里买下这支枪，要么间接地，枪主把自己的服务出租给那个给自己的收益比自己持枪所得收益更高的人。

在经济领域，企业家会不断地打破各种壁垒以寻求或创造更好的逐利机会。在政治领域，理性的政治家也会遵循同样的道理。政治家会进行比较，自己执行权力与将权力出租究竟哪种方式收益更多？当然，统治者垄断了强制性权力，可以在没有显性竞争者的情况下追求垄断利润。但如果更有效率的权力使用方案客观存在的话,有能力索取剩余的人就有可能运用这一方案,从而成为统治者的显性竞争者。而且,如果境外竞争者率先使用了这一方案,会形成巨大的外部竞争压力。所以,"生存是一个政治集团的最低要求,竞争性冲突足以产生基于完全自觉的最大化过程的均衡结果"(约翰·奈,2003:155)。因此,在纯强制方案背后,总有一个非完全强制的、带有交易性质的替代方案,这一方案具有与前一个方案不同的利益分配结构与成本配置方式,从而具备持久的竞争力。

"以产权换租金"或"以产权换税收"方案的竞争优势显而易见,但这个方案缺少足够的稳定性。这是因为,执政集团总体上会追求剩余索取的最大化,但在具体阶段所追求的剩余索取方式不一样。比如,在和平时期追求一种稳定的岁入流,而在战争时期更需要一次性的、大规模的权力变现。因此,统治者会根据外部环境以及执政所面对矛盾的变化,不断地调整汲取方案:有时候赋予产权来换取租金或税收,有时候收回产权来汲取垄断利润。这种情况下,无论执政集团还是民间力量,其对未来的预期都无法稳定。统治者难以预测未来会发生什么,民间力量无法预测统治者何时会承认私人财产权利,何时又会侵犯私人财产权利。人们很早就意识到了"有产者有恒心"的朴素道理,中西文明的早期社会意识与制度中也都蕴含了保护私人财产权利的元素。但在有些时候,威胁到统治地位的战争、内乱等会导致财政支出的刚性。在没有现代意义上的预算约束和政治权力约束的情况下,政治权力往往会以侵害私人产权的方式来增强汲取深度。也就是说,心理预期不稳定来自政治权力与社会自发秩序的边界的不稳定。

在上述情况下,如果有政治实体率先演化出了限制国家强制权力、保护个体权利的制度体系,那么这个政治实体就有可能在国家汲取能力及国际竞争力方面取得划时代的优势。因此,在社会发展到一定阶段时,执政集团不得不面对一个艰难选择:要么积极主动地自我约束政治权力以获得经济领域的竞争力;要么被能够自我约束权力的竞争者推翻。运用对政治权力设限的方式来换取更强大的竞争力从而维持或提升执政合法性的历史现象,其实也可以理解为一次广义的政治交易,在本书中被称为"以决策权换税收"。与"以产权换税收"相比,"以决策权换税收"的主要特征是权力交易领域从经济领域延伸到了政治领域,从而根本上改变了原有的博弈结构,实现了另一种博弈均衡。在历史事实中,这一步主要是通过形成对国家权力有约束力的宪法的方式来实现的。原来在法律上、制度上不受限的政治权力(当然,即使最专制的政治权力,在现实环境中也会受到各种条件的约束,但现实约束毕竟与法律或制度约束是两回事),受到了以宪法为主要法律形式、以代议制为主要制度形式的约束。

如上所述,财政汲取博弈是多方参与的演进博弈,其一个明显特征就是利益的多样化影响帕累托最优均衡的实现。所以我们才认为,财政汲取博弈很难形成一个长期稳定的均衡局面。但一些新情况的出现会为阶段性均衡形成创造有利条件,比如宪法的出现。在"以决策权换税收"阶段,宪法主要是掌握经济资源的精英阶层与统治集团围绕剩余索取权进行斗争时形成的利益协调机制。但宪法的出现背后是"立宪主义"或"立宪思想"的出现。既然精英阶层可以利用宪法约束国家权力,那么其他阶层也可以利用宪法来追求本阶层的利益。因此,宪法就成为一个"帮助协调公民的策略选择以使他们能够实现帕累托最优"(温加斯特,2011:112)的协调机制。如果整个社会普遍接受一个宪法作为利益协调机制,那么可以说形成了整个社会在基本问题上的利益共容,这是一个有意义的多重均衡。本书用了"以选举权换税收"来形容这一过程的某些特质。

综上,财政汲取博弈赖以发挥作用的一个重要原因是政治竞争的客观存在,或者说,财政汲取博弈本身就是政治竞争的表现。在政治竞争的驱动下,执政者通过让渡、收回、调整自身与各个群体间经济权利或政治权力分配的方式,来尽可能地减少财政汲取成本,增收财政汲取净收益。这种经济权利或政治权力的让渡、收回、调整,其实就是基本的国家治理制度体系的变迁。在一定的生产关系、社会结构及社会意识形态环境中,执政者可以通过提供封建性保护与封建权利认证的方式来换取贡赋,可以通过承认农民土地使用权利的方式来换取地租,可以通过承认、保护和认证私人产权的方式来换取税收。除此之外,还可以通过"自我约束"政治权力的方式换取某些群体更好的合作,通过承认特定群体的政治权力来换取特定群体的纳税合作。当然,除了权利让渡之外,执政者还可以反向操作,比如,可以收回私人产权或推行国有化来"以利代税"。无论是以封建权利换贡赋、以经济权利换租税,还是以政治权力换现代税收,其内在逻辑都存在一致之处。后面三章将分别就以产权换税收,以决策权换税收和以选举权换税收这三种制度输出路径进行讨论。这三种制度输出模型具有典型意义,但并非财政汲取现象的全部。选择这三种现象进行讨论,看中的主要是其在推动国家治理制度向前发展进步过程中的里程碑式作用。

第六章　以产权换税收

一般认为,国家是随着财产私有意识以及私人所有权制度的出现而诞生的。有了国家,财政现象才应运而生。可见,私人财产权利与财政现象之间存在逻辑上的密切关联。由此可得出一个基本的判断:无产权则无税收。这一判断类似于"不证自明"的道理,很容易被理解。因为作为现代国家主要财政收入来源的税收,是基于公共需要对私人财产权利的一种"合法"征收。没有私人财产权利存在,税收就成为无根之木、无源之水。

问题在于,今天人们常常谈及的"产权",无论作为法律概念还是生活概念,都在近两三百年才出现。但如果像教科书中那样,把产权定义为法律或惯例所承认的所有者排他性地占有、使用、获取收益或处置财产的权利的话,那么产权现象是人类进入文明社会以后就存在的古老历史现象。也就是说,产权概念是"新的",而产权现象是自古以来存在的。不过,在不同的历史时期,产权现象的表现形式存在重大差别。比如在奴隶制时期,奴隶被视为一种个人财产,这在现代社会显然是不能被接受的。又如在封建制时期,从君主、封臣到骑士、农民等对同一块土地都享有程度不等的权利,即土地权利的"等级所有制",这种纵向嵌套的所有制结构在当代看来不可思议,却在人类历史上存在了数千年之久。可见,产权结构是千变万化的。或许正因如此,社会学家们才会使用一个更具历史感和政治色彩的概念——生产资料所有制,来概括人类个体或群体对生产要素的支配权利。

不同的产权结构会对国家的财政汲取方式产生根本性影响。假如在一个政治实体中,一个阶层完全控制了另一个阶层的人身自由,或者说,一个群体是另一个群体的"奴隶",这种情况下不可能出现典型意义上的税、租、利等财政汲取路径。在封建的等级所有制关系下,下级向上级输送的财政资源,无论是强制性还是半强制性的,是契约性还是惯例性的,大多具有"贡"的色彩。如果商品交换较发达或者契约性强一些的话,亦具有一定的"租金"色彩。当下学者们将税收定义为由代议制机构立法通过的、对私人产权按一定比例进行征收的一种公共行为。如果照此定义,漫长的古代社会没有民意机构,也就不存在税收这种财政汲取方式。可见,上述关于税收的定义指的其实是"现代税收"。在古代社会,执政者基于一个固定比例对私人拥有物权的某些征收现象,存在某些典型的贡、租等定义难以完全涵盖的特征。比如,对商人经营收入或个人纯私有财产的按比例或固定性征收行为,事实上已经部分地符合了"税收"的定义。在古代中国的某些朝代,曾经出现过按照房屋数量征收的"间架税",在古代英格兰曾出现过按照烟囱数量征收的"壁炉税",这与当代的不动产税有几分相像。更广泛存在的是针对商人征收的"关市之赋"和"关税",即在某些卡点与港口对通过的商人进行课征。这种方式是不是一种"税",可能取决于征收者与被征收者对这一行为合法性的理解上。假如将征收理由理解为"此山是我开、此树是我栽,若打此处过,留下买路财"的话,这不过是一种"战略租金"。如果将其理解为具有公共意义的征收行为,如征收方作为对价会为缴纳税金的商人提供产权保护,这种"保护费"事实上已经具有税收性质。因此,可能需要对现代税收与古代税收之间的共同点以及差别有一个清晰的理解。当然,所有的财政汲取方式,无论是古老的贡赋,还是不那么古老的租金、国营垄断收入,抑或是古代税收及现代税收,它们之间的界限并不总是泾渭分明的。有时候,同一种征收行为从不同角度看可能同时具备多种汲取方式的特征,此时对其到底属于什么的判断,可能需要根据当时的具体场景来进行。

产权结构与财政汲取之间是对立统一的关系。产权结构的变化决定了财政汲取方式的选择;同时,执政者对某些财政汲取方式的追求反过来又影响了产权结构的变迁。但是,只有产权结构发展到一定阶段,或者说私人产权发展到一定程度时,比较完整意义上的税收才会出现。现代意义上的税收的出现,其前提条件是私人产权制度的成熟。当然,由于税收具有其他汲取方式所不具备的优势,执政者对税收的追求,客观上也促进了产权制度的发展,甚至推动了现代产权制度的诞生,这就是本章所要论述的"产权换税收"逻辑。

一、生产关系视角下的人与国家

无论在理论上还是实践中,"产权"与"所有权"这两个概念之间都没有本质区别。人们通常认为,产权理论是与市场经济紧密相连的一套概念,它指的是一组权利如占有权、使用权、收益权和处分权等的有机结合体,更多的是一个在经济交往过程中适用的法律概念。而所有权或所有制主要是一个政治概念,政治学家们试图通过生产资料的归属来界定某些社会形态,它更强调的是由人拥有物而产生的各种现象的本质属性。在本文中,产权与所有权基本上是等同的,当论及社会形态的时候,主要使用所有制概念;当强调群体或个体对财产权利的支配的时候,会更多地使用产权概念。

生产资料所有制属于生产关系范畴。按照教科书上的定义,生产关系是指人们在物质资料的生产过程中形成的社会关系,是生产方式的社会形式,包括生产资料所有制的形式、人们在生产中的地位和相互关系、产品分配的形式等。其中,生产资料所有制形式是最基本的、起决定作用的内容。因此,讨论产权或所有权与财政汲取之间的关系,应该先从生产关系开始。

很多学者习惯于根据一定标准对历史过程进行分期,如最具代表性的原始社会、奴隶社会、封建社会、资本主义社会和共产主义社会五种依次递进的社会形态,又如最简单的古代社会、近代社会与现代社会的划分方法,以及哈贝马斯的四种社会形态论[1]等,这些分析深刻影响了人们对历史本来面目的看法,以至于很多人在研究历史问题时都无法摆脱这些既有的框架。用同一个框架来解释人类社会不同地理单元的历史演进过程,或者说运用同一套生产关系分段理论来试图解释所有的人类社会经济现象,需要面对诸多挑战。比如就古代社会而言,"亚细亚生产方式"残留浓厚的东方世界与封建化最为典型的西欧,在生产组织形式上存在明显差别。在西方学者眼里的"东方"之中,身处东欧的俄国、远东的中国以及波斯、印度之间也难以简单类比。

以五种社会形态论为代表的历史演进的公式化解释尽管饱受批评,但其背后的生产关系分析工具对于社会科学研究却具有难得的启示意义。如上所述,在马克思主义者那里,生产关系被理解为人们在物质资料生产过程中形成的社会关系,其主要表现为生产资料的所有制关系以及与此相关的分配关系。在政治经济学教科书中,论述生产关系的起点往往是"人类为了生存必须进行生产活

---

[1] 哈贝马斯将社会形态划分为四种:原始社会、传统社会、资本主义社会和后资本主义社会。这种划分方式主要是为其运用哲学及社会学手段分析资本主义危机服务的。详见:哈贝马斯.合法化危机[M].刘北成,等译.上海:上海人民出版社,2009:20.

动",而"生产是社会生产,包括生产力和社会生产关系"[1]等。所谓"社会生产",一定意义上指的是人类的生产活动本质上不同于其他动物的生存活动。人类为了生产活动必须以一定的形式组织起来,这种组织方式不同于动物出于本能形成的"类社会关系",如一些草原掠食者的集体狩猎行为、蚁蜂类动物的社会生活行为等。人类的生产以人的学习能力以及主观能动性为基础,是一种运动着的和发展着的人与人之间的关系形式。人类社会的发展进步,除了生产力层面的技术发展外,还应包括生产过程中人际关系形式的演变。故而用占主流的社会关系来定义不同的社会形态的一个优势,就具备极高的辨识度。比如,以完全人身占有为主的奴隶制生产关系,以层级人身依附为主的封建制生产关系,以雇佣制为主的资本主义生产关系,等等。哈贝马斯在区分他心目中的社会形态时,事实上也使用了与生产关系类似的概念[2]。即使在制度主义者心目中,与生产关系相近的概念"经济关系"也是他们理解社会进化的一个主要切入点。比如,有制度主义者认为应该从四个不同的社会关系来理解人类的阶级社会:收入关系,工作关系,财富关系和技术关系(杜格,谢尔曼,2007:20)。

因此,在本章的讨论中,生产关系不再仅仅是区别社会形态的标准,更是一种生产组织形式。这就意味着可能要突破很多人心目中的近乎约定俗成的"奴隶社会""封建社会""资本主义社会"等历史分期框架。这样做的目的,是有利于从财政汲取博弈变化角度对制度体系演化进行观察。

(一) 生产关系与人的主观能动性

在马克思的政治经济学中,生产关系与其他一些概念一起,构成了一种系统

---

[1] 卫兴华.科学把握生产力与生产关系研究中的唯物史观——兼评"生产关系决定生产力论"和"唯生产力标准论"[J].清华政治经济学报,2014,2(1):3—25.
[2] 哈贝马斯认为,在原始社会年龄和性别是组织原则的主要标准,其制度核心是亲缘系统;传统社会形态的组织原则是具有政治形式的阶级统治,社会财富的生产和分配从家庭组织形式转化为生产资料所有制形式;自由资本主义社会的组织原则是资产阶级民法体系中所确定的雇佣劳动与资本之间的关系,与此相适应,国家用政治手段建立起来的社会劳动系统不再是整个系统的制度核心,制度核心被从政治经济系统中分化出来的"市民社会"所替代。哈贝马斯所认为的"传统社会",大概相当于资本主义社会成熟以前的阶级社会,即"五种形态论"中奴隶制社会、封建制社会与前期资本主义社会的集合。相对于以家庭和血缘为主要组织关系的原始社会,传统社会是国家权力控制的社会。而随后的自由资本主义社会,由于商品市场、资本市场以及劳动力市场的高度成熟以及制度化,以市场规则为基础的经济系统发挥了社会整合作用,从而相对地削弱了国家在社会整合中的作用。这里的"市民社会",也可以理解为传统的亲缘关系淡化、国家整合作用弱化后,原子化的自由个体在市场规则下进行行为选择的社会,或者说是贝克、吉登斯等人笔下的"后工业社会""后现代社会"以及"风险社会"。详见:哈贝马斯.合法化危机[M].刘北成,等译.上海:上海人民出版社,2009:21—24.

化的分析工具。马克思在《〈政治经济学批判〉导言》中把生产关系确定为政治经济学的研究对象,并对社会生产和再生产过程中的生产、分配、交换、消费四个环节作了详尽分析[1]。故而我国学者大多认为生产关系就是由生产、分配、交换和消费四个环节构成的人与人之间的关系。在此基础上进一步思考,生产关系其实应包括三个方面:生产资料所有制形式、人们在生产中的地位以及相互关系、产品分配形式(马文保,2015)。由于生产资料的所有制形式是生产关系的核心,所以生产关系看起来主要表现为一种物质利益分割关系,这种物质利益分割关系,在相当长的时间内曾经被理解为主要是一种剥削和被剥削的关系。但无论是从马克思的原意还是从当代一些学者的研究看,生产关系都不仅仅是物质利益分割关系,也表现为在一定物质基础之上、人们凭借自身主观能动性而进行的合作关系。比如,马克思在《德意志意识形态》中指出,生产关系是"以一定的方式进行生产活动的一定的个人,发生一定的社会关系和政治关系"[2]。人作为具有学习能力和思维能力的高级动物,其行为受到自身思想、观念、意识的支配,但"思想、观念、意识的生产最初是直接与人们的物质活动,与人们的物质交往,与现实生活的语言交织在一起的……人们是自己的观念、思想等等的生产者"[3]。马克思在定义生产关系时,尽管强调物质活动与物质交往,但其出发点始终是人而不是物或其他东西,即把生产关系理解为人们在生产过程中所结成的物质利益的分割关系和合作关系的统一(武天林,2000)。

人之所以是生产关系的核心,是因为人具有主观能动性,人会根据自己的思想意识支配自己的行为。在这方面,人类的社会生产与动物的"社会行为"存在本质区别。人在生产过程中会根据既定环境、先定规则以及潜在收益而选择如何调节自己的行为,比如在集体劳动中是全力以赴还是"搭便车"。人的行动固然会受到当时的文化风俗习惯的支配,但归根结底,人是自己的主人。人会根据自己的需要与生产资料、与别人、与社会结构进行结合。当外在的经济、政治等关系被制度框定后,人仍然会在既定的框架下根据自己的需要进行行为选择。或者说,"生产关系是主体在实践中通过博弈性互动建构形成发展的,具有博弈性内涵"(陈鹏,2018)。可见,人的行为选择固然受到文化风俗习惯的支配,但人

---

[1] 中共中央马克思恩格斯列宁斯大林著作编译局.马克思恩格斯选集(第2卷)[M].北京:人民出版社,2012:683—712.
[2] 中共中央马克思恩格斯列宁斯大林著作编译局.马克思恩格斯选集(第1卷)[M].北京:人民出版社,2012:151.
[3] 同上书:151—152.

的行为选择本身也在不断地强化、弱化或重塑着文化风俗习惯。

(二) 生产关系与财政汲取关系

如果将生产关系看成生产组织方式的话,其主要解决的问题就是生产组织者(或生产资料所有者)与生产实施者(或劳动者)之间以何种方式组织起来进行生产活动。比如,奴隶主监督奴隶进行农业生产,地主将土地租给租户,资本家雇佣无产者进行工厂劳动,等等。由于在阶级社会,统治者大都代表了生产资料所有者的利益,或者说统治者集团攫取了生产资料所有权,经济领域中的生产关系又在很大程度上表现为甚至等同于政治领域中统治者与被统治者之间的统治关系。在财政博弈中,主要的研究对象是国家、政府或执政者与被汲取者或纳税人之间的关系。显然,国家与广义上的纳税人之间的财政关系,与统治者与被统治者的政治关系或生产资料所有者与劳动者之间的经济关系并不完全重合。后者在具体的场景中往往表现为具体的人与人之间的关系,如某个地主与佃户之间的矛盾。但财政汲取关系很难表现为具体的人与人之间的关系,即使一些充满暴力的征收活动如"横征暴敛",征收者本身也仅仅是非人格化的"国家"或"政府"的代表者及委托人。而且,在现代社会,纳税人不仅仅是自然人,还包括企业法人及社会组织。这看起来进一步拉开了财政关系与生产关系之间的距离。

关于上述问题,作者的观点是:财政关系仍然是生产关系的一个重要组成部分,它会受到当时基础性生产关系的制约,当然,它本身也会对生产关系产生一定的影响。首先,基础性生产关系决定了财政汲取方式。在封建社会形态下,执政者会通过封建关系来汲取财政资源;在资本主义社会形态下,雇佣关系会成为财政汲取的重要渠道(如在"国家资本主义"形态下,国营企业与劳动者之间会形成雇佣关系)。这样,无论奴隶制、封建制度还是雇佣制关系,都在一定条件下成为财政汲取关系,只不过关系中一方由生产资料所有者或生产组织者变成"国家"或"国家利益"的代言人。或者说,"国家"或"国家利益"代言人成为生产资料的控制者。其次,无论纳税人的身份与形式如何变化,征纳关系最终仍然表现为国家与人而不是群体的关系。这里的"人"可能具有多重身份,如既是国家公民,也是某个组织、群体、共同体的成员。但组织、群体或共同体只不过是一种组织形式,组织本身不会与生产资料相结合进行生产,与生产资料的结合只能由个人来完成。在古代社会,统治者为了汲取方便,会把因亲缘、地域而形成的小共同体作为汲取对象(如被征服部落向部落盟主纳贡),或者为了同样的目的,人为地设计出一种受汲取的共同体(如沙皇俄国的"村社")。在当代社会,"纳税人"也不仅仅局限于自然人个体或家庭,而有可能是企业或组织。但如果在研究过程中坚持个人主义的"穿透原则"的话,就能够轻易发现,组织或企业并非财政负担的最终承受者。现代企业的诞生,按照科斯的观点,主要是为了节约交易费用。诺思(2014:88)认为"组织(这里主要指的也是企业——作者注)作为一个有目的的实体,是由其创立者设计出来、用来最大化财富、收入,以及其他一些由社会制度结构所提供的机会所限定的目标的"。政府出台的一些针对企业的税制如企业所得税、增值税等,一定程度上是利用企业作为"汇总纳税人"或"扣缴人"的身份从而更加便利地汲取收入。

综上,把共同体、企业和组织理解为人类为了生存、生活和生产而开展协作、合作和分工的联合方式是适当的。共同体、企业和组织本身并不创造财富,它们只是创造财富的一种组织形式安排。执政者把共同体、企业和组织作为纳税人,其汲取的目标仍然是这些组织机构中的个体共同创造的财富。当然,这可能使得财政汲取过程变得更加隐蔽和复杂化,但不能从根本上改变财政汲取行为的性质。也就是说,财政汲取博弈的斗争,一定是执政者与具体的人的斗争,这正是本书研究中所强调的"方法论的个人主义"的要义所在。这也意味着,执政者固然可以利用共同体、企业和组织等生产协作方式来提高财政汲取的便利性以节约征收成本,但个体对财政汲取行为的心理接受以及配合程度(或者说主观能动性),始终是制约财政汲取成功与否的关键因素。征纳关系的调整,始终是生产关系调整的有机组成部分。

这里还要讨论一下生产关系与财政汲取关系的区别。生产关系主要表现为生产资料所有制关系以及与此相关的经济分配关系。而在财政学家看来,财政关系是一种与政治权力相关的、以公共职能为依据的强制征收关系。简单地说,前者以初次分配为主,而后者相当于政治经济学或财政学领域的"再分配"或"二次分配",这在当前的学术界以及社会意识中几成定论。但初次分配与再分配作为一种定义的出现,是以近现代以来国家概念的形成和发育为前提条件的。离开当代业已成形的语境框架来理解所谓的再分配、财政、税收、公共产品等概念,然后将这些概念不假辨别地运用于整个人类阶级社会,有可能会得出一些很奇怪的结论。比如,把早期阶级社会中的某些集体生产行为看成是税收的雏形[1],而这

---

[1] 在我国先秦时期的诗歌总集《诗经》中,有大量集体劳动场面的描写。这些劳动行为是原始部落时期部落成员集体劳动的残留? 还是一种"劳役"? 在学术界长期存在分歧。但从诗经字里行间所表现出来的劳动者的愉悦心情来看,这种劳动即使不是完全自愿的,也不应该是在暴力强迫下进行的。因此,作者倾向于认为,这种劳动是部落共同体成员在"公田"上进行的共同劳动,是原始部落时期遗留下来的一种习惯。

些行为在当时很可能不过是一种原始社会残留的集体行动而已。这里想说明的是,在人类阶级社会相当长的时间里,以生产资料所有制(注意:生产资料所有制也是一个现代概念)为基础的经济分配关系,与以政治权力为基础的财政分配关系之间并不存在严格的区分,往往是你中有我、我中有你,很难梳理清楚。只有到了近代,随着市场经济制度的发育、雇佣制度的扩张和私人产权制度逐渐完善,公共产权与私人权利之间出现了严格的边界,经济分配关系与财政分配关系之间才有了明确的分野。也就是说,在公私模糊或者不存在严格的公私概念的古代社会中,所有制关系或人际关系,一定意义上说就是财政汲取关系。当然,在当代公私界限分明的条件下,经济分配关系与财政分配关系虽然出现了明显的边界,但财政关系仍然会受到经济关系的严格制约,这一点在后文中会进一步讨论。

(三) 国家的自产性与人的主观能动性

如上所述,无论生产关系还是财政关系,最终都表现为人与人之间的关系。国家也好,企业也好,其他共同体与协作方式也好,都不过是人与人之间的关系表现形式。组织自身并不从事生产,所有组织生产行为都是具体的人与具体的生产资料结合起来实施的生产行为。那么,在此前提下,如何理解当前广泛流行的"国家自产性"呢?

在财政社会学中,"自产国家"是一种与税收国家相对立的形态。在自产国家中,执政者自己控制生产资料,自行组织生产行为,并据此直接获取利润。事实上,国家"自产"性质的产生远比自产国家概念出现要早。在德国,16—17世纪出现的官房学派,就以如何经营管理君主的庄园与领地以扩大财政收入、最终实现富国强兵为己任(刘守刚,2019)。随后的德国财政学家们,大都认可自产国家的必要性,并以此为起点来探讨财政理论。瓦格纳甚至认为,国家的"财政经济"就应该是国家的生产性活动,"作为一个生产性组织,国家为了完成自己的任务,需要特定数量的'经济产品',如个人服务、劳动力、商品、在货币经济中必需的货币等,它们是国家活动的必需品"[1]。国家的生产性是自产国家得以存在的基础。国家的生产性是一种客观存在,它具有一定的公共职能,如对一些不适合私人经营的基本设施由国家进行生产与管理,在当今几成惯例。但国家生产性也容易给人一种暗示,国家通过控制生产资料与相关资源,然后自行组织劳动力进行生产活动并占有劳动成果,就可以避开财政汲取时来自私人的讨价还价,

---

[1] 理查德·A. 马斯格雷夫,艾伦·T. 皮考克.财政理论史上的经典文献[M].刘守刚,王晓丹,译.上海:上海财政大学出版社,2015:18.

从而获得完全的自由度。

我们假设执政者拥有劳动资料(如劳动工具等)和劳动对象(如土地、矿产资源等)的所有权。前文已经提及,把劳动资料施加于劳动对象之上并使之生产出有使用价值的物品,这一步只有劳动者才能完成,即"劳动者利用物的机械的、物理的和化学的属性,以便把这些物当做发挥力量的手段,依照自己的目的作用于其他的物"[1]。除非执政者个人亲手进行劳动,否则他必须通过收买、雇佣甚至强制的方式把其他人组织起来进行劳动。显然,无论从分工角度还是其他方面看,执政者都没有任何可能亲自从事物质创造活动。古代中国的皇帝为了祈祷风调雨顺、农业丰收,会在某个节气在某个地点(如北京的地坛)手扶辕犁驱动耕牛走上几步,但这仅具象征意义;英格兰的国王在相当长时间内被期待"靠自己过活",但这指的是其作为大封建主汲取自己领地上的收入就已经足够了。对于国家来说,无论自产还是他产,其财政汲取物都无一例外地来源于劳动者与生产资料结合而创造的价值,这也是马克思主义者的基本观点。从这个意义上看,国家本身不具有生产能力,所有生产物与利润的来源只能是劳动者的劳动。所谓的国家的生产性或自产性,本质上不过是一种财政汲取方式。当然,"国家生产性"这种汲取并不具体表现为生产物或货币的直接汲取,而是主要通过国家与劳动者之间的关系表现出来。比如古代中国的统治者们,在手工业领域一般会采取垄断和控制手工业者人身自由的手段来组织生产活动,这与传统手工业如纺织、制瓷、冶铁等生产行为的程式化及易监督特性有关。但在农业生产领域,由于农业生产高度依赖生产者的自觉性,统治者就不得不与土地占有者或自耕农之间建立起财政汲取的分成合同。

由于财政来源最终依赖于劳动者与生产资料及劳动对象的具体结合,这意味着劳动者的主观能动性直接决定了产出规模或者执政者的财政收益。因此,执政者要追求更高的财政收入,其在构建国家与劳动者之间的关系时就不得不考虑劳动者的积极性。国家可以在完全控制生产资料的前提下,通过完全控制劳动者的人身自由进行生产;也可以向劳动者赋予有限的生产资料支配权,然后收取租金;当然还可能承认劳动者的人身自由以及财产权利,然后按比例汲取税收。所有这些生产关系与汲取方式的选择得以出现的重要原因以及相互转变的一个动因,都是被汲取者所先天具有的主观能动性。

---

[1] 中共中央马克思恩格斯列宁斯大林著作编译局.马克思恩格斯选集(第2卷)[M].上海:人民出版社,2012:171.

(四) 国家与个体

另一个需要讨论的关系形式是国家与人的关系。前文已经说明,财政分配关系[1]归根结底是国家(或政府)与具体的人之间的关系。但这只是笼统的说法,更具有研究意义的是国家与个人之间具体的关系形式。必须承认的是,生产或分配过程中国家与个人的关系远比个人与个人的关系复杂。其中一个重要原因是,"国家"本身是一个混乱的概念,在不同的语言环境中往往承载着不同的意思。在我国的政治经济学教科书中,一般将国家定义为阶级统治的工具。但历史与现实中的国家形象、功能与运作机理呈现出多元立体特征。马克思·韦伯从官僚制、父权世袭制、封建制以及魅力型统治等不同的统治方式来思考国家政体之间的差异,乔尔·米格代尔从国家与社会的交汇结合来理解国家[2],迈克尔·曼则将国家看作包括制度性因素与功能性因素的混合体[3]。在财政博弈中,国家的角色主要是公共产品生产的组织者。总体上看,国家有两种基本的生产组织方式:一种是组织具体的生产行为,这就需要与劳动者形成一定的、具体化的关系;另一种是不组织具体的生产行为,代之以通过货币支付的形式购买或交换来获取公共产品,这种情况下国家不必与劳动者之间形成具体化的关系。在当代国家的运行中,由于税收成为主要财政来源,国家能够以货币支付的方式来获得公共产品,国家在大多数情况下不必担任具体的生产组织者的角色。但必须看到,这种情况直到近两三百年才成为主流,在阶级社会的大部分时间里,国家或者具有国家性质的共同体往往以生产组织者的角色出现。

当国家成为具体的生产组织者时,其与劳动者或者被统治者之间的关系形式,大致有以下三种:拥有、依附以及合作。拥有关系指的是国家完全占有劳动者或被统治者的人身自由,劳动者成为国家组织的财产,典型的就是奴隶制关系。依附关系指的是国家组织与劳动者之间形成了一种责任与义务不对等的等级化的依赖关系,国家组织可以部分地控制劳动者的人身自由,但前者对后者的控制与支配受到了一定的约束,典型的是封建制关系。合作关系指的是,国家无

---

[1] 文中的财政分配关系既包括征收关系,也包括与财政支出有关的财政收入的分配关系,这里侧重研究的是前者。——作者注。

[2] 乔尔·米格代尔.社会中的国家:一种为支配而斗争的分析途径[M].杨涛,译//郭忠华,郭台辉.当代国家理论基础与前沿.广州:广东人民出版社,2017:96—128.

[3] 在这里,"制度性因素"指的是:国家可以被看作是由其各分支机构形成的一个以制度为规则的场所,国家主要扮演一种裁判者的角色;"功能性因素"指的是国家垄断了政策制定权,并用政策追求某种目标,扮演了一种利益相关者的角色。详见:迈克尔·曼.国家的自主权:起源、机制与结果[M].王永香,译//郭忠华,郭台辉.当代国家理论基础与前沿.广州:广东人民出版社,2017:52—53.

法对劳动者进行直接强制与暴力胁迫,劳动者对国家命令的顺从很大程度上以个人自愿为前提,典型的是雇佣制关系。值得注意的是,这三种生产组织关系并不与奴隶社会、封建社会与资本主义社会严格对应。比如,拥有关系并不仅仅指的是奴隶制关系,依附关系不仅仅是封建关系,合作关系除了雇佣关系之外还有其他表现形式。历史事实是,在任何一个社会形态中,这三种组织形式都不同程度地、以不同面目存在。

二、"公""私"分野与"国有奴隶"制

如上文所述,生产关系其实是人与人之间的关系。财政分配关系其实是国家与人之间的关系。很多人认为国家是阶级统治的工具。按照马基雅维利式观点,政治不过就是统驭之术。当然,随着人类文明的发展进步,当代的政治统驭活动已经被披上了足够华丽的民主外衣,平等、自由已经成为人们普遍接受的理念。不过从历史上看,一部分人统治另一部分人最古老的方式不是想方设法剥夺其财产,而是对其人身和生命的占有,并通过这种方式实现对其劳动创造价值的占有。实事求是地讲,地球上的大部分人获得完全的人身自由和财产自由,不过是近两三百年的事。即使在最发达的美国,针对黑人的奴隶制被废除的历史也才不过一百五十余年。在一些保留部落制习俗的国家,类似于奴隶制与封建制的人身依附关系仍然顽强地存在着。当然,近代以后的国家在财政汲取过程中已经逐渐地抛弃了与人身控制和人身依附有关的落后手段,但这些手段确实曾经在相当长的历史中扮演着重要甚至主流的角色。

(一)奴隶制及奴隶社会

奴隶制是一种古老的、长久存在的社会经济制度。在人类阶级社会的早期,它在很多文明中占据着支配地位。在大航海时代开启以及资本主义制度发展过程中,奴隶制成为殖民者和资本家榨取利润的一种重要生产方式。通俗理解,所谓奴隶制就是奴隶主拥有奴隶的人身自由,并将奴隶视为一种生产工具的制度。奴隶制在生产关系中占据主要地位的社会形态就是奴隶社会。但经过近几十年的研究,无论奴隶制还是奴隶社会都受到了诸多质疑。

稍加思考就能发现,把奴隶当成一种普通生产工具、完全剥夺其自由的生产组织方式很难稳定地存在。奴隶并不是等同于牲口的工具,奴隶更是一种等级体制下的身份,所以奴隶也有主观能动性。与皮鞭之下的暴力相比,适当的正向激励可以更有效地促进奴隶劳动的积极性。这就意味着奴隶主与奴隶之间的关

系,不可能等同于人与生产工具的关系,归根结底仍然是人与人之间的关系。比如在美国南北战争之前的南部蓄奴州,如何调动奴隶的积极性被当成一门学问,"住宿、医疗、结婚、生育、假期、激励和惩罚、组织耕种的其他方法、管理人员的责任甚至是农场里的规矩或气氛、农场主与其奴隶的关系的种种细节,都被认为值得去讨论"(福格尔,恩格尔曼,2016:145—146)。亚里士多德在《政治学》中认为,"一个完整的家庭是由奴隶和自由人结合起来的",主与奴、夫与妻、父与子是家庭中最基本的要素,因此,如何管理奴隶以致富就成为一门"学术"[1]。所以有人认为,历史上一些曾经被认定为奴隶制的某些文明中的生产方式,很可能事实上更像农奴制或隶农制[2]。

相比较之下,"奴隶社会"受到的质疑更多。有学者认为,奴隶制社会不一定是所有文明发展过程中的必经阶段。"奴隶制社会普遍说是一个地道的西方观念,是西方人经验的历史作用于西方一些思想家头脑之后所产生的一种由局部经验归纳并进而演绎出的科学假说。"(郭小凌,1999)在曾经被我们定义为奴隶社会的一些文明的相应时代中,奴隶制生产很可能仅仅是众多生产方式中的一种,甚至不是占主导地位的一种。在古代殷商和西周,从当前的研究看,劳动者主体主要是宗法、血缘共同体成员而不是奴隶,劳动者参与劳动的重要动力是基于对共同体的归属感或依附性,这种劳动并不特别需要像奴隶劳动群体那样的监督。厉以宁(2013:3)认为,在被认为典型奴隶社会的雅典城邦,其经济与所有制结构是多元的,小土地所有制依然为主[3],奴隶制经济只是多元经济成分中的一种,而且是依附于其他所有制的,所以雅典社会被称为"奴隶制社会"是不妥的。佩里·安德森(2016:8)认为,"苏美尔人、巴比伦人、亚述人和埃及人的帝国……并不是奴隶制经济,而且它们的司法体系也缺乏鲜明的单独的奴隶制的观念"。在古典希腊化世界,自由农民、依附民和城市工匠一直在不同的希腊城邦中以不同的形式结合,而且与奴隶制并存。为了区别描述不同社会中奴隶制的地位,一些历史学家们提出了"奴隶社会(或蓄奴社会)"与"拥护奴隶社会"两种社会类型。在这里,"奴隶社会(或蓄奴社会)"指的是虽

---

[1] 亚里士多德.政治学[M].吴寿彭,译.北京:商务印书馆,1965:6.
[2] 相较于完全没有人身自由的奴隶,农奴或隶农只是被束缚于他的劳役地点,只需要在特定的时间为其主人服特定的劳役,故而拥有有限的人身自由。——作者注。
[3] 小土地所有制为主,意味着以自耕农为主。关于雅典城邦的经济是以农业为主还是以商业为主,在农业中以自由民自行耕种为主还是以奴隶耕种为主,学术界尚存争议,此处仅是一个观点。——作者注。

然存在奴隶但数量微不足道,仅限于某些次要生产结构的领域;"拥护奴隶的社会"指的是奴隶数量巨大,影响方方面面的社会关系,而且奴隶能够定期更新再生的社会(伊斯马尔,2017:5—6)。伊斯马尔还提出,货真价实拥护奴隶制的社会极其稀少,能举出的实例仅有五个:古典希腊与希腊化世界的某些地区,共和国末期与帝国初期的罗马,南北战争前的美国,殖民地时期的安的列斯群岛以及巴西。

可见,奴隶制作为一种基本的生产组织与人际关系方式,在历史上甚至在当今地球的某些偏远地区都是存在的,但奴隶制社会可能不多见。埃拉·伯林(Ira Berlin,1998,2003)在研究美国奴隶制时使用了"有奴隶社会"和"奴隶社会"两个概念。如果把存在奴隶制(不管程度如何及规模大小)的社会视为"有奴隶社会"的话,那么这种社会形态是极其普遍的,但奴隶制生产关系在整体生产关系谱系中占据多大地位,恐怕要谨慎定义。

(二) 从公共劳动到家庭劳动

如上所述,长期以来我们把人类进入阶级社会后的早期阶段视为奴隶社会,这一点是值得商榷的。也许在那个遥远的时代,奴隶制生产活动并不像我们原来认为的那样广泛。那么在当时,人类的生产方式到底是什么样子的? 由于时代久远以及文献缺乏,准确推断当时具体的生产组织方式比较困难。但有一点是可以肯定的,那是一个从原始共产主义社会的集体劳动向阶级社会形成后的家庭劳动转变的时代。在几乎所有的人类早期文明中,集体劳动或共同劳动尽管随着时光推移与生产力提升而逐渐淡去,但它仍然在相当长时期内占据着重要的位置。殷商和西周的"井田制"被认为是一种土地"国有制",这种国有制显然不能等同于当代的国有制。准确地说,井田制更像是一种原始的公社所有制的遗存。如果孟子对井田制的记载是准确的[1],那么公社成员或"庶民"在公田上的劳动就是一种"公共劳动",这种劳动的收获最终归公社所有。这种公共劳动当然不限于农业领域,它可能更多地被运用于大型公共设施的建造方面。比如,希波战争后雅典人用四十年的时间建造了卫城,古代中国的城市与村庄习惯于组织大量人力修建城墙。但即使在公共设施的劳动中,也很难找到证据证明,奴隶是这种集体劳动的主体人群。关于埃及金字塔有一个著名的故事:"某

---

[1]《孟子·滕文公(上)》这样描述井田制:"方里而井,井九百亩。其中为公田,八家皆私百亩,同养公田。公事毕,然后敢治私事。"但有学者认为,井田制可能仅是一种乌托邦式的理想制度。由于地理环境和气候因素,这种制度可能从未得到严格的实施。

钟表匠在游览金字塔时提出一个惊人推断,他认为金字塔的建造者绝不会是奴隶,而只能是一批欢快的自由人。很长的时间内,这个推论都被当作一个笑料。然而后来的考古发掘证明,金字塔就是由具有自由身份的农民和手工业者建造的,而非像希罗多德在《历史》中所记载的那样由 30 万奴隶所建造。"可以想象,早期的共同体、部落或村社时代,无论在农业生产还是在公共设施建造中,集体成员们的共同劳动都是重要的组织方式。但这里想说明的是,一些人将这种劳动视为人类社会财政现象的源头或雏形,是不符合逻辑的。直观上看,集体劳动与力役之间存在着"自愿"与"强制"的区别,尽管我们无法了解集体劳动时的公社成员是否真正自愿或"快乐",但从经验上讲,一个是为与自己切身利益相关的小共同体劳动,一个是为距离自身利益相当遥远的大共同体劳动,劳动者的心态与动机应该存在巨大差异。既然不存在使用"强制"手段的条件,那么这种集体劳动就不存在成为财政现象的基本标准。更深刻的理由是,集体劳动存在的基础是亲缘共同体或村社而不是国家,是公私分野过程中"公"的残余,而财政现象出现的逻辑基础是私有制的产生。因此,田园牧歌式的集体劳动与严苛监督下的劳役存在本质上的不同。当然,可以肯定的是,随着亲缘共同体的消失与国家机器的强化,前者逐渐成为历史传说,而后者在一些专制国家逐渐普遍起来。

原始的公共劳动的经济基础是土地的公社所有制。随着生产力的发展与物质剩余的增加,劳动的组织单位会逐渐缩小,最终积极性更高的家庭劳动取代了公共劳动。这同时伴随着土地公社所有制的崩溃与土地私人产权的出现。当然这一过程十分漫长。土地由公转私的第一步是公有土地在公社成员中的定期重分。在荷马时代的古希腊,"土地归部落所有,并由部落下面的氏族使用。……氏族中每一个氏族成员都有一块土地,自己耕种或放牧,产品归己"(厉以宁,2013:50)。在斯巴达,土地被平均分配给每个公民,公民把自己的"小块份地"交由属于城邦的奴隶"黑劳士"耕种(安德森,2016:18)。恺撒在《高卢战记》中这样记述古代日耳曼人的土地制度:"没有一个私人拥有数量明确、边界分明的土地,官员和首领们每年都把他们认为大小适当、地点合宜的田地分配给集聚在一起的氏族和亲属。一年之后又强迫他们迁到别处去。"[1]公社土地在家庭间的定期重分,意味着在土地公社所有的前提下,家庭获得了一定意义上的土地使用权。相对于公共劳动,氏族家庭"承包"一部分部落共有土地自己耕种,然后向部落缴纳的

---

[1] 凯撒.高卢战记[M].任炳湘,王士俊,译.北京:商务印书馆,1979:143.

"租"或"贡",更具有财政意义。

在土地公社所有制或"国家"所有制向一定程度的私有制的转变过程中,有三个现象起到了重要的推波助澜作用。一是份地重分的间隔越来越长并超过了人口代际更替的时间长度,使得家庭对份地使用权产生了由后代继承的需求。特别是一个家庭的份地在几个后代之间进行平分,甚至经历了几代人的多次平分后,部落或城邦将其收回的难度越来越大。在这种情况下,"传统的土地公有和份地定期重分的做法再也行不通了"(厉以宁,2013:64)。二是荒地的开垦进一步推动了土地私有产权的形成。人口的增长刺激了开垦荒地的需求,铁器的使用提供了开垦荒地的工具。相对于既有的份地,新开垦荒地的归属规则是谁开垦归谁。假如没有这个规则,而是新开垦土地归集体公有,那么人们开垦荒地的积极性就消失了。"开垦荒地比通过分配而取得的份地更容易被看成私有土地。产权明晰的概念在新垦土地上更容易被人们接受。"(厉以宁,2013:64)古罗马法学家更是将"先占"原则列入了"所有国家共有的法律"之中[1]。三是随着部落领袖转变成为统治者,原来属于公社成员共有的土地逐渐被其支配。在原始部落,除了被分配给各个家庭的份地外,还存在大量的其他公共用地,如公共牧场、公共森林、神庙所在地等。家庭长久占据了份地,客观上为部落领袖事实上长久占据其他公共土地提供了合法性。在政治上,这表现为从贵族民主制或军事民主制向世袭制的转变。在家庭财产的父死子继习俗形成后,政治权力的父子相承具备了微观基础与意识支撑,其诞生水到渠成。"家天下"的政治意识形态的出现,使得土地所有权的层级所有制得以形成。君主拥有了统治区域内所有土地的名义所有权,以及"国有土地"的实际支配权,自由民所拥有的对份地的有限财产权利被嵌套在这一层级所有制结构之内。这实际上已经是封建制的主要特征了。正如梅因在《古代法》中所说:"封建时代概念的主要特点,是它承认一个双重所有权,即封建地主所有的高级所有权以及同时存在的佃农的低级财产权或地权。"[2]

把共有土地均分给家庭,曾经发生在共有土地上的公社成员集体劳动的场景逐渐消失,这是生产关系的深刻变化,也为财政及税收雏形的出现提供了条件。集体劳动是公社成员承担公共义务的方式。集体劳动转变为家庭劳动后,公共事务并没有消失,家庭劳动也必然成为公社成员承接公共义务的一种方式。

---

[1] 亨利·梅因.古代法[M].沈景一,译.北京:商务印书馆,1959:140.
[2] 同上书:167.

因此，家庭向共同体上缴一部分份地上的收获物，就成为其承担公共义务的基本方式。在古希腊的阿提卡半岛，农民要将其收成的六分之一缴纳给某些公共组织机构（黄洋，1995：142）。在古罗马共和国时代，公地租金 tributum 是罗马人唯一需要直接缴纳的税款（阿德金斯，2014：58）。在春秋时期的鲁国，"初税亩"改变了井田制"藉而不税"的方式，以承认土地使用权的有限私有为代价来换取地租。可见，家庭劳动对集体劳动的替代以及私有财产的出现，为财政现象的出现提出了历史性需求，这是经济基础（生产关系）决定上层建筑（国家财政制度）的典型表现。当然，这一关系中也不可避免地存在着反向作用：统治者财政需求的增加，是推动生产方式由集体劳动向家庭劳动转变的重要动力。出于应对部落间战争的需要，统治者为了追求更多财政收入所采取的一条基本措施，就是通过承认公社成员对土地的有限权利来换取"租金"。

（三）私人奴隶与公共奴隶

奴隶制是一种生产关系，但奴隶并不是财政博弈关系中的一方。已具备一定的国家形态的部落或部落联盟需要提供最初的公共产品，如对外战争、内部安全保卫、防御自然灾害等。以对外战争为例，除需要一些部落成员负责冲锋陷阵外，战争物资如战马、草料、粮食、铠甲等需要有人提供。这些财政资源的提供者主要是小奴隶主或平民，他们是最早的"纳税人"。这样，最初财政汲取博弈的三方主要是：以部落首领为代表的执政者阶层；大奴隶主贵族；小奴隶主和平民。在早期的财政博弈中，尽管奴隶可能要承担奴隶主转嫁的一部分负担，但算不上财政汲取博弈中的独立一方。

私有观念的产生以及家庭生产的出现，使得部落内部开始出现贫富分化，少部分人成为统治者阶层或者大奴隶主贵族，但这并不意味着那些贫穷的部落成员会堕落成为奴隶。无论在古代中国的商周还是在古希腊罗马的社会中，都存在着大量的自由民。自由民一般是获得了份地，以家庭生产为主，保留部落成员身份，但没有贵族地位或特权的人。如在西周时期，天子、诸侯、卿、大夫是贵族阶级，在嫡长子继承制中无法获得爵位与财产的旁支小宗就逐渐沦落为士，直至地位更低的庶民。但庶民的人身仍然是自由的，名义上仍然是部落的成员，此即历史上著名的"国人"。国人是原始部落进入国家雏形后，仍然保留一定政治地位的公社成员。"国人"已经不再是统治阶级，因为在世袭制代替了原始民主制下的"禅让"或选举后，他们已经失去了成为国王或大宗主的可能性。但原始民主制残留以及国人与君主之间尚未疏远的亲缘关系意味着，"凡国之事又要经过全体成员的认可"[1]。但他们在保留某些政治权利的同时,不得不承担沉重的财政责任。一定意义上说,他们才是整个国家的主要纳税者。如果执政者不加节制地横征暴敛,他们就有可能进行抵制和抗议。历史上,平民阶层因财政负担向执政者抗议的典型事件是西周时期著名的"国人暴动"。这些自由民或庶民与奴隶之间存在着身份上的差别。除非特殊情况,否则自由民或庶民一般不会沦落为奴隶。

  曾经很多人认为,在古代巴比伦与古代希腊罗马,一些自由民因为贫穷和破产会出卖自己的人身自由从而沦为"债务奴隶"。在古巴比伦的《汉穆拉比法典》中,有大量涉及租借和债务问题的条款,有学者据此推断在古巴比伦存在"债务奴隶制"。在雅典城邦的德拉古改革和梭伦改革中,废除自由民因无法偿还债务而沦为奴隶的制度成为很多平民的强烈呼声。在古罗马时代,债务奴役制也相当突出,以至于公元前326年的波特利乌斯法专门就废除债务奴隶制做出规定。这给人们一种印象,自由民因破产、负债而沦为没有人身自由的奴隶是普遍现象,也是奴隶的一个来源渠道。但近年来有学者发现,《汉穆拉比法典》中的一些关键词具有更深层次的含义,其中的"债务""出卖"和"债奴"的实际意义应作"义务""抵押"和"人质",其意思是,自由民因负法律责任而抵押妻子做人质的行为是合法的,但明文规定这些人质在债主家里不得受到虐待,服役期限是三年,第四年必须结束服役,因而他们不是奴隶,更不是因偿还债务而遭受奴役的债务奴隶(于殿利,2004)。在古罗马,波特利乌斯法反对的是债权人对债务人的暴力催债行为,而不是"债务奴隶制","罗马人没有将罗马人沦为自己的奴隶的习惯"(杨共乐,1998)。从逻辑上讲,暴力催债行为的存在,本身就间接说明不存在奴役债务人以还债的现象。因为如果可以奴役债务人,债权人就没有必要进行暴力催债了。亚里士多德曾说:"(古代雅典)少数地主拥有全部土地,而实际耕作农民因无法缴纳地租或偿还债务,只有卖作奴隶,甚至卖往外方"(杜兰,1999:82)。但从各方面的记载来看,农民或小奴隶主因经营破产出卖的不可能是全部的、永久性的人身自由,仅仅是受到一定限制的人身自由,故而亚里士多德所说的"奴隶"其实应该是"农奴"。阿德金斯(2014:441)也认为,在古罗马世界中,一些类型的非自由工人,如债务奴隶和依赖于土地的农民,不能列为奴隶。

  在几乎所有的早期文明中,奴隶最主要的来源都是战俘或掠夺。无论圣经

---

[1] 白寿彝.中国通史(第3卷)[M].上海:上海人民出版社,1994:776.

中的"巴比伦之囚",还是斯巴达的"希洛人",都是战败的部族整体成为战胜方的奴隶。由于奴隶不是普通意义上的生产工具,奴隶的积极性影响生产效率,因此奴隶与其他人类阶层群体一样具有博弈能力。但这种博弈与典型意义上的财政博弈存在差别。典型的财政博弈主要发生在承受财政负担的小奴隶主以及平民与统治者阶层之间,比如西周时期著名的"国人暴动",就是因为周厉王将山林湖泽改由天子直接控制,不准国人进入谋生而引发的。相对于自由民或"国人"就缴租或服役进行的抗争,奴隶抗争的主要标的物不是税或租,而是人身自由,比如古罗马的斯巴达克起义[1]。周灭商时,殷商奴隶部队的阵前倒戈,成为压倒商朝的最后一根稻草。而立了战功之后的奴隶们得到的报酬是获得土地,成为拥有一定生产资料和有限人身自由的农奴[2]。

但这并不意味着奴隶与财政博弈之间不存在任何关系。一般的理解是,奴隶是奴隶主的私有物,参加财政博弈的只可能是奴隶主与统治者双方。但在人类文明的早期,是"公"与"私"之间边界朦胧出现却又若有若无的时代。在古代东方的一些"专制"文明中,部落领袖逐渐成为君主,公天下向私天下的转变使得君主本身成为奴隶主。被君主所支配的奴隶即是君主的私有物,名义上也是国家的公有物。在其所有权方面,这些奴隶与小奴隶主支配的奴隶存在巨大差别。也就是说,在古代社会中,其实存在着两种不一样的奴隶:一种是奴隶主家庭劳动中的"私人奴隶";另一种是国家公共劳动中的"公共奴隶"。私人奴隶的所有权完全归属于家庭,而公共奴隶的所有权属于整个国家或共同体。在"家天下"的东方专制社会,君主直接控制的奴隶既是其"私有物",同时也是整个国家或共同体的"公共品"。

从逻辑上看,奴隶制的出现可能要比私有制的出现早一些。在原始社会后期,随着生产力的提高和剩余产品的出现,与杀俘相比,保留部分战俘的生命,使其承担部落的繁重体力劳动成为优势选项。也就是说,尽管奴隶制的出现是阶级社会出现的标志,但从次序上讲,应该是先有"公有奴隶",再有"私有奴隶"。当然,这里的"公有奴隶"一开始是部落公共所有的奴隶。在"家天下"出现后,与

---

[1] 阿庇安.罗马史(下卷)[M].北京:商务印书馆,1979:98.
[2] 关于周灭商后有功奴隶地位改善的观点,见:范文澜.中国通史简编(第一册)[M].北京:人民出版社,1978:73.原文摘录如下:"武王克商与周公东征两次大战争的取得胜利,都是配合着殷奴隶兵阵上起义。奴隶助战有功,自然要改善原来的地位。康叔封卫后,按国土地法分给耕地,所谓'彊(强)以周索(法)'(《左传》定公四年),就是释放农业奴隶为农奴,从此卫为西周大侯国,不再发生叛变。"周灭商战争发生在当时的殷商国都朝歌,朝歌坐落在现在的豫北地区。有功奴隶就地被安置,并由封到卫的康叔负责管辖。因此,卫国由于获得了大量的人口,而成为西周大国。

公共财产的私有化相对应,部落公有奴隶制度就自然地转变成为"皇家奴隶"。无论早期的部落共有奴隶还是后来的皇家或王室奴隶,都与基于商品经济的私有奴隶存在实质性差别。而且在古代社会,一个普遍现象是,"'皇家奴隶'要比私奴人数多得多"(伊斯马尔,2017:13)。

可见,最早的奴隶制是为了满足公共需要而产生的。在随后的时代,既然奴隶制仍然存在,公共需要也仍然存在,那么运用奴隶制继续满足公共需要,就成为一种难以避免的现实选择。从史实上看,运用奴隶制满足公共需要的手段至少有三种途径。一是驱使奴隶从事强度比较大的公共劳动,如修建公共设施、陵墓,开采矿石、疏浚河道等。在雅典,政府垄断了矿山的所有权,然后驱使大量的奴隶从事繁重的开采劳动。采矿收入成为雅典财政收入的重要来源。希波战争期间,雅典政府正是利用采矿的巨额收入,建造了一支庞大的舰队,并在同波斯的海战中获胜(厉以宁,2013:324)。再回到金字塔是由自由民还是奴隶建造这一问题上。奴隶们固然不可能从事一些创造性的工作,比如金字塔的设计工作。但对于强大的埃及帝国来说,其自由民也没有必要从事卑微、艰苦、低技术含量、重复性的重体力劳动,如运送石块等。既然奴役方式比较适合低端、大强度的劳动,那么就不仅限于工程建设与开采,农业种植也同样适合。比如在斯巴达,被征服的土著居民或战俘成为"黑劳士",他们是城邦公民集体的"农奴",被限制在土地上从事农业劳动,收成的一半要上缴城邦(厉以宁,2013:138)。二是从事一些公共管理活动。在一些古代文明特别是古代希腊的城邦中,有一类奴隶的处境相对好一些。这类奴隶主要是替政府部门工作的奴隶,他们的职责包括修理街道、修建神庙、协助警察工作、担任监狱看守和刽子手,或者担任议事会的服务人员、称量官员的侍从、财政官员的办事员等(威斯特曼,2011:18)。这些有文化、承担公共职能的奴隶们所享受的待遇远远好过矿山中的奴隶劳动者,他们不但享有高度的行动自由,而且"每天还有 3 个奥波尔的津贴"(威斯特曼,2011:18)。三是君主的私人奴隶,为君主提供劳动服务。如果我们接受"君主无私事"的观点的话,那么为君主一个人或宫廷提供私密性服务的奴隶,也可以说在从事一种具有公共意义的劳动。从原则上看,君主"私事"与"公事"之间似乎存在着一条界线。但君主与其反对者之间都试图掌握公私边界的解释权。君主不想让别人干涉自己的行为时会说"此乃吾家私事",有相反的想法时又会说,"此乃吾家天下"。臣子们也会以同样理由应对之,有时候要求君主"自己靠自己过活",有时候又说"君主无私事"。专制制度下皇权与公权纠缠不清,相互嵌套。那么,应该如何区分公共奴隶与私人奴隶,以及公共劳动与私人劳动呢?

回答这一问题,是我们定义财政关系并进行进一步思考的前提。但问题是在古代文明背景下,彻底分清楚公与私的界限是徒劳的。我们必须接受这样一种事实,在前现代社会,在公与私之间不可能存在一个明确的、井水不犯河水的界线。历史事实很可能是,在人身完全不自由与完全自由两个极端之间,有一个连续性的谱系。所有的奴隶、农奴、奴婢、奴才以至于公民、居民、自由民等,都在这一谱系中占据着一个位置。没有完全不自由的奴隶,也没有完全自由的公民。对于公民来说,其问题是"我"在多大程度上属于"国家"这个共同体;对于奴隶来说,其问题是"我"究竟属于谁,是国家,还是某个奴隶主?

(四) 奴隶制时代的财政汲取体系

以上论述的是人类阶级社会早期即"奴隶社会"时期的一些情况。无论奴隶社会还是后来的"有奴隶社会",奴隶制都是一种生产组织方式,私人可以利用奴隶制来进行生产活动,国家也可以利用同样的体制来获得财政利益。当然,我们可以这样认为:只有在"奴隶社会"中,奴隶制才能够成为国家重要的财政汲取手段。随着商品经济的发展,奴隶制的存在范围可能会逐渐收缩到一些特定地区的特定领域,从而不再成为主要的财政汲取方式,如殖民地时期及美国早期的南部种植园奴隶制。但必须看到的是,通过控制劳动者的人身自由,然后使之与国有生产资料相结合以攫取利润的方式,在相当长的历史中,都是一些专制帝国习惯采取的财政手段。这里首先能想到的是,古代中华帝国以"贱籍"的身份来控制手工业者的权利与自由,使其服务于政府对手工业的垄断。雅典国有矿山中劳动的奴隶,斯巴达的"黑劳士"都是这种手段的一些表现。

但是必须看到,在早期的阶级社会,随着私有观念以及私有制的出现,财政汲取的一些基本方式其实都已经产生出雏形。这很大程度上是因为,贡赋、租金、利润与税收这四种基本的财政汲取手段,其背后的经济关系逻辑在私有观念与私有制甫一出现时就已经自然形成。在色诺芬的《税收论》中已经显示,政府把大量的矿山租给了私人,以至于色诺芬抱怨:"很多市民借国家的资源而致富,可是它(指国家——作者注)仍未仿效他们的办法。"[1]而且,对私人的农作物以及商业利润按一定比例征收的现象,也不可避免地出现了。西汉初年,皇帝实行了三十税一的轻徭薄赋。在雅典庇西特拉图时期,为了增加财政收入,对所有农产品课以10%的税收,稍后又降至5%(威尔·杜兰,1998:89)。罗马帝国时

---

[1] 色诺芬.经济论 雅典的收入[M].张伯健,陆大年,译.北京:商务印书馆,1961:72.

期,不断进行的扩张战争逼迫统治者频繁在税收制度上创新,关税、销售税、释奴税、集地税以及遗产税纷纷开征。其中遗产税针对罗马公民的财产征收,这笔税收与百分之一的拍卖税收入一同存于军需金库中。公元296年,戴克里先又实行了以物代款的税收制度,通过征收谷物、衣物或酒类来供养军队和偿付文职人员(阿德金斯,2014:58)。仅从形式上看,罗马帝国似乎已经建立了一套具有现代意味的"税制体系"。当然,此时的"税收"不过是在形式上具有财政学家们所定义的"税收"的某些特征而已。

综上,如果把人类文明初期阶级称为"奴隶社会"的话,这个社会其实是一个公与私之间或者个人与共同体之间关系开始出现裂变却又混沌不清的时代。奴隶制在很多情况下并不是唯一的,甚至也不是主要的生产方式。相对于部落成员共同劳动提供的公共产品,公共奴隶创造的劳动价值可能并不占主流地位。不过,通过占有劳动者的人身自由来提供公共产品这一手段,确实成为当时以及后来统治者可供选择的一个方案。当然,在没有任何人身自由的情况下,也不可能拥有任何财产,所有与财产权有关的财政汲取方式也就不可能形成。奴隶制国家把没有人身自由的个体与国有生产资料结合起来组织生产活动所获得的利润是相当有限的,也不可能与其他类型政治实体进行竞争。换句话说,既然在现代国家,政府通过行政手段而不是市场手段组织起来的生产行为也是低效率的,对于执政者来说,要获得充裕的财政资源,赋予人身自由并承认私人产权就成为必经之路。

三、封建等级所有制下的财政博弈

在文明社会的早期,执政者与共同体(或者部落及城邦)成员之间有可能是原始共产主义时期残留的平等关系,奴隶作为一种没有发言权的"财产"没有参与博弈的权利。这种情况下,尽管家庭劳动已经越来越占据主要地位,共同劳动作为一种义务仍然是公共产品供给的重要方式。随后,以古代中国和西欧为代表的人类主要文明进入"封建时代"。在这一时期,形成了生产资料的等级所有制,财政汲取方式也相应地出现重大变化。

(一)作为生产方式的封建制

在当前的政治经济学与历史学研究中,很少有一个词语像"封建制"这样存在如此繁多的歧义。有学者将"封建"视为一种曾经广泛存在的、与封土制度、附庸制紧密相连的政治制度与法律体系,亦有学者将其视为一种与人身依附相关的意识形态,更多人则把"封建"作为一种古老的社会形态来加以理解和运用。但学界关于封建之概念的主要争论,并非其作为政治法律制度、意识形态、社会形态本身的争论,而是什么才是"封建"或者说"封建"是什么的争论。在西方,"封建社会"最初特指的是罗马帝国崩溃后、或者说中世纪西欧的一种典型的社会形态。从词源上看,中世纪出现的"封建"的拉丁文是 feodalis,与 feodum(采邑)有关[1],故而"封建"一词的诞生,被认为是为了形容君主向臣属分封土地这一现象及其背后的权利义务关系。具体来说,封建主义或封建制度,指的就是在中世纪西欧,君主将占领的土地分封给下属,下属据此向君主承担一定义务的一种经济、政治关系或组织形式。封臣得到土地后仍然能够以同样的方式再分封给自己的下属,如此层层分封,从而形成了一种等级化的社会形态,也就是"封建社会"。

关于封建社会,争论主要集中在两个方面。一是以封臣制、封土制为代表的封建社会特征是不是像某些历史学家所认为的那样,在西欧是普遍存在的?马克垚(2009:3)认为,西欧封建社会的一些概念主要是 19 世纪的一些大师(多为德国人)如魏慈、洛特、伊纳姆斯·托尔涅格等确定下来的。但即使在西欧,原来概括出的普遍性能否成立也大有问题。例如,资产阶级史学家把封建主义理解为封臣制及与之联系的封土制,其根据是 10—12 世纪罗亚尔河与莱茵河之间地区的情况。包括马克·布洛赫在内的西方学者大多也承认,封建生产方式即使在西欧也存在复杂性与多样性。但一般认为,无论莱茵河地区、诺曼底还是盎格鲁-撒克逊时期的英国,其中世纪的生产方式都或早或晚地呈现出一些一般化的特征,即:领主阶级通过半强制性的政治法律关系形成了对农业财产的私人控制,并据此将直接生产者(即农民)束缚在土地上,通过劳役、实物租或习惯性捐税等方式获得收益。总之,封建生产关系是一种"超经济的强制"。这一点与奴隶制生产方式不同,在奴隶制下,直接生产者并不具有"人"的权利,但在封建制下,被束缚在土地上的农民在服劳役、缴纳税租之后享受剩余的农业收益。当然,封建关系与后来的雇佣关系也有本质区别,即农民与领主之间存在着一种依附性的不对等关系。二是古代中国的封建社会究竟是何种存在?按照五种社会形态论,我国学者们将自秦至清中期的社会称为封建社会。这一在相当长时期内不容置疑的观点在近年来受到越来越多的批判。很多人认为,西周"大封建时期"才是古代中国典型的封建社会时期。秦始皇统一六国后"废封建、置郡县",

---

[1] 马克·布洛赫.封建社会[M].张绪山,译.北京:商务印书馆,2019:27.

先秦时期的封建形态已经不复存在。但这一漫长的历史时期如果不是封建社会，又应该如果形容其社会形态呢？有人将其称为"专制主义"，也有人称之为"帝国时代""集权社会""小农社会"等等。但细观之，无论专制主义、集权社会还是小农社会，都是关注到了这一历史时期社会特征的某些方面，其在概括性与综合性方面还不如"封建社会"。而且，如果将中世纪西欧社会形态称为狭义的封建社会的话，广义封建社会的一些核心特征如所有制的层级化与不平等、超经济剥削以及人身依附等在古代中国广泛存在，故而将这一时期的中国社会称为封建社会，其认同度仍然被多数人所接受。

可见，封建社会的具体表现形式是多样化的，但其基本特征在多数文明中是相当一致的。一是土地所有制的等级化，即所有封建等级对同一片土地拥有不平等的、或模糊或清晰的支配权利。我国主流学术界曾经认为，我国封建社会时期的土地制度是"封建地主所有制"，这一判断不足以涵盖封建社会下土地制度的所有重要特征。综合来看，我国封建社会时期的土地所有制也是一种等级所有制。作为"封建地主总头子"的皇帝与土地的直接占有者（即地主）、直接生产者（农民或佃户）都拥有一定的权利。在家天下的意识形态下，皇帝是所有土地的最高主人，但皇帝不可能直接耕种所有土地，其重要统治方式之一就是把土地分封给皇室成员和功臣勋旧。但"天子"向臣属授予的土地或臣民权利的大小，在不同时期存在明显差别。西周时期是比较全面的权利，诸侯获得的是封土与生存于其上的臣民的近乎全部的生杀予夺的支配权，其所承担的义务就是定期纳贡。秦汉时期，中央政府开始主动地绕开封建特权阶层，直接向土地与直接生产者汲取财政资源，此时对于受封者来说，从皇帝手中获得的土地不再是周代的"国中之国"，而是逐渐演变为自己仅能行使部分权力的"食邑"。到宋代以后特别是明清时期，随着中央政府"编户齐民"能力的增强，朝廷与农户之间建立起了相对完整的财政汲取关系，处于中间阶层的地主的封建权力被弱化，但封建化的租佃关系仍然是主流的农业生产关系。在中世纪西欧，封君、封臣与更下一级的骑士、农奴对土地的支配权力也是层级化与不平等的，其具体形态下文有进一步描述。二是人身依附。这在封建时代的中国表现为特权阶层对皇权的依附以及农民被限制迁徙自由，从而被强行束缚在土地之上；在中世纪西欧表现为通过封建契约建立的封君与封臣、封臣与农奴之间的臣服或效忠关系。从人的自由度上看，这种封建化的人身依附比奴隶制要宽松得多，即使最底层的农奴也能够获得一定比例的农业剩余，并且可以在庄园、采邑内甚至更大地理范围中自由活动，但显然无法与后来具有完全人身自由的劳动者相比。从其源头看，这种人身依附可能是原始部落共同体时代部落成员与共同体关系形式的残留,但也有可能是统治者为了财政汲取方便而刻意人为构建的一种人际关系形式。三是特权的广泛存在。封建制度本身是一种差序格局,经济权利与政治地位的层级化意味着封建特权是其无法抹去的内核。在西欧,君主带着亲兵、随扈以武力圈占土地;在中国,君主与其亲属、同乡、故旧等一起打天下。追随者跟着"主公"创业的目的,都是意欲在新生政权中获得更多更高的政治经济特权。因此,特权是封建君主的主要酬庸之物。在建立政权后,统治者会分封功臣以爵位、职务、金钱、财物等,而土地是其中不可缺少的财富。不过,功勋贵族的土地权力过大,有可能会对统治者的地位形成威胁,从而产生一定的反噬效应。因此,无论西欧还是古代中国的有志作为的统治者,都会以削弱贵族阶层,建立与直接生产者的财政汲取关系为己任。但由于特权是封建制度的基因,这种努力的效果总体上是有限的。

(二)封建制的产生及原因

在相当长的时期内,无论在所谓的奴隶社会还是封建社会,奴隶制与封建制都是两种并存的,而非继起的或相互替代的生产方式。就主流生产方式的变化来看,历史上确实存在着奴隶制逐渐式微与封建制不断强化的过程,如果愿意的话,可以将其看作五阶段社会形态论者所认为的奴隶社会向封建社会的演变。但必须强调的是,奴隶制的式微,从根本上讲不能归咎于封建制生产方式的兴盛,而是奴隶制自身缺陷所致,如监督成本特别高,生产效率特别低等。一定程度上说,封建关系主要强调的是一种纵向关系,而不仅仅是直接生产的组织方式;奴隶制更多的是一种生产组织方式,而不大可能是纵向隶属关系。比如,不太可能存在这样一种情况:某个人是某奴隶主的奴隶,同时又是另一些奴隶的奴隶主。因此,从概念对应的角度看,与奴隶制相对应的生产方式其实不应该是封建制,而应该是租佃制或其他生产方式。

如果我们把广义的封建制理解为人身依附下的等级化关系,可推断的是,封建制其实是原始共同体制度的延续、发展或者变形。这样理解的话,西周时期的"大封建"是一种封建制,秦汉之后一直到清代中期的基本政治经济制度也是一种封建制。即使在古罗马帝国,作为最大土地所有者的皇帝,作为大量土地所有者的贵族以及土地承租人(农民或隶农等)之间也构成了等级化的权利关系。拥有土地的平民或共同体成员,以及国有土地、贵族土地的承租者,既可以选择自耕,也可以选择继续出租,条件允许的话还可以驱使奴隶耕种。这样,代替奴隶制的其实并不是封建制,而是封建关系之下的租佃制。所以,封建制的发展不是奴隶制消失的原因,两者并存的时间可能要比预想的长得多。土地租佃制出现后,在生产领域天然地形成了对奴隶制的替代。更晚出现的雇佣制的前提条件是被雇佣者拥有人身自由,从而彻底截断了奴隶制存在的逻辑基石。奴隶制、租佃制与雇佣制,是物质生产过程中存在竞争的不同组织形式。不同的政治集团面对各种生产组织形式的不同态度,很大程度上决定着该集团在政治竞争中的优势。

在古罗马帝国灭亡后的西欧,封建制的形成有其特定的背景与条件。罗马帝国灭亡后带来的权力真空、公共工程消散、防务的崩溃以及社会秩序的混乱,使得当时的欧洲进入了黑暗的中世纪。幸存的人们被迫蜷缩在孤独零星的定居点内,周边全是野兽出没、强盗横行的蛮荒世界。来自东方匈奴人的冲击,来自南方穆斯林的入侵,以及北方维京海盗的掠夺,都使当时的人们产生朝不保夕之感。在这种情况下,人们保护自己的一种有效方式,是向强者表示臣服,自愿承担一部分义务,然后换取强者对自身安全的保护责任;或者向强者"投献",即向领主委身的同时献出土地,在保证自己的一部分土地权利的同时,用另一部分土地权利换取保护。这种封建臣属关系建立的象征性仪式就是当时流行的"臣服礼"——两个人对面而立,其中一方愿意为另一方效劳,另一方则愿意接受他人的效劳,前者合掌置于后者双手中,并以跪拜的方式加以强化[1]。对于强者来说,要扩大自己的统治范围,为投靠者或臣属提供庇护,就必须组织自己的军事力量与竞争者或掠夺者进行战斗。君主率领亲兵、随扈以及臣服者开疆拓土,必须给其下属一定的酬劳。在当时贸易与货币流通特别落后的情况下,君主有两种方法可以选择:一是把臣服者纳入家内,如常言所说,供其衣食,予其"俸禄";二是授予土地以酬其役务。这两种方法表面上方向相反,但都会促进不同于以薪俸制为基础的人际关系纽带[2]。

在这种封建关系的底层,是地理上的"庄园制"、人身关系上的"隶农制"以及生产组织中的"租佃制"。在一个典型的庄园内,领主对农奴的房舍、可耕地和草地拥有充分的不动产权,具体表现为这些财产每次转手或者作为遗产继承时,领主都要举行新的封地仪式。领主对农奴人身也拥有一定的支配权利,这表现为对租佃人生产物的剩余索取权,领主可以根据需要对租佃人的财产进行征收,甚至征召租佃人参加劳役或战争。但农奴无论如何也算是获得了一部分财产权

---

[1] 马克·布洛赫.封建社会[M].张绪山,译.北京:商务印书馆,2019:250.
[2] 同上书:135—136.

利。比如,在缴纳了租金之后(无论租金征收比例高低)的剩余物可以自己支配,在履行劳役义务之后的时间可以自己支配,很重要的一点是:土地使用权可以作为遗产传承给后代,尽管这种传承需要领主同意甚至要缴纳一笔财富作"认证费"。从这一过程中,能够看到存在着明显的产权与公共责任的契约性交换。领主将土地的一部分权利授予臣属,作为酬劳也好,作为恩荫也好,其所欲得到的是臣属的封建义务,这种义务无论是劳役还是缴纳实物抑或是缴纳货币,在性质上都接近于后来的财政资源。如果是弱者"主动"向君主投献或效忠,也可以看作是让渡一部分私人权利来换取安全保护这种"公共品"。

可见,典型的封建关系的内在逻辑,确实在一定程度上表现为用权利换取财政资源。但且慢!这里需要对封建附属关系中的交换物进行一个判断:它究竟是什么?封建关系中领主向农民索取剩余物的比例不是固定化的。马克·布洛赫这样生动地描绘封建义务[1]:

> 有时候,佃农送给领主管家的可能是几个小银币,更常见的是田地上收获的几捆谷物、庭院中饲养的几只母鸡、从自己蜂箱中或附近森林的蜂窝中得来的几块蜂蜡;有时候佃农到领主自领地的耕地或草地上劳动;或者替领主用马车将几桶酒或几袋谷物送往远处的住地……

随着商品经济发展,封建义务更多地用货币的形式表现出来。但在法国,代役租以货币形式支付并一般被称为年贡(cens)或贡税(taille)[2]。也就是说,由于农民所获得的土地产权是一种等级体系中的不充分的产权,而且由于农民人身自由受到的捆绑与限制,他们所承担的财政义务主要是以"贡"而不是"税"的形式表现出来。

封建制作为社会组织形式或生产方式,其形成的经济基础是农业社会的相对成熟以及土地制度出现。瞿同祖在《中国封建社会》中认为:"封建社会,即是以土地制度为中心,而确定权利义务关系的阶级社会,种植农业不曾推广以前,不会有土地制度;土地制度不曾成立以前,封建社会无论如何不会存在。"[3]这里的土地制度其实就是土地权利制度,即谁对土地拥有何种权利。由此可认为,在没有保留奴隶的意识、没有土地权利观念的原始时代不可能出现封建制,即使在畜牧时期向农业时期过渡的时代(如殷商时代)也不可能出现封建制。但封建

---

[1] 马克·布洛赫.封建社会[M].张绪山,译.北京:商务印书馆,2019:399.
[2] 同上书:399—400,402.
[3] 瞿同祖.中国封建社会[M].北京:商务印书馆,2017:13.

制甫一出现,就不是单纯的组织形式或生产方式,它同时也是一种财政汲取方式。在特定的历史发展阶段,它有着其他汲取手段难以比拟的优势:一方面,它能够调动生产者也就是农民或农奴的积极性,从而显著地增加财政汲取的潜力;另一方面,对于最顶层的君主来说,下层的封建领主们扮演着"包税商"的角色,使得君主不必投入大量成本建立财政汲取的官僚技术体系,而是通过封建等级关系就能够以贡赋的形式获得财政收入。因此,人类社会进入文明时期一段时间后,大多数文明选择了封建制度或者具有封建色彩的制度,这既是一种在不知不觉中的自然选择,有时候也是一种统治者的主动构建。如周灭商之后,在当时的生产力水平下,分封同姓诸侯到遥远的边疆,然后以定期纳贡的方式获取财政资源,维系统治秩序是一种理性选择。当然,统治者对封建性质制度的构建是多种多样的,并且在不同时期呈现出不同特征。古代中国的基层宗族社会以及编户齐民,在俄国延续至十月革命前的"村社"制度,都在实现社会控制意图的同时承担着劳役、贡赋的征收责任。

可见,封建的组织形式在上层很大程度上是一种以"效忠"的义务来换取"保护"责任的交换关系,在最基层所表现出来的租佃制,则是一种领主"授予"生产者一定的土地权利的同时保留较强大剩余索取权的分成制。无论用效忠换取保护,还是用产权换来租金或贡税,在形式上无论表现为黑纸白字的契约还是约定俗成的共识,封君与封臣之间、领主与农奴之间的权责关系都是等级化的、模糊的。这就意味着其解释权是掌握在上层封建主手中,还是被下层封建主所挑战,很大程度上取决于双方的力量对比。这就涉及封建制作为一种财政汲取方式的另一个特点:上层封建主与下层封建主存在对剩余索取权的竞争。

(三) 封建特权与执政者的困境

在封建社会,君主面临的一大难题是:作为直接生产者的农奴有可能"只知有领主,不知有君主"。农奴会下意识地认为,其土地权利来自领主的恩赐,故而应向领主效忠,而效忠君主仅仅是领主的责任,与自己没有关系。在农业产品剩余索取权的竞争中,君主与领主相比先天具有劣势,这为地方割据政权向中央政府挑战提供了财政条件,因此典型的封建制总是不稳定的。为了防止来自地方诸侯的挑战,君主或中央政府往往采取一些措施。

一是君主保留足够大的"自有领地"。封建君主在宣称自己对统治区域内的所有土地拥有宗主权的同时,保留一部分土地不分封,而是自己驱使农奴耕种,从而避免诸侯在中间截留。在西周时期,关中平原以及洛邑周边肥沃的京畿土地均为天子直接控制。古罗马皇帝以及西欧封建君主也都直接控制着大片的土地。封建社会中国王或皇帝是最大的地主,不仅仅指的是其对全部土地的宗主权,亦是指他们事实上拥有大量土地的直接经营权。但正如上文反复提及的那样,君主不可能亲自耕种土地,他必须通过一定的组织方式把直接生产者组织起来在自己拥有的土地上进行农业生产。除非维持奴隶制,否则君主必须让渡一定的土地权利才能保证足量的农业收入。而且,君主往往有更多的后代,对后代的土地分封往往只能在自有土地中进行。在经历了若干代后,君主控制的土地会越来越少。在西周大封建后不出百年,周天子的权威就已经变得虚弱不堪,这与周天子土地上出现的大量"畿内诸侯"[1]不无关系。比如,春秋前期"小霸"郑国就是典型的畿内诸侯,该国通过宗法继承与军功从周天子那里划走了大片土地。在西欧,君主为应对战争,往往不得不出售自有土地以变现充实军费,这客观上削弱了君主与诸侯之间的议价能力。

二是不断地维持宗主权的存在。在封建社会时期人们的意识中,封建领主的土地权利来源于君主的恩赐。但在土地权利传承几代后,后来人会自发地感觉到,土地权利是祖上的遗产,与君主没有关系。这种自发意识构成了对君主封建权力的挑战。为此,君主需要通过一系列制度设计来不断强化宗主权力及其观念:以授予土地权利换取封建义务,而不是一劳永逸的交换,或者说,土地权利只有在君主的不断背书、认证之下,才能具有合法性。在西欧封建制度中,封臣的土地可以作为遗产传承给后代,诸侯间也可能通过婚姻实现土地财产的再组合,但这些权利变更只有经过国王的重新认定和承认后才能生效,国王亦通过这种重要认证来获得一定的领地继承税、婚姻税[2]。这种制度设计的巧妙之处在于,它为土地产权事实上限定了一个有效期,土地权利的继承变成了封建契约的重新签订,君主借由土地权利的界定、认证和官方承认,可以持续地获得产权认证费收入。在封建时期的中国,中央政府宗主权在不同时期有不同的形式。汉武帝通过"推恩令"的方式将汉初形成的同姓王势力连根拔起;在北魏至隋唐

---

[1] 西周直至春秋时期,在王室任官者皆有采邑。那个时候的大臣并没有所谓的"薪俸",周天子划给辅佐自己的世卿大夫一块土地作为最主要的酬劳方式。但问题在于,西周后期中原地区被开发的土地皆已有主。周天子要建立新的分封关系,只有将王室直属领土范围内的一部分土地分封给新兴贵族。一般地,畿内诸侯在政治等级方面与畿外诸侯相当,其实际的政治地位则有可能有过之而无不及。但由于其封土在王畿以内,畿内诸侯对土地的支配权力要小于畿外诸侯。

[2] 关于领地继承税、婚姻税等国王的封建权力收入,在英格兰1100年的《自由宪章》和1215年《大宪章》中已有涉及,直到17世纪资产阶级革命前,类似封建权力收入仍然是英格兰国王的重要财政收入来源。

的均田制中，政府保留了名义上的土地收回与重分的权力。即使在封建割据势力强大的唐朝后期，中央政府也将藩镇权力继承的批准权作为与割据势力斗争的重要工具。但君主的宗主权大小与其力量大小密切相关，君主力量大时宗主权会受到尊重，力量削弱时会受到轻视，故而宗主权本身很难在君主与诸侯的竞争中独立发挥作用。

三是君主建立直接面向农民的汲取关系。君主与封臣或诸侯竞争的一种釜底抽薪式的手段，是绕过封臣或诸侯，通过直接承认农民的土地权利来换取财政收入。当君主意识到，向贵族阶层汲取财政资源一方面会受到比较强的讨价还价，另一方面贵族阶层最终还会把财政负担转嫁给农民或农奴时，就会认为不如通过承认农民或农奴对土地的一些权利，来换取农民、农奴对执政者直接负责。这样，不但绕开了贵族阶层，而且削弱了贵族阶层对农民、农奴阶层的人身控制（见图6-1、图6-2）。这种手段在封建社会中国表现得特别明显。春秋战国时期，以"商鞅变法"为代表的改革就是用土地私人占有权来换取田赋和劳役。这种路径的意义在于刺激了农民的生产积极性，增强了经济活力，进而增强了本国相对于竞争对手的实力。在诸侯争霸的环境下，废除奴隶主贵族土地所有制，承认农民对土地的私人占有权，以此换取农民缴纳租税、承担兵役的义务，是诸侯国变法图强的根本举措。当然，这种措施由于损害了旧贵族势力而面临巨大阻力，但谁改革得最彻底，谁的竞争力就最强，谁就有机会逐鹿中原。正因如此，低生产效率的奴隶主所有制或共同体所有制的"井田制"无可挽回地被生产积极性更高的地主土地占有制所代替了，中小地主或自耕农以承担赋税和劳役为代价，获得了部分土地产权。由于"贵族与国王在汲取农民资源方面是相互竞争者"（Kiser & Karceski,2017），所以执政者绕过贵族阶层直接与农民"交易"的情况不仅仅发生在古代中国。古代雅典的改革者如梭伦、庇西特拉图等都采取过放逐贵族并把土地分与贫民的措施，这可以理解为雅典的执政者与"山地派"联盟对付"平原派"，而"平原派"也成为梭伦改革的最主要反对者[1]。而近代以来发生在欧洲各国的资本主义性质的经济制度改革，一个重要任务也是破除封建等级土地所有制，使土地耕种者直接拥有土地权利。

封建君主及其同盟者通过与农业生产者之间建立直接的财政汲取关系，来

---

[1] 在古代雅典，公民大致可分为三个集团：由从事海外贸易的商人组成的"海岸派"，由拥有大量土地的富有地主组成的"平原派"，由小农和城镇工人组成的"山地派"。一般来说，海岸派支持执政者进行的重商主义性质的改革，平原派是改革的最强大反对者，而要求获得土地的山地派是改革的最主要拥护者。

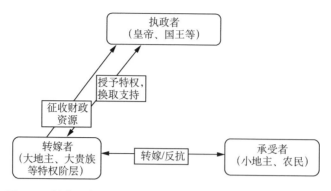

图 6-1 封建制度下的财政汲取博弈：封建领主作为汇总缴纳者

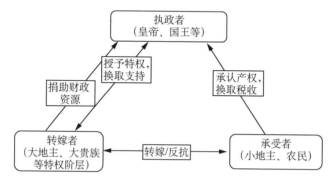

图 6-2 封建制度下的财政汲取博弈：君主与农民建立直接汲取关系

绕开封建贵族阶层对财政资源的控制,成为贯穿封建社会财政制度发展的一条主线。这对于政治、经济和社会制度的演进都发挥了独特作用。比如,这一矛盾客观上促进了封建中央集权国家的诞生,推动了原始共同体的生产资料所有制的崩溃,甚至直接导致了以英国"诺曼征服"后的"土地调查清册"[1]、古代中国的"鱼鳞图册"[2]等为代表的经济资源控制制度的出现。不过,君主自始至终

---

[1] 威廉在征服英格兰后,先后发动了一系列对内对外的战争。为了解决军队给养问题,威廉在1086年派出专员到各地普查土地与人口,并详细记录在《土地调查清册》中,作为征税的依据。为此,英国人民称这次调查土地的清册为"末日审判书"。阎照祥.英国政治制度史[M].北京:人民出版社,1999:23.

[2] 我国自秦汉以来就已建立起全国规模的人口调查制度。自汉迄唐八九百年间,政府最着重的是户籍的编制,土地占有情况作为附带项目登记于户籍册中。宋代以后,私有土地日益发达,帝国"税柄"开始从"税人"转向"税地",土地统计开始受到政府重视。鱼鳞图册是中国古代的土地产权登记图册,其中将房屋、山林、池塘、田地等按照次序排列连接绘制,因图状似鱼鳞而得名。自明中叶一条鞭法实行摊丁入地后,鱼鳞图册成为征派赋役的主要依据,户籍统计资料(即黄册)退居次要位置。尽管各个封建王朝在整顿户籍和地籍、提高统计准确性上费了不少心机,但中央政府始终难以将真实的土地与人口括尽。地方上的贵族与大地主阶层以及基层官僚有足够的动机(转下页)

都没有彻底解决封建贵族在财政资源方面对其施加的约束。封建制度存在的逻辑支柱就是权力的等级化分配,而权力的等级化就是特权。政治特权表现在经济领域就是对以土地为核心的财产的等级化占有,而"免税权"是政治特权与经济特权最自然的表现形式。在这种情况下,封建君主向农民直接汲取的努力是无奈之举,因为其向封建贵族汲取财政资源事实上违背了双方内在的约定逻辑,或者说,在财政上支持君主有时候并非贵族们的"法定"义务。而且,封建君主向农民直接汲取所取得的财政成就是有限的,因为产品剩余的大部分总是被控制在地主贵族手中。基于此,就很容易理解为什么法国大革命前路易十六的几任财政总监试图削除封建贵族免税特权的改革都归于失败,也更容易理解明末大臣们面对崇祯皇帝近乎哀求的"劝捐"几乎无动于衷。可见,特权的存在严重地破坏了封建帝国的财政潜力(刘守刚,2020:335)。

(四) 封建时代的财政汲取方式

在漫长的前现代社会,由于不具备现代意义上的产权制度,现代意义上的税收都算是处在孕育期。刘志伟(2019:23—24)认为,古代中国的财政汲取方式,"都是基于王朝体制下编户齐民对君主的臣属关系,由这种臣属关系产生出一种义务、一种责任"。与此类似,中世纪西欧的财政汲取也基于其封建政治经济制度而产生。"到 1500 年时,欧洲大多数国家的财政体系仍然是以君主的领地收入为主……额外的收入主要来自封建的特权,其中包括强制性借款、垄断权的特许、扣押、强制性军需物资的征用等。"(爱泼斯坦,2011:39)在封建等级关系下私人产权是有限的,故而主要财政汲取方式不可能是现代意义上的税收。古代中国与中世纪西欧的财政汲取方式五花八门,但其性质都与封建权力配置有关。

在古代中国,农业地租或田赋一直是最主流的财政汲取方式。在其计税依据或曰"税柄"的设计上,战国时期"废井田、开阡陌"后普遍实行的是"履亩而税",即根据农业生产者掌握的土地规模来征收赋税。到秦汉时代,由于制度与能力不足,采取先对人授地再以人为中心来组织财政收入的方法(刘守刚,2020:79)。随着国家控制能力与商品经济发展,从唐朝的"两税法"到明代的"一条鞭法","税人"逐渐淡出历史舞台,"税地"得到正式的确立。无论税人还是税地,农业租赋赖以存在的前提都是农业生产者获得了一定程度上的土地经营权和收益

(接上页)隐瞒土地与人口数量。对于地方官僚来说,这可以将部分财力截留在自己手中加以支配;对于地方贵族与大地主来说,这可以减轻自己的税租负担。梁方仲.中国历代户口、田地、田赋统计原论[J].学术研究,1962(1):12—23;梁方仲.中国历代户口、田地、田赋统计原论(续)[J].学术研究,1980(2):46—51.

权。不过,农业生产者的土地经营权来自封建统治者的"授"。在周代"封建"时期,土地的层层分封以一定的仪式进行,体现了土地权利的层层相授。以商鞅变法为代表的战国时期的土地制度改革,实质上是通过承认农民对土地的占有与经营权来换取其承担租赋和战争义务,仍然带有"授"的色彩。从北魏时期延续到唐代的"均田制",进一步强化了土地所有权的君主所有制。君主对所有土地拥有控制权,然后将土地平均地分配给农民,而且农民死后土地被回收。直到宋代"不立田制"、允许土地自由买卖,农民的土地权利才得到了相对充分的保障。但整个中国古代社会,农民从来不可能拥有完整意义上的土地产权。

在这一汲取关系中,尽管君权表面上无比强大,但客观上其也受到其他利益群体议价行为的制约。由于君主与作为其统治基础的贵族之间在财政资源方面存在竞争,农民事实上可以在双方之间进行选择。比如,向拥有免税特权的贵族地主"投献",即把土地和人身都主动地纳于其门下,然后向贵族地主缴纳比国家税收低一些的地租。为了应对这一策略,古代中国的统治者们采取了很多看起来具有"现代特色"的制度手段,如很多王朝统治者都发出过"解放奴婢"的政令。这看起来像是保障了人身自由,但其根本目的是防止类似"投献"现象的发生,只不过是君主与贵族地主阶层争夺财政资源的一个手段而已。

除了田赋外,其他占据重要地位的财政汲取方式如国家垄断工商业收入和人头税以及力役等,也都体现了封建社会形态下人身依附关系。最为典型的是"匠户制"和"匠籍制",即以限制人身自由的方式来方便政府的财政汲取。这种汲取方式上文有所介绍,在此不再赘述。

事实上,在整个传统社会,对民间工商业征税都是一个颇具诱惑的选择。早在春秋战国时期,《管子》一书中就已经出现了"以商贸手段立国"的思想。从该书的文本中似乎可以窥见,"管仲在齐国主要靠设立市场、减轻关税、提供优质服务、鼓励外贸四大政策来达到'天下商贾齐归若流水'的目的"(刘守刚,2020:58)。这种思想在"重农抑商"传统浓厚的中国尤显可贵。至宋代,伴随着商业的空前繁荣,商业税收无论在种类还是在规模上都出现了突破性发展。公元960年颁布的《商税则例》,对开店设铺的商人课征税率为3%的落地税,对行商课征税率为2%的通过税。与其他王朝相比,宋帝国商业税率比较低,而且体现了一定的"固定性"。宋代还是一个海外贸易兴旺发达的时代,朝廷在南方沿海多个城市设立市舶司,在管理跨国贸易的同时征收关税,征收比例介于6%~10%(黄天华,2012:209—210)。

但问题在于,封建社会的统治者们普遍认为商业发展是对既有秩序的一种威胁。正如恩格斯所说:"商人对于从前一切停滞不变、可以说由于世袭而停滞不变的社会来说,是一个革命的要素。"[1]从元代到清中期,古代中国的商业发展进入停滞期,商业税收与鼎盛时相比大幅萎缩。可以说在古代中国,工商税几乎与田赋一样古老,但除了宋代短暂的两三百年外,数千年中工商税一直没有摆脱"杂税"的地位[2]。商业税收种类繁多到不计其数,任何一种商业行为、货物流通的任何一个关卡都无法逃脱政府汲税行为的光顾,但商业税收在财政总收入中的比重却长期微乎其微,其中固然有当时征收能力限制的因素,但根本原因仍然是小农社会的经济结构与皇权专制的政治结构对商业经济的束缚。相对于农业租赋和政府专卖收入,商业税收是与具体的财产权利体验或实现直接相关的税种,也是被汲取者议价能力最高的税种。农业税租的征收标的是直观可见的人丁或田亩,土地是不动产,农民安土重迁,农业税征收十分容易。但统治者难以掌握商人经商的利润比例,也难以对游走各地的商人进行人身控制,这给商业税收的征缴带来巨大困难。因此,封建中国的统治者们以"重农抑商"的方式回避了商人阶层的议价。

在中世纪西欧,财政汲取方式与古代中国存在一些相似性。首先,占据主流地位的财政汲取手段也是基于封建依附关系构建的。中世纪英格兰国王的财政收入主要是王室领地收入、关税收入和封建特权收入,全部都体现了封建生产关系。关税收入现在被认为是一种商业税收,但在英格兰,自古以来就是国王的"特权收入"(于民,2012:33)。其次,封建关系"穿透"到最基层,农业生产者(即农民和农奴)都被以强制或准强制的手段固定在土地上。最后,从君主到各级贵族根据封建等级掌握了强度不同的"剩余索取权"。封建制下领主对农奴的"剩余索取权"其实是一种"解释权垄断"。因为君主的权力无处不在,领主的权力也相应地无处不在。在君主与领主看来,农奴的所有东西都是自己的,之所以保留在农奴手中不加以汲取,是出于自己的"恩赐"。

不过两者也存在一些明显的差别。比如,欧洲国家在君主建立直接向农民汲取的制度体系方面,没有像古代中国那么成功。"领主的领主不是自己的领

---

[1] 中共中央马克思恩格斯列宁斯大林著作编译局.马克思恩格斯选集(第2卷)[M].北京:人民出版社,2012:668.
[2] 到清代前期,种类繁多的工商杂税有茶税、矿税、酒税、落地税、牙税、当税、契税、牲畜税等,征税行为涵盖了几乎所有的商业流通环节和行业。但与田赋、盐税和关税这三种主要财政收入相比,工商杂税的收入无足轻重。详见:项怀诚.中国财政通史(清代卷)[M].北京:中国财政经济出版社,2006:88—93.

主"在西欧封建社会被认为具有普遍性。到中世纪后期,西欧一些国家开始形成中央集权政治制度,君主在建立与生产者之间的直接财政联系方面取得了突破。特别是英法百年战争后波旁王朝时期的法国,形成了相对强大的中央集权国家。借助当时各国民族性的形成以及国别间频发的战争,君主们完成了自身权力的变现。当时,"国王或诸侯权力的性质给他提供了很多征税机会,特别是向教会和城市征税的机会,……国家从这个时期开始获得其至尊权威的根本因素——任何个人或团体不能比拟的巨大财源"[1]。但从时间长度看,西欧国家从中央集权形成到资本主义革命之间仅三四百年,而且贵族集团在经济资源控制方面长期对君主形成威胁,这甚至成为英法资产阶级革命发生并获得成功的内在条件。因此,君主的经济权力与古代中国的皇权无法比拟。当然,欧洲的情况复杂多样,英国与欧洲大陆之间,欧洲大陆各国特别是东西欧之间的情况存在巨大差别。即使在古代中国,三千年帝国时代的各个阶段也存在差异。

四、产权制度与现代税收的产生

随着私有观念和制度的产生,国家脱胎而出,作为国家重要构成要素的财政制度也随之出现。不过,财政制度的出现,并不意味着我们当前所认为的财政收入主要来源(税收)也随之出现。在相当漫长的历史时期,非税收的财政汲取方式如贡赋、封建特权收入等占据着比税收更重要的地位。只有私有制发展成熟到一定阶段,税收才会应运而生。值得注意的是,这里的"私有制"与我们以往的理解可能存在些许差异。按照以往的理解,仿佛人类从原始共产主义社会进入文明时代以后,就"一夜之间"进入了一个财产私有的世界。事实远非如此,私有观念和私有制度的产生都是一个漫长的渐进式过程。在文明社会早期,部落社会的财产共有观念仍然在很大程度上主宰着制度变迁与人类行为。尽管现在的人们理解,当时的部落首领与贵族已经"窃取"了公共生产资料与土地的所有权,已经由公变私,但当时的人们特别是部落成员恐怕不这样认为。无论是部落社会,还是后来的封建社会,宗族、宗法、宗教等共同体都对本共同体成员形成了严格的道德规范约束,个体与其所在的共同体之间形成了比较紧密的依附型关系,这种情况下个体不可能具备当代人们所拥有的人身自由。没有完全意义上的人身自由,就没有完整意义上的财产权利;没有完整意义上的财产权利,就没有现

---

[1] 马克·布洛赫.封建社会[M].张绪山,译.北京:商务印书馆,2019:671—672.

代意义上的税收存在。因此,随着生产力和商品经济的发展,传统的生产组织关系的崩溃,个体人身自由的实现,财产私有制的成熟,以及税收的出现是制度共生关系。个人财产权利的成熟必然导致非税收财政汲取方式地位的下降以及税收的发展成熟;反过来讲,执政者对税收所具备的财政成长性的追求,又促使其不得不去完善产权制度。在这一对立统一关系中,产权制度属于生产关系范畴,税收属于上层建筑的一部分,产权制度决定税收是主要矛盾,税收影响产权制度是次要矛盾。但在具体的历史场景中,次要矛盾往往会显得更加具有独特意义。

自古以来,执政者顺应历史潮流,默认、接受或者承认某些人对某些生产资料的某些权利,然后以此为合法理由征收一定比例租税收入的现象屡见不鲜。随着生产力和商品经济的发展,在人类社会即将踏入近代文明门槛的黎明时期,以产权换税收的现象也越来越具有现代色彩。从历史上看,具有现代色彩的大规模的人身自由的出现,是在中世纪后期西欧的"自由城市"。自由城市是由自由民而不是由缺少人身自由的农奴组成的,即如德意志谚语所说"城市的空气使人自由"。在当时的西欧,一个普遍的规则是,每个在城墙内住满一年零一天的农奴,就确定无疑地获得了自由。人身自由的实现,同时也意味着财产权的实现。"在城市中土地自由与人身自由同时产生"[1]。自由城市作为一个相对独立的政治实体,一般是通过向领主索取"特许状"的方式来保持自由的,而获得特许状的代价是定期向领主缴纳一定的贡赋。领主出于汲取方便需要,也乐得自由城市执政者作为"包税商",不愿劳神费力干涉城市内部的运转。在当时,自由特许状这种机制保证了自由城市能够在封建化的空气中生存。这样,在自由城市中相对完整的个人自由以及个人产权的出现,自然带来了财政汲取方式的变化。由于自由城市是一个"自我治理"的组织,而且其成员在某些方面具有高度一致的利益[2],税收以及纳税的自愿遵从就自然而然地形成了。自由城市的自我保护(如修筑城墙等)和公共服务需要财政收入,"每个人必须根据自己财产的多少分担为全城利益所需的费用"[3]。因此,财政来源就从人身依附情况下的贡赋或地租,演变成为一种针对私有财产征收的比例税。

在前现代,还有比上述案例更加普遍的"以产权换税收"的现象,即商业贸易

---

[1] 亨利·皮雷纳.中世纪的城市[M].陈国樑,译.北京:商务印书馆,2006:123.
[2] 城市为个人提供了自由庇护,城市的消亡意味着自由的丧失。因此,城市是"一个不可解散的团体,无论其成员愿意与否,它必须存在下去"。详见:亨利·皮雷纳.中世纪的城市[M].陈国樑,译.北京:商务印书馆,2006:128.
[3] 亨利·皮雷纳.中世纪的城市[M].陈国樑,译.北京:商务印书馆,2006:123.

发达情况下的关税、通行费、仲裁费等财政汲取现象。在人类社会大部分时间里土地都是最重要的生产资料,但随着近代以来重商主义和工业革命,土地在众多生产要素中极端重要的地位下降了,资本、劳动力等要素的作用越来越突出。在西欧中世纪后期,海上贸易的发展带来了非正式经济制度的剧烈变化,自发的制度创新不断涌现。这种"重商主义"除促进了新技术的发展和应用之外,还改变了经济组织的构架、创立了新的合作行为方式和新的国家部门,最为重要的是创立了新式商业公司,而且通过新的资产组织形式和重新采用奴隶制而改变了运用资本的方式[1]。以典型的"股份公司"为例,其前身"合伙制"早在中世纪就已经存在。1349 年,29 位热那亚人在开俄斯岛成立了马奥那股份公司,该公司从热那亚政府手中获得了开俄斯岛的经营开发特许权。到 1566 年被土耳其人占领之前,该公司股份已经从最初价值约 30 镑上涨到 4 931 镑[2]。不仅仅是公司制,当今经济制度的几乎所有基本元素,在中世纪后期商业发达的地中海地区都已经有了雏形,如私人银行、商业汇票以及汇兑业务、海洋运输保险等。

  随着新航路的开辟,"公司制"有了新的变化。欧洲各国开垦和掠夺殖民地的经济动力,一方面是商业集团的商业利益追求,另一方面是各国君主的经济利益追求,双方在这方面存在"共同利益",在经济组织方式上也体现了这一点。对于君主来说,其参与殖民地掠夺的方式主要有三种。一是直接资助冒险者,并在未来的风险收益中占据一定份额。比如,西班牙伊莎贝拉女王资助哥伦布,并要求得到 10% 的战利品回报。英国伊丽莎白女王资助德雷克的海盗式远征以及非洲公司的组建,并获得了该公司 1/3 的盈利。二是向冒险者授予占领、开发和经营殖民地的特许权。在新大陆被发现后不久,西班牙国王通过赐予监护征赋权,奖励新大陆的开拓者,并仲裁他们抢夺资源的归属,然后西班牙王室在早期能够提取 26% 的美洲财富(拉克曼,2013:242—243)。英国、法国、荷兰在殖民地事业中都采取了特许公司的方式进行经营,如英国、荷兰的东印度公司和西印度公司。这些公司从执政者手中获得了特许经营权,实际上是获得了一种政府支持的海洋贸易垄断权。可以将这些公司看成执政者以权力入股、贵族和资产阶级以资本入股的股份制企业,各方分红以契约规定的比例和方式进行。这种特许权其实仍然是一种封建权力,它与君主授予封臣土地、授予城市自治权的

---

[1] E. E. 里奇,C. H. 威尔逊.剑桥欧洲经济史(第四卷):16 世纪、17 世纪不断扩张的欧洲经济[M].张锦冬,钟和,晏波,译.北京:经济科学出版社,2003:200.
[2] 詹姆斯·W. 汤普逊.中世纪晚期欧洲经济社会史[M].徐家玲,等译.北京:商务印书馆,1992:242—243.

"特许状"本质上没有区别,一方面体现了君主的宗主地位,另一方面也体现了基于契约的相互之间的责任、义务与权力边界。所以,斯图亚特王朝的詹姆斯一世和查理一世为了弥补财政亏空,试图强行在东印度公司赢利中多分一杯羹的行为没有成功[1]。三是强制收取关税和"保护费"。对于君主来说,接受"重商主义"理念的一个重要原因,就是它能够带来比农业贡赋增长更快、规模更大的经济利益。商业贸易往来越多,带来的关税就越多。当然,君主可以通过各种手段在商业贸易中汲取财政收入,而不仅限于关税。比如,有君主强行规定,所有商人必须接受王室组成或授权的"海军舰队"的保护,并向国王缴纳"五一税"[2]作为保护费。

如上所述,封建君主在参与海洋贸易以及殖民地经营时,会运用封建权力来维护垄断地位,以攫取更多的收益。君主会千方百计运用封建思维来处理殖民地,如西班牙规定南美殖民地总督位子可以世袭;还会强行垄断海洋贸易,如西班牙国王规定只有获得特许权的公司商船才能来往大陆之间,从而垄断了贵金属、香料等重要物资的经营权。总之,新航路一开始,君主与大贵族就试图通过特许经营的方式垄断海洋贸易。但很多民间的资本拥有者在高额利润的诱惑下,也会参与到海洋贸易以及殖民地开辟活动中去。而且地球上的海洋足够广阔,任何一个国家的皇家海军力量都不可能构建密而不透的囚笼以防止外国或本国的民间探险者。既然无法阻止,不妨鼓励本国民间资本家进行海外冒险经营,然后征收高额的关税或特许税。所以,鼓励民间资本海外冒险的英国、荷兰都能够长期持续繁荣。民间资本也成为反对贸易垄断权力的骨干力量。资产阶级革命发生后,荷兰、英国以及法国垄断贸易的特许公司逐渐退出历史舞台,而葡萄牙与西班牙仍然维持着传统的贸易垄断体制,这虽然增强了两国君主的自产能力,但客观上抑制了资本主义经济的增长。

财政需求导致了君主垄断海外贸易,制约了平等竞争的经济制度的诞生;同样是财政需求,却导致了另外一些国家主动建立起更加完善的产权制度。这是诺思悖论的生动体现。早在中世纪后期,面对越来越频繁的商业纠纷,一些国家的法庭就通过完善商业法律以解决产权争端。1303年,英格兰爱德华三世颁布了"商业大宪章",其中心内容是保障商业自由,建立自由贸易制度。文件责令城

---

[1] E. E. 里奇,C. H. 威尔逊.剑桥欧洲经济史(第四卷):16世纪、17世纪不断扩张的欧洲经济[M].张锦冬,钟和,晏波,译.北京:经济科学出版社,2003:206.

[2] "五一税"是在早期由航海家亨利所征收的一种20%的税,后来成为欧洲各国统一的税率。

市、市镇的所有官员要按照商人法和商人习惯法,迅速对涉及所有外国商人的案件做出公正裁决,特别强调三点:在审理他们与英国人之间的纠纷时,陪审团的组成应当有一半是外国人;在伦敦要指派适当的人士负责审判外国人案件;全国使用的度量衡必须统一。这样做的主要动因就是国王想获得更高额的关税(沈汉,2009:405)。对于有远见的君主来说,解决商业争端对于财政汲取具有积极意义。谁在解决争端方面做得好,谁就能够通过担当仲裁者获得更多的仲裁收入,谁的贸易经济发展更快。这与成立海军保护本国商人航道一样,成为倒逼欧洲各邦国或自治城市采取重商主义贸易政策的重要动力。政府通过法律、司法制度来认证、承认和保护产权,"改变有关财产权的政策,首要目的几乎总是增加收入"(罗森堡,小伯泽尔,2009:98)。

当然,更完善的正式产权制度的出现是资产阶级革命以后的事。革命的成功意味着封建经济制度的彻底衰落和资本主义经济制度的确立,完成这一任务的关键一步是法国大革命后的《拿破仑法典》。《拿破仑法典》"确立不受任何限制的绝对个人私有制,是当时大规模发展资本主义的先决条件。因为资本主义生产要求把一切都变成商品,这在封建社会的相对私有制之下,是根本做不到的"(薛实,1975)。现代产权制度最大的意义,不在于最大程度上防止了商业争端,而是防止了国家"掠夺之手"对私人经济不固定、不稳定的汲取行为。对于执政者来说,以定期的、固定比例的税收代替不定期的、强制的私人财产征收来获得长期稳定的财政收入,是经过了多次、反复的试错之后形成的理性选择。这种征收方式最大的优点是给了被征收者以稳定的未来收益预期。"当税率和征税时间固定后,商人就可以估算对剩余财产进行投资可能会获得的净收益,如果经估算感觉是划算的,商人们就会对未来进行投资。"(罗森堡,小伯泽尔,2009:96)"虚弱的产权阻碍公司将利润进行再投资,即使银行贷款是可用的。只有在产权受到严密保护的地方,公司才会将利润进行再投资。"(Johnson et al.,2002)可以想象,在未来财产收益无法预期,甚至可能全部损失的情况下,人们投资扩大再生产的积极性必然下降。秦晖在研究清末至民国关中地区土地分散的情况时发现,关中农民普遍不置田产、不积资产的原因就在于军阀和官僚长期进行的强权掠夺。在苏联强制推行农业集体化时,大量农民也采取了屠杀牲畜的策略行为。因此,如果把人们的消极生产当成一种"杀敌八百、自损一千"的终极议价行为的话,那么财政汲取议价带给经济制度演进的一大贡献,就是使执政者意识到了从"流寇"行为向"坐寇"行为转变的重要性。这种转变,不但会使执政者获得更多的未来收益,而且也"使臣民们获得增加的那部分不需要纳税的收益"(奥尔森,

2007:9)。

五、进一步的讨论:财政汲取自由度与成长性的矛盾

产权提供了物质激励,这构成了人类社会经济增长的先决条件。同时,这也是财政收入增长的一个先决条件。但产权不是一项,而是一组权利。因为产权配置方式的多样性,基于产权设计的财政汲取方式自然也具有多样性。因此,以产权换财政资源这一基本逻辑,在历史发展过程中出现了众多不一样的表现形式。具体看,产权束包括了经营使用权、收益权、继承权、转让权等。广义上看,国家法律对产权实现与自我生产进行的限制性或非限制性规定,也可以被看作产权制度的组成部分,如法律对私人土地用途的限制性规定、限制私人资本进入某些领域的规定等。再加上人与国家之间复杂的、不断演变的关系,在多重维度之下,以产权换取财政资源的具体途径也更加多样化。无论贡赋、租金还是税收,无论采取这些基本财政汲取方式中的何种具体手段,其赖以存在的逻辑基础都是不同的产权配置格局。

以产权换取财政资源的逻辑总体上是一致的,但具体表现形式又存在巨大差别。为了将同一逻辑下的所有财政汲取方式纳入同一个分析框架,可以将执政者财政汲取自由度与财政资源成长性作为两个基本维度,来构建一个简单的模型。财政汲取自由度指的是执政者对经济资源特别是生产资料的控制程度,它关系到执政者能够在多大程度上根据自己的意愿来决定汲取比例与深度。财政资源成长性指的是财政收入能够多大程度上满足不断增长的公共支出需要。显然,两个维度之间存在不可调和的矛盾,任何一种汲取手段都难以完全兼顾(见图6-3)。税收会随着私人经济部门的发展而不断增长,从而成为执政者稳定的收入流,但税收立法与征税过程会受到代议机构与纳税人的讨价还价。执政者可通过直接控制生产资料、直接组织生产活动,掌握全部的剩余索取权,这样做的代价是国民经济活力受损以及财政成长性的弱化。相比较之下,租金能够一定程度上兼顾汲取自由度与财政成长性。事实上,政府在保证自身控制资源的同时,把一些经营管理权让渡给私人然后收取租金,自古以来就是财政汲取的重要方案。"以部分产权换租金"在某些情况下比"以全部产权换税收"更受执政者青睐。但租金本质上是一种合同行为,合同双方会根据租期长短以及合同条款设计调整各自的行为选择,彼此之间都难以形成像税收那样的永久性的心理预期。

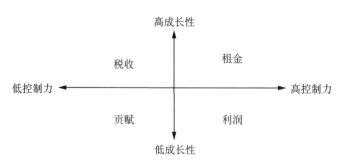

图 6-3 几种主要财政汲取手段的分析模型

站在足够长的时空区间看,无论产权配置格局怎样变化,无论个人与国家共同体的关系怎样变化,私人产权的完善以及个人的解放似乎都是一个单向发展的过程。各个国家从自产国家、租金国家最终走向税收国家,似乎也是一个单向的、不可逆的过程。事实并非完全如此。无论在古代还是现代,作为基本汲取方式的利润、租金和税收都不同程度地存在,只不过到了现代社会,税收在大部分国家取得了相对优势而已。而且,即使在当代世界,即使在私人产权制度最为发达的国家,税收也不是唯一的财政来源。在一些发展中国家,国营产业利润、各种租金在财政收入中的比重甚至高于税收。

不得不说,产权制度发育成熟以及财政汲取方式的迭代变化从来不是线性的发展过程。从原始社会的生产资料公有制发展到私有制的雏形状态,从原始公有制与私有制彼此纠缠的混沌状态发展到较为完善的生产资料个人所有制,都被认为是时代的进步。与此相应的是人类个体从依附于原始共同体到依附于封建组织,再到获得充分的人身自由,也被认为是人类自身的不断解放。但私人产权的充分发育以及人类个体的充分自由,亦使人类社会面临着前所未有的矛盾与挑战。在自由资本主义时代,人们在经济领域不择手段地追求自身利润最大化;在后资本主义时代,人们在生活领域不惜代价地追求自我价值实现。人们创造的利益与追求的偏好可以独享,但个人行为负外部性导致的成本却要由整个人类社会共同承担。于是,就出现了马克思所说的资本主义制度的生产资料私有制与生产社会化之间的矛盾。这种矛盾,在经济领域表现为经济危机的频繁发生,在生产领域表现为环境污染的不断加剧,在生活领域表现为核心家庭的式微以及养老、失业、子女养育等传统个人风险的社会化。面对这种矛盾,包括马克思在内的思想家把革命的目光投向了私人产权。即使在西方国家,私人财产权利神圣不可侵犯的意识在 20 世纪也受到了严重质疑,政府开始通过法律手段对私人财产权利进行种种限制。一定程度上说,累进税率的个人所得税以及遗产税就是限制私人财产权利的一个典型体现。于是,与产权换税收相反的一个逻辑:否定或限制私人产权,以利润或租金取代税收,在第二次世界大战后曾经盛行一时,并一度被认为是人类社会未来发展的新趋势。

总之,以产权换税收可能是一个永久性的、不断上演甚至重复上演的政治经济现象。在很多情况下,产权制度被看作一种工具性制度而不是价值追求。在更需要稳定的财政收入增长的时候,选择尊重、鼓励与保护私人产权发展;在更需要财政控制力的时候,则对私人产权进行程度不同的限制、压抑甚至撤销。执政者所面对的环境不断发生变化,其执政目标也不断进行调整。在财政目标上,有时候会更多地追求财政汲取的自由度,有时候则会更看重财政成长性。所以,以产权换税收固然具有持久的生命力,但限制产权并以非税形式进行财政汲取同样也具有持久的生命力。

第七章　以决策权换税收

一、"决策权换税收"模型

用产权换税收的方式,是最基本的财政汲取影响制度变迁的方式。这种方式具有一定的自发性,或者说主要是执政者在长期利弊权衡后的自然选择。但总体上看,用产权换税收并不必然导致征纳双方权利义务的清晰化以及双方地位的平等化。从国家治理制度体系发展的视角观察,以产权换税收带来的制度变迁,往往是执政者在破坏产权与保护产权之间的周期性摆动。当执政者面对来自外部的战争威胁以及内部特权阶层分食需要,财政收入不足维持正常开支时,会倾向于限制产权甚至"竭泽而渔"。这种不定期但反复出现的国家掠夺行为又必然导致国家经济的衰败进而造成国家竞争力下降,并成为王朝灭亡及政权更替的重要诱因。所以在阶级社会的相当长时期内,很多国家都周期性发生过治乱循环。

在特定环境下,有一种新的博弈均衡导致的制度输出,可以在一定程度上防止这种国家治理的周期性治乱循环。这种新型的议价方式及其均衡是一系列偶然因素或者必然原因共同发生作用的结果。从历史经验观察,这一过程其实就是一些国家资产阶级革命孕育和发生的过程。当执政者由于各种原因急需财政收入,原有的汲取手段又无法满足需要时,执政者必须加大对纳税人的汲取力度。如果在这个时候,纳税人恰恰获得了相对于执政者的强大议价能力,那么纳税人一定会向执政者提出更为苛刻的条件,而这些条件的核心,有可能会挑战执政者及其附属的特权阶层的既有特权。其中的道理很简单,这些特权正是纳税人获得更大议价能力的根本障碍。这种特权有可能是政治特权,也有可能是经济特权如"免税权"。但既然被汲取方是以"纳税人"的身份进行议价的,其在逻辑上就不可能把自身所要破除的"免税权"作为议价条件。其只能以自身纳税为交换,要求执政者向其让渡更多更大的政治权力,并取消特权阶层的封建性质的政治和经济特权。一定意义上说,这是一种革命性的议价,因为它有可能阻断封建社会形态的自我生产路径,从而促进新型社会形态的孕育。

本书将这种层次的议价方式称为"以决策权换税收",即代表大纳税人或工商阶层利益的群体以纳税为议价要件,最终影响甚至掌握了政治决策权力。与以产权换税收相比,交换标的由经济权利层次上升到政治权利层次。无疑,这一层次的纳税人议价是财税制度的革命性变化,也是经济制度革命性变化引起的政治制度的革命性变化。在历史实践中,其路径主要是大纳税人通过革命的方式推翻了原来的执政者,或是把旧的执政者改造为一定意义上代表大纳税人利益的"新执政者"。大纳税人阶层支配了政权,自然也就获得了决策权。在资本主义性质的政权产生后,这种政权也需要为维持自身统治而汲取财政资源。但与以往不同的是,大纳税人阶层自己决策税收制度,然后自己纳税,人类历史上首次实现了执政者与纳税人的利益共容。在这个过程中,交换不仅仅是一种隐喻,也是一种真切的政治交易。比如,英国王室通过向大贵族和资产阶级让出实际权力而获得了王位保证,首创了"君主立宪"制度,尽管整个过程不乏暴力,但人们公认这种双方各退一步的妥协是一个更高明的方案。在欧洲各国资产阶级革命中,资产阶级无一例外地并不想置国王于死地,他们索要的不过是行政权力而已。查理一世、路易十六被推上断头台并不是必然事件,而是与他们自己的行为选择有关。当然,这一革命过程能够成功需要很多严格条件,如大纳税人阶层人数要足够少以至于不会被"搭便车"所摧毁,同时掌握的资源又必须足够多以至于君主不得不与其议价,作为封建权力拥有者的君主由于战争等原因急需财政资金,除了向新兴资产阶级进行直接的财政汲取外没有其他代替路径,等等。

演进到这一步,议价过程还没有结束。其一,在大纳税人控制了政权后,会把选举权牢牢控制在自己手中,这从西方各国普选权的曲折发展史上可以得到证明。以英美等为代表的西方原生资本主义国家,早期的选举权大多仅限于有产阶级。这是大纳税人获得决策权的一个证据。其二,大纳税人会利用决策权之便不断出台有利于本阶层的制度。这些制度一方面由于削弱了封建特权,有利于资本主义经济的发展,另一方面客观上也会加深对无产者和劳工阶层的剥削。这一现象已经被资本主义社会早期资本家对工人阶级的超强剥削的事实所印证。也就是说,对于处在底层的工人阶级或者农民而言,资产阶级获得决策权并不能使自身被压迫的局面有根本改观。

如图 7-1 所示,博弈开始时,君主会与特权阶层形成联盟,向掌握主要经济资源的新兴工商业阶层增税。工商业阶层对此进行反抗并爆发革命。在革命初期,领导革命的资产阶级一般不会把主要矛头指向君主,而是指向封建特权阶层。比如在法国大革命初期,废除僧侣与贵族阶层的免税特权才是主要诉求。只有在君主无法在利益上以及价值观念上与封建贵族阶层进行彻底切割的情况下,君主才会成为革命对象。资本主义性质的革命胜利后,形成的博弈均衡结果是(见图 7-2):要么君主答应大纳税人即新兴资产阶级的政治条件,从而转变为代表资产阶级利益的新型执政者;要么被推翻,由代表资产阶级的执政团体取而代之。原来的转嫁者即封建特权阶层,在新的经济组织形式冲击下逐渐衰落,或者退出历史舞台,或者利用自己所拥有的资源转化为新兴的资产阶级。新兴资产阶级成为财政资源的主要提供者。自此,资产阶级与封建特权阶层的矛盾退出历史舞台,资产阶级与工人阶级的矛盾成为主要矛盾。

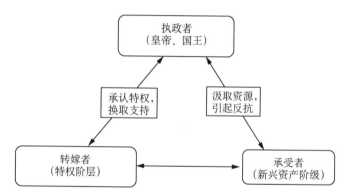

图 7-1 "以决策权换税收"的纳税人议价模型(起点)

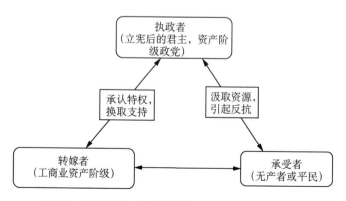

图 7-2 "以决策权换税收"的纳税人议价模型(结果)

二、大纳税人议价与代议制民主制度

由于"以决策权换税收"最典型的例子是资产阶级革命,为了说明这一过程对国家治理制度的影响,需要以欧美相关国家的特定阶段历史为重点加以探讨。

在中世纪后期的西欧,出现了以下四个现象。第一,频繁的对外战争促进了中央集权民族国家的出现。对于欧洲来说,中世纪后期是教权衰落的时代,也是王权不断强化的时代。正是在这一时期,法国、英国、西班牙等国确立了中央集权政治体制,封建势力割据的局面受到抑制,统一的民族国家也逐渐形成。第二,战争形式的进化对国家能力提出越来越高的要求。由于国家间战争规模越来越大,新技术、新战法和新武器的发明与应用越来越频繁,这对国家动员能力和经济支撑实力都提出了更高要求,迫使执政者不断加强对国内封建势力和各个阶层的控制,这是国王权力和中央集权政体不断增强的重要动因。比如在中世纪时期,国王只有在一场战争开始前后才需要大量的财政投入,而且士兵是由骑士和封臣所提供的农奴担任,马匹、铠甲和武器都由士兵自备。但随着战争形式的变化,火器大量使用、海军规模的扩大,都"使得资本的集中供给变得更重要,从而也使集中有序的行政管理和资本核算变得更重要"(迈克尔·曼,2015:558)。陆海军的常备化、战争的专业化、重工业化使得无论在战争期间还是和平时期,都需要保持高昂的军费支出。第三,由于新航路的开辟以及商业贸易、工场手工业的发展,新兴资产阶级积累了大量财富。与此同时,以封建庄园和农奴制为代表的封建经济日渐式微。国王要想获得足够的财政收入,就必须向新兴资产阶级进行汲取,这无形之中增加了资产阶级相对于国王的议价能力。第四,西欧各国没有发展出"东方式"的皇权专制,都或多或少、或强或弱地保留了原始军事民主制时期的议事制度。最典型的就是英格兰的议会制度。代议制民主制度就是在这种历史背景下出现的。

(一)英国君主立宪制度背后的财政博弈动因

相对于西欧大陆诸国,英国的政治制度早在中世纪就表现出了独特气质。在盎格鲁-撒克逊时代,英格兰就遗留了具有原始军事贵族民主制色彩的"贤人会议"。威廉一世后来将"贤人会议"改造成与封建制度相适应的"大会议",成为议会的源头。在相当长的时间里,国王作为总封建主,贵族作为国王的封臣,大家相安无事。但1199年约翰王即位后形势发生了变化:一方面,通货膨胀造成政府支出大幅度增加;另一方面,为了筹集军费,约翰王将世俗贵族的兵役免除税提高了16倍,并提高了封建继承税。贵族们因害怕激起民变不愿意过度向农奴转嫁,同时又感觉到国王擅自征税的做法不能再重演,于是在1215年,贵族代表们联合向国王递交了《大宪章》,成为通过限制征税权来控制王权的最早文件。《大宪章》说明了贵族阶层在一定背景下拥有可与执政者相抗衡的议价能力,这种情况一直持续到资产阶级革命前夕。在中世纪后期,几乎所有欧洲封建国家都在走向君主专制之路,英国的政治制度变迁也体现出了这种趋势,以至于到斯图亚特王朝时代,"君权神授"已经成为国王所坚持的意识形态。但与此同时,英国政治制度存在着的诸多限制绝对君主制的元素,特别是代表贵族利益实体的议会的存在,成为抵挡国王权力与财政资源占有欲的潜在力量。

本来在大部分时间里,英国国王的"源自各种特定权力和国王个人特权"(Braddick,1996:12)的正常收入在财政收入中占据绝对优势。如1560—1640年,国王正常收入占总收入的比例一直保持在70%以上(Braddick,1996:10)。也就是说,在不发生长期战争的情况下国王能够自给自足,国王没有必要求助于封臣、教士、骑士和市民等阶层。但中世纪后期由于王位争夺等原因,西欧不断发生长期战争。在伊丽莎白统治的"黄金时代",尽管战争带来的财政压力伴随了她的近半个世纪统治时期,但由于她个人的政治才能,基本上没有演化为财政危机。女王本人厉行节俭,甚至当议会准备向其提供协助金时她也断然拒绝说:"我宁愿财富留在我的人民的口袋里,而不愿放到我的国库里。"女王与议会的关系保持得很和谐。议会从一开始就批准她终身享有征收关税的权利,她也利用这一方便扩大了财政收入。而且,伊丽莎白是都铎王朝历代国王中征收直接税最为成功的国王,她总是能够以战争、战争威胁或其他理由说服议会批准她征收传统的十分之一和十五分之一税及俗人补助金(马金华,2000:29)。所以,尽管在她统治时期战争不断,战争开支也达到了惊人的程度,占到总开支的近三分之一,但从来没有因财政赤字而导致社会混乱。

1603年英格兰进入斯图亚特王朝后,情况发生了逆转。从客观上看,一方面,军事的"资本主义化"大量增加了支出,连绵不断的对外战争导致了国家财政枯竭;另一方面,通货膨胀进一步削弱了国王的财政可利用空间。国王的很多特权收入是以契约的形式实现的,而当时限于人们对经济规律的认知水平,还不可能对通货膨胀问题有深入的理解,所以封建契约中关于征收额度的规定多是定额或定率的方式。从表7-1可看出,尽管国王财政收入的名义数字在17世纪有了稳定增长,但按不变价格计算,1602—1640年几乎没有增长,而此时正处在斯图亚特王朝时期,也是对外战争的多发期。

表 7-1　英国国家财政(1502—1688 年)历年平均财政收入

朝代	年代	年度财政收入(千镑)		物价指数
		实际价格	不变价格	
亨利七世	1502—1505	126.5	112.9	112
伊丽莎白	1559—1570	250.8	89.9	279
	1571—1582	223.6	69	324
	1583—1592	292.8	77.9	376
	1593—1602	493.5	99.5	496
詹姆士一世	1604—1613	593.5	121.9	487
查理一世	1630—1640	605.3	99.4	609
查理二世	1660—1672	1 582.0	251.1	630
	1672—1685	1 634.0	268.7	608
詹姆士二世	1685—1688	2 066.9	353.3	585

数据来源:迈克尔·曼.社会权力的来源[M].刘北成,等译.上海:上海人民出版社,2015:555.数据均按实际价格和不变价格(1451—1475 年的标准)计算。

从主观上看,詹姆士一世上台后,按照苏格兰的传统极力宣扬"君权神授"观点,强调议会的权力来自国王授权,这遭到了新兴阶层的反对。他还加紧迫害清教徒,引起了社会民众的强烈反感。他在外交上乖张失措,为巩固专政统治而向奉行天主教的西班牙频送秋波,引起国内反天主教势力的愤懑(阎照祥,2000:147)。由于斯图亚特王朝国王不习惯、不尊重在英格兰已经延续了数百年的议会批准税收的传统,与掌握钱袋子的议会关系不好,财政困局不断加剧。面对财政困局,斯图亚特国王采取的应对措施包括两个方面。一是以"共同利益"和"共同需要"为理由不断扩大税收的社会基础。"共同利益"论认为,国王是公共利益的捍卫者,所以作为被捍卫者的国民有向国王缴纳收入的义务。这实际上是要把国王的个人利益和权威与国家的需要统一起来,成为国王权力扩充和国家公共职能完善的重要思想基础。"共同利益"是一种古老的征税理由,几百年来每次对外战争之前,国王都向财政资源的提供者们宣称是为了大家的"共同利益"(Harriss,1975)。不过,国王与国民之间对"共同需要"的认识不完全一致,国王成为"共同需要"内容的判断者和宣布者。议会与国王斗争的理由不是反对"共同利益",而是要把对"共同利益"的认定权夺到议会手中,从而使之成为"共同同意",即全国臣民对国王征税的同意权。二是扩大特权收入。包括出售专卖权、征收骑士捐、卖官鬻爵、出售王室森林等方式平衡政府收支(阎照祥,2000:147)。不过这些措施都不是把征收与经济增长挂钩的长久之计。比如出售爵位,在伊丽莎白时期也曾利用出售骑士爵位增加财政收入,但节制的伊丽莎白女王每年分封的骑士数量不超过100人。詹姆士一世登基的前4个月就分封了906个骑士。除此之外,神圣的男爵爵位也被放入市场进行买卖。1603—1629年,国王通过这一方式获得了62万英镑财政收入(马金华,2000:31)。三是变卖国王领地。自伊丽莎白时期王室领地就被大量出售,到斯图亚特王朝时期变本加厉。作为全国最大的地主,土地不仅是英国王室获得封建特权收入的源泉,还是国王行使封建统治权的载体,是国王统治合法性的基础(马金华,2000:31)。所以变卖土地以填补财政支出缺口是饮鸩止渴之举。

当通过"共同利益"来营造税收的准自愿服从效用不佳,封建特权收入不值得长期依靠、王室领地被出让得差不多时,剩下的措施就只能是与议会硬碰硬了。这从斯图亚特王朝与议会的斗争过程可见一斑。1603—1629年,斯图亚特王朝两任国王先后6次为了财政拨款召集议会,每次都因不能达到目标而强行解散议会,国王与议会间的斗争也不断激化。恼羞成怒的国王甚至强行用暴力征税,但反对派议员不但鼓动民众抗税,而且于1628年起草了著名的《权利请愿书》,援引大量史实说明英国人民自古就拥有各种权利,并规定今后未经议会同意,不得强迫人民承担或缴纳贡物、贷款、捐助赋税和其他类似负担。《权利请愿书》还重申了《大宪章》中有关保护公民自由和权利的内容,从而成为英国宪法的重要渊源。1629年国王又一次解散议会后,进入了长达11年的无议会时期。在这一时期,查理一世通过各种专制手段和暂时手段勉强维持着财政收支平衡。但这种脆弱的平衡在1639年被打破。这一年为了筹集与苏格兰开战的军费,国王不得不再次召开议会。而代表资产阶级利益的议会经过长期斗争的锻炼,革命性和组织能力空前增强。至此,资产阶级革命已经不可避免。

英国资产阶级革命的最早成功以及君主立宪制度的最先确立,与其自身的很多独特条件有关,包括古老的政治、法律制度遗存为公共产品偏好显示提供了机制保证,纳税人结构的相对单一与利益的相对集中,等等(宋丙涛,2015:16—17)。特别是议会一直控制着一部分财政收入,对国王直接财政收入中的重要组成部分——关税保持着名义上的批准权。而且,西欧中世纪比较纯粹的封建制度,导致最高层级的国王只能对其下属的封臣有管辖权,对佃农或农奴的管辖必须通过封臣才能实现。这种"下管一级"的体制,预示着封臣阶层可能存在针对国王进行议价的机会。更巧合的是,大不列颠岛屿的面积说大不大,说小也不小,虽然孤悬海外又距离大陆不远。其足够大以使得英国国王能够积聚一定的物质和人力资源,保证不会被周边的强国入侵以打断自我演化进程;其足够小又使得全国封臣数量保持在较低水平,以至于封臣们能够克服集体行动的"搭便车"问题,形成针对国王的议价合力。种种因缘际会使得中世纪的议会成为一个存在一致利益偏好的政治实体,这一点与后来代议制民主国家议会的协商、代议场所的性质有所不同。而且,由于新航路的开辟和国际贸易的迅速发展,以及国内圈地运动的配合,富有活力的资本主义经济已经取得了相对于封建经济的优势地位。一些原来的大贵族依靠资本主义经营方式聚敛财富,另一些中小贵族和平民通过经商也成为新兴资产阶级。他们掌握了更多的而且增长最快的物质资源。这导致了旧贵族中的大资本主义工商业者与新兴的中小资产阶级成为政治盟友。但与此同时,没有把握机会成为资产阶级的旧贵族、旧骑士阶层仍然大量存在。国王要想从新兴资产阶级手中汲取更多资源,就必须依靠旧贵族等既得利益者的支持,而要获得他们的支持,就需要在保持其既有特权地位的同时,进一步用新的特权进行收买与鼓励。此时博弈的格局已经很清楚:执政者已经无法像过去那样用产权来换税收了,因为此时产权已经归属于资产阶级;执政者也难以用特权来换税收,因为大量为保护既得特权而参加战争的旧特权阶层没有经济实力,有经济实力的新兴阶层又都是反对特权进而反对国王"征税权"的敌对方。所以,国王只剩下两条路:要么向议会妥协,用一定程度的政治权利换税收;要么在旧贵族的支持下用武力打击议会。

英国作为原生的资本主义国家,整个资产阶级革命过程历时近半个世纪。革命成功后就形成了大资产阶级掌握政治权力的"大纳税人决策机制"。随后的资本主义民主制度进入了渐进式的健全完善时期,这一时期更漫长,直到1928年包括妇女在内的所有公民才取得了普选权。整个过程是曲折复杂的,此处仅就与财政汲取博弈有关的内容进行了复述。一般研究所关注的是英国资产阶级革命何以发生,何以成功。上述叙述从财政汲取博弈的角度给出了一个回答,那就是代表资产阶级利益的议会掌握了"钱袋子",国王及通过分食而维持的旧贵族特权阶层无法在议价能力上与议会抗衡。

(二)财政汲取博弈与法国大革命

在近代文明的演进过程中,人们通常会将法国与英国视为具有不同特质的两种道路。比如,英国道路是渐进的、保守的,充满了理性与妥协;而法国道路则是激进的、革命的,充满了血腥与杀戮。关于两国道路的比较以及法国大革命发生原因、影响等问题,是已经被讨论了多年的热点。本小节的重点是通过法国与英国的比较,从财政汲取博弈的角度来审视法国基本政治、经济制度的演进。

英法百年战争(1337—1453年)促进了英、法两个民族国家的最终形成,也使得两国都走上了中央集权的道路。不过,战争是在法国本土进行的,对法国政治体制的影响更加深远。关于这一点,科林·琼斯(2004:119)如此论述:

> 将英国人从法国赶出去的斗争表明,一个进行建立强大的中央集权的王朝实验室形成了。靠设立人头税而创建的正规军,被伐卢瓦王朝发展成后来成为王家极权主义的一个关键部门。……军队的经费来源不必再求助于三级会议,军队被视为王家主权的象征,而不是国家随意指挥的机构;纳税是一种义务,而不是出于好心。战争结束后,法国国王拥有了比英国国王更强大的专制权力,几乎从来没有受到过类似议会权力的挑战。

米涅在《法国革命史》中这样描绘从路易十四到革命爆发期间法国国王的巨大专制权力:"国王可以用'密札'随意监禁或流放任何人,用充公的办法处置任何财产,用税捐征收任何人的收入。"[1] 17世纪,法国又参与了一系列战争,包括与哈布斯堡王朝的"三十年战争(1618—1648年)",此时法国可以动员的军队力量最高达到了25万人,远高于5世纪的2～5万人(科林·琼斯,2004:149)。在这种情况下,政府形式需要进一步向集权官僚转变。国王开始向全国各地派驻官员监督国家机器的运作,主要是负责征收赋税,国王的力量渗透到全国各地的底层,这对于传统的封建等级制度是一种破坏。

尽管法国国王拥有比较强大的权力,但其政治决策受到了两个因素的制约。一是长期以来形成的特权寄生阶层。他们虽然拥有大量的财富,但享受着免税特权。这导致了一种怪现象:有钱的贵族不纳税;没钱的穷人税负沉重。特权贵族们享有"继承或者购买的财政豁免权,并将国王置于一个荒谬可笑的位置:对那些没什么东西可征税的人征税""他们还让王室不可能改革财政体制,使之变得更平等和更有效率"(Hoffman & Norberg,1996)。为了能从特权贵族手中汲取一些财政资金,国王费尽九牛二虎之力。对于特权贵族阶层来说,出钱未必不可以,但不同意以固定的、无偿的税收的形式缴纳,他们能够接受的形式是"自愿捐助"或者借款,而捐助和借款的条件必须是保持甚至扩大既有的特权。在急需用钱的情况下,国王不得不接受特权贵族的条件,而每接受一次条件,都意味着国王应对下一次财政危机空间的萎缩。二是官僚体系的腐化无能,导致财政汲

---

[1] 米涅.法国革命史[M].北京编译社,译.北京:商务印书馆,1977:6.

取成本很高。在英国,封臣的封邑和自治城镇尽管是两种不同的经济形式,但封臣与市长可以作为总纳税人向国王缴纳贡赋。但在法国,由于独特的历史进程,国王在大部分领土上破坏了这种封建制度,形成了类似于中国郡县制的管辖体系。这样,地方的税收征收工作必须依靠国王派驻到各省的官员来实施。手握权力的官员与地方的特权贵族阶层沆瀣一气,把税收负担转嫁到平民阶层身上,并且想方设法把税款据为己有。为了保证财政收入,国王还采取了"包税制",这种制度虽然保证了国王获得最低财政收入,但承包税收的贵族完全可以使用暴力手段横征暴敛,而由此带来的巨大社会成本最终由国家承担。总而言之,"国王喜欢将征税权包出去,并从自己的收税官那里借钱,……他喜欢将公共好处放到私人手里,这一切导致了旧体制的最终崩溃"(Hoffman & Norberg,1996)。当1789年国王不得已采取召开"三级会议"这种危险举动以汲取财政资源时,人们想不通,路易十六为什么不开征新税呢?"他不愿或不能开征新税摧残了法国财政,并让1788年的财政危机转化为立宪危机",而不开征新税的原因,是因为"无力征税"(Hoffman & Norberg,1996)。早前多次开征新税的最终结果已经让路易十六知道,在没有潜在纳税人同意的情况下,凭借现有的官僚体系,难以完成有效开征新税的任务。

频繁爆发的对外战争导致的财政危机,使得国王急于将自己的权力变现。当正常手段无法汲取足够的财政资源时,国王就必须另辟蹊径。1602—1604年的财政危机,国王用拖欠年金的方式勉强度过;1634年的财政危机,通过攫取外来人口征税权(droits aliense)加以应对;1648年的财政危机,缩减了对债券持有人和职位持有人的支付(Hoffman & Norberg,1996)。本来借款是国王获得现金以解燃眉之急的重要手段,当国王不断对债权人违约时,就很难再从贵族、资产阶级以及外国银行家手中借到钱了。或者说,要借到同样数量的资金,就必须提供更多的担保和利息。在三十年战争前后,亨利四世又采取了出售财政或者司法机关的官位或职位的方式筹集战争资金,这引起了严重后果:使行政官员把他们的职位当作私有财产而不是一种公共职能,使他们想方设法把税款装进自己的腰包。尽管这种手段如此低劣,但直到大革命前夕仍然被国王经常使用。面对巨壑难填的财政窟窿,国王已经饥不择食。忠于国王、对国家未来忧心忡忡的财政大臣采取了许多颇具历史开创意义的财政制度以应对危机。1749年,财政部长马绍尔利用一己之力推行所得税,这是一个具有近代意义的新税种,它针对所有人,无论穷人还是富人的收入,以一个固定的税率征税,可惜被代表贵族利益的主权法院废除(Hoffman & Norberg,1996)。随后的几任财政大臣如杜尔哥、内克等，也都试图推行财政改革并向特权阶层开刀，但在贵族的激烈反对和路易十六的反复无常下化为泡影。

与英国一样，17世纪以来法国的资本主义经济获得了高速增长。大航海时代带来了波尔多、马赛等沿海城市的繁荣，西部煤炭资源富集区如斯特拉斯堡、里昂等伴随工业革命而快速崛起，新兴的资产阶级拥有了大量财富。按道理讲，新兴资产阶级本应该成为重要的财政收入来源。但是，一方面，国王下属官僚机构的腐败无能难以实现有效的资源汲取；另一方面，资本主义启蒙运动带来了革命性的税收思想。在《论法的精神》中，孟德斯鸠认为，对于公民来说税负的轻重不是问题，关键取决于什么样的政府。"国民所享的自由越多，便越可征较重的税，国民所受的奴役越重，便越不能不宽减赋税"[1]。另一个启蒙思想家卢梭也在社会契约论中认为，税收应该在人民或其代表同意的前提下合法地设立。1789年的三级会议后的革命，给这些思想转化为行动提供了机会。

法国大革命埋藏了路易十六和旧贵族阶层及其他们的统治方式，尽管后来波旁王朝复辟，但封建时代已经一去不返。所以说法国大革命对后来的财政博弈发展产生了深远影响。在大革命刚刚开始的时候，以吉伦特派为代表的资产阶级温和派所持的是一种渐进式、妥协式的改革立场，他们支持君主立宪，主张为选举权设定财富门槛，他们想要的是一种理性化、英格兰式的大纳税人决策机制。但自由、平等思想的广泛传播使得平民阶层无法接受这种妥协方案，在激进的革命后，"人人生而平等"深入人心，法国成为欧洲最早全面实现普选权的国家。在波旁王朝统治时代，国王为了应对财政危机而绞尽脑汁，最后仍然倒在了因财政危机而引发的革命战争中。随后的资产阶级共和国以及拿破仑帝国时代，政府从国民手中汲取了比当年波旁国王索取的多得多的财政资源。皇家财政从1789年的约47 100万里弗尔增加到1792年的85 700万里弗尔（Hoffman & Norberg，1996）。用等价谷物来衡量，1785年税收等于27亿升，而1807年则等于335.5亿升（Mathias & O'Brien，1976）。这充分证明在民主政府下，执政者能够比专制政府汲取更多数量、更大比例的财政资源，民主共和体制比专制独裁国家有更强的国家能力。

（三）财政汲取博弈与西班牙衰落

在纪录片《大国崛起》中，把西班牙衰退的原因归结于统治阶层把殖民地和海上贸易得来的财富用于支撑为宗教信仰、殖民扩张而进行的战争，而没有用来

---

[1] 孟德斯鸠.论法的精神[M].北京：商务印书馆，1961：220.

发展真正能够让国家富强起来的工商业。某种意义上看这种观点是对的。但是,资本主义工商业没有发展、工业革命没有发生等问题本身,其实是西班牙衰落的表现。没有资本主义经济与工业技术的支撑,国家力量衰败自然不可避免。那么,是什么力量强大到足以窒息资本主义经济呢？从历史长度看,西班牙的衰落过程历经两百多年,其中,某一段时期的当事执政者往往根据自己的政治理性做出抉择,他们不可能预见到自己的选择所带来的深远影响以及未来结果,只有后人才能有机会对过去的历史事件进行更加深入的比较分析。可以说,西班牙的衰落过程是由包括博弈各方议价能力格局在内的众多因素共同作用下形成的一条路径。

西班牙与法国在封建制度、国王权力、历史文化和地理环境等方面都比较相像。通过两国的比较分析,可以发现财政汲取博弈中的一些不同之处,从而为理解财政博弈与国家政治制度演进提供对照案例。与法国相比,西班牙更早开辟了新航路,更早占据了大面积的殖民地,一度成为全球性霸主。法国在波旁王朝时期也走上了军事扩张道路,并成为西欧大陆首屈一指的军事强国。但是,英国凭借迅速发展的资本主义经济与制度优势,在17、18世纪之交实现了对西法两国的超越。在战争中英国屡战屡胜,西班牙和法国屡战屡败,被迫向英国割让殖民地,让出大西洋贸易的垄断地位。两国的统治者都意识到了与英国的巨大差距,并且不约而同地在18世纪推行了自上而下的改革以奋起直追。相同的是,两国的由国王及开明贵族推行的改良运动虽曾取得初步成效,但最终都功亏一篑;不同的是,法国最后以大革命的形势荡涤了封建旧势力,并开启了现代化富强之路,而西班牙则长期维持了封建旧制度,从而走上了衰落之路。

关于两国从开始时的不约而同到后来分道扬镳的原因,前人的思考可以给出一些有益的启示。在《西方世界的兴起》中,诺思将法国与西班牙列为"竞争失败国家"。法国失败的原因是"缺乏显而易见的税基,从而要求初期交易费用高"(诺思,2009:192)。这是因为在法国,以教会和贵族为代表的第二阶级虽然拥有大量财富,但享受着免税特权,而以新兴工商阶层和农民为代表的第三阶级人数众多、贫富差距很大,承担起了绝大部分财政收入来源,这无形中拉高了征税成本。西班牙的问题是,其三大岁入来源(羊主团交付的税金、低地国家和其他领地的款项、新大陆的财富)之中有两种都是外部的,这决定了西班牙的命运(诺思,2009:192)。当低地国家和其他领地随着战争而失去、新大陆财富逐渐枯竭时,西班牙作为一个国家的竞争力自然而然地衰微了。但是,西班牙的衰落是一个长期过程,诺思所提到的三个因素很难适用于不同时代。羊主团制度是西班牙曾经缺乏有效产权保护制度的集中代表,也是很多人所认为的西班牙最终衰落的重要原因。但这一制度主要存在于15世纪前后,而在那个时代产权概念尚在形成之中。"1476年前后,在西班牙大部分地区,没有一人能够说'这是我的''那是你的',因为一场战争、君主的好恶,甚至某些情况的变化都可能使一个人的财产遭到没收。"(诺思,2009:183)但到15世纪末,费迪南德和伊萨贝拉已经剥夺了羊主团的垄断特权并鼓励发展可耕地的所有权(诺思,2009:184)。至于低地国家的税收,早在1600年代初期尼德兰独立后就已经不复存在了。这两个因素都无法很好地解释1600年代以后西班牙为什么没有像法国那么强大起来。关于新大陆的财富,这是一个西班牙独有的因素,但对这一因素诺思并没有展开进行论述。

是不是因为相对于法国,西班牙以国王为代表的统治阶层过于保守、落后呢?在《旧制度与大革命》一书中,托克维尔就提出了这样一个令人深思的问题:为什么大革命没有发生在旧制度保存最完整、对人民的压迫最为严重的地方?与之相反,在旧制度存留得最不齐全,人民对其感受最不强烈的地方(这里指的是法国——作者注),大革命却爆发了?托克维尔认为,大革命前夕的法国多个领域都正在进行着改革,路易十六也不是一个昏庸之君,他所统治的年代是"旧的君主专制制度最昌盛的时代"。在路易十六时期,法国早已发生了一场静悄悄的革命:农民基本上摆脱了领主统治,并已经变为土地所有者。但正因为如此,农民对残存封建权力的压迫就更加难以忍受。作为土地所有者的农民比仅作为土地耕种者的农奴更能够感受到来自封建制度的剥削,自然也更加对统治者强加在地产上的税收负担感到愤慨;贵族不再拥有统治领地的权力,贵族的特权乃至他们本身的存在也就愈加可疑。总之,不是贵族们变得更加穷凶极恶了,而是封建制度的瓦解引起社会大众心理的变化:"人们说得有道理:摧毁一部分中世纪制度,就使剩下的那些令人厌恶百倍。"[1]托克维尔的观察是敏锐的,因为他所生活的年代距离大革命相去不远,能够洞悉秋毫。但这同样是托克维尔的缺陷所在。历史事实证明,无论是文化昌盛、较好进行改革的法国,还是相对文化落后、未进行类似改革的其他欧洲国家,最终都发生了资产阶级革命,只不过有的成功了,有的当时没有成功。即使当时没有成功的,后来也通过各种方式建立了资本主义政治制度。法国大革命由于托克维尔所说的原因发生得最早,在国家能力方面的受益也最大。像西班牙这样的国家,在18世纪也发生了资产

---

[1] 阿历克西·德·托克维尔.旧制度与大革命[M].范一亭,译.南京:译林出版社,2013:58.

阶级思想启蒙运动,在19世纪又发生了多次资产阶级革命与改良运动,只不过没有像法国那样取得成功。我们需要思考的,其实是西班牙的资产阶级革命长期无法成功,进而现代国家制度建立较晚的原因。

有人认为,西班牙最终衰落的原因在于国王和贵族的力量过于强大,以至于新兴资产阶级无法与之抗衡,从而无法通过改革或改良的手段建立起符合资本主义工商经济发展的制度体系。要证明这一点,就需要弄明白西班牙的国王和贵族为什么强大。有学者认为,近代以来的西班牙社会并非如想象的那么黑暗。"中世纪的卡斯蒂尔可以说是欧洲最自由的社会",是由许多城市组成的大共同体,"自由的危险不是来自王权,而是来自王权的虚弱,或王权对贵族派系的依赖"(汤普森,2008:146—147),"卡斯蒂尔没有一种所谓'财政专制主义'的东西""国会绝不是无关紧要的,而是一个持续存在的,且重要性不断增长的机构"(汤普森,2008:195)。如此看来,情况变得蹊跷了。一方面,西班牙曾经有一个比较重要的国会,这与当时的英国相似,比没有国会的法国似乎要好一些。因为只要存在议会机构,就有对君主一元政治形成制约的可能性。另一方面,西班牙国王又拥有比较大的权力,这一点与法国君主相类似。结果是西班牙既没有成为英国,也没有成为法国。其实,中世纪后期的西班牙与英国、法国之间都存在重大差别。西班牙看似有一个国会,但并不代表新兴贵族和资产阶级的利益。西班牙整个国家是通过王室联姻等手段由多个政治实体组合而成的松散国家,国会实际上是各个城市的代表,其代表的是各个城市的大贵族的利益。"国会不直接代表农村的或领主的人口,尽管总是有一些议员是'封建主',甚至被称为贵族。然而绝大多数议员是食利者和公债持有人以及通过抽签方式从统治那些城市的市政官中产生的绅士"(汤普森,2008:195)。因此,国会在17世纪一度取得了重要权力。"1621年,菲利浦三世死亡,这时,国会及其所代表的城市获得了令人生畏的地位。没有国会表决,就不会有新的'贡赋',而没有多数城市的事先同意,就不会有国会的表决,这已经成为共识"(汤普森,2008:202)。这就意味着,国王的权力受到了各个加盟国家和城市的贵族阶层的严重制约,享有特权的大贵族阶层拥有比国王更强的议价能力。国王要获得财政收入,必须与各个城市进行议价,而不是与社会各阶层议价。当国王与城市达成关于贡赋的契约后,这些城市如何征收税收是其内政。贵族的议价能力越强,国王为了获得财政收入向其让步就越多。国王通过职位买卖的方式来筹集财政资金,能够从中获益的仍然是大贵族和封建领主。最致命的是,拥有强大议价能力的各个城市的贵族,并非像英国那样的资产阶级化的贵族,而是地地道道的封建化贵族。所以,为了进行政治酬庸,在 17 世纪中期西班牙又掀起了一次"再封建化"或"领主化"的浪潮,单在 1625—1668 年,王室至少赐予了 169 个新的勋爵或男爵,他们拥有初级的和次级的管辖权,并拥有任命村庄法官和官员的权力,王室直接管辖的约 8 万个家庭,15%的人口被售卖,归领主管辖(汤普森,2008:227—228)。联想到此时英国正在发生的资产阶级革命,西班牙王室的这种行为完全是"倒行逆施"。

必须看到,当西班牙因为制度的落后而多次被动挨打后,仍然有多次改革复兴机会。在整个 18 世纪,西班牙受到了启蒙运动的影响和英国成功经验的吸引,先后进行了几次自上而下的改革,也曾经出现过经济社会发展的黄金时代。但是,国王不愿意看到自己的统治地位受到任何削弱,要防止这一步就不能过分得罪特权阶层和既得利益者,而不动摇大贵族的特权就无法为资本主义经济的快速发展扫清道路。长期的政策压制导致的恶果就是,西班牙的经济政策缺乏应有的重商主义色彩,西班牙国家没有出现成规模的工商业资产阶级,这看似维持了国王统治地位的稳定,但最终丧失了国家竞争力。当法国大革命发生后,西班牙当时的首相佛罗里达布兰卡意识到了改革的风险,立即停止了各项改革(叶成城,唐世平,2016)。在随后的拿破仑入侵和独立战争中(1807—1814),西班牙受法国大革命影响,才发生了第一次真正的资产阶级革命——加的斯议会和宪法,通过了取消领主制度的法令,宣布取消封建地主所享有的特权(金重远,2003)。但好景不长,随着封建势力复辟以及革命夭折,一切又恢复到了革命前。

当资产阶级革命轰轰烈烈进行时,西班牙王室和贵族的思维仍然停留在中世纪。他们从来不把发展国内的工商业当成重要的经济政策。与此相反,他们总是试图维持传统的封建特权体系。这有两个原因。第一,国内贵族阶层可以为国王提供一定量的、稳定的财政收入。前期是羊主团,后期是在国会占据重要地位的 18 个大城市。作为回报,国王需要保持贵族阶层的封建特权。第二,殖民地的财富成为国王的救命稻草。海外扩张时西班牙国内的制度安排,使其无法像英国那样充分利用海外扩张和大西洋贸易所带来的机会。西班牙的海外扩张是由王室组织和资助、由贵族实施的,除了王室以及王室特许的公司或等级群体外,其他人都被禁止从事国际贸易。西班牙王室和贵族垄断了海外扩张和大西洋贸易的好处。其结果是,来自海外的巨大财富不是像英国那样催生了一个强大的商业阶层并推动了社会演进,相反,海外贸易财富反过来成为王室加强自身权力和专制地位的工具,从而在客观上造成了西班牙社会中的封建等级更加强大。殖民地的财富推迟了西班牙改革,而争夺殖民地的战争又促使西班牙依靠特权阶级来维护国内的稳定,最终由于特权阶级的阻挠导致了改革未能取得足够多的成效(Stein,2003)。尽管在国内难以推行改革,在殖民地推行以财政资源掠夺为目标的改革却不存在阻力。所以,当战争和国内经济萎缩导致的财政危机发生时,西班牙政府变本加厉地向拉美殖民地掠夺财政资源,从而引发了1820年代的拉美独立运动。

国内一些学者在研究西班牙的衰落时,只关注该国世界霸权的衰落,因此不可避免地认为16世纪末至17世纪初尼德兰的独立以及对英海战的惨败,是西班牙作为一个强国的结束,其后的历史也就失去了研究价值。这种目光过于狭隘。霸权的衰落并不等同于国家的失败,因为称霸世界的总是极少数国家。在某些时候,一个国家霸权的衰落很可能是其向正常国家的回归,如荷兰的衰落,以及当代英、法等国的所谓衰落。从这一点上看,西班牙的经验教训更值得吸取:为什么一个曾经的世界强国,在霸权衰落的过程中没有走向正常的资本主义国家,而是一步一步沦落为失败国家?如果真能理解其中的深义,就能够理解什么才是真正的国家崛起。

政治制度变迁能不能成功,取决于错综复杂的大量因素之间的相互作用,也受制于博弈各方的相对议价能力高低。在西欧各国出现了新兴的工商业阶层之后,并不必然演变出以限制国家权力为核心的立宪制度。在这一过程中,意识形态、路径依赖、外部环境等因素都在特定时期起了特定的作用。英国持续了半个世纪的资产阶级革命,是博弈各方基于理性实施行为选择的结果,可以视为一种相对"自然"的制度演化。但当这种制度逐渐显示出对于国家能力提高方面的优势时,就改变了其竞争对手政策选择的外部条件。其竞争对手的政治体制尽管还不是君主立宪制,但不得不学习借鉴君主立宪体制环境中输出的经济制度。对于执政者来说,能够学习和借鉴的制度,不可能是限制自身权力的"立宪"制度,只可能是某些具体的行政制度和经济制度。但即使是被学习或引进的相对温和的行政制度及经济制度,也不可避免地以削弱旧贵族阶层的既有政治和经济特权为目标,当然会受到旧特权阶层的反对。这样,封建国家的执政者在改革时就面临着两难局面:一方面是作为"君权神授"体系坚实统治基础的、经济实力不断衰落的特权阶层,他们虽然支持自己的统治,但会不断地索取更多的酬劳;另一方面是经济实力不断增长但实际上是封建体系破坏力量的新兴工商阶级,他们可能提供更多的财政资源,但同时也索要更多的政治权力做交换。所以,法国、西班牙两国国王的改革事业就像是在走钢丝。只不过西班牙国王因为有更多的海外资源,在国内财政汲取中过分依赖大贵族阶层,从而赢得了更大的操纵空间,避免了法国大革命式的暴力事件。当然,从国家未来的发展而不是王室命运来看,这对于西班牙并非幸事。

三、"自上而下"的改革：制度移植的逻辑

上一节所叙述的政治、经济、社会制度的产生过程，基本上是在财政汲取博弈推动下的制度原生过程。制度演进的过程涉及因素很复杂，上文只强调了财政汲取博弈的影响，并不意味着没有其他因素在其中发挥作用。当一个国家演进发展出一项有进步意义的制度后，其实就已经对其他国家的博弈参与方关于制度变革的成本收益评估产生了影响。比如，英国通过妥协革命的方式、法国通过暴力革命的方式都走上了资本主义道路并形成了强大的国家竞争力，这为其他后发国家"自上而下"的改革提供了经验和样板。就像普鲁士在被拿破仑击败后，改革家哈登贝格在给皇帝的奏折中说的那样"我们必须自上而下做法国人自下而上所做过的事"（郑寅达，2014：168）。对于后发国家旧的执政者来说，向先发国家经验的学习，意味着要在一定程度上自我转化成有近代色彩的执政者。其实后发国家执政者面临的最大难题是先学习移植什么制度，后学习移植什么制度，哪些制度可以学习移植哪些不能，在移植过程中如何根据自身实际进行改造同时又不失其基本意义。从全球化背景下世界各国制度的趋同性来看，制度和政策的扩散是难以避免的，甚至是一种常态，它既为决策者在制度建设中"走捷径"的理性选择提供了便利，同时也对决策者的政策选择施加了更加严苛的约束条件。

（一）后发国家统治者的角色转化

对于近代后发国家的传统执政者如国王、皇帝来说，由于自身的执政地位，主动性的政治改革一般是谨慎、有限的，最主要的改革措施集中在经济与社会领域。在普鲁士、俄国和日本近代的改革中，经济改革不但在时间上先于政治改革，即使不得已进行政治制度改革时，也是在保证皇权专制的前提下进行的有限"君主立宪"制改革。普鲁士1806年开始经济改革，1850年颁布宪法；俄国1861年开始农奴制改革，1905年颁布宪法；日本1870年代开始"明治维新"，1889年颁布宪法。三国的宪法尽管都明确了一些公民政治和经济权利，但也都同时规定了皇权凌驾于议会之上的政治格局。相比之下，经济领域的改革关乎国家基本竞争力，又关乎利益重要分配，是改革的重中之重。从历史经验看，主要手段有二。一是出台法律鼓励私人工商业发展，甚至政府亲自举办工商业，如日本的殖产兴业政策。二是人为摧毁以人身依附和封建特权为特点的农业、宗族"共同

体","解放"土地和劳动力,消除资本主义经济发展的障碍。其中第二条是关键的一步,也是相对比较困难、周期较长的一步。因为这一步不仅是资本主义性质的基本经济制度改革,也是现代产权制度的形成过程以及现代社会治理制度的前置条件。在这一过程中,不利条件是封建特权阶层作为既得利益者会阻挠改革;有利条件是执政者拥有专制制度下的权威资源,可以借此强力推进符合市场经济发展方向的改革措施。这是普、俄、日等国家近代以来改革改良的历史经验。当然,由于原初禀赋、历史路径依赖及其他因素的影响,这些国家的制度学习和移植产生了不同的后果。

在开明君主支持下进行的自上而下改革中,封建经济制度是改革的主要对象。西欧的封建制度有三个特点。一是随着中世纪封建领地的世袭化进程而确立起来等级分封制,是一种隐含着彼此之间责任和义务的契约关系,其主要特征是封建权利对公共权利的排斥,领主和附庸间的私人契约取代了国家的公共法律,公共权利沦为私人义务(计秋枫,2001)。但这种关系实际上也是一种含有互惠性的关系(诺思,2009:15)。二是人身依附性。在封建制度下,形成了一种以王权为核心,以贵族为骨干,以农业庄园为边界,以农奴为基础的等级制的、具有一定人身依附性的社会结构。在这种结构中,一方面,国王要通过纵向的手段对领土内事务进行管理,所以"领主、庄园、身份和政府机构之间具有垂直纵向联系"(Dyer,1994:409)。另一方面,由于受封建制度本身的限制以及尚未成熟的国家权力的约束,农村地区庄园和村庄又呈现出一定的封闭性,以至于有人认为,中世纪的西欧广袤农村地区形成了一种"共同体社会"[1]。这种共同体有很强的自治性,比如有庄园法庭,有村民选举出的"村长"及管理人员,有约定俗成的管理规则,甚至还形成了自己的慈善救济、公益管理机制(王玉亮,2011:39—63)。一方面形成人身控制,另一方面也提供了一种"温暖的"集体保障,这正是封建社会农业共同体共有的特点。三是社会结构呈现出多元性。在中世纪后期的西欧,除了封建关系所覆盖的广大区域之外,还存在着大量由摆脱了封建关系束缚的人们聚集形成的、以从事手工业或者商业为主的自治城市。这样西欧就存在两种主要的经济—政治形式:以农奴经济和小农经济为基础的封建形式;以商业经济为基础的自治形式。在这两种不同的经济—政治形式下,财政汲

---

[1] 德国学者斐迪南·滕尼斯在《共同体与社会:纯粹社会学的基本概念》(商务印书馆1999年版,林荣远译)中认为,包括英国在内的整个西欧,在传统乡村社会中,都存在着村庄共同体,这种村庄共同体是与现代意义上"社会"相对的以整体为本位的实体。

取博弈的主要参与方的议价能力格局有所不同：在第一种情况下存在人身依附的等级关系，但在第二种情况下城市内部居民的地位是平等的。比如在德意志境内的独立邦国，城市共同体的事务由全体成员做主，或者由全体成员推举出来的人主事，因此自治城市实行民主制是十分自然的（刘景华，2014）。

历史发展有其普遍性规律，也有个性化特征。在东欧或俄罗斯、日本和中国等地，封建制度呈现出另一副面貌。俄罗斯式封建社会的基础是村社"共同体"与人身依附的农奴制，是一种典型的"亚细亚生产方式"。村社既承担了大量的国家职能如定期平分土地、按时催缴税款、司法审判、维持治安等，也承担了一些社会福利职能，如慈善救助、文化教育、宗教生活等。因此，村社看起来像是民间的民主自治组织，但又具有官方基层行政单位的职能。村社既有阻碍农村资本主义发展的一面，又有避免农民急剧分化、保持社会稳定的一面；既构成了俄国专制主义的基础，又是农民通过自治进行自我保护的手段（张广翔，1997）。日本式封建制度也具有等级制、土地分封与人身依附等特征，只不过日本封建中央集权制的东方式宗法色彩更浓一些（温强，1998）。可见，中世纪的封建制度在基层农业社会营造了一种曾经迷惑过很多人的、"桃花源式"的"自治共同体"，以至于很多人心向往之，认为这是原始共产主义的残余，甚至认为这可以成为通向新共产主义的桥梁[1]。后来苏联集体农庄以及我国"人民公社"的经验教训，证明这种路线设计是不切实际的。

---

[1] 马克思在1881年《给维·伊·查苏利奇的复信》中认为，与西欧"农业公社"生产制度被资本主义所破坏的情况不同，"俄国是在全国范围内把'农业公社'保存到今天的唯一的欧洲国家"。"一方面，土地公有制使它有可能直接地、逐步地把小地块个体耕作转化为集体耕作，并且俄国农民已经在没有进行分配的草地上实行着集体耕作。……农民习惯于劳动组合关系，这有助于他们从小地块劳动向合作劳动过渡""另一方面，和控制着世界市场的西方生产同时存在，就使俄国可以不通过资本主义制度的卡夫丁峡谷，而把资本主义制度所创造的一切积极的成果用到公社中来"（上述三处引自：中共中央马克思恩格斯列宁斯大林著作编译局.马克思恩格斯选集(第3卷)[M].北京：人民出版社，2012:824—825）。马克思的言下之意是，俄国"农业公社"即"村社"的存在，可以帮助俄国比西方资本主义发达国家更直接地进入共产主义，从而避免资本主义可能造成的灾难，这是因为在俄国的村社中农民已经习惯了在公有土地上进行联合劳动。这一观点与当时俄国革命民粹派的观点不谋而合，他们也把村社视为"社会主义的胚胎""未来制度的基础"，主张不消灭村社，把村社作为俄国过渡到社会主义的起点和基础，走与西欧不同的发展道路。列宁在早期对这一观点持批评态度，他认为村社制与农奴制度一样是落后的经济形态，在1903年起草的俄国社会民主党纲领中仍然强调，"要废除限制农民支配自己土地的一切法律"（秦晖，2014:281）。当1905—1907年革命失败后，列宁转而接受了民粹派的观点。但后来一些学者研究发现，俄国的农村公社并非如马克思认为的那样，是"原始公社的遗存和发展"，19世纪思想家契切林就认为，原始的"自由公社"早在9—11世纪就已经消亡，新的"土地公社"(13—14世纪)是领主政权为了保证课税而建立的，随后它又为保证国家赋税的"国家公社"(16—17世纪)所代替（秦晖，2013:56）。这意味着村社共同体中的人身依附不是一种"解放"而是一种"束缚"，通过利用"村社"试图跨越资本主义阶段而率先进入社会主义阶段，在历史逻辑上是走不通的。

封建色彩的农村共同体与资本主义经济社会制度相比,并不具有历史进步性,它的崩溃是历史的必然。只不过这种崩溃在商品经济发达的西欧以自然演进的方式完成,而在其他一些国家需要用主动改革的方式推动完成。

早在中世纪晚期,西欧的封建庄园经济就已经开始衰落。村庄共同体存在的物质基础是依靠农奴进行经营的领主自营地和农奴持有份地的敞田生产方式。这种生产方式以社区整体为本位,排斥了村民的以个体为本位的私人行为(王玉亮,2011:188)。这种生产方式无法与新兴的资本主义农业生产方式相竞争。随着圈地运动、拓殖运动的盛行,农民个体意识的觉醒,封建农业社会制度逐渐消失在了历史长河之中,代之而来的是以雇佣经济、商品经济为主体的资本主义生产制度,农民也从有限人身自由的农业生产者转变为拥有完全人身自由的劳动力。封建庄园经济解体的过程,也是私人产权制度不断完善和精细化的过程。在封建社会时期,私人产权不仅不明确甚至是不被承认的。当时所通行的是"占有"概念,"占有"不等于拥有产权,而只是表明使用权的获得(马克垚,2001:116—117)。在土地等级所有制下,国王、封臣与更小的封建主共同对一块土地拥有占有权,而农民作为耕种者获得的是有限的使用权。除了土地之外,农奴对其他财产的产权也同样是不明确的。从事手工业的农奴要将积蓄给予继承人,只有在征得封建领主的同意并把财产的一部分交给封建主之后才能实现。随着商品经济的发展,不断出现的经济争端客观上推动了产权观念与规则的形成。随着经济的发展以及权力与权利的博弈,生产者对土地的占有权逐渐凝固起来,以至于产生了法定占有(seisin)这一概念,来描述不断强化的土地占有权(侯建新,2013)。国家作为垄断暴力机器的组织,为产权界定和保护提供服务,并以取得财政收入作为回报,这是一个双赢行为。封建经济、社会制度的解体在英、法等国是以自然演进的方式完成的。对于后发国家来说,要完成这一过程需要自上而下改革的人为推动。下面将分别探讨普、俄、日等后发资本主义国家围绕财政汲取所进行的制度学习行为。

(二)现代化目标与制度选择

在近代历史上,普鲁士与俄国都面临着艰巨的摧毁农奴制的任务。普鲁士是一个由大土地贵族——容克贵族掌握政权的军国主义色彩国家。普鲁士最初就是由条顿骑士团发展而来。别的国家是"国家拥有一支军队",而普鲁士是"一支军队建立了一个国家"。容克贵族本身就是德意志骑士领主的后裔,为君主或国家服役,在侵略及殖民过程中获得爵位及采邑,是其主要的人生追求。因此,容克贵族是一个保守的封建特权阶层,他们是封建体制的受益者与维护者。执政者代表了容克特权贵族的利益，被封建土地制度束缚在土地上、与贵族有人身依附关系的农民或农奴，成为实际上的财政负担承受者。如 1653 年普鲁士邦议会决议规定，领主有权无限制和任意地向农民征课劳役、贡赋，对农民可行使审判权和警察权，不仅可以把农民本身，也可以把农民全家都变成农奴[1]。农民必须把承租土地年产量的 40% 缴给国家[2]。早在腓特烈二世在位时（1740—1786 年），普鲁士就进行了一些近代意义上的改革。但这些改革不但没有削弱而且进一步强化了贵族的特权。国王不仅向贵族提供大量贷款和赏赐金钱，帮助贵族偿付各种债务，而且撤除了许多市民出身的官吏，改用贵族充任。1806—1807 年，普鲁士被法国击败并被占领，拿破仑直接送来了《拿破仑法典》和资本主义政治制度。拿破仑几乎是手持宝剑强逼德意志各诸侯国进行资本主义性质的改革（马丁·基钦，2005:145）。更重要的是，"拿破仑法国显示出一个步入工业世界的民族所能达到的强权国家的水平。这一点在普鲁士引起对法国现代化效率的钦佩，……在客观上也为普鲁士进入全面的资产阶级改革扫清了障碍"（丁平，2000）。这之后，普鲁士的统治阶层马上进行了"斯泰因-哈登贝格改革"，改革的基本思想是把以等级出身为基础的君主专制国家转变成以财产为基础的现代立宪国家，实现这个目标的关键，是把君主的臣民变成真正的国家公民。但改革"绝不能把政治权利交给民众，而是在维护并加强政府权威的前提下，在资产阶级生活中、在经济方面运用自由和平等的原则"（郑寅达，2014:170—172）。1807 年出台了《十月敕令》，规定自 1810 年起，废除一切庄园的农奴制。但在容克贵族的强烈反对下，又规定了农民要获得自由身，必须向贵族支付高额的补偿金。据测算，地主们获得的补偿金达 120 亿马克，并从农民交出的地产中获得 250 万公顷。因此，得到了自由身的农民，要么成为没有土地的雇工，要么陷入严重债务（马丁·基钦，2005:148）。地主则利用大量土地和赎金逐渐将其庄园改为资本主义方式经营，容克贵族实现了向资产阶级的转型。

总体上看，普鲁士的改革是在国家面临危亡之时，顺应历史发展潮流，在还没有出现强大的工业化力量的情况下进行的自上而下的改良运动。除了经济领域的改革，还有政治、军事等领域的改革。但改革派利用君主制的权威来废除封建农奴经济的生产关系，成为走向新兴工业强国的关键所在（丁平，2000）。另一个改革成功的条件是精准设计改革措施，在保证不过分激怒贵族特权阶层的情

---

[1] 维纳·洛赫.德国史[M].北京:生活·读书·新知三联书店,1959:178—179,229.
[2] G. R. 波特.新编剑桥世界近代史[M].北京:中国社会科学出版社,1987:371.

况下,最大限度地释放生产力,激励资本主义经济发展。普鲁士让农民通过赎买实现人身自由的政策设计,虽然对农民不尽公平,但能够为贵族阶层所接受,并有利于推动特权贵族向资产阶级贵族转变,同时也为资本主义经济的发展提供了充裕的劳动力。但是,普鲁士的改革是不彻底的,一方面保留了容克贵族的大部分特权,另一方面进一步强化了君主专制,直到1848年革命农奴制才完全退出历史舞台。普鲁士改革成功的另一个有利条件是,1871年德国统一之前很多邦国就已经建立了比较先进的立宪制度。特别是南德四邦(巴伐利亚、巴登、符腾堡、黑森-达姆施塔特)在法国大革命影响下,早在1830年代以前就已经有了宪法,其中巴登早在1818年就确立了全民选举权(郑寅达,2014:198—199)。这在德国统一前后无形之中对国家治理制度气质产生了影响。

俄国在1853—1856年与英法之间的克里木战争中失败后,看到了自身与先进欧洲国家之间的巨大差距后也进行了改革,改革的主要目标也是摧毁农奴制。但俄国改革必须面对一个难题:如何对待"村社"?一方面,在1861年俄国开始农奴制改革时,村社是广大农村生活的基本单位,贫穷的农民虽然在其中受到约束,但村社可以为农民提供最基本的立足之地;另一方面,村社更是执政者向农民汲取财政资源的重要工具。按照列宁的说法,俄国农业资本主义化可能存在两条道路:一条是"普鲁士式"的温和改良道路,另一条是"美国式"的革命道路。1861年的农奴制改革实质上是要走一条普鲁士式的道路。改革法令规定地主占有的村社土地成为其法定私有财产,地主放弃对农奴的人身控制。农奴获得人身自由,并被允许占有一定的份地和宅旁园地,但必须缴纳高出土地市价3—5倍的赎金。改革使2 000万农奴获得解放,地主贵族获得大量赎金,为按资本主义方式经营农业创造了必要条件。但这次改革对农民来说是不公平的,地主的土地已成了法定的私有财产,而农民的土地基本上仍是公社的份地(秦晖,2013:145)。村社在改革中不但被保留下来,而且在法律上得到确认。法律规定,农民赎取的份地由村社共同占有和使用,不许买卖和抵押,村社大都按男性人口定期分配土地,以抑制土地的不均。这样改革后,俄国农村被分割成互相对立、隔绝又互相依存的两部分:地主经济和村社农民经济,而村社经济居统治地位(张爱东,2001)。

保留村社主要是出于统治的原因以及财政的考虑。因为改革后农民除了正常的赋税外,还要缴纳赎地金。而赋税与赎金的征收都要依靠连环保。在政府看来,村社与连环保不可分割,而连环保是保证农民如期纳税并偿还国家垫付的巨额赎金的唯一手段。因此,仅仅为了推行连环保,政府也必须容忍村社的存在。从行政警察的角度说,村社更便于对农民进行"畜群式"管理,"管理一群人比管理单个人更为容易"[1]。1861年后沙皇政府多次颁布法令强化村社,法令规定农民份地不得转让,禁止农民退出村社,农民以村社连环保的形式集体对国家承担义务等。当然,村社的存在可以保护小农经济免受地主经济的冲击,可以避免因农民与土地分离和迅速无产阶级化所带来的社会矛盾和动乱。所以沙皇政府才声称:"公社是俄国人民的特点,侵犯公社就是侵犯特殊的俄罗斯精神"[2]。沙皇政府出于统治需要保留村社,结果是收获了现时利益,却失去了未来。与村社相关的一系列社会控制制度如土地重分制度、宗法制度、连环保制度以及工役制等,仍然限制着资本主义经济的发展。所以1905—1907年革命后,斯托雷平在改革中采取了更加激进的方式摧毁村社制度,但直到1917年"十月革命"前仍然没有实现。而且,由于斯托雷平运用专制制度采取血腥的暴力措施推动改革,激起了农民的激烈反抗,成为"十月革命"的先声。

英法等国的资本主义革命后,执政集团由代表封建特权阶层利益的君主转为代表资产阶级利益的政党,从而实现了纳税人与执政集团的身份重合,并使得国家能力与对外竞争力有了质的提升。这使得其他国家的封建君主面临着两难选择:向英法等国学习先进制度的话,就必须向特权贵族阶层开刀,而这一阶层正是君主的主要统治基础,失去这一基础,封建统治的法理依据与阶级基石将不复存在;不向先进国家学习并进行制度改革的话,自身的统治在未来有可能在外部威胁及内部冲击下崩溃。普俄两国的统治者采取的改革措施相似,均具有明显的方向性与妥协性,即通过农民赎买的方式来获得土地产权或人身自由。无论这种方式公平与否,只要是农民得到的土地产权或(和)人身自由是充分的,对未来的经济发展就具有划时代意义。但俄国改革的最大问题是,农民付出了经济代价,却没有赎来充分的土地权利与人身自由。统治者明显限制农民买卖土地,也限制农民离开村社。这种改革实质上是失败的,国家能力建设自然难以在这种改革中受益。

(三)议价能力与改革成败

日本"明治维新"的成功,主要原因在于其经济制度的改革。与中国失败的戊戌变法相比,一般认为明治维新得益于日本幕藩体制所具有的"相对分权结构"。森严的封建等级制,以及长期存在的"虚君"传统,使得日本从来没有形成

---

[1] 谢·尤·维特.俄国末代沙皇尼古拉二世[M].北京:新华出版社,1983:422.
[2] 同上书:392.

像中国那样绝对的、一元的君主专制。但也有人认为,其成功与大量从事工商业的中下级武士有关。中下级武士与商人阶级形成了"联盟",这种联盟甚至在封建时代就已由日本特有的体制培育起来了(本尼迪克特,2005:64)。到19世纪中叶,日本已经有了相当明显的资本主义经济萌芽。从幕末到开港前后的一段时期,一部分经济发达地区已经进入了真正意义上的工场手工业时代(莫里斯-铃木,2000:100)。甚至有人认为,日本自江户时代起就已经是一个贯彻着经济伦理的"经济社会"(速水融,宫本又郎,1997),市场经济正在发育之中,近代社会的各个基本元素都呈现出了雏形,明治维新只不过是起了促进作用。因为明治维新以前,日本就已经拥有了具备一定议价能力的工商业从业者的阶层。当维新开始时,日本无论在正式制度还是在非正式制度方面,都表现出了与模仿对象之间的相容性和互补性(张环,2009)。改革的过程看似是天皇从传统的虚君走向实际权力拥有者的过程,其实更是中央集权形成的过程。在这方面,天皇作为新的执政者,与未来的大纳税人——资产阶级,具有共同的利益。明治政府制定了"富国强兵""殖产兴业""文明开化"三大政策,过去我们的目光过多地放在了富国强兵上,其实土地改革和"殖产兴业"是更加根本的措施。通过实行土地制度改革,中央政府收回土地控制权,改革封建身份制,允许农民自由迁徙,允许土地自由买卖,实行全国统一的地税法,是一次成功的"产权换税收"。大力移植西方近代资本主义制度,使得资产阶级作为一个议价势力迅速地成长起来,所以才有了1905—1925年要求真正立宪制度、废除封建残余的"大正民主运动"。

讨论到此,不得不提及近代中国的改良运动。由于中国不具备内生出近代意义上国家治理制度的条件,所以也面临着与日本、俄国一样的制度学习、移植的任务。具体来说,主要措施应该是通过自上而下的改革,削弱直至废除以特权分食为特点的、超经济剥削的封建经济制度,通过强力手段建立鼓励工商业发展的经济制度和私人产权制度。目的是培植一个能够创造大量财富、并为国家提供财政资源的大纳税人阶层。但由于各种复杂的主客观原因,中国的改革历程充满曲折并最终未逃脱失败的命运。

关于近代中国未完成改革的原因,可进行比较分析。与其他国家相比,中国皇权形成了强大的议价能力。首先,从春秋战国时期就通过商鞅变法式的"用产权换地租"实现了"编户齐民",用郡县代替分封,使得特权阶层无法拥有挑战皇权的能力。其次,通过专卖、垄断、官办手工业的方式,增强了自产能力。再次,利用主客观条件形成"囚笼效应"。古代中国小农经济占支配地位,广大农民安土重迁,再加上独特的地理环境,使得农民难以逃脱。同时政府通过重农抑末的政策,防止出现形成挑战力量的新兴商人阶层。最后,通过改造儒家文化,强化宗法一体结构,进一步打造保证皇权万世一系的超稳定社会结构。在上述手段的综合作用下,皇权的议价能力始终处于上升趋势。客观上看,皇帝的不受约束的绝对权力,可以成为推动本国资本主义性质改革的有利条件。只要皇帝出台支持私人工商业发展、鼓励对外贸易的政策,阻力会相对比较小。在这一点上,俄、德也比不了,日本与西班牙更不用说。而且,强大的皇权还有利于保持王朝统一,从而形成一个全国大市场。也就是说,在三方博弈中,皇权拥有无人匹敌、一家独大的地位。在这种情况下,如果皇权选择顺应历史潮流进行改革的话,很难有力量进行阻碍;如果皇权选择保守传统的僵化制度,也很难有力量能够加以推动。但皇权专制的缺点在于,一切新生事物的萌芽都成长艰难,其是一个无论在经济上、文化上还是政治体制上都高度定型化的封闭系统。中国文化是已经延续了两千多年的、已经定型了的封建文化,这种文化在与周边民族的竞争中保持了两千多年的优势,已经形成了以"华夷之辩""天下之中"为代表的心理惯性。这种文化孕育出的保守心态和夜郎自大的心态,可以非常轻易地扼杀新生思想和事物。在这个封闭系统中,皇权对所有资源的支配保证了其体制的自给自足,没有足够的动力和压力去推行具有不确定风险的所谓制度变革。皇权的强大意味着其他群体在博弈中议价能力的弱小。日本明治维新的成功,重要原因是曾经作为统治阶级的中下级武士阶层衰落后普遍从事工商业,从而成为支持维新的资产阶级代理人。相比之下,清末的中国缺少这样一个强大的支持变革的力量。工商业发达的江浙地区不过是庞大帝国的一隅,无法与全国性的小农经济及其基础之上的封建制度相抗衡。在鸦片战争半世纪之后的戊戌变法,才首次提出了支持工商业发展的政策,但推动变法的主体不过是极少数开明官员和具有资产阶级思想的知识分子,所谓的民族资产阶级在当时不过拥有百余家小企业而已,数量少,规模小,不可能对执政者产生足够的压力。

相比之下,西欧的封建社会与中国差别很大:典型的封建制使国王的权力受到封臣的挑战;自治商业城市成为资本主义经济的成长沃土;王权加强的过程与资产阶级的成长过程高度重合。所以,"欧洲封建社会后期出现的绝对君主制政体,实际上成为封建结构向资本主义结构转化的过渡形态"(金观涛,刘青峰,1992:453)。而且,君主从未形成绝对权力,中世纪受到教会的制约,中世纪后期受到议会的制约。另外,农民或农奴也有一定的议价能力。由于封建邦国、商业城市林立,农民或农奴有更大的机会逃跑,如从一个领主统治下逃到另一个出价更高的领主那里,或者逃到自由市过自由的生活。这使得封建领主难以将所有财政负担都转嫁给农奴阶层。

当然,制度学习的过程总是难免妥协与反复。在普鲁士和俄国的改革方案中,都要求农民通过赎买而不是无偿地获得人身自由和土地产权,这实际上给了执政者和特权阶层一次将封建权力变现的机会。但在普鲁士,1848年的革命使贵族阶层认识到了如果不改革可能"玉石俱焚",所以此后进行了较彻底的改革,基本上废除了农奴制。而且,普鲁士的容克地主较成功地转化为资本主义性质的资本家,成为支持改革的力量,并推动了普鲁士的工业革命,到1871年德国统一后短短数年间工业革命就已完成。相比较之下,俄国的农奴制改革由于受制于自身落后的经济基础和农村公社制度,更加步履维艰。自彼得大帝到1861年,150余年时间中都没有对农奴制进行根本性的改变。1861年的废除农奴制法令存在严重封建残余,其中一个重要原因是,"尽管农奴解放的条件总的来说对贵族比较慷慨,但贵族阶层的大部分财产在1861年前已抵押给国家"(梁赞诺夫斯基,斯坦伯克,2007:395)。因此,贵族从农奴制改革中获取的大部分补偿金都用于偿还债务,用于经济发展和现代化建设的资金极少。俄国旧贵族阶层难以向资本主义性质资本家转型,这也意味着他们不但不会支持改革,还会用激烈的手段反对改革的深入。俄国沙皇制度是建立在特权统治基础之上的,历代沙皇都致力于保护旧贵族的利益,旧贵族对改革的反对导致改革无法以彻底的方式推进。不彻底的改革一方面难以把农奴大规模地变成资本主义需要的自由劳动力,另一方面也导致农奴日益贫困化,使得本国的产品市场长期紧缩,无法形成有效的市场需求,本国的工业革命始终没有完成。

对于已经推进了摧毁封建经济制度、鼓励市场经济制度改革的传统执政者来说,他们自身已经通过学习和自我调整,具备了一定的、代表大纳税人(资产阶级)利益的新执政者的色彩。虽然在基本政治权力结构上与真正的君主立宪制或共和制国家还存在距离,但他们的政策取向已经不可避免地获得了近代性。即使改革最保守的俄国,在农奴制改革后其经济政策的性质,也被认为是"有利于资本主义的,而不利于贵族地主的,是资产阶级性质的经济改革"(张德敬,2002)。所以这些国家才会被主流历史称为存在封建残余的"资本主义国家"。对于德国来说,真正的资本主义政体是在第一次世界大战之后建立的魏玛共和国。对于日本来说,资产阶级政体的建立要等到第二次世界大战后美国对日本脱胎换骨的改造。而俄国则通过苏维埃革命的方式进入了另一个轨道。

四、进一步的讨论:"大纳税人民主"及其国家治理意义

近现代以来,在财政汲取博弈推动制度革命性变迁的过程中,用决策权换税收是一个关键环节。这一交换过程取得成功的国家,在政治上进入了"资产阶级民主""精英民主"或"有产者民主"时代。现代意义上的民主制度在西方诞生之初,选举权往往被限定在少数人手中,这是一个历史事实。由于在17—18世纪资本主义革命中,主要是资产阶级领导了对封建君主的反抗,而资本主义革命是现代民主发展中的一个分水岭,所以将初期的少数人民主称为"资产阶级民主"是恰如其分的。不过,"资产阶级"更多是后来者对当时民主权利涵盖范围的一个定义。在当时身临其境的时代背景中,革命参与者与民主权利实行者们自认的身份并非如此单一。比如在英国,光荣革命后相当一段时间里,贵族身份都是进入议会特别是议会上院的通行证。但资本主义革命的导火索都是对君主或宗主国的征税权进行限制,以防止其通过税收手段任意剥夺有产者的财产权利。正因如此,在革命成功后进行选举权利分配时,是不是有产者或纳税人就成为一个公民是否具有选举权资格的主要门槛。

从财政博弈看,这是可以理解的。由于资本主义性质的革命一定程度上表现为资本拥有者与当权者就财政汲取进行斗争,无产者或平民阶层就不可能成为这场博弈中的主角。因此以选举权为核心的政治权力自然不会无缘无故地落到平民阶层身上。在英国资产阶级革命中,由于人所共知的保守性与妥协性,早期的选举权被局限在有产者阶层不可避免地成为初始方案,这也导致了议会议员都是土地贵族和大资产阶级的代表人物。法国大革命的核心理念是人人平等,让所有人作为公民平等地参与政治成为一种革命号召,在革命过程产生的各类宪法性制度条款中,普选权仍然反复受到限制[1]。如法国《1891年宪法》规定,只有"能动公民"才能成为选举人,而能动公民的条件之一是"至少已经缴纳了相当于三个工作日价值的直接税"。而且,能动公民要成为选举人,还必须是

---

[1] 据统计,从1789年到拿破仑建立帝国,法国宪法反复被修改八次,选举人条件变动不止,但都"没有从根本上解决男性普选权问题"。王绍光.民主四讲[M].北京:生活·读书·新知三联书店,2018:51—52.

"产业所有权人或用益权人"[1]。在波旁王朝复辟期间(1814—1830年),选举权的条件是年满30岁且缴纳300法郎的选举税,被选举权的条件是年满40岁且缴纳1 000法郎的直接税。苛刻的限制条件使得1814年选民人数只有7.2万人,仅占成年男子的1‰。在光荣革命后相当长时间内,英国的主要财政来源是土地税与关税。比如,1688—1714年,土地税收入占英国财政收入的37.7%,同一时期,关税占财政收入的比重也高达三四成[2]。而这两种税收的主要缴纳者是地产拥有者和商业贸易从业者,也就是贵族与新兴资产阶级。

选举权与被选举权局限于有产者,与当时的社会意识形态密切相关。从古希腊先贤到启蒙时期的大多数思想家,都一致认为将选举权不加分辨地赋予所有人,会导致"多数人暴政"。"大众民主"被普遍接受、被提倡甚至被推销,仅仅是近百年来的现象。在当时的英美国家,人们认为,民选产生的"人民利益"的代表如议员、政府官员等,代表的是"财产",而不是人数,因为财产是征税的对象,拥有财产的人必须在议会有其代表,征税才是正当的(李剑鸣,2007)。大纳税人民主是当时封建君主与新兴资产阶级财政汲取博弈所产生的一种政治制度结果。有产者在革命中不想自己成为国王,也不想让任何人成为国王,而是想与国王建立一种政治权力与财产的交换。这种民主制度与相应的社会意识,客观上促成了政治权责与个体权利义务的对应关系,也使得大纳税人民主具备了划时代的国家治理意义。从历史视角看,大纳税人民主在发展、巩固和强化产权制度与市场机制,增强国家能力等方面都发挥了不可替代的作用。

第一,强化了产权制度与市场机制。在西方世界,现代意义上的财产权制度以及市场经济机制的诞生,在时间上要早于民主制度。相对于东方及其他文明,西欧社会价值观中存在着较为明显的尊重私人财产的特征,即所谓的"风能进,雨能进,国王不能进"。一般认为这与西欧中世纪典型的封建社会形态及其相应

---

[1] 法国《1891年宪法》第七条的具体规定是:任何人在作为能动公民所必须的条件之外,不兼有下述条件者,不得被选为选举人:在6 000人口以上的城市中,必须为产业所有人或用益权人,其产业在纳税册上已被估定有相当于当地的200个工作日价值的收入者;或系住宅的承租人,该住宅在纳税册上已被估定有相当于150个工作日价值的收入者;在6 000人口以下的城市中,必须为产业所有人或用益权人,其产业在纳税册上已被估定有相当于当地的150个工作日价值的收入者;或系住宅的承租人,该住宅在纳税册上已被估定有相当于100个工作日价值的收入者;在乡村中,必须为产业所有权人或用益权人,或系产业的佃耕人或分成制佃户,该产业在纳税册上已被估定为400个工作日的价值者。
[2] 于民.坚守与改革:英国财政史专题研究(1066年—19世纪中后期)[M].北京:中国社会科学出版社,2012:65,107.

的契约精神有关。不过,这种社会价值观在中世纪后期并没有直接带来经济的斯密式增长。爱泼斯坦认为,这是由于"多元主权"的存在及由此导致的"内部协调失败"[1]。层层嵌套的封建等级制度导致司法管辖权支离破碎,导致政府协调、裁决产权纠纷的成本过高;欧陆邦国林立、贸易壁垒盛行,商业流通困难重重,导致交易成本过高。"封建经济增长的主要障碍是交易的成本,而这个成本在较大程度上决定于制度规则与关税、政治与军事局势的稳定……"[2]自15世纪以后,英法等国逐渐形成了中央集权国家。主权国家的形成以及强力政府组织的出现,从多个方面促进了市场的出现:实现了货币与铸币统一以及度量衡统一;国内司法管辖权实现一体化;挑战了封建行会的垄断特权,促进了行业公平竞争;等等。"从封建制度向资本主义制度政治经济体系的转型,既要求建立绝对的产权,同时也要求建立绝对的主权,即把权力落实到每个具体的臣民身上与将权力落实到独立的主权实体身上相结合。"[3]也就是说,在作为主权国家形成的副产品(市场)出现后,私人财产权获得了向资本转化的便利条件。这本身就是资本主义生产关系替代封建社会生产关系的过程。

大纳税人民主作为一种政治制度,其实就是资本主义生产关系在上层建筑领域的集中体现。大纳税人民主制度出现后,不可避免地会维护和强化其赖以存在的生产方式。而私人财产权制度(在政治经济学中被表述为生产资料的资本家所有制)与市场经济体制,就是这种生产方式的核心所在。在英国,到16世纪,上议院立法功能衰落、下议院立法职能加强已成趋势。下议院中大量的议员如工商业者、律师、乡绅、地方官员等,多是经济活动的管理者与参与者,他们能够在内外贸易、币值升降和物价浮动以及打击经济犯罪等方面进行立法努力(阎照祥,1999:126)。这事实上已经形成了一种"大纳税人决策"的机制。在资产阶级获得了政治权力后,通过"大纳税人民主"强化了这种决策机制,更加有利于出台亲资本、亲市场导向的经济政策。大纳税人民主相对于后来选举权普及后的民主制度,其在运作上有一个特点:影响决策的群体即大纳税人数量比较少,比较容易防止集体行动中的"搭便车"问题。比如,英国资产阶级革命的最早成功以及立宪制度的最先确立,就与其当时的纳税人结构相对单一、利益的相对集中等自身独特条件有关(宋丙涛,2015:6—17)。相对于大纳税人,无产者和平民阶

---

[1] S. R. 爱泼斯坦.自由与增长:1300—1750年欧洲国家与市场的兴起[M].宋丙涛,译.北京:商务印书馆,2011:54.
[2] 同上书:75.
[3] 同上书:249.

层更倾向于促进社会财富再分配的政策,这种取向客观上会对资本与市场导向的政策形成抵消作用。但至少在资本主义革命胜利后的初期,由于无产者数量过大,在没有理论指导的情况下难以克服集体行动的困境,这一点还无法实现。

第二,增强了国家能力特别是汲取能力。在历史进程中,大纳税人民主曾经极大地提升了国家财政汲取能力。在前资本主义社会,无论封建制还是君主专制,本质上都是一种"同心圆"式的等级权力结构。在"家天下"与"君权神授"的意识形态下,封建特权的经济侧面表现为土地权利在君主与诸侯之间的等级化分配。因此,在相当长的历史时期内,土地出产是君主的主要财政汲取物,基于封建依附关系的"贡赋"和"地租"而非"税收",才是财政汲取的主要表现形式。由于封建等级关系的存在,针对土地的财政负担最终会被转嫁到底层的农民和农奴身上。这样,封建制度下的统治者在财政汲取方面就不得不面临着一个困境:财富主要掌握在享有免租免赋特权的贵族手中,而真正的被汲取对象农民或农奴除了自身生存所需之外,并无多少剩余产品。但一些国家在进入资本主义阶段后,大纳税人民主特质的制度使其实现了统治阶层与纳税人阶层的重合。资本主义革命成功后,资产阶级要么把自己的代理人变为统治者,要么通过君主立宪控制了君主权力、掌握了政治决策议程。地租、贡赋等传统财政汲取方式淡出历史舞台,以产权制度为根基的税收成为主要财政汲取方式。大纳税人政权也需要为维持自身而汲取财政资源。大纳税人阶层自己决策税收制度,然后自己纳税。税收在其存在合理性上是国家提供公共产品的对价成本,在其合法性上以代议机构通过税法即"多数人同意"为要件。对于大纳税人民主制度下的有产者来说,排斥纳税的正当理由不复存在。人类历史上首次实现了执政者与纳税人的利益共容,首次实现了执政群体的财政与税收自治。因此,资本主义性质国家的财政汲取能力,比停留在前资本主义时代的国家高出一个世代,具备了对前资本主义时代的国家进行"降维打击"的可能。

第三,先天具备扩展性。资产阶级民主背后是对自由主义、财产权利等意识的倡导,以及对身份依附的反对,与经典意义上的贵族民主或寡头民主的意识形态具有本质差别。一言蔽之,资产阶级民主无论在初始状态其适用范围是多么狭小,其都是以人类解放者的姿态降临世间的。其中先天性地包含了反对封建特权与传统身份等级制的基因。这种意识形态的内在逻辑使其具备了自我扩展的可能性。或者说,既然资产阶级可以用"平等"理念反封建特权,那么劳动者阶层也可以用同样的理念来反对资产阶级对政治权力的垄断。法国大革命初期,议会通过法律废除了众多封建与宗教特权之后,米涅写道:"这一夜改变了王国的面貌,它使全体法国人获得平等;每个人都能就业,都有获得财产的希望,都可以经营工商业。"[1]尽管宪法对选举权和被选举权设置了财产及纳税规模门槛,但财产门槛相对于身份门槛是一种开放式门槛。由于经济的稳定增长以及通货膨胀的存在,公民的个人收入水平的名义增长远超人们的预期。大资产阶级为了垄断政治权力可以将此门槛设计得很高,但仍然无法阻止在未来越来越多的人进入门槛之内并获得政治权力。

第四,防止了"多数人暴政"的可能性。在资本主义民主的早期,选举权不能侵害私有财产权成为精英阶层坚持的原则。这里的"侵害",在词义上包括后来代表劳动者阶层利益的社会民主党或工党所倡导的法治框架内的财富再分配。民主革命前后的精英阶层与政治家普遍对"大众民主"可能带来的财富反向剥夺抱有担心。"大纳税人民主"本身有利于尊重和保护私人财产权利以及自由竞争市场机制的形成。有了人们普遍认可的私有财产权利观念和制度,私有财产才能够"通过一种可行的从潜在的剥削性经济关系中退出或者避免进入的权利,保护了个人的自由"(布坎南,2002:34)。因此,大纳税人民主的一个历史贡献,是促进了产权保护、公平竞争、有偿交换等基本规则的形成和固定,极大地促进了资本的积极性与经济效率,客观上也为民主秩序向平民阶层扩展提供了条件。联想到当今一些引进选票民主制度的发展中国家在国家治理中面临的困境,以及一些西方发达国家盛行的民粹主义思潮,不得不说,早期政治家们对大众民主的担心不无道理。

---

[1] 米涅.法国革命史[M].北京编译社,译.北京:商务印书馆,1977:52.

第八章　以选举权换税收

一、"选举权换税收"模型

在封建社会形态下,执政者常常通过赋予皇亲国戚与功臣勋旧以免税特权来换取支持。随着"决策权换税收"的实现以及大纳税人决策机制的形成,没有免税特权的大纳税人群体一定程度上主导了制度变迁过程,这极大地提升了国家的财政汲取能力,并使得资本主义国家在与前资本主义国家竞争中取得了绝对优势。但这并不意味着大纳税人在博弈模型中拥有了执政者与财政负担承受者这两种身份。如前所述,执政者一般都会追求决策过程中的相对独立性,因此我们不能将资本主义国家的执政者理解为资产阶级利益的绝对代表。而且,作为大纳税人的资本家以剥削劳工阶层为主要手段来追求超额利润,剥削本身可以理解为一种广义上的财政负担的转嫁。也就是说,在"决策权换税收"模型中,资本家阶层可以将财政负担转嫁给承受者即劳工阶层,只不过与前资本主义社会相比,主要转嫁手段由超经济剥削转化为经济剥削。

在自由资本主义时期,劳工阶层普遍生活贫困,劳动环境恶劣,这很大程度上源于资本家阶层的榨取。对于靠市场竞争强大起来的大纳税人而言,形成一个相对富裕的社会以保持旺盛的市场需求,总体上有利于自身发展。但穷困潦倒的广大劳动者在利润分享中所占比例过低,从而限制了整个社会的产品需求,反倒不利于社会稳定以及社会良性发展。此时,代表大纳税人长远利益的执政者群体,出于社会稳定的长远打算、自身的政治理想以及对"国家自主性"的向往,会重新构建一个博弈联盟,以追求另一种博弈均衡。

执政者不愿意自己的决策过程过分受到大纳税人阶层的绑架,而摆脱这一局面的可行方式,就是与承受者"合谋"。恰在这时,工人阶级的抗议运动提供了机会和理由。在有政治理想的执政者、资产阶级开明分子的支持下,在工人团体的抗议运动促进下,政治权力特别是选举权渐渐地覆盖了越来越多的平民阶层。广大平民获得了投票权后积极争取自身的政治、经济权利,逐渐地分享到了更多的经济发展成果,并使得越来越多的人成为拥有一定财产甚至生产资料的中产阶级。与此同时,执政者通过税收改革,也把越来越多的中产阶级吸纳进纳税人队伍中来。由于纳税与选举权之间具有内在的密切联系,获得政治权力的平民阶层对于自己变成纳税人这一事实,从心理上并没有形成强烈的抵制。于是,"以选举权换税收"得到了实现,这也是西方国家政治体制从"大纳税人"走向"大众民主"的过程。

当然,我们不能天真地认为,此时的执政者代表了平民阶层的利益。事实上,它只是利用平民阶层的人数规模优势,来"适度"地控制大纳税人的权力。这种控制使得国家一定程度上成为调和各阶层利益的公共国家。但这种模型的复杂性在于,作为小纳税人的工人、农民等阶层也会利用大纳税人议价过程中形成的代议制民主制度来追求自己的政治目标,如成立工会组织、组建劳工政党、积极参与政治活动、表达本阶层政治观点等。通过这一议价过程,平民阶层获得普选权的同时,也获得了从大纳税人所创造的财富蛋糕中切走更大份额的可能性。通过议价,执政者改变了在财政收入上对大纳税人的过度依赖,改变了决策过程中大纳税人话语权过强的局面,通过小纳税人(或非纳税人)与大纳税人之间的制衡得到了更大的自主性决策空间。相比较之下,大纳税人似乎失去得最多,失去了对政治权力的垄断地位,被切走的财富蛋糕更大了。但从另一方面看,获得财富蛋糕的平民阶层为整个社会提供了更充裕的产品需求和购买力,反倒为企业家或资本家阶层提供了更大的市场空间和盈利机会。图8-1是"以选举权换税收"模型的简单呈现,从中可以看到,执政者与小纳税人针对大纳税人的共谋,是这一模型得以成立的最关键步骤。

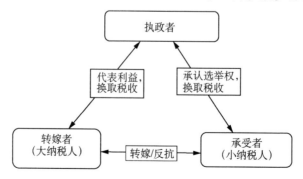

图8-1 "以选举权换税收"的纳税人议价模型

二、公民权利的"价格":选举权、所得税与社会制度的共生演进

本节将通过历史案例分析性叙述的方式,说明"以选举权换税收"过程对一些重要制度演进的影响。

(一)"寡头民主"的性质变化

在代议制民主制度开始初期,一般都是寡头民主、贵族民主或精英民主。把拥有一定财产和纳税作为获得选举权和被选举权的前提条件,曾经是一个共识。在英国,相当长的历史时期内,选举权一直被限定在拥有一定财产的贵族或自由民范围内,能够当选进入议会的多是大地产者、金融资产阶级等贵族或富豪。在美国,直到19世纪上半叶,对选举权的财产限制才被联邦各州陆续取消。在荷兰,1814年的宪法中还规定着选举权要取决于公民的纳税额和受教育程度,直到1848年投票人数仅相当于成年人口的3.5%(菲利浦·霍夫曼,2008:129—130)。1889年的日本"明治宪法"及选举法也规定,只有年满25周岁以上、缴纳国税15日元以上的男子才有选举权,严格的财产和性别限制使得当时实际拥有选举权的人数只占日本总人口的1.1%。为了进一步说明情况,下面简述一下英国的"寡头民主"政治。

在英国,光荣革命后百余年中,议会制和选举制度都没有进行实质性改革,选举权一直存在财产门槛。在各个郡选区中,选举权统一授予所有年收入40先令的地产者,这是一般性的规定。在各个选邑中,又有关于选举资格的五花八门的规定。直到18世纪晚期,英格兰和威尔士的选邑仍然可粗略地划分为5类(阎照祥,1999:263—264):一是为数最多的"自由民"选邑,在此只有那些由于出身、购买不动产,或因学徒期满而享有市民特权的人才有选举权;二是"缴纳地方税者选邑",所有缴纳产品税的户主都是选民;三是地产者选邑,凡拥有地产者均享有选举权;四是自治市选邑,只有市长和市镇机关成员拥有选举权;五是户主选邑,所有结婚成家自立门户者都有选举权。只有个别选邑可以毫无例外地授予所有市民选举权。所以从当时的选举权制度看,选举权更像是一种特权。关于被选举权的规定,更是体现了寡头特色。虽然关于议员的被选举资格长期以来并未作统一规定,但占据议员席位的大地产者和金融寡头们千方百计保持着席位垄断。1710年土地贵族和大资产阶级为了长期控制下院,通过法案:以后各郡的议员只能由年收入至少达600镑的人来充任;各选邑的议员则由年收入不低于300镑的人充任(阎照祥,1999:265)。

寡头政府在英国议会上院中体现得更为直接。在光荣革命后两百多年中，上院一直拥有相当大的权势。而上院的议员清一色出身贵族阶层，包括王室后裔、世袭贵族、终身贵族、上诉法院法官和教会大主教及主教等。国王有授予贵族头衔的权力，而一旦成为较高身份的贵族，就自动进入了上院。贵族身份的世袭则意味着上院席位的世袭。上议院的贵族化存在，就是英国贵族阶层控制政治、经济领域的集中体现。从历史现实看，英国贵族阶层无论在光荣革命前，还是在光荣革命后相当长时期内，都控制着大量的经济命脉和资源，同时更主宰了政治进程。只不过英国的贵族阶层越来越具有资本主义气质，他们的政治立场和经济利益越来越与资产阶级相近，甚至可以说，最早的、最强的资产阶级是由贵族阶层转化而来的。正是因为大部分封建贵族都是资本主义经济制度的受益者，所以他们在历史进程中起到了重要的推动作用；亦因为他们也是封建旧制度的受益者，所以他们自始至终都保持着一种保守气质。而由他们所主导的早期资本主义制度进程，也不可避免地呈现出渐进性、妥协性、保守性的特色。

不但上议院长期以来是封建旧贵族盘踞之地，下议院和内阁也由贵族长期把持。在1721—1832年的22位首相里，13人是上院贵族，6人是贵族之子，1人是贵族之孙，仅公爵就有5人（阎照祥，1999：274）。内阁中的大法官、枢密大臣、侍卫大臣和掌玺大臣等荣誉职位当仁不让由贵族领衔。一些拥有实权的职务如国库大臣、外交大臣等也多由贵族担任。1780—1820年所有65名阁员中，贵族43人，贵族子孙16人；余下8人中6人来自士绅家庭，且3人退休后进入上院（阎照祥，1999：275）。大贵族还控制着军队、地方各级政府的大量职位。1769年，陆军27%的上将是大贵族，各步兵团一百多名校官中，贵族和贵族之子约占三分之一。

所以，英国资本主义革命作为一个议价过程，其结果看似形成了"君主立宪"的立宪制度，但控制权力的仍然是大资产阶级，或者说是贵族化的大资产阶级，也可以说是贵族阶层的资产阶级化。正如恩格斯的评论："在英国，资产阶级从未独掌全权。甚至1832年的胜利，也还是让土地贵族几乎独占了政府的所有要职。"[1]这种资产阶级既有资本主义制度的先进性，比如英国贵族举办资本主义农场和工商企业，成为资产阶级的主要组成部分；同时也具有维持封建主义

---

[1] 中共中央马克思恩格斯列宁斯大林著作编译局.马克思恩格斯选集(第3卷)[M].北京：人民出版社，2016：769.

财产等级制和继承原则的需求,因为这有利于他们巩固社会特权地位。总之,他们是想兼得"鱼"与"熊掌"。但是他们与革命前的旧贵族存在本质上的不同,如果说旧贵族所拥有的特权地位包括"免税权"的话,那么新贵族的特权地位更好地凭借的是资本主义性质经济的实力,爵位对他们来说更像是一种荣誉。新贵族必须按照自己所把持的议会所通过的各种税收法案依法纳税,这是新贵族赖以掌握政治权力的基础。所以,尽管看起来贵族阶层仍然把持着议会上院和下院,把持着内阁重要部门,甚至把握着军队和各级政府的高级职位,但是他们:第一,不再是通过执政者分食才能获得基本利益的依附性的贵族阶层,而是具有独立经济实力的资产阶级性质的贵族阶层;第二,不再是被国王所控制的贵族阶层,而是控制国王并通过立宪方式掌握政治权力的贵族阶层。

(二) 贵族衰落与英国议会改革

这种"大纳税人"权力一家独大的格局,虽然在早期有利于资本主义性质制度的巩固,但也存在致命缺陷。表面上看,资产阶级只能通过至少看起来"平等""自由"的方式对工人阶级进行"经济剥削",凭借政治特权进行"超经济剥削"的时代一去不复返了。但客观上,经济剥削的强度并不一定弱于超经济剥削,因为在人身依附的超经济剥削情况下,贵族对农奴尚保留一定的保护责任,而纯粹的经济剥削是赤裸裸的雇佣关系,雇主除支付工资外,不必对工人的生存承担责任。在资产阶级革命成功后的一段时间内,整个资本主义世界处于自由竞争时期,资本家阶层对工人阶级的压榨是十分残酷的。工人阶级在政治上没有地位,在经济上没有资源。不过,获得人身自由的无产者虽然对自己的雇主缺乏议价权,但人身自由权却成为他们向执政者议价的护身符。所以才发生了英国宪章运动、德国西里西亚纺织工人起义、法国里昂丝织工人起义等欧洲三大工人运动。在英国,有两种情况的发生增强了中小资产阶级和工人阶层的议价能力。其一是内阁制的逐渐完善,以首相为主的内阁逐渐掌握了行政权力,相对自主性增强,一定程度上摆脱了贵族和大资产阶级的控制。其二是法国大革命带来的思想启蒙和对统治阶层的冲击。自由、平等的革命思想被越来越多的民众所接受,统治阶层感觉到如果不对平民阶层适度让步,就可能引发更激烈的革命。工业革命后迅速成长起来的英国工业资产阶级,首先向代表大地产者和金融资产阶级利益的议会发难,在工人阶级势力的配合下,推动了议会进入了改革时代。

此时工业资产阶级的斗争有两个特点。一是通过议会斗争的合法手段进行,目的是通过选举竞争进入议会,然后推动议会通过有利于自身的法律议案。

二是为了增强本方的力量而拉拢产业工人和平民阶层。比如1775年,约翰·卡特赖特发表了政治小册子《抉择》,要求实行男子普选权、每年改选议会、平均代表权、秘密投票等主张(阎照祥,1999:286)。民主主义者托马斯·潘恩的《论人权》对于唤起民众争取政治权利起到了突出作用。随着形势的变化,自1830年代开始,议会制度进入了改革时期。经过近百年的渐进式改革,代表工业资产阶级和产业工人阶级的政治组织次第登上政治舞台,选举权涵盖的范围不断扩大,直到20世纪初叶普选权彻底落实。由于这一过程太漫长,在此只选取少数有代表性的事件加以论述。

1. 第一次议会改革

1832年英国议会通过法案,目的是改革已经不能代表人口分布结构的选区划分,同时对选举权的门槛进行修正。在草案中,取消了60个人口不足2 000人的小选邑,47个居民在2 000~4 000人的较小选区失去一个议席,余出议席分配给那些人口众多但代表人数太少的选区。问题是,人口众多但代表人数太少的选区都是近几十年随着工业革命发展而迅速聚集人口的新兴工业区,居民主要是中小资产阶级和工人阶级。这种改革使原有大贵族等既得利益者不能接受。结果,法案在下院以1票的优势险胜,但在上院被否决。随后国内出现了反对上院的动乱。法案先后经过三次提交,上院均进行了否决。针对上院屡次反对"人民的意志",为了打破僵局,支持议会改革的首相格雷敦促国王作出选择:要么批准政府辞职,要么加封足够的贵族以保证政府议案通过。国王在艰难抉择后,同意加封足够多的贵族以稀释保守派在上院的力量,最终使得法案在上院通过。本次改革法案没有完全改变选区设置和代表席位分配中的不公平现象,拥有64%人口的郡选区仅仅选出下院34%的代表,而仅占相应人口36%的城镇选邑却产生了66%的下院议员。而且,法案还保留了选举人的财产资格,规定地主或房主年收入达10镑者、租地经营达50镑者才有选举权,故而新增加选民并不多(阎照祥,1999:293)。改革仅仅是稍微改变了代表分配不公平的局面,没有动摇土地贵族在议会中的优势地位。而且,在这场斗争中担任了绝大部分斗争任务的无产阶级和广大人民群众,仍然没有选举权。值得注意的是,出身辉格党的首相格雷是本次改革的重要推动者,而辉格党是代表大土地贵族和金融贵族利益的。而同时与辉格党分庭抗礼的托利党则代表着土地贵族中最保守、最反动的一翼(阎照祥,1999:296)。实际上两党立场没有本质区别,只有谁的保守态度更极端的差别。在这种情况下,首相格雷仍然接连几次提出议会改革案,不得不说,此时的内阁已经初步显示出一定的自主性。

2. 废除《谷物法》

第一次议会改革后,托利党逐渐演变为代表大贵族利益的保守党,辉格党逐渐演变为代表工业资产阶级利益的自由党,两党制初见端倪,责任内阁制逐渐完善。在党派竞争中,两党出于获胜需要,都开始广泛招揽各个阶层人士。保守党开始大量吸收贫困阶层党员,并推动一系列法案以争取他们的支持。自由党则努力争取曾经的反对者即大贵族阶层的支持。1841—1846年间罗伯特·皮尔领导的保守党政府,根据当时形势,进行了具有自由主义色彩的全面改革,降低了进口关税,大力推行自由贸易;征收居民所得税,增加财政收入;限定纸币发行,制止通货膨胀……特别是废除保护大土地贵族利益的《谷物法》,是在保守党内部土地贵族极力反对,和反对党即自由党的支持下完成的。皮尔的这种政治选择似乎违背了保守党的一贯政治态度,但的确是有利于国家长远发展和国内稳定的明智举措。谷物进口关税和禁令取消后,国内谷物价格下降,以谷物为原料的工业资产阶级和普通平民从中受益,而土地贵族的土地租金下降,有利于资本主义经济的发展。这一政治措施再一次说明了,政治家们尽管仍然会依靠党派竞争来获得执政地位,以照顾自己所在政党所代表阶层的利益,但他们也会为了政治理想和国家长远发展,推动一些当时看来违背自己背后支持阶层利益的政治措施。

3. 第二、三次议会改革

第一次议会改革仅仅对选区划分和选举权门槛进行了有限的改进,并没有从根本上化解整个社会对议会不公平体制的观感。19世纪60年代以后,工人阶级争取普选权的斗争越来越激烈,1867年特拉法加广场和海德公园发生了大规模的示威集会。所以当年议会又通过了改革法案:凡缴纳济贫税的房主和定居一年缴纳10镑以上年租的房客,可获得选举权;在各郡,凡每年土地收入达5镑或缴纳5镑租金的佃农可成为选民。新法案使得选民数量从130万猛增至200余万,但在当时2 500万居民中比例依然很低,全国半数以上的男子和所有妇女仍然没有选举权。但这次改革仍是土地贵族和金融贵族的一次关键让步。1884年议会又进行了第三次改革,主要内容是:每年收入10镑的成年男子均可成为选民。选民数量由315万增加570余万。同时还通过了重新分配议席的法案,议席分布的公平问题得到了比较好的解决。两党中的开明政治家在这两次议会改革过程中仍然起到了重要作用。在很多保守派分子抱怨改革步子迈得太快时,以张伯伦为首的自由党激进派和其他团体在全国各地召开数百次会议,呼吁继续改革,以实现男子普选权。

4. 社会福利改革与上院的衰落

三次议会改革的历史,其实是土地贵族逐渐衰落,新兴工业资产阶级占据优势地位的历史。在这一过程中,工业资产阶级为了最大限度地积聚力量,必然寻求工人和平民阶层的支持。到1906—1914年,自由党内阁为了争取工人阶级选民支持,采取了比较激进的社会改革措施。先后实施了《劳资争议法案》《养老金条例》《国民保险法》和《行业委员会法》等法令,奠立了20世纪英国福利国家的基础(阎照祥,1999:389)。推行社会福利政策并非自由党为了追求一己私利,因为当时刚刚统一的德国已经实行了广泛的社会福利制度,并且促进了整个国家经济的迅猛发展。在外有成功榜样、内有工人阶级压力的情况下,自由党内阁的政策选择不过是顺势而为。不过,实施社会福利计划需要巨额开支,为此必须调整财税政策并增加预算。1907年,内阁提出了对年收入超过2000镑的"非劳动所得"征收超额所得税、对15万镑以上产业征收累进遗产税的法案。1909年,内阁又提出了"人民预算案",再次大幅度提高遗产税,增收土地税。保守党激烈反对增税法案,认为这是在"劫富济贫"。所以上院多次否决法案。一方是在大选中获得胜利、代表广泛民意的自由党内阁,另一方是代表土地贵族利益、坚持不让步的上议院,双方的斗争陷入僵局。但由于普通选民数量的增加以及民主制度的完善,代表工业资产阶级利益、与平民阶层形成联盟的内阁,已经取得了针对上议院的议价优势。自由党内阁挟广大人民的支持,通过重新大选的方式向上议院施压,并提出了削弱上院权力的议会改革法案。最后上议院不得不勉强通过法案,上议院的否决权事实上被废除了,从此基本上失去了与下议院抗衡的能力。至1949年,议会再次通过法令,规定财政法案只能由下院提出,上院不得随意修改,至此上院对财政议案失去了重要权力。

5. 工党的崛起

以自由党激进派为代表的开明势力用落实普选权的方式,取得了工人阶层的支持。自由党激进派这样做的原因,一方面是为了取得对保守党的政治优势,另一方面也有政治家追求社会长久稳定之计的理想。这种做法现在看来十分正常也很有必要,但在当时与整个国家保守的心理意识存在落差,这也为以后自由党的衰落埋下了伏笔。伴随着普选权的实现,在维权斗争中得到锻炼的工人组织逐渐壮大起来。产业工人的数量本来就很多,工人运动的思潮也很庞杂,既有立场偏右的工联主义,又有相对温和的费边主义,还有立场偏左的马克思主义,而且自由党和保守党也都有自己的工人附属组织。经过多次分化合作,到1892年,一些劳工组织联合成立了"独立工党"。独立工党的建立是英国工人运动和社会主义运动史上的重要事件，它使英国工人有了一个脱离资产阶级两大政党的组织（阎照祥，1999：399）。1900年，又成立了囊括劳工组织更广泛的劳工代表委员会，并在1906年与自由党合作参加了议会大选。劳工代表委员会提出了50名候选人，在自由党的配合下有29人当选，从而开始组成议会党团。同年开始使用"工党"简称。经过几十年的努力，劳工代表终于在议会站稳了脚跟，从此英国政治舞台上出现了一支重要的生力军。

（三）选举权扩展与所得税改革的继起性

英国资本主义革命以来的政治发展进程，其实是不同的阶层轮番获得议价优势、并利用议价优势追求利益最大化的演进过程。在代表工人阶级利益的政党登上政治舞台后，形成了一个从未出现过的三方博弈格局。内阁权力的扩大、首相地位的提升及政治家自主性的增强，使得执政者一定程度上摆脱了大贵族的控制，成为相对中立的仲裁者和主持人。土地贵族的式微以及大金融资产阶级和中小工商业资产阶级的相继成熟，使得大纳税人阶层的组成部分不断丰富并且走向复杂化。工人阶级及平民阶层能够登上政治舞台，固然有他们不懈斗争的推动，但不可否认与执政者对政治理想的追求、对社会发展情势的顺应以及保持本党派执政地位的想法有关。正是执政者的这些政治目标，促成了他们与工人组织的结盟，并最终推动了普选权的实现。

不过在上文陈述的历史进程中忽略了一个情况，即工人阶级后来大部分变成了拥有一定财产的中产阶级，并且成为纳税人。通过对关键事件的梳理可以发现，资产阶级革命以来的政治发展，是选举权从被大纳税人垄断走向全民普及的过程，也是税收理念及税收制度现代化的过程。为了证明这一点，同时理解其中的国家治理意义，下面把平民抗争、选举权扩展、税收理念和制度变化等关键事件进行比对分析。在历史上，工人阶级抗争是一种持续不断的状态，为了方便起见，选取有代表性的抗争事件进行观察。普选权的扩展应该被作为衡量非资本家阶层逐渐获得议价能力的一个主要标志。在税收制度的变化中，重点关注以个人所得税为主的直接税的出现及完善过程。因为从纳税人议价演进过程来看，间接税的意义无法与个人所得税、遗产税等直接税相媲美。由此，将英、美、法、德、俄、日等国的社会抗争、选举权扩展、主要税收制度变化等关键事件列出得到表8-1。从表中的时间维度上可以发现，暴力抗争事件的消失、普选权的落实、个人所得税的推行和完善基本是同步进行的，是一个"三合一"的过程。

表 8-1 部分国家选举权扩展、直接税制度变革、社会抗争事件发生时间对照表

时间段	英国	美国	法国	普鲁士—德国	俄国	日本
1600—1650年	1625年,议会反对查理一世征收十分之一和十五分之一税。 1640—1649年,资产阶级革命					
1650—1700年	1650—1660年,克伦威尔征消费税、人头税及财产税等直接税,受到抵制。 1662年,查理二世征壁炉税,因受抵制而取消。 1689年,光荣革命					
1700—1750年	1733年,沃波尔拟向烟酒征消费税,因受到国民抗议而取消					
1750—1800年	1795年,Speenhamland制度出现,是一种最低工资保障制度,但不是官方正式制度	1786—1787年,谢斯起义,抵制税收和债务。 1794年威士忌叛乱,抗议对部分消费品征收消费税。 1798年,对房产、土地、奴隶等征直接税,1802年取消	路易十六时代,连续三任财政大臣试图改革封建特权,建立一视同仁的税收制度,均因贵族反对而辞职。 1789年召开三级会议,大革命爆发。大革命后征地产税、专利权税、门动产税、窗税等四项直接税,持续了近一个世纪			

(续表)

时间段	英国	美国	法国	普鲁士-德国	俄国	日本
1800—1850年	1799年征所得税，1802年取消，1806年再次开征。随后屡兴屡废。 1818年，彼得卢惨案，参加者是资产阶级和工人，反对代议制度。 1820年代《谷物法》，参加者是工人和农民。 1830—1831年，第一次议会改革，南部和东部农民起义。 1832年，第一次议会改革，选举人财产门槛降低，选民由51万增至81万，占成年居民比例由5%增至8%。 1832年，第二次议会改革，要求普选权。 1837年，第二次人民宪章运动，要求普选权。 1842年，因印度战争再次开征所得税，但国会明确是暂时征收。 1846年，废除《谷物法》。 1848年，第三次人民宪章运动，要求普选权。		1830年，"七月革命"，参加者为资产阶级和工人阶级，反对波旁王朝专制统治的波旁王朝复辟后统治，要求保障个人财产，维护出版自由和选举权。 1831—1834年，里昂工人起义。 1848年，"二月革命"，参加者为资产阶级和工人阶级，建立了第二共和国，确立了普选权。	1807—1808年，施泰因改革。 1808年，普鲁士王国在少数省份开征个人所得税。 1811—1816年，哈登堡改革。 1844年，西里西亚纺织工人起义。 1848年革命，参加者主要是工人、市民和学生。 1848—1849年，对部分富裕地区推行累进所得税。		
1850—1900年	1867年，海德公园集会争取普选权。 1867年，第二次议会改革，再次降低选举人门槛，选民由130万增至200余万，占成年男人的比例20%以上。 1874年，所得税被正式确认为永久税种。 1884年，第三次议会改革，选民由315万增至570万，占成年男子的60%。 1894年，确立遗产税。	1850年代，各州相继取消了选举权财产限制，基本实现白人男人普选权。 1862年，为筹措南北战争经费，首次开征个人所得税，并成立国内岁入署。 1872年，取消所得税。 1894年，通过累进个人所得税法案	1870年，普法战争失败受到反对而放弃因受到反对而放弃征收个人所得税。 1871年，巴黎公社	1883年，通过健康保险法。 1884年，出台意外事故保险制度。 1889年，通过伤残和老龄抚恤金法案。 1891年，普鲁士引入现代化的一般所得税	1861年，农奴制改革	1868年起，明治维新。 1899年，全面推行个人所得税

(续表)

时间段	英国	美国	法国	普鲁士-德国	俄国	日本
1900—1950年	1905年,通过《失业工人法》。1906—1914年,自由党政府社会改革。区分劳动所得税与非劳动所得税,对后者实行累进税率,推行累进遗产税,征收土地税。通过了《劳工保险法》和《行业委员会条例》《国民保险法》《养老金条例》,奠定了福利国家的基础。1914—1918年第一次世界大战期间,个人所得税税率调整,纳税人数量猛增三倍,10%以上的国民成为纳税人。1918年,所有成年男子及30岁以上妇女获得选举权。1923年,工党执政。1941—1942年,《贝弗里奇报告》出台,勾画了"从摇篮到坟墓"的社会保障蓝图。第二次世界大战后英国基本按该报告建设成了福利国家。1941—1944年二战期间,个人所得税税率调整,纳税人数量增加三倍至1 200万人,占总人口25%以上。1948年,废除复数投票制,"一人一票"议会民主制最终形成	1913年,通过改进后的个人所得税法,税率 1%—7%,纳税人不足国民1%。1917年,为应对战争,将个人所得税最高税率从15%提高到67%。1935年,将个人所得税最高税率提至75%。1935年,联邦政府出台《社会保障法》	1913年,开征个人所得税,不久停征。1916年,征收综合所得税,"老四税"逐渐停征。1917年,恢复个人所得税	1918年,魏玛共和国建立后,确立了普选权。1920年,在德国全境开征统一的个人所得税	1905—1907年革命,参加者是资产阶级激进派和工人、农民。1906年,第一届国家杜马选举产生。1906—1911年改革。1917年,推行累进的个人所得税。1917年,十月革命	1905—1925年,大正民主运动。1940年,全面税制改革

关于英国,可以看到以下三种现象。第一,在资产阶级革命前后相当长时间内,执政者开征直接税的努力都宣告失败。如1625年,议会反对查理一世征收十分之一和十五分之一税,革命后一直到18世纪上半叶多次拟开征消费税、财产税、壁炉税等都未成功。19世纪初,因拿破仑战争开征临时个人所得税,但几年后取消。此后个人所得税多次开征又停征。第二,直接税推行成功的过程与普选权的扩展过程高度吻合。第一次议会改革十年后的1842年开征所得税,虽然名义上仍然是临时税,但此后一直维持了下去。在第二次议会改革七年后的1874年,个人所得税正式成为永久税种。在第三次议会改革十年后,确立了遗产税。在20世纪初的社会制度改革后,借第一次世界大战的机会,个人所得税实现了调整,纳税人数量猛增三倍,10%以上的国民成为纳税人,同时普选权基本落实。后来又借第二次世界大战的机会再次调整个人所得税税率,纳税人数量增加三倍至1 200万人,占总人口25%以上,并实现了"一人一票"的民主选举制度。第三,国内暴力抗争活动渐渐消失。19世纪10—30年代,先后发生多次暴力抗争运动,但随后的抗争运动转为和平抗争。三次人民宪章运动及1867年海德公园大集会,虽然都是争取普选权,但均是和平运动。

在美国,刚刚独立后就发生了谢斯起义、威士忌叛乱,但这些主要是抗税行为,并未提出任何革命目标。除此之外未发生大规模的暴力反抗事件。在南北战争期间的1862年,政府为筹措战争经费首次开征个人所得税,1872年取消。1894年,通过累进个人所得税法案。1917年为应对战争,将个人所得税最高税率从15%提高到67%。1935年,曾将个人所得税最高税率提至75%。北美殖民地由于本身的清教徒色彩、英国民主文化传承以及自治传统,在成立初期人们就拥有较完整的普选权利。如弗吉尼亚殖民地成立不久就出台法律规定,该殖民地代表议会由"全体居民"选举产生(Hofstadter,1982:69)。但到17世纪后半期,殖民地又对选举权提出了资格限制。我国的学者曾经认为,这反映了资产阶级统治者把劳动人民排除在政治权力之外的意图。但历史事实是,17世纪各殖民地对选民资格的限制,要么是受到了母国英国法律的影响,要么是根据英王的命令行事的(张定河,1998:415—416)。早在1430年亨利六世时代,英国的法律就规定"自由土地所有者"和"房产价值达40先令者"才有选举下院代表的权利(Bishop,1970:74—78)。中世纪英国的议会本身就是由大贵族组成的议事咨询机构,后来区分上院与下院,能够进入下院的乡村骑士和市民代表也是拥有一定财富和地位的阶层。为了维护自身的政治利益,自然要对选民资格设定财产门槛。所以,北美殖民地最初对选民设定资格限制更多的是一种历史惯例。

18世纪上半期以后,对选举权财产资格的要求不断提高的原因才真正来自殖民地社会内部(张定河,1998:416)。因为这一时期,殖民地人口增长迅速,社会两极分化加剧。如果仍然按照原来50英亩土地的财产门槛,占人口大多数的、拥有小块土地的普通人民很可能会获得优势。提高选举权的财产资格,可以看作保证代表议会掌握在殖民地上层社会手中的一种策略。在美国独立后的邦联时期,由于邦联国会代表由各州议会选派,因而不需要邦联条例规定公民的选举权。但各州议会下院、部分州上院及部分州的正副州长由选举产生,这就需要各州对公民的选举权作出明确规定(张定河,1998:417)。在各州的规定中,虽然都提出了财产、宗教、受教育程度、居住期限等多重要求,但财产资格限制仍然是最重要的。因此可以认为,直到18世纪晚期,选举权仍然是拥有大量金钱和土地的人的一种特权。

要更全面地了解美国早期对选举权的严格限制,需要了解当时的政治家们对"民主"所抱有的担心。美国第二任总统亚当斯毫不掩饰自己对无限制民主的不信任,并且为贵族政治辩护。他说:"在所有的政体中,民主政体最容易发生骚动和混乱,而这些骚乱在这种国家中极可能成为致命伤。"(梅里亚姆,1988:67)简言之,似乎稳定的政府不可能建立在无限制民主的基础上。但是,美国第三任总统托马斯·杰斐逊是人民民主的忠实信徒,也是亚当斯式贵族政治思想的尖锐批判者。在他当政时期,普通人民参与政治的热情得到提高,一些州开始取消选举权的财产资格限制。1829年杰克逊上台执政后,大刀阔斧地进行民主改革,进一步加速了废除选举权资格限制的步伐。到1860年,除少数地方政府继续把财产作为竞选公职的首要条件外,各州都废除了财产资格限制(Conway & Feigert,1968)。但需要注意的是,在这一过程中反对普选权的声音始终很强烈。前总统亚当斯、麦迪逊、门罗及大量上层人士站在一条阵线上反对扩大普选权,他们认为普选原则的结果是"滥用自由、压迫少数、破坏特许权、贬低正义、赋税不均以及粗糙和易变的立法"(梅里亚姆,1988:99)。主张扩大选民范围的理由,有时是为那些服过兵役、立了汗马功劳,但仍旧没有资格参加选举的人请命,或者断言选举权是一种天赋权利。

表8-2 英国部分北美殖民地选举权资格变化一览表

殖民地名称	成立初期	17世纪下半期	18世纪上半期
马萨诸塞	1634年成立,清教徒、非犯人、土地所有者有选举权	1691年规定,选民须有40先令的世袭不动产	

(续表)

殖民地名称	成立初期	17世纪下半期	18世纪上半期
弗吉尼亚	1619年成立,无限制	1670年规定,选举权限于房产主和土地所有者	1736年规定,选民须有100英亩土地
北卡罗来纳		选民须有50英亩土地	
南卡罗来纳		选民须有50英亩土地	1717年规定,选民须有50英亩土地,1745年改为300英亩
纽约		1699年规定,选民须有40英镑不动产	
新泽西		选民须有50英亩土地	1702年规定,选民须有50英亩土地,后改为100英亩
佐治亚		选民须有50英亩土地	
罗得岛	1647年成立,清教徒、非犯人、土地所有者有选举权	1691年规定,选民须有40先令的世袭不动产	1767年规定,选民须有40英镑的不动产和每年40先令租金收入
康涅狄格	1637年成立,清教徒、非犯人、土地所有者有选举权	1658年规定,选民须有30英镑以上动产或20英镑不动产	
马里兰		选民须有50英亩土地,或40英镑动产	
特拉华		选民须有50英亩土地,或40英镑动产	
宾夕法尼亚		1700年规定,选民须有50英亩土地及50英镑其他财产	

注:1.此处的选举权,指的是殖民地居民选举本殖民地议会议员的权利。2.在殖民地时期,拥有选举权的前提条件是白人成年男子,不包括黑人和妇女。

个人所得税率先在英国和美国成为一个独立的税种。但两国政府开始征收个人所得税的直接原因都是为了应对战争的财政需要,而且早期的个人所得税都是临时税,在税收法案通过时就已经承诺,战争结束后要取消征收。上文已经提到,英国个人所得税征收范围的扩大与选举权门槛的降低几乎同时发生。在美国,由于没有历史包袱,比英国早半个世纪确立了普选权,所以两个进程的同步性不如英国明显,但事实仍然是,个人所得税的开征、征收范围的扩大都是在普选权落实之后完成的。在这两个国家,个人所得税的改革过程就是"纳税人资格"从大资产阶级向中小资产阶级以及中产阶级扩展的过程,同时也是普选权从大资产阶级向中小资产阶级、中产阶级以及有色人种、妇女扩展的过程。如今的两国,相当一部分国民特别是中产阶级以上都已经成为个人所得税纳税人,而普选权也已经全部实现。这个过程就是用选举权换取税收的典型表现。如果有人挑剔地认为，上述只是时间上的偶然同步，无法证明内在逻辑上的同步，那么还可以找到更多的佐证。查尔斯·亚当斯(2013:357—358)在《善与恶——税收在文明中的影响》一书中，这样描述英国因拿破仑战争开征的个人所得税的命运：

> 皮特的所得税原计划在战争结束后的6个月内被取代。但是，到1816年，这一税种已经运行了超过15年，政府的很多税务官员希望这一税种能继续存在下去。但是大部分英国人憎恨这一税种，比政府想象的要严重。反对这一税收的领导人在平民院(即下议院——作者注)中总结了英国人民的心情："它所造成的伤害远大于它所提供的税收收入，他必须承认，它的确是一个最有效率的税收。他希望整个国家能够像一个人那样站起来反对它……官僚机构的权力延伸到每个人的日常生活之中，这是所有拥抱专制和暴政的先声"。这一税种被大多数赞成票给废除了，其中还规定销毁政府关于这一税收的全部记录，就像1404年的所得税一样。销毁税收记录，就像死人一样，不会撒谎了。

对于信奉"私人产权神圣不可侵犯"、崇尚个人隐私的英美人来说，征收个人所得税带来的财产损失尚在其次，更大的隐患在于，政府通过征收该税种，必然掌握私人的财产权利信息，这是富裕阶层人士最不能接受的。所以当英国停止个人所得税后，议会还要求政府必须销毁涉税的全部记录，因为其中记载了纳税人的私人信息。由于英美国民不信任政府、崇尚个人自由和财产权利的特质，个人所得税这样的税种似乎最不可能在这种国家成功。但事实是英国成为最早成功征收个人所得税的国家，美国也早于其他绝大部分国家。而且，迄今为止这两个国家的个人所得税征收是最成功的[1]。有理由认为，这种成功与两国完善的议会民主制度存在相关性。正是完善的议会民主制度，使得纳税人对政府征税的公平性、合法性以及对纳税人隐私保护的满足产生信任感，成为纳税人遵从税法的心理意识条件。在整个18世纪，英国的直接税占税收总额的比重在

---

[1] 根据OECD数据，自20世纪80年代以来，英美系国家个人所得税占年度GDP的比重一般保持在10%左右。法国的这一比重长期维持在3%左右，到21世纪后才逐渐升至4%以上。在东亚国家日本和韩国，这一比重一般在3%～5%。也就是说，在西方发达国家中，除去情况较为特殊的北欧国家，英美系国家在个人所得税方面是最成功的。

20%～30%徘徊。而20世纪伊始,这一比例攀升到50%以上,并且稳定在50%～60%[1]。美国从19世纪中叶才开始征收个人所得税,但直接税占税收总额的比重高达70%。

上述三合一的进程,在其他国家是否也具有典型性呢? 对于德国和日本来说,在第二次世界大战之前,历史并没有赋予两国实践三合一全部过程的机会。1806年以后德国进入了改革时代,但改革并未撼动封建制度基础。19世纪上半期普鲁士曾经在少数富裕地区推行所得税,但不具有全国影响力。1880年代俾斯麦大力推行社会福利制度,在当时领先于几乎所有的西方国家。但这并不意味着其受到的压力比其他国家更大[2]。不过,有两个时间点的巧合值得注意。在1880年代的社会福利改革完成之后,1891—1895年普鲁士进行了税制改革,推行了累进所得税,税率从年收入900～1 050马克征收0.62%开始,一直累进到对年收入超过10万马克者征收4%(郑寅达,2014:328)。第一次世界大战后的1918年,魏玛共和国确立了普选权,废止了公法特权和由出身或等级所造成的权利不平等现象,1920年在德国全境开征统一的个人所得税。1945年以后,联邦德国整体接受了立宪民主制度,三个进程一并通过移植的方式同时完成。在德国的历史经验中,看不到三合一进程的自发相互影响的演进结构,但整体成功移植也从另一方面证明了三个进程在逻辑上是相互通联的。俄国的历史经验比较特殊,但也能从另一方面提供证明,有效的个人所得税制度一般会在重大政治权利或社会福利改革之后获得推行。一直到十月革命前夕,俄国既没有实现普遍的选举权,也没有推行有效的个人所得税制度。1905年的斯托雷平改革被认为是最彻底的改革,1917年出台的累进个人所得税可被看作改革的一项具体成果,但已来不及推行。法兰西民族是革命性比较强的民族,无论资产阶级还是工人、农民阶层都习惯于采取暴力的手段争取权益。因此,法国早在1848年就确立了普选权。但或许也是因为反抗精神太强,大革命后征收的直接税大多没有取得预期效果,这种情况下,个人所得税提案会使政治家们心有余悸。当1870年普法战争失败,有人提议像英国那样也征收个人所得税时,被当时的执政者拒绝了。大革命后的法国,在财政汲取能力方面已经今非昔比,但更多是通过关税、土地税等间接税以及发行债券等方式进行的。1871年以后,法国的民主制度得到完

---

[1] 详细数据参见:滕淑娜.税制变迁与英国政府社会政策研究[M].北京:中国社会科学出版社,2015:37,200.

[2] 一般认为,现代社会福利制度率先在德国出现,与德国长期以来的社团主义传统有关,但也有人将其归功于俾斯麦个人的贡献。——作者注。

善,再也没有发生大规模的暴力革命行为。1913年以后,个人所得税逐渐成形。所以,法国的演进过程虽然与英、美等国相比有特殊性,但不构成反证。

至此可以说,从大纳税人民主向大众民主的转变,是近代以来西方式民主国家存在的一种普遍化历史过程。由于这一过程与普选权的扩展过程基本同步,所以不易引起人们的注意。而且,从具有代表性的个人所得税制度演进过程来看,每一个关键的调整,都与民主制度、社会制度的改革存在配合关系,甚至大多发生在这些改革之后。由此可以提出一个推断:以个人所得税为代表的税收制度演进过程,其实就是国家用普选权与公民换取税收的过程。当然,这种"交换"主要是心理意义上的交换,并非现实中一一对应的交换。不能说,当选举权扩散到一部分人时,这一部分人随后立即开始纳税,毕竟现代税收制度是一种相对固定化、非人格化的法律。但有一种观点为这种交换提供了证据:以选举权换兵役。利瓦伊(2008)的研究证明了在19世纪欧美各国"花钱免兵役"政策消失与选举权扩展到工人阶级之间的内在联系。在欧美各国,军人能否获得选举权一直是对选举权财产门槛的挑战,"为那些服过兵役、立了汗马功劳、但仍旧没有资格参加选举的人请命"(梅里亚姆,1988:99),是主张扩大选民范围的重要理由。在选举权扩展的过程中,出身于大纳税人阶层但又有政治理想和相对独立意识的政治家起到了一定作用,他们千方百计挣脱大纳税人阶层的束缚,使得平民阶层获得了在政治上与资产阶级相抗衡的能力。当然,个人所得税的成功推行与精妙的税收制度设计分不开。既然是累进所得税,首当其冲的是高收入阶层,所以能得到低收入阶层的支持,这成为该税最终得以推行的重要原因。但随着国民收入的普遍提高以及通货膨胀,中低收入阶层一拨一拨地进入了纳税区间。一方面,中低收入阶层是渐次而不是集中地成为纳税人,这削弱了纳税人聚集起来抵制税收的可能性;另一方面,税收法案是代议机构投票通过的,这属于游戏进行之前的"先定规则",纳税人于情于理都难以反驳纳税的合法性。这符合了布坎南"一致同意的计算"以及罗尔斯"无知之幕"的设计原理。

(四) 社会福利制度与社会管控制度的产生

选举权的扩展与个体所得税的推行,可以被认为是"三方联盟博弈"中执政者与小纳税人合谋"剥削"大纳税人的一个例证,但并不是唯一例证。在现代社会福利制度的形成发展过程中,也能够看到联盟博弈的影子。由于在"大纳税人民主"模式中,执政者代表的是作为大纳税人的资产阶级的利益,其出台的政策不可避免地想尽一切办法压榨被雇佣者或者工人阶级。关于在资本主义自由竞争时期工人阶级受压迫的惨状,从日本作家的《矿工》《蟹工船》等无产阶级文学作品,再到卓别林的《摩登时代》,都有生动描绘。社会救济理念是一种古老的理念,社会救济制度也早已存在。但古代的社会救济主要是"共同体"式的或宗教式的民间救济,政府救济责任的形成是晚近才发生的事情。在资本主义自由竞争时代,人们比较普遍地把贫穷与懒惰联系起来,以至于早期的救济制度带有"惩罚"性质。比如,英国 1495 年法令规定"所有流浪汉、游手好闲和靠可疑手段过活的人"将被监禁。直到 1834 年的《济贫法》,仍然把参与劳动作为获得救济的先决条件。狄更斯名著《雾都孤儿》写于 1834 年的《济贫法》通过之时,从中可以看到繁华之下贫苦人民的穷困生活,也可以看到济贫院中简陋的生活条件以及枯燥的劳动。底层人民的悲惨命运以及自由竞争带来的严重社会问题催生了一系列与社会福利有关的思潮,如空想社会主义、费边社会主义、国家社会主义、社会民主主义等。人们开始逐渐意识到贫穷产生的深层次社会制度原因,同时底层人民和工人阶层的激烈抗争也推动了社会福利制度的发展。

社会观念的变化以及底层人民的抗争固然是社会福利保障制度产生的重要推动力,但不能否认政治博弈在其中的推动作用。这可以从 1880 年代德国社会福利立法及 20 世纪初英国自由党社会改革措施中看出来。1880 年代,德国在全世界率先推出了一系列社会保险立法,从而比其他国家更早地进入了"福利国家"。在当时,无论工业化规模还是发展水平,抑或是社会对现代保险制度的要求,德国都无法与英、美、法等国相提并论,为什么会出现在社会福利制度上领先的现象呢?关于原因,有人认为是受到了德意志社会中根深蒂固的"共同体意识"(郑寅达,2014:312)或曰"封建社会主义"(姜守明,耿亮,2002:109)的影响,或者受到了俾斯麦"国家社会主义"(王云龙等,2010:44)的影响。不过也有人注意到了阶级力量变化和博弈各方之间合谋的因素。随着德国进入快速工业化时期,大量失地农民进入劳动力市场,劳动者失业、贫穷现象非常严重。受社会民主主义思潮和马克思主义影响,产生了一些工人政党组织,特别是社会民主党是欧洲最早的工人阶级政党,在政治上的影响力越来越大。此时掌握政治主导权的并非资产阶级,仍然是容克贵族。容克贵族为了压制资产阶级在政治上的要求,巩固自己的政治统治和特权地位,把拉拢工人阶级作为重要斗争策略。最明显的例子就是普鲁士"宪法冲突"期间,俾斯麦曾经以实施国家社会政策为条件,拉拢工人运动领袖一起对付资产阶级自由派(郑寅达,2014:313)。显然,这已经构成了典型的"三方联盟博弈"。因此可以说,德国福利国家的形成固然有一系列综合因素推动,但执政者要削弱大纳税人而与平民阶层合谋也是原因之一。这样,通过《疾病保险法》《意外事故保险法》《老年和残疾保险法》这一系列法律,形成了俾斯麦典型的"萝卜加大棒"的统治策略,也开了福利国家先河。

1906—1914年英国自由党内阁的社会改革措施在上文已有叙述。这些在当时看起来很激进的社会改革措施,直接原因是自由党为了争取工人阶级选民支持。1941—1942年《贝弗里奇报告》出台,勾画了"从摇篮到坟墓"的社会保障蓝图,成为在社会福利领域影响至今的重大事件。第二次世界大战后英国基本按该报告建设成了福利国家。从广义的社会福利观点看,税收制度在调节社会财富分配、缓解社会不公方面职能的强化,也是福利制度加强的一种具体体现。18—19世纪末,英国的税制结构以间接税为主,其中又以消费税和关税为主要收入来源。到19世纪末20世纪初,伴随着遗产税、所得税、土地税等直接税的改革,直接税的比重逐渐超过了间接税。一方面,直接税开始发挥调节贫富差距的功能;另一方面,社会福利制度逐渐完善。所以,20世纪是英国福利国家的起点,亦是英国现代化税制确立的标志(滕淑娜,2015:219)。可以说,福利国家的出现、现代税收制度的完善以及选举权的扩展也是共生演进的过程。

另一种在财政汲取博弈过程中共生的典型制度是社会管理制度。国家触角向整个社会的渗透,是实现国家能力的重要基础。要汲取资源,首先要保证获得经济主体或个人的信息;要实现社会规制,首先要保证有力量、有手段渗入基层社区。可以说,渗透社会本身就是一种国家能力。但从历史发展比较来看,国家渗透和控制社会的手段存在差别。西欧封建社会时期通过领主庄园把农民束缚在土地上,是一种控制手段;古代中国式的"编户齐民"也是一种控制手段。进入近代工业社会以后,国家的社会监控手段越来越精密。但从财政汲取博弈的视角观察,古代社会的社会控制制度与近现代以来出现的社会管理制度存在重大差别。

很多人认为,古代中国的基层社会是"皇权不下县,县下皆宗族"的宗法自治结构,这种观点值得商榷。秦晖(2014:37)提出了另一个截然相反的观点,认为古代中国是"国权归大族,宗族不下县,县下唯编户,户失则国危"的传统。无论如何争论,有一点是历史事实:古代皇权专制政府通过"编户齐民"维持了对基层社会的一定水平的管控能力,所谓的宗族自治不过是服从、服务于国家控制的一种手段。这种基层社会控制制度虽然有利于保证国家的汲取深度以及维持基层社会的稳定,但毕竟是一种"内卷化"手段。这种制度把农民束缚在土地上,致使农民通过小农经营很难实现资本积累,也就无法突破"马尔萨斯陷阱"。商品经济有助于资本积累,也能够更快、更多地产生财富,但商人难以为政府所控制,所以"重农抑末"成为长期国策。俄国"村社"制度与古代中国的"编户齐民"类似,从俄国"村社"制度近代以来改革中的命运,可以窥视到财政汲取博弈在推动社会控制制度变迁中的作用。俄国1861年后的农奴制改革其实也是一次"以产权换税收",只不过国家给予的"产权"是受到严格限制的使用权,而限制农民权利的主要手段仍然是禁止农民转让份地、禁止农民退出村社、农民以村社连环保的形式集体对国家承担义务。在俄国的农奴制改革中,执政者一方面想通过解放农奴来发展资本主义经济,另一方面又担心农奴离开土地之后危及社会稳定。这种矛盾的执政思想,使得农奴制改革政策充斥着难以兼顾、无法调和的冲突。执政者让农民缴纳赎金来购买原本属于"村社"的土地,但又规定土地不能随意买卖、农民不能随意离开土地。这样造成的必然结果就是:农民花了钱,却没有购买到真正的产权,改革以农民负担的净增加而告终。可见,东方国家出现的编户齐民、连环保式的社会控制制度,是执政者意图维持自身议价能力而不惜牺牲社会经济活力的举措。

在农业社会中控制安土重迁的农民,在工业社会中控制组织性较强的工人,都不存在难以逾越的鸿沟。到了工业时代后,国家对基层社会的管制水平不断得到提升,户籍制度、身份证制度等都保证了即使在人口大量流动的情况下,政府仍然能够实现较高水平的人身管控。特别是通过每人一生唯一社会福利保障号码的方式,基本上可以将所有人"一网打尽"。政府最难控制的,其实是公民以及其他组织(如企业、社会组织等)的经济数据。正是因为难以准确掌控市场主体或经营者的经济数据,近代以前的税收管理模式才不得不停留在按人头征收人头税、按田亩征收田赋、据关卡抽取关市之赋等简单的查验征收阶段。即使编织严密的"编户齐民"与连环保也没有解决这一难题。近现代以来,这方面的根本性突破主要是伴随着所得税的推行而实现的。

政府对所有法人、个体纳税人的经济数据的严密监控制度是如何一步步建立和完善的,目前还没有找到这方面的文献。从逻辑上推测,这应该是伴随企业所得税和个人所得税制度出现的副产品。既然议会已经通过了所得税制度,那么就必须建立相应的税源监管措施,当然就需要赋予政府征税部门一定的查实纳税人收入信息的权力。而且,随着所得税制度的精密化,税务部门对纳税人信息的监控也日益精密化,这应该是一个逐渐完善的过程。特别是后来电子计算机以及互联网络的出现,为涉税信息监控提供了更加先进的技术手段。到目前为止,无论西方发达国家还是发展中国家,税收数据的全国联网、实时共享已经成为税收管理必需的基础性条件。相比较而言,对现代企业的经营数据监控制度体系的建立更容易一些,因为现代企业大多实行所有权与经营权相分离的治理制度,生产经营数据的公开透明是企业自身管理需要,自然也难以逃避来自政府的监管。但对公民个人的财产数据进行监控难度会大很多,其中涉及个人财产权利以及政府与公民之间的权责边界问题。不过,累进的个人所得税一开始是针对少数富人征收,而且个人所得税从富人向中产阶级扩展的过程是渐进式完成的,由于过程的精妙,借税收手段逐步实现个人财产信息的监控在技术上和政策设计上都是可行的。

三、过早"共谋"与制度失败

在上一章谈到后发国家的制度学习和移植时,得出的一个成功经验是:经济制度移植要"激进",政治制度移植要"保守"。对于后发国家来说,不学习先进制度会导致衰败;在学习先进制度过程中没有把握好节奏,没有在正确的时间做正确的事也有可能导致失败。经济制度激进、政治制度保守的内在逻辑是,先通过"强化市场型政府"的政策,培育强大的私人经济力量,以作为国家竞争力的潜在基础。那么,采取一种经济制度保守、政治制度激进的策略来移植国家治理制度,会发生什么后果呢?此处"激进的"政治制度改革主要是指过早推行了"一人一票"式的"民主制度"。这样做的潜在危险很可能是,在作为私人经济力量的大纳税人强大起来之前,非纳税人或小纳税人阶层就已经做好了分食准备,即"多数人暴政"。有学者(D'Arcy,2012)认为,如果民主制度在国家能力强大之前获得发展,就像一些欠发达国家那样,将不利于提高岁入占 GDP 的比例。欧洲现代国家获得较高财政汲取能力的原因,在于国家能力进步是先于民主制度实现的。可以说,选票民主并非西方式国家治理模式成功的主要原因,而仅仅是其制度演变的一个结果。换言之,大众民主在西方世界属于内生的政治制度形式,与其整个国家治理结构具有先天的契合性。相比之下,发展中国家大多具有与西方截然不同的社会环境与历史情境,在这种情况下,不考虑自身条件直接引入选票民主机制,难免落入生搬硬套的窠臼。结果正是如此,早期资产阶级政治家与启蒙者所担心的民主导致"多数人暴政"的结果,更多地出现在发展中国家。

无论在西方还是在发展中国家,大众民主或选票民主都与"民粹主义"的盛行紧密相连。俞可平(1997)认为,"民粹主义"既是一种社会思潮,又是一种政治运动,还是一种政治策略。作为一种社会思潮,民粹主义有多个来源,包括俄国民粹派、美国"人民党运动"、拉美"庇隆主义"等,相互之间呈现出一些不同特点。但整体来说,各类民粹主义有其共同点:参与者主要是来自农村或城市底层的、受教育水平较低的贫困阶层人士;在思想上信仰"人民"而不信任"精英人士";在意识形态上相信整个国家和自己的命运是"特定势力"入侵的牺牲品;在组织方式上反对多元政治体制,倾向于热爱"卡里斯玛型"领袖人物,容易导致独裁统治;在经济目标上追求绝对公平或平等,希望国家通过激进手段进行财富再分配(Dornbusch & Edwards,1991:9)。作为一种政治策略,民粹主义可以被理解为政客为了自身利益采取一些短期化、极端化的措施以迎合大众情感的政治行为,如强制国有化、过度的社会福利、极端的收入再分配等。可见,贫富分化导致的严重社会分裂是民粹式社会福利政策的社会基础,而缺乏法治传统和特定民情为政治人物利用"福利赶超"收买人心创造了条件。在大众民主导致的民粹主义的影响下,国家治理制度建设可能面临诸多困难。

第一,产权制度与市场经济机制发育成熟更加艰难。发展中国家大多不是市场经济原生国家,市场经济及其相应的规则、意识是没有根基的"舶来品"。这种情况下,就需要一个强有力的政治权威利用国家能力来强推市场经济规则。在国际政治现实中,一些成功实现工业化的发展中国家如韩国、新加坡、智利等,在市场机制初建时期,依靠的是强有力的甚至被视为"独裁"的执政者和威权体制,而不是选票民主制度。先实现所谓的"民主化"而不是先构建稳定的市场经济体系,有可能使产权制度与市场经济体制的孕育过程受到强大干扰。

第二,与现代社会格格不入的传统宗教观念容易被进一步强化。根据罗斯托的"现代化理论",低收入社会只有放弃它们的传统方式,采纳现代经济制度、技术以及强调储蓄与生产性投资的文化价值观,才能在经济上取得发展[1]。很多发展中国家至今仍然被传统的文化价值观(如"宿命论"的宗教文化)与社会组织结构(如封建性质的部落制、等级制或身份制)所约束。一方面,这使得平民大众把受苦受难看作天经地义从而缺少辛苦劳动以改变自己命运的动力;另一方面,传统的社会组织方式阻碍了全国统一市场的形成。如果不能冲破传统的社会结构,消解传统的文化价值观,一个国家就难以真正融入"现代社会"。要改造传统社会结构,抵御传统文化的内卷惯性,值得依靠的显然不是"一人一票"式的民主选举制度,而是强大的国家组织与有效的执行力。因此,发展中国家在传统社会结构被有效消解之前就引入竞争性选举制度,可能是政治制度构建中的程序错置。正确的程序应该是"国家建设在先,民主在后"[2]。

---

[1] 安东尼·吉登斯,菲利普·萨顿.社会学(上)[M].赵旭东,等译.北京:北京大学出版社,2015:577.
[2] 郑永年.大众民主的困境[EB/OL].2016-08-11,http://zhengyongnian.blogchina.com/557735447.html.

第三,客观上削弱了国家能力。很多发展中国家至今在社会结构上仍然处于部落制阶段,不同部落、种族、宗教群体间存在持久的矛盾冲突。民粹主义"反知识、反理性"的态度(林红,2007:52),总是有意识地将社会分裂为两个对立的集团——'纯粹的大众'与'贪腐的精英',强调政治生活应该是'人民意志'的集中反映"(Mudde,2007:23)。单纯的选票民主有可能强化各群体内部的认同,同时激化各群体之间的矛盾,从而使国家融合变得更加困难。另外,选票民主制度容易导致针对富人的过高比重的税收汲取,同时导致更多的人把选票作为社会福利的变现工具。在全球化背景下,面对高税收环境精英阶层可能选择流向海外,从而削弱国家经济竞争力。同时,过高福利导致的债务攀升也会影响国家信用,进而降低国家财政的可持续性。在1974年以来第三波民主化浪潮中的国家,其国家治理水平与其他国家相比并没有表现出明显的优势(包刚升,2017),也印证了民主制度背后的深层次问题。

第四,过早地陷入"福利陷阱"。一项分析表明,菲律宾长期未能走出"中等收入陷阱"的一个重要原因,就是民粹主义带来的就业保护过强、社会保障支出过高以及过度城市化(贡森,葛延风,2012:193)。赵聚军(2015)通过分析拉美和泰国的经验后认为,民粹式的福利超载是政治人物为了获取"人民"的支持或践行其政治理念,强力推行违背经济发展规律、带有"政治性分配激励"色彩的社会福利政策所致。

从财政博弈视角看,发展中国家民粹主义盛行并影响国家发展的一个原因,可能是这些国家历史上缺乏契约或产权传统,没有机会经历"以决策权换税收"阶段。但真正有机会经历这一阶段的国家是少数,有些国家虽未经历典型的"以决策权换税收"过程,但仍然实现了较长期的经济增长,其原因为何?理由应该是,在这些取得阶段性成功的国家,都产生了或曾经产生过一个比较强大的国家政权力量,而且这个力量在执政中采取了亲私人产权、亲市场的战略导向,从而具备了"强化市场型政府"的特质。也就是说,这些国家成功的重要原因,是虽然未经历"以决策权换税收",但通过制度学习一定程度上达到了"以决策权换税收"的国家治理效果。很多发展中国家没有取得类似的成功,可能是因为这些国家尽管出现过强大的政权,但出于各种考虑没有选择市场化的政策导向,或者是从来没有出现过能够有效整合各个传统部落力量的国家政权。

按道理来讲,在传统的部落制与宗教环境中,出现一个统一各种力量的"政治强人"是大概率事件。在当代全球化背景下,政治强人推行面向市场化的政策取向也是有可能的。但为什么仍有很多国家尚未走上市场化改革的路线?为什么有一些国家曾经发展出相对完善的市场体系,最后却又被撕裂得千疮百孔呢?其中原因固然有很多,如一些非洲国家长期以政变形式发生政权更迭、上台的统治者不具备政治理论与国际视野等,此等姑且不论。一个更普遍化的原因可能是,西方国家在发展出大众民主后,将大众民主制度与相关的意识形态视为"普世价值"然后推广全世界,一旦有执政者不接受这一制度与价值,即将其视为异类。也就是说,西方国家在普遍走上了大众民主之后,随着全球化的深入,发展中国家在制度变迁过程中的博弈条件发生了质的改变。是不是在选举中获得多数票,成为统治合法性的唯一标准。在西方国家的推广下,各国精英阶层与普通民众都已经自觉地接受了这一标准。选举每几年就要进行一次,执政者必须小心翼翼地照顾各个群体的利益,以备下次选举时不被击败。问题在于,发展中国家要实现传统社会向现代的转型,实现经济的长期稳定增长,整个过程一般需要几十年甚至上百年时间。几年一次的选举客观上束缚了政治家们的手脚,使他们的政策选择一方面过度照应传统部落势力的意识形态,另一方面容易左右摇摆,使投资者难以形成稳定的心理预期。可见,西方世界意识形态的变化以及西方主导下的全球化的深入,客观上改变财政博弈中参与各方的议价能力。平民阶层或传统部落力量携选票在议价中取得了优势,执政者为了维持执政地位不得不与其共谋,出台一些有利于他们的财政政策。相比之下,本来就十分弱小的资本家或企业家阶层无法获得足够的成长空间。

通过投票达到"多数人剥夺少数人"的目的,可能是一种"低劣"的民主。在很多人看来这并非"民主",不过是"多数人暴政"而已。有人把民主视为一种"生活方式"或者托克维尔笔下的"民情"。既然民主不仅仅是一项正式制度而更是非正式的意识,那么真正的民主的产生就应该不仅仅是制度移植,更应该是从复杂的社会生态中"演化"产生。只有这样,所谓"民主"制度才能够根深蒂固。而在民主意识的演化形成过程中,私人财产权利才是"权利之母"。从财政汲取博弈的层次上看,之所以从逻辑上应该先建立保护纳税人利益的经济制度,其实就是建立一个尊重和保护私人财产权利,形成可以自由进入和退出的公平的市场竞争机制。正是通过市场交换,人与人、人与社会之间才能建立起相互依赖的关系,私有财产权利及意识在这个过程中会逐渐增强。正是有了大家普遍认可的私有财产权利观念和制度,私有财产才能够成为人们抵御风险的坚强外壳,人们才真正具有安全感。刘瑜(2017)将公民社会中公民的行动分为"规则优先型"和"诉求优先型"两种,如果一个公民社会的行动普遍是规则优先型的,那么民主就更容易稳固,如果是诉求优先型,反而可能破坏民主稳固性。规则意识是内生于民众意识之中的。要想形成规则意识,关键不是过早地推动"一人一票"选举制度,而是先完善私人产权制度,大力发展公平竞争的市场经济以培育整个社会的公民规则心态。当然,这又回到了"诺思悖论"上,一个非民主国家的执政者既有可能成为推动产权保护和市场经济的"强化市场型政府",也有可能成为掠夺性的"内卷化"政府。

四、进一步的讨论:"智猪博弈"的国家治理意义

教科书中认为税收具有强制性、固定性、无偿性这三种特征,但现在来看,作为历史范畴的税收的特征其实应该更加复杂化与立体化。而且,假如以公共权力与个体权利边界出现明确分野作为"税收"赖以形成的逻辑前提,人类社会中曾经出现甚至仍然存在的很多财政汲取方式并不能算作真正意义上的"税收"。从这个意义上说,税收的"交换性"并不仅指人们通常所认为的——人们用纳税来换取公共服务。这一观点尽管作为政府征税合法性的理由已经几乎人尽皆知,但仍然无法匹配本书所讨论的问题的历史厚度。这里的税收的"交换性",其实指的是真正意义上的"税收"形成的历史过程,以及在此过程中国家治理制度相应的变迁。简言之,税收的"交换性"指的是,尽管具体的税收征收行为由国家强制权力作保障(这是税收"强制性"的本意所在),但税收作为一种制度,其实是由公权力与私权利之间的"交换"而产生。公民基本权利的实现过程,无论是政府赋予公民新兴权利,还是政府对既存权利的承认,抑或政府对公民权利的保护,都内在地蕴含了公民作为纳税人身份的实现。对于理性的、有经验的执政者来说,要答应某个群体的权利诉求,一定要趁机搭上一个财政汲取的条件。因为如果此时不"搭售"财政汲取条件,随着时间推移人们对此项权利的"应得"心理成为习惯后再去采取同样的财政汲取措施,难度将大大增加。英国的经验就是议会制改革每进行一步,选举权每扩展一次,个人所得税的征税范围就扩大一次。假如遇到一个非常理想化的、道德高尚的政治家,它推动了选举权的普及,但并未利用契机建立或完善相应的税收制度,那么对于很多人来说,选举权的获得就是"免费"的,这对于国家治理是福是祸呢?从当前一些"全盘照搬"西方民主制度的发展中国家的经验教训看,这一制度设计并非最优选择。

从上述角度讲,一个国家或地区的政治制度的发展(特别是"民主制度"的发展)有自己的规律和进程。民主制度要获得持久的生命力,要为国家良治提供坚实基础,其必须具有强烈的内生性,而不能不顾客观实际地照搬或移植。具体来

说,就是要遵循"用权利换税收"这一内在逻辑。当然,这种逻辑下制度变迁在初始阶段会产生一种现在看起来令人反感的现象:纳税人说了算甚至大纳税人说了算,而大纳税人在很大程度上等同于富裕阶层。对于平等和均富观念已经深入人心的现代社会来说,这一点很难让人愉快地接受。但历史事实以及本文所揭示的逻辑事实又证明了这一点的必要性。一种由"大纳税人民主"所强化的产权与市场制度体系,是现代社会良治的基础。"一人一票"的大众民主并不构成与"大纳税人民主"相当的现代社会良治的基础,大众民主只不过是大纳税人民主政治环境下社会良治的一个结果。如果本末倒置,先追求结果而不去夯实基础的话,国家发展的进程就有可能走弯路。

财政汲取博弈作为一种三方联盟博弈,不具备永久的稳定性。但在一定历史阶段一定条件下,这一博弈也能够形成短期的博弈均衡。在西方世界,选举权换税收实现后,可以说达到了这样一种均衡,并且这一均衡是一个具有良治意义的治理结构:拥有一定自主性的执政者获得了议程设定和政策执行的权力,大纳税人阶层获得了参政议政的权力,小纳税人阶层凭借人数优势保持着否决权。这是一种比较理想化的权力配置格局。当大纳税人议价能力过度强大时,执政者与小纳税人就会运用政治、经济手段加以限制;当小纳税人的议价能力有失控风险时,执政者与大纳税人就会运用同样的手段稍加羁绊;每当执政者想无限制地扩大自己的权力时,大纳税人就有可能联合小纳税人对其进行防范。对于执政者来说,其角色就像一个中立的、自主的仲裁者或掌舵者,在不断根据现实情况合纵连横的同时,通过三方制约获得一定的相对自主性,通过纳税人角色的广泛普及获得更强大的财政汲取能力,从而保证了整个国家的竞争力。

当代西方社会治理结构的稳定性及其良治意义,可能与其博弈格局的一些特征有关。比如,当今的财政汲取三方博弈,在收益分配上可能有类似"智猪博弈"[1]的特征。"智猪博弈"是一种典型的"正和博弈",无论整个社会还是

---

[1] "智猪博弈"(rational pigs)常被用来描述现实生活中力量不对等的个体在博弈时合作或背叛的策略选择问题。例子的一般描述是这样的:假设猪圈里有一头大猪、一头小猪,猪圈的一头有一个猪食槽,另一头安装着控制猪食供应的按钮。按一下按钮会有10个单位的猪食进槽,但是谁按按钮就会首先付出2个单位的成本。若大猪先到槽边,大小猪吃到食物的收益比是9∶1;若同时到,收益比是7∶3;若小猪先到,收益比是6∶4。那么,在两头猪都有智慧的前提下,最终结果是小猪选择等待。在此例中,无论大猪选择"按"还是"等",小猪的最优选择都是"等待",这就是本博弈的纳什均衡(张维迎,1996)。有趣的是,经济学家们关于智猪博弈的灵感来自动物心理学家的实验。1979年,鲍德温(Baldwein)和米斯(Meese)做了著名实验:将猪圈两头各安一个拱杆和一个带喷嘴食槽。拱杆被拱,则喷猪食。圈中大小两猪经多次博弈,局势稳定于大猪独拱,小猪沾光。1989年,拉斯穆森(Rasmusen)将此例简化改造后引进博弈论。

博弈三方,都能从中获得收益。在此博弈格局下,作为"大猪"的大纳税人的企业家精神得到了承认、尊重和鼓励,使得他们能够将资本、技术、土地和人力资源等生产要素组织起来,去寻找市场机会、开拓新的市场,创造更多的价值。同时,作为"小猪"的小纳税人或平民,一方面通过企业家的事业探索所提供的就业岗位获得收入,另一方面又通过政治投票手段建立累进所得税制,将企业家的一部分利润转化为社会共享的公共福利。执政者则演化为具有"相对独立性"的仲裁者或掌舵者,任务是保证这一种大猪组织蛋糕创造行为、小猪共享蛋糕的双赢规则得以顺利实行。在这种格局下,"有能力的精英主动站出来带头实行强互惠策略"(宋丙涛,2011:166),然后与平民阶层一起分享合作剩余。三方联盟博弈的无稳定解的状态,意味着大猪和小猪都希望与执政者合谋,以削弱对方的议价能力。执政者则适时抽身并扮演中立角色,不断通过调整博弈双方的得益水平,保证这一博弈稳定地进行下去。显然,这是一种迄今为止比较好的、具有长治久安气质的格局。

最后,有必要论述一下三方博弈与三个模型,以及三个模型之间的关系。三方博弈并不是博弈论中的既有概念,在这里它仅仅指的是在财政汲取博弈中抽象化的基本博弈者有三方而已。即使财政汲取博弈中的博弈者确实有三方,这三方在相当长的人类历史中,主要表现其实也是两两博弈,比如国王与封建主之间、封建主与佃农之间的博弈。由于国王与佃农之间难以发生持续、稳定、直接的关系,此时的博弈不可能是完整意义上的三方联盟博弈。无稳定解的三方联盟博弈的形成,一个前提条件就是执政者与承受者(或小纳税人)之间必须形成直接关联,在人类历史上,这一方面需要打破封建社会的人身依附关系,另一方面需要政府把管理的触角从共同体延伸到一个个自然人与市场主体。显然,这一过程就是资本主义社会形态出现和成熟的过程。由此可见,三方博弈是三个模型赖以形成的动力结构。

根据既定的研究角度及内在机理,本书讨论了财政汲取博弈推动制度变迁的三个路径:产权换税收、决策权换税收和选举权换税收。这种概括,只是对人类历史上财政汲取博弈影响国家治理制度的作用机制的一种高度抽象总结。这不是人类历史中国家制度演进过程的全部,甚至也不是财政制度发展进程的全部。这种概括仅仅表现了政治经济史中的一个具体的侧面。而且,这三个层次的代表性事件固然发生在不同的历史时期,但财政汲取博弈的层次划分主要是内在逻辑上的区别,而不是简单的历史时期区别。比如,不能认为"产权换税收"仅出现在古代社会或封建社会,决策权换税收仅出现在近代社会或资本主义社会。至于三个模型之间的关系,从历史发展和制度演进的视角看,应该是递进演化的关系。但逻辑递进关系并不完全等同于时间先后关系。严格意义上的三种模型的自然更替仅仅出现在英、美、法等资本主义制度原生国家,一些后起国家的三个模型的出现并不完全具有时间上的继起性。而且,对于当今的发展中国家来说,财政博弈的外部约束条件已经发生了重大变化,其社会变迁、经济发展与政治制度构建进程呈现出更加复杂的景象。

第九章 财政汲取博弈与当代一些经济现象

以上三个财政汲取博弈模型，其实是推动制度变迁的动力结构。推动制度变迁的因素纷繁复杂，财政因素并非决定性因素，其决定性因素只能是生产力与生产关系之间的矛盾。但财政因素无疑是人们理解制度变革的一条关键线索。在本书的三个模型中，以产权换税收提供的是一种制度变迁的基本逻辑，它体现了生产关系中的一对重要关系即国家或类国家共同体与其成员之间关系的变化，因此具有更普遍的适用性。以决策权换税收为现代化的国家治理制度出现提供了一种动力，它促进了"大纳税人民主"制度的诞生，并使得纳税人、财政支出主要受益者和执政者之间出现了真正意义上的重合，这种政治制度结构在后来的国际竞争中取得了优势。随后的以选举权换税收，是"大纳税人民主"内在逻辑的自然或非自然化的扩展。其自然化体现在，随着经济发展和人们收入水平提高，越来越多的人自然地进入了纳税人行列，从而具备了选举权资格；其非自然化体现在，工人运动和平民抗争是选举权最终普及的重要推动力量。在秩序扩展的情况下，后来的"全体纳税人民主"或者"大民主"并不会完全破坏"大纳税人民主"时期形成的纳税人身份多重复合的状态及相关的社会意识。这保证了社会各阶层之间具备一定程度的思想共识和共容利益，从而成为国家良治的重要基础。

不过，上述三种模型完整地依次递进发挥作用，仅仅出现在西方特别是英美国家。在这些国家实现了国家治理体系蜕变，并在国际竞争中取得优势之后，就给后发国家提供了一种前车之鉴，或者说客观上改变了后发国家执政者行为选择的约束条件。后发国家的执政者没有机会等待制度变迁的自然发生，要想维持自己统治的合法性，就必须向先前国家进行制度学习。在西方世界"大纳税人民主"或者资产阶级垄断选举权的时代,一些落后国家利用强大的专制权力来学习推行资本主义性质的经济制度并取得了阶段性成功,这一定程度上表现为执政者运用政治权力构建具有现代性的产权制度,并以此来增强国家的财政汲取能力。但随着西方世界全部进入"大众民主"时代,后发国家在制度学习过程中采取上述"威权主义"方式进行改革的难度明显增加了。由于"一人一票"的政治民主制度成为"普世价值",后发国家不得不在政治制度设计上向此看齐。这就导致两个后果:第一,人们的普选权是"从天而降"获得的,而不是像西方国家制度演进过程中那样由具体财政义务交换而获得。无论在经济交换还是政治交易甚至日常生活中,"免费"的东西总是不受珍视[1]。由财政义务交换而来的选举权存在着纳税人与用税人之间的对应关系,从而有可能形成一种针对财政资源支出的节制心态。而远离了财政义务与政治权利交换的普选权缺少了这种对应关系,也丢失了在财政支出中的节俭意识。第二,过早的选举权普及使得执政者的政策设计受到与本国传统意识形态和生活方式密切相关的民粹主义的干扰。在亚非拉等广大地区,传统的意识形态与社会结构仍然维持着强大生命力,如宿命论的宗教意识、人身依附性及等级化的社会关系等。在人身自由未能完全实现的情况下,完全的财产权利受到阻碍,自然也就难以进入严格意义上的财政汲取博弈过程来争取更高意义上的政治权利。在很多实行选票民主制度的发展中国家,选举权的普及不但没有带来国家治理绩效的提升,反而导致了民粹主义泛滥,导致国家债务不断攀升甚至发展成财政危机。

可见,财政汲取模式在不同的环境中,其具体表现形式可能会呈现出多样性,甚至在某些情况下以反向印证的方式进行着。那么,这些多样化的政治经济现象,是不是挑战甚至否定了财政汲取博弈与国家治理之间的关联判断呢?在本章,将通过几个第二次世界大战后出现的全球性的热点经济现象,来就此进行探讨。

---

[1] 在《西游记》第九十八回,唐僧师徒四人历经千辛万苦到达灵山。在奉如来之命取经书时,阿傩、伽叶却向唐僧讨要贿赂("圣僧东土至此,有些什么人事送我们?快拿出来,好传经与你去")。唐僧将此事告诉如来,佛祖笑道:"他两个问你要人事之情,我已知矣。但只是经不可轻传,亦不可以空取,向时众比丘圣僧下山,曾将此经在舍卫国赵长者家与他诵了一遍,保他家生者安全,亡者超脱,只讨得他三斗三升米粒黄金回来,我还说他们忒卖贱了,教后代儿孙没钱使用。"唐僧师徒取经过程中已经付出巨大代价,佛祖仍然向其讨要"本钱",其目的显然不是为了经济收入,而是再次告诫唐僧师徒,要对经书抱有敬畏之心。此处引这一文学案例,仅是为说明"免费的东西不受重视"乃是人类社会中的朴素道理。

一、土地改革

在当代,农业领域特别是初级农产品生产过程已经不具备重要的财政汲取意义。各国的税收制度设计中,农民从事的农业生产活动一般都被列入免税范围。在我国,沿袭了两千多年的农业税也在21世纪初退出了历史舞台。所以现代"税收",如果不加以特别说明的话,一般会被理解为"工商税收"。不过,在人类文明史大部分时间里,农业生产才是国家财政收入最稳定可靠的来源。即使到了近代,各国所进行的土地制度改革中,财政收入仍然是重要考虑对象。

在走向现代化国家的进程中,土地制度变迁往往居于关键地位。从财政汲取角度看,土地制度改革的成功与否关系到国家能力建设;从更深远的视角看,在传统社会中土地制度是封建化人身依附关系及等级化所有制的主要承载物。换句话说,土地制度改革在社会意义上承载着对传统社会进行现代性改造的历史任务,在政治意义上关系到国家与社会或者政府与公民之间关系的构建。而且这两个方面是紧密相关、相辅相成的。早在17—18世纪,重农学派就认为,只有土地才具有生产性,也只有土地才能够负担税收。洛克也认为,所有税收的负担最终都会归于土地;能够有机会获取土地,是人的一项基本权利[1]。可见,在国家治理制度体系从传统向现代转型的过程中,土地制度曾经扮演、到目的仍然扮演着不可替代的角色。

土地制度的现代化其实就是建立现代化的土地产权制度,这同时意味着要消灭封建化、等级化的传统土地所有权结构。在传统的土地权利结构中,君主一般拥有名义上的终极所有权,按照现代政治学概念理解,这一权力更像是国家主权的一种表现,而不像是具体化的支配权力。土地的具体化的所有者权利,主要被封建贵族以及大地主阶级所掌握。农民"租种"了国家或者贵族的土地,仅仅拥有一定程度上的土地使用权与收益权,但在长期甚至持续多世代的耕种过程中,这种土地权利事实上也具备了一定的财产权色彩。在封建社会后期的中国,这发展成为土地权利的"田底权"与"田面权"的分离[2]。土地的产权制度改

---

[1] 转引自:哈罗德·M.格罗夫斯.税收哲人:英美税收思想史二百年[M].刘守刚,刘雪梅,译.上海:上海财政大学出版社,2018:144.

[2] 一般认为,田底权是法律所承认的土地所有权,而田面权是农民在地主所拥有的土地上永久耕种的权利,可以理解为一种"永佃权"。田底权的出让不影响农民的田面权,农民的田面权也可以继承和转让。在法律上,农民的田面权一般会受到承认和保护。土地田底权与田面权的分(转下页)

革,就是把这种模糊的土地权利结构明晰化。

从各国经验看,土地改革基本路径有两种:一种是通过激进的方式,承认土地耕种者或者农民的土地所有权,剥夺了贵族阶层的土地"特权"。比如,法国在大革命后通过立法,取消了封建贵族阶层和教会的土地特权,承认了小农对土地的私人所有权。另一种是温和的路径,承认贵族阶层的土地所有权。在温和路径中又有两种方法。第一种是彻底地承认贵族阶层的土地所有权,否认农民的土地权利。比如在英国,通过长达四五百年的"圈地运动"实现了私有产权制度对传统土地制度的替代。"圈地运动"的主要表现形式是土地领主通过强制或暴力手段,夺走农民在土地长期耕种过程中形成的、事实上具有财产权性质的土地经营权,然后将土地用于收益比农民上缴地租更高的经营方式中。第二种方法是虽然承认贵族的土地所有权,但通过法律或行政手段要求贵族把一定的土地权利转让给实际耕种者,然后贵族从耕种者那里得到一笔"赎金"。比如在普鲁士,农民通过支付赎金的方式获得了土地财产权利。沙皇俄国1861年的农奴制改革也走了一条农民赎买土地的道路,但执政者又对农民购买得到的土地权利施加了种种限制条件,导致农民支付了金钱却没有买到完全的土地产权。

由于贵族阶层与农民阶层都对土地拥有一定的权利,土地改革中如何认定各方的权利类型与大小就成为一个尖锐问题,这个问题其实也是长期以来人们争论不休的土地权利分配的"公平"问题。在我国的历史教科书中,无论"圈地运动"还是"农民赎买土地",都因农民利益受损而被批判为不公平。客观地讲,土地分配的公平问题与本书主题相关度不大。按照科斯定理,只要产权界定是清晰的,无论产权界定给谁,市场都能够自动地实现资源的有效配置。因此,无论在土地改革中把产权授予谁,都能够为现代税收制度建立以及传统社会改造提供前提条件。

可见,无论通过温和的赎买手段还是激进的暴力手段,都是把不能产生税收或低度汲取的土地权利,转化为能够产生更多税收的土地权利。有些国家在改革中关照的是大地主阶层的权利,有些更加关照土地耕种者的利益,有些则努力在两个阶层间取得利益的平衡。不管土地权利在各阶层间如何分配,现代性土

(接上页)离,其实是土地私有产权完善和商品经济发展过程中的正常现象。土地产权分置的原因有很多,其中一个重要推动因素是土地权利的代际传承。比如:大地主及其后代一般都住在城市中,距离自己所有的土地很远。经过几个世代后,地主后代与土地间的心理联结变得淡薄了。而租种土地的农民在经历同样世代后,对几代人长期耕种的土地已经产生了心理联结。这种情况下,将所有权与财产性质的经营权分置,能够照顾到地主与佃农的各自需求。

地改革的核心都是将土地权利与传统的封建性、依附性的社会关系进行切割。只要能够做到这一点,土地产权就会成为可税权利,这种权利掌握在哪个阶层手中,对于执政者来说都是等价的。但问题在于,在很多国家,大地产现象是与封建社会关系相互依存的,如果不清除大地产现象,手握大规模土地资源的贵族阶层就会利用经济资源来进行政治收买从而来维持自己的特权地位。享有政治特权的大地产阶层转化为没有或者较少特权的现代性资产阶级,仅仅在特定的条件下能够实现。因此,在很多情况下,能不能通过革命或改革消除土地权利过于集中的现象,对于土地产权制度的建立以及其交换税收过程的完成,可能具有决定性意义。

不过,有了革命,也不一定会形成清晰的、市场化的土地产权制度。在第二次世界大战后发展中国家进行的土地改革中,存在一些普遍性的目标追求和政策共性,如大多以限制大地产、保护农民租佃权为政策主轴,同时辅之以农村土地权利及事务治理的集体化、合作化。在 20 世纪初墨西哥的土地改革中,建立起来的是土地的村社和合作社集体所有制(程雪阳,2013)。在近年来的非洲各国土地制度改革中,"公共福利优先"被作为一项基本原则加以贯彻(刘丽,陈丽萍,2014)。这样做的理由可能是:大地产一般与传统社会格局与意识形态密切相关,或者说是封建性、依附性社会生产关系的具体表现。土地改革承担着改造传统社会、实现社会现代化的历史使命。还有一个情况,在一些脱胎于殖民地的第三世界国家,控制绝大部分地产的大地主阶层往往是欧洲移民或者是殖民国家的同盟者,土地改革又与实现国家主权、保护民族利益等政治目标纠缠在一起,土地改革涉及不同族群间的利益分配问题。总体上看,第二次世界大战后发展中国家农业领域的合作化、集体化浪潮,与当时特定的、复杂化的国际政治与经济环境有关。社会主义思潮为农业合作化、集体化提供了重要的思想理论基础。同时,发展中国家的传统社会意识形态中本来就存在浓厚的宗法、宗教共同体结构,这种共同体运行机制与发展中国家执政者意欲构建的农业集体社区甚为相似。因此,合作化与集体化操作在改革过程中阻力相对较小,而且合作化与集体化理论上能够较好地兼顾国家、农民个人与农村集体之间的利益关系。也就是说,很多发展中国家土地改革的目标不仅或者主要不是建立清晰的农民土地所有制,而是加强国家对土地权利的控制。

可见,第二次世界大战后发展中国家土地制度的人为构建的主流方向及多元化目标追求,与资本主义原生国家初期的土地制度自然演化,以及后发西方国家资本主义性质改革中的土地制度设计(如普鲁士、沙俄、明治时期日本的土地改革)存在明显差异。在相当长时期内,刚刚获得独立自主的发展中国家,更多地追求国家在土地权利支配中的话语权,而较少追求土地权利配置的市场化。这样,在大多数发展中国家,土地制度变迁的动力结构就具有了"与众不同"或"前所未有"的情况,财政成长性的追求不再是具有决定意义的原生动力。国家对土地流动的控制以及土地产权的不完全,更有利于执政者保持权力自主性。农业作为第一产业本身很难具备与工商业同等的利润水平。而且土地产权的受限导致土地生产要素无法在市场体制中实现优化配置,也难以为其他生产要素进行有效率的联合。这客观上阻滞了现代产权制度在农业领域的实现,从而影响了农业生产的经济效率。

很多发展中国家在土地制度设计中面临着两难选择:如果遵循产权换税收逻辑,通过赋予或承认某阶层对土地的支配权利而换取土地税收的话,国家要面对土地产权流动失控而可能出现的社会风险;如果注重国家对土地的制度性控制的话,又会付出土地的财政贡献能力丧失的代价。当然,各国的具体情况千差万别,同一模型不可能解释所有现象。在西方老牌资本主义国家,土地制度的演进与资本主义政治经济制度的完善几乎是同一过程,资本主义性质的政治团体掌握政治决策权力,对于土地产权制度结构与构建方式产生了至关重要的影响。由于土地产权制度已经先行固化,随后的选举权普及并不会对土地产权制度形成过大的冲击。但在发展中国家,不存在一个先行的国内资产阶级破坏传统土地产权制度的过程,这些国家在获得独立自主后进行土地制度构建时,不得不面对土地权利在地主阶层和耕种者之间如何分配的近乎不可调和的矛盾,还要面对土地权利如何摆脱殖民利益阶层控制以强化国家主权的难题。多重目标约束之下,发展中国家土地制度改革会出现政策选择的周期性调整甚至左右摆动。下面,将通过近代以来中国土地制度改革历程的分析以及与其他国家的比较,来讨论财政博弈在其中发挥的作用。

(一) 近现代中国的土地改革

在古代中国,周期性的土地兼并以及与此有关的社会动荡和王朝更替,构成了古代历史的一条重要脉络。如何对土地进行公平的分配,成为具有治世理想的鸿儒大家们勾画乌托邦式盛世时的主要设想,也成为当政者与政治家们进行制度改良时的主要挑战,更是农民阶层起义或暴动时的核心诉求。直至清末民初的旧民主主义革命以及中国共产党领导的新民主主义革命,土地分配问题仍然是革命之主轴。在不同历史时期,儒家知识分子、政治家与农民站在各自立场上不断地提出观点相异、诉求相左的土地制度方案。到近代,在西方资本主义革命的影响下,孙中山曾经勾画了以"平均地权"为核心的土地改革。孙中山的土地改革思想经历了一个发展过程,此处无法一一叙述。但值得强调的是到了晚年,孙中山已经倾向于向苏俄学习,"推翻一般大地主,把全国的田土都分到一般农民,让耕者有其田"[1]。无论国民党还是共产党,都在一定程度上继承或吸收了孙中山的土地思想。不同的是,当时南京国民政府的土地政策尽管体现出一定的进步性,但在操作过程中"扭曲"了孙中山土地思想的灵魂和精髓,特别是对孙中山平均地权方面的构想采取了推托、延宕的做法(文红玉,2009)。相比之下,中国共产党主导的土地改革要彻底得多,这也成为中国共产党在大陆取得最终胜利的主要制度因素。

总体来看,中国共产党领导下的土地改革经历了三轮:第一轮是新民主主义革命胜利前后进行的没收地主土地、向农民平均分配土地的"土改";第二轮是通过农业合作化和后来的"人民公社化"进行的土地所有权集体化改革;第三是以农村土地承包经营为主体的土地产权改革。

中国共产党领导的新民主主义革命战争的胜利,是一次"以产权换税收"的成功实验。在一个农业人口占90%以上,农业产值占总产值80%以上,贫穷的、人口众多的农业大国,谁能获得农民的支持,谁就能最终取得政权争夺的胜利。通过土地改革这一措施,共产党在解放农村生产力的同时又实现了对农村经济的深度汲取。首先,通过"打土豪、分田地",贫穷的农民从过去的大地主手里分得了土地和财产。此时向农民征税,农民的遵从度会非常高,这符合基本的心理学规律。其次,获得土地后的农民增强了生产积极性,执政者可以从中汲取更多的增量税收。最后,也是极其重要的一条,参军的农民怀着为自己而战、为土地而战的心理,这也使得共产党不必为刺激军人战斗力而另外支付薪资,这无疑又提高了财政收入的使用效率。对于绝大多数刚刚获得土地的农民来说,参军打仗并非为了遥不可及的共产主义理想,而是为了保护自己刚刚得到的土地改革成果。

关于土地改革的必要性及历史意义,如今学术界有一些不同的声音。比如,一些学者从当时中国农村土地占有的分散性出发,否定土地改革的必要性。关于中国农村土地占有的分散性,曾经亲身参与土地改革的著名农村问题专家杜润生,在回忆录中也认为,如果仅从分配土地这一方面出发,不足以体现土地改革的必要性(杜润生,2005:18):

---

[1] 孙中山全集(第10卷)[M].北京:中华书局,1981:556.

从中国农村看,可分配的土地并不很多,地主富农占有的土地不到50%,而不是一向所说的70%—80%。直到最近,有几位学者对民国以来的历次调查重新做了整理,发现地主占有的土地,还不到总量的40%,其人口约占5%。改革的结果,农民所得只有为数不大的一块地租。

秦晖对1949年前关中地区土地集中情况的调查也发现,"土改前的关中几乎是个自耕农的世界,地权极为分散,地主不是没有,但的确很少"(秦晖,1996:53)。不过,土地改革对于共产党夺取政权来说,其意义不仅包括人们通常所理解的"公平",亦包括借此获得更具潜力的财政源泉。1950年6月,刘少奇在土改报告中说:"人民革命战争又要求农民付出极大的代价(出兵、出公粮、出义务劳动)来支援战争,争取战争的胜利。……正是在这种时候,我们允许了农民征收富农多余的土地财产,并对地主的一切财产也加以没收,以便更多一些满足贫苦农民的要求,发动农民的高度革命热情,来参加和支援人民革命战争"[1]。当成千上万农民用手推车推出了三大战役的胜利时,这一目的完美地达到了。

杜润生(2005:18)认为,土地改革"满足了农民的土地情结,打破了地主对土地的垄断,刺激了商品经济的发展,为国家工业化准备条件。这方面的意义绝不可低估"。杜润生从解放生产力方面对土地改革给予高度评价。显然,解放生产力是从刺激农民积极性,进而刺激商品经济发展来说的。土地改革的本意是用农民的土地私有制代替封建地主土地占有制,而封建地主土地占有制是封建社会遗留的、带有强烈超经济剥削色彩的落后的产权制度。关于这一点,杜润生(2005:22)是这样认为的:

> 因地主占有制形成的大规模土地垄断,官僚军阀强权掠夺、无偿占有,到处可见。特别是民国以来,地主与高利贷者集于一身,官府横征暴敛,超经济掠夺,地主的土地负担大多转嫁于农民,加之人口增加,生活艰难,地租率远高于资本平均利率。大量地区,农村宗法社会遗留的人身依附,当时依然存在。

所以杜润生(2005:20)说,中国共产党的土地改革,"不讲政府恩赐,而是要推翻封建统治"。这其实就是赋予农民真正的土地权利。这一点是土地改革的合法性,是农民支持土地改革的原因,是共产党对全国农民的庄严承诺,甚至也是新中国成立前后一段时期中央领导的本意。这种真正的土地权利,非常

---

[1] 刘少奇选集(下卷)[M].北京:人民出版社,1985:38—39.

明确地体现在于1947年的《中国土地法大纲》[1]、1950年的《中华人民共和国土地改革法》[2]、中国人民政治协商会议第一届全体会议通过的《中国人民政治协商会议共同纲领》[3],直至1954年的《中华人民共和国宪法》[4]。

因此,无论当时的土地改革承载了多少目的,其废除基于人身依附、封建特权的土地制度,建立完全的农民土地所有制的目标,都是符合社会进步和经济发展趋势的。从解放生产力的目的来说,农民所获得的产权越完全,发展生产的积极性越高,土地作为生产要素在促进生产方面的作用越充分。所以,对中国共产党领导的土地改革的历史意义的评估,必然取决于土地改革赋予农民的土地产权在解放生产力方面所发挥的作用,这包括当时的直接作用,更包括未来的历史作用。从生产力发展方面看,土地改革为所有农民提供了一个起点公平、机会公平的竞争环境。按照经济学理论的说法,农民从自身逐利出发会进行自耕、租种、买卖等方式把土地要素流转起来,从而实现土地资源的优化配置。在封建特权阶层和层级关系被废除后,这种自由交换的权利,是土地权利应有的、必不可少的关键一环。正是在这一点上,由于经济基础薄弱、历史环境约束及当时的思想局限,没有采取一个符合基本经济规律的态度。随后的农业合作化、人民公社化等一系列运动改变了土地产权应有的发展轨迹。

在20世纪60—70年代,通过"人民公社化"运动形成了农村土地的集体所有制。这种所有制在几经调整后被概括为"三级所有,队为基础",即人民公社、生产大队与生产队都对土地拥有一定的权利。同时,这种权利对应了集体向国家缴纳农业税的义务。而且,人民公社在上缴纳农业税的同时,会利用生产剩余

---

[1] 1947年7月中共中央工作委员会召开全国土地会议,9月通过了《中国土地法大纲》,10月10日由中共中央正式公布施行。大纲对"没收地主土地分配给农民"的原则,以及"废除封建性及半封建性剥削的土地制度,实行耕者有其田的土地制度"的目标的实现方式进行了具体规定。其中第十一条规定:"分配给人民的土地,由政府发给土地所有证,并承认其自由经营、买卖及在特定条件下出租的权利。土地制度改革以前的土地契约及债约,一律缴销。"

[2] 在《土地改革法》中,重申或修正《中国土地法大纲》中关于土地改革的内容的同时,关于农民土地产权的保护的规定更加明确、细化。第四条至第七条,分别对工商业从业者的生产用地、革命军人及烈士家属和工人职员等特定群体一定数量内的土地、富农自耕和雇人耕种的土地、中农土地的财产权保护做出了规定。

[3] 《共同纲领》第三条规定:"……有步骤地将封建半封建的土地所有制改革为农民的土地所有制,保护工人、农民、小资产阶级和民族资产阶级的经济利益及其私有财产……"第二十七条规定:"土地改革为发展生产力和国家工业化的必要条件。凡已实行土地改革的地区,必须保护农民已得土地的所有权。凡尚未实行土地改革的地区,必须发动群众,建立农民团体,经过清除土匪恶霸、减租减息和分配土地等步骤,实现耕者有其田。"

[4] 1954年《宪法》第八条规定:国家依照法律保护农民的土地所有权和其他生产资料所有权。

在集体内部提供一定程度的社会福利与公共服务,如开办学校和养老机构等。通过人民公社制度,国家一方面可以获得农业税实物或收入来为工业化提供原始积累,同时又避免了用国家财政来承担农民社会福利。而且通过工农二元化制度设计把农民与土地捆绑起来,保持了社会秩序的稳定。但这种看似一举多得的制度在实践中存在着重大缺陷。人民公社制度实质上实现了计划经济国家对农业生产资料、农民生产行为的严密控制,在照顾到财政汲取的控制力的同时,不可避免地要失去财政资源的成长性。农村土地的集体所有制设计导致了土地产权无法根据经济绩效进行交易流转,农民无法将土地产权转让和继承。这说明那个时期的农村土地制度不是现代意义上的产权制度。国家对农村土地产权流动所进行的种种限制,表明了国家在农村土地所有制体系中的决定性地位,也表明了农民在这一所有制体系中的权利受限事实。没有相对完整的土地产权制度设计,当然也就没有充裕的税源的产生。所以在计划经济时代,被过度行政化的农村集体共同体在农业生产方面的效率很低下。在这种低产出的情况下,国家不可能汲取到更加充裕的农业资源来支持工业化进程,而且农民生活状态也长期停留在较低水平上。

改革开放后,我国农村土地制度改革在法律上没有改变集体所有制结构,只是允许或承认了农村家庭享有土地经营权。如果仅仅走到这一步,农民虽然获得了土地经营权利,但这种权利不能转让、不能继承,仍然仅仅是一种有限度的使用权。近年来,土地制度改革的深化方向已经转向了土地流转的制度设计上。2014年,中共中央办公厅、国务院办公厅印发了《关于引导农村土地经营权有序流转发展农业适度规模经营的意见》,提出"坚持农村土地集体所有,实现所有权、承包权、经营权三权分置,引导土地经营权有序流转"。由此看来,政策设计者已经越来越认识到农民享有充分的土地产权对于经济发展和国家治理的重大意义,农民的土地权利是一种"财产权"而不仅仅是一种"使用权",这一点已经成为广泛共识。

与其他生产要素相比,土地具有稀缺性,土地产权的制度设计完全可以立体化以照顾到多重关切。早在我国宋代,伴随着商品经济的发展,土地租佃关系以及产权结构就已经出现了分层现象,如地主在保有土地所有权即"田底权"的情况下,允许农民在交纳佃租的前提下永久耕种,即享有"田面权"。这种基于商品经济而形成的土地产权分层结构,与基于人身依附关系而构建的封建化土地等级所有制之间已经开始出现差别,因为它是一种边界相对清晰的产权结构。在我国土地制度中,有三个利益需要重点考虑,一是国家对土地这种战略资源的控制力度;二是农民对土地享有的财产权利;三是土地作为生产要素在市场经济中所应该发挥的经济绩效贡献。农村土地的所有权、承包权和经营权三权分置,分别照顾到了上述三点关切。

如今我国农业初级产品生产过程已经不再产生有财政意义的税收,但通过土地流动制度设计,原本农村集体所有的土地的经营权可以实现集约化,并参与更高利润的生产经营过程。通过这一过程,拥有土地承包权利的农民与拥有土地所有权的村集体都能通过租金获得收入,而作为土地使用者的市场经营主体则通过工商税收的方式履行法定税收义务。可见,土地制度改革的一个方向,就是使土地产权更好地融入整个市场经济体系,实现国家治理利益和农民财产收益的双赢。

(二) 国际比较

如上所述,发展中国家的土地改革承担了多重任务,其中包括对传统的社会结构进行改造的任务,对殖民者利益进行调整以强化国家主权的任务,以及构建现代性土地产权制度以促进经济增长的任务。社会改造、主权强化、经济增长以及财政保障等多重任务体系之间,存在着深刻矛盾,比如要强化国家主权,就有可能难以构建完整意义上的土地产权制度。而且,根深蒂固的传统社会结构特别是掌握既得利益的大地产者阶层与过早引入的选票民主制度结合,很容易形成土地改革的阻力。

在成为殖民地前的印度,形成了一套复杂的封建化土地关系,私人所有、王室所有、宗教组织专属和习惯法保护的村社共有等所有制形式并存。同时,劳动力的从属或依附关系也是多样化的。英国在征服印度后,接管了莫卧儿王朝治下的土地关系,同时又把自己的体系强加于印度,如在1793年颁布了《永久定居法》引入了新的土地税,以扩展帝国的殖民汲取系统。在这一制度体系中,印度土地的使用和所有权,都以有利于作为殖民者的商人、定居者和企业家能低价买地,以便低成本地经营采矿、农场种植和其他商业活动为目的,其代价是无地农民失去在传统道义经济中享有的基本生存保障(林春,2016)。印度独立后,土地问题进入了新政府的议程,成为国家建设中的一项重要任务。国大党政府在较短时间内通过了一系列有关土地改革的立法,主要分为四类:一是废除柴明达尔制及包税制;二是规制租佃合同;三是设定土地拥有量上限;四是整顿各自为政的不同租佃制度(林春,2016)。然而,几十年过去,只有废除中间收税人一项取得可见的成效,一定程度上保护了小农和佃农的权利(Besley & Burgess,2000:395)。其他改革措施在不同时期和地方起起落落,主要问题始终没有解决。从印度土地改革中各种利益集团的博弈来看,独立后执掌政权的国大党面对着土地所有制方面纷繁复杂的各种利益关系。独立斗争中支持殖民政府的城市柴明达尔仍希望能继续依靠土地所有权带来财富;独立斗争中支持国大党的无地少地农民要求得到土地;而在农村和政界具有较大势力的农村土地所有者却是独立后国大党政府维持农村稳定,巩固执政地位不得不依靠的力量。由于农民采取了进行社会运动这样的手段来给政府施加压力,土地政策经过政府层面各派的博弈可以出台,但在实施过程中又遭遇到各种利益集团的博弈,最终导致"耕者有其田"的土地改革目标基本未能实现。不仅如此,土改中乡村发展计划的实施反而加剧了农村的贫富分化,对印度的农村建设产生了恶劣的影响(毛悦,2012)。

各国土地改革面对的现实情况与历史任务错综复杂。在拉丁美洲一些国家,土地制度经历了从大地产到村社所有制再到新自由主义影响下的土地私有化的变化[1]。在非洲国家,土地制度改革与传统的血缘部落制和种族矛盾紧密勾连在一起。我们无法用同一模型来解释土地改革中所有的现象,但有一点可以形成共识,即在传统社会,土地既是一种商品,对广大农民来说又是一种与生存、社会正义以及个人尊严有关的特殊公共物品。因此,能不能"平均地权",在实现农民阶层土地财产权的同时保持这种权利的可持续性与稳定性,是关乎土地改革成败的关键。一种有利于农民的制度设计可能需要具备以下要素:第一,农民的土地产权应该是充分的,其具体表现就是能够变现和继承;第二,农民的土地权利应该是永久性的、可持续的,因为对于缺少博弈能力的农民来说,土地可能是其唯一的资本。问题在于这两个要素之间存在冲突:一旦农民将土地产权完全出卖,就失去了可持续的经济来源;如果限制土地买卖行为,就等于限制了土地财产权利的实现途径。从这个角度看,通过将土地权利分开配置,以关照国家主权、农民个体财产权和经营者使用权的做法有其存在的合理性。

无论土地税还是地租,都可以理解为社会生产关系的具体表现形式。通过土地改革来调整土地产权结构,必然意味着社会关系的调整。以中国为代表的较彻底的土地改革,在三个方面具有深刻的财政意义。一是在某些历史时期带

---

[1] 如墨西哥,20世纪初以前大部分土地集中在官僚、富人、教会和外国投资者手中。1910—1917年进行土地改革后,农民和原住民组成的村社或合作社获得了受限制的土地使用权及收益权。1992年的"二次土改",通过确权和登记的方式明确了农村集体和集体成员的土地产权,促进了土地权利的市场化流转。详见:程雪阳.墨西哥20世纪的农村土地改革及其对中国的启示[J].北京社会科学,2013(5):157—162.

来了大量的农业税收。比如在土地革命和解放战争时期,来自农民的物资支持成为革命和战争取得胜利的物质基础;在改革开放初期,农民上缴"公粮"成为乡镇级政府的重要公共资金来源。二是农民土地产权的可持续性,即集体所有权和农民土地承包权的"不可转让",表面上局限了农民财产权利的实现,但客观上为农民提供了一种终身保障。这使得农民有通过土地承包权利获得集体"分红"的可能性(当然这取决于集体或农民个人对土地的经营),也使得农民始终掌握着一种可靠的博弈资源。比如,农民可以土地承包权利为理由获得财政补贴。三是土地使用权利的流转使得土地作为生产要素参与工商业利润创造并从中分红,客观上可成为税收的来源。

与此相反的是另一些发展中国家的案例。在印度,相互依存的封建土地生产关系与种姓制度,与从西方引进的议会选举政体奇妙地结合起来。民主选举不但没有为土地改革提供政治基础,反而强化了农村地主阶级的统治地位(王静,2015)。客观上看,执政者也可以向占有大量土地的大地主阶级征税,但这种大地产所有制造成的底层农民的贫困阻碍了国家现代化进程,也使得执政者不得不长期投入大量的公共资源向底层农民提供救济。在一些南部非洲国家,黑人政党掌握政权后没收了白人农场主的土地分配给无地黑人家庭,使得原来专业化、商业化的农场经营下降为无技术、低效率的农户经营,导致农业生产大幅滑坡和社会动荡,原来具有一定利润水平的可税产权变成了没有利润的无税产权。

可见,在土地改革中,"以产权换税收"逻辑在各种约束条件之下会出现各种复杂情况。有时候,产权虽然换来了税收但付出了过于沉重的社会代价;有时候,赋予某阶层土地产权却没有换来税收。在博弈过程中,具有一定独立自主性的执政者本来应该做一个"精明的"政治家,在适当的时候做正确的事。但现实环境以及人的知识和理性的限度约束了政治家的决策,有的屈从大地产阶层的压力导致土地改革不彻底,有的屈从民粹主义压力,过早、过度地进行了土地没收,等等。

二、国有化

"国有化"是第二次世界大战后流行于全世界的一个重要的政治经济现象。国有化一般指的是将私人企业的生产资料收归国家所有。国有化现象的出现,与第二次世界大战后风靡全球的社会主义思潮以及殖民地国家独立运动有关。在马克思主义政党获得政权的国家,工业生产资料的国有化是消除私有制、建立公有制的主要途径。在刚刚取得独立的第三世界国家,本国矿产资源和工业的国有化是实现国家独立、反抗发达国家剥削的有力手段。即使在西方发达国家，对某些具有自然垄断色彩与战略地位的行业企业进行国有化改造，也被视为缓解资本主义基本矛盾、协调私人利益与公共利益的主要措施之一。

当今，国有化的目标越来越具有多元性。比如，政府通过国有化要求一些部门承担更多的公共责任，典型案例是一些国家通过医院国有化来追求医疗资源分配的均衡。又如，在经济或金融危机时期通过对某些企业特别是金融企业的国有化来防止风险的进一步扩散。2008年金融危机期间，美国联邦政府接管了房利美和房地美这两家房地产抵押贷款公司，从而防止了因两公司破产可能导致的更强烈的金融风暴。在经济学家看来，国有化与私有化其实都是政府调控经济的工具。很多国家在国有化与私有化之间反复轮回，反映了政府职能和市场机制二者关系的动态演化（杨卫东，2012）。近年来，在过度依赖外籍劳务人员的一些海湾国家，正在推行一种劳动力国有化措施，即将本国公民作为一种国家战略资源进行统一配置，以让更多公民进入工作场所来减少外籍人员就业（Randeree，2016）。在这种情况下，国有化又与国家未来的安全发展紧密相关。但无论何种性质国家采取的何种国有化措施，国有化本身都为执政者提供了一种与生产资料私有制迥然不同的财政汲取方案，即执政者不再垂青于利用税收来获得财政收入，而是试图建立自身在资源分配中的更强控制权与自由度，以实现更具挑战性的战略目标。

第二次世界大战后，西方国家的经济制度先是经历了长达三十多年的国有化进程，又在20世纪八九十年代进入了以市场化和"新自由主义"为特色的私有化周期。西方国有化进程的政治原因，是由于选举权的普及，一定程度上代表工人阶层利益的社会民主主义政党如英国工党、法国社会党、德国社会民主党等先后取得政权。社会党反对通过暴力革命夺取政权，而是试图通过和平改良的方式对资本主义制度进行改造，使之满足社会整体利益需要。在传统自由资本主义体制下，资本承担公共责任的途径仅仅是依法纳税，而在走向社会化的"国家垄断资本主义"时期，执政者与平民阶层普遍要求开辟资本在税收之外承担更多公共责任的路径，国有化就是一种主要尝试。在英国，以"生产资料公有制"为纲领的工党政府先后在1945—1951年和1974—1975两次掀起国有化高潮，将英格兰银行、煤矿、航空、通讯、运输、电力、钢铁，甚至汽车、船舶、机床、火箭等部门国有化。在法国，也经历了1944—1948年和1981—1982年两次"国有化"运动，到1980年代初，国营企业产值已占总产值的21%（杨祖功，1984）。这一过程几乎在西方所有国家都有发生。国有化后的产业或企业不再以追求利润为主要目标，履行公共服务职能成为其核心定位。对于执政者来说，这固然会失去私有化时代的一部分税收，但由国有企业行使公共职能本身又意味着政府具有了"生产性"。也就是说，在一些领域政府不再依赖税收收入来购买公共产品，而是政府自己生产公共产品。从本质上讲，这可以理解为政府不再准备与资本家就利润分配进行艰难的讨价还价，而是自己组织、管理和掌握整个利润生产过程。这无疑又是一个"以产权换税收"逻辑的反向操作。

西方国家的国有化，从博弈过程看可以理解为获得选举权之后的平民阶层与执政者"合谋"，对资本家阶层利益的一种合法剥夺。因此，国有化进程同时也是社会福利保障制度不断完善、加码的过程。或者说，第二次世界大战后的国有化潮流事实上是"福利国家"构建过程中的一个有机组成部分。以英国为例，1948年，英国工党政府进行了医院国有化改革，从医院筹资、就诊资格、薪酬制度及医院建设等方面，改变了英国医院的传统格局，使"全民、全面、免费"的国民健康服务成为可能。尽管英国公立医院体制在发展中出现了高消费、低效率等问题，但其最大限度地保障公民的健康公平权利这一核心宗旨从未改变（白爽，2016）。从博弈结构上看，"以选举权换税收"发展到一定程度，纳税人群体与拥有选举权的公民群体之间不再具有规模意义上的重合，大纳税人民主扩展为全体纳税人民主之后，又接着扩展为全体公民的"大众民主"，这对国家治理制度性质产生了深远影响。在"小国寡民"、居民同质性较强、贫富差距较小的西欧小国，纳税人与公民重合度较高，人们之间具有较高的利益共容性，国家财政蛋糕的创造与分配之间尚不会出现剧烈矛盾。对于存在大量外来移民、底层社会规模较大、贫富差距比较明显的大型资本主义国家如美、法、英等国，"左"与"右"之间的冲突则呈现愈演愈烈之势。一方要求政府提供更多、更全面的社会福利保障，向精英阶层征收更高的税；另一方则要求政府放松管制，降低税率。

西方国家的国有化与选举权普及后的民粹主义密切相关。第二次世界大战后，西方国家的政策倾向经历了从国有化到私有化的钟摆，其背后是掌握资本的精英阶层与拥有选票规模优势的平民阶层的博弈。在第二次世界大战后的前三十年中，选票规模使得平民阶层在博弈中取得了相对于精英阶层的优势，这使得主张"社会主义"政策的政治团体获得执政机会，从而为国家福利化与企业国有化提供了政治条件。但过度福利化以及国有化导致经济效率损失并出现"滞胀"现象。而且，随着以中国为代表的发展中国家的市场化进程以及融入全球产业链的努力，西方国家的资本找到了针对本土昂贵劳动力的替代方案。资本跨国流动成本的降低与机会的增加，使得精英阶层再次获得了相对于平民阶层的议价优势。1980年代以来,以英国保守党撒切尔夫人上台为标志,西方世界掀起了一股巨大的私有化浪潮,大量国有企业被压缩、整编和变卖。这种新自由主义倾向的改革,可以理解为在博弈结构发生深刻变化之后执政者进行的政策性调整。

发展中国家的国有化与西方资本主义国家的国有化相比,存在一些本质性差别。西方国家的大规模的国有化,是在市场经济制度充分发育、产权制度体系已经相当完善之后进行的。大多数发展中国家的国有化进程并不具备上述条件。而且,发展中国家的国有化进程还承担了维护国家主权、实现工人阶级主人翁地位等其他使命。不同的初始条件与责任担当,对国有企业的治理结构、监督机制和劳资关系等都产生了深刻影响。比如在西方国家的国有化进程中,无论是具备自然垄断特点的公营事业,还是国有资本控股的竞争性行业,企业与劳动者之间都还是典型意义上的雇佣关系。在苏联、东欧和中国等社会主义国家,国营企业被定位为国家职能结构的有机组成部分,劳动者对所在企业具有强烈的归属性与依附性,企业也承担了劳动者近乎所有的社会福利保障责任。在计划经济时期的中国,工人们由于初始条件不同而享有不同的身份,如"全民所有制职工""集体所有制职工"等,相应地享受着程度不同的福利保障。没有了雇佣关系以及与此相适应的薪资体系的激励,如何激发职工的工作积极性在国营机构中始终是个难题。在社会主义国家,提倡一种"无私奉献"精神成为解决这一难题的常用手段。在西方国家,这一难题则直接导致了1980年代私有化的盛行。

1960年代以后,随着殖民地独立浪潮和社会主义思潮的兴起,发展中国家的矿产资源国有化成为国有化谱系中的一种重要现象。在国有化之前,发展中国家的矿产资源的开采、冶炼、加工等产业链被西方发达国家的资本所控制,代表少数精英阶层利益的统治集团与西方资本家合谋,可以从中获得一定比例的利润分成,但广大平民阶层无法从中获益。在国家独立或者政权更迭后,新的执政者试图将矿产资源利润完全控制在自己手中,以向国家各阶层群体分配收益来增强统治合法性。一直到现在,对海外资本、私人资本所从事的矿产资源产业链条进行国有化改革,仍然是发展中国家调整各方利益,响应居民诉求或者民族主义呼声的主要手段之一。比如,津巴布韦在2016年出台了《本土化与经济授权法》和《合资法》,根据规定,各外资企业必须在规定时间内将至少51%的股份转给津巴布韦黑人公民,否则关门走人。同时,津巴布韦政府还推行了钻石开采行业的国有化,要求六家主要钻石企业必须将股份交给政府[1]。20世纪初查韦斯在委内瑞拉进行的国有化更加全面和系统化,其国有化范围从石油行业延伸到电讯、银行等战略竞争行业,后来又扩展到日用品行业,其在目标设定上追求贫富差距的消弭,其理论基础则是查韦斯的"21世纪社会主义"。

西方发达国家的国有化主要理由是调和生产资料私有制与生产社会化之矛盾,其执政者认为私有企业仅靠纳税已经不足以承担其应有的社会责任。发展中国家国有化的主要缘由是实现国家主权的自主化,其执政者认为海外资本与私人资本在矿产资源及其他战略行业的经营中拿走太多而留下太少。无论何种国有化,其根本原因都是执政者不满足于原有的利润分配方案,试图改变之以强化自己的汲取力度。有学者(Mahdavi,2014)运用效用最大化理论构建了一个模型来解释发展中国家政治家推行石油工业国有化的动因。他认为领导人国有化是为了在最大限度地增加国家收入的同时最小化成本,后者包括国际报复和国内政治制约。他发现在四种情况下,国家最有可能建立国家石油公司:一是在高油价时期,当财政利益超过征收的风险时;二是在非民主制度中,行政权力未受到限制;三是在"国有化浪潮"中,即在其他国家国有化之后,反映出国际报复的可能性降低;四是在以资源民族主义为标志的政治环境中。其他研究(Forstenlechner,2008)也支持上述结论,研究1960—2002年世界石油工业的国有化发现,尽管国有化是低效的,但当油价高企、政治体制薄弱时,政府国有化仍有可能发生。

但正如本书所认为的,国有化无论如何设计,必然以冲击私有产权为代价,也必然对私人资本的未来预期产生影响。失去了效率更高的私人投资,仅靠国有资本投资,无法支撑起长期稳定的经济增长。结果是政府不得不用更多的财政支出来应对因经济停滞而出现的各种社会风险。比如,研究(Davis,2001)发现,非洲国民大会在当时威胁将南非矿产资产国有化的想法(尽管矿业高管相信这一想法由于阻力重重不可能实现)对矿产投资和资产价值产生了负面影响。也就是说,投资者会将国有化作为一种政治风险纳入土地和自然资源估价、投资时机和资源开采的应用模型。

正是由于国有化与私有化的收益都如此诱人,而其代价又如此昂贵,才导致发展中国家的制度设计在国有化与私有化之间不断摆动。特别是在拉美国家,

---

[1] 关于津巴布韦经济本土化和国有化的内容,可参见中华人民共和国驻津巴布韦共和国大使馆经济商务处2016年2月24日的新闻《津巴布韦出台新合资法》《津巴布韦政府宣布钻石矿停止运营》等。

能源尤其是石油国有化与私有化呈现交替轮回之势。每值国际油价上升期间，各国政府都倾向于通过国有化运动来获得更高比例的收益；每当国际油价低落之时，各国又会倾向于通过私有化改革来甩掉包袱。有学者（Chang，2016）发展了一个模型来研究资源丰富的经济体的国有化和私有化周期，在此模型中执政者政策倾向在国有化或私有化之间钟摆的主要原因，是平等（国家所有权）与效率（私有制）之间的矛盾。从更深层次看，这是一个关于外部条件（如商品价格）和国内条件（如税收制度）如何影响私人和国家政权选择的问题。

从财政博弈视角看，除去一定历史背景下马克思主义政党主导下的没收私人资产现象，当今各国的国有化大多带有浓烈的民粹主义色彩。执政集团推行国有化措施，要么是为了迎合平民阶层利益诉求以换取选票，要么是为了向某些群体分配财产权利以收买政治支持。在西方国家，国有化发生在"决策权换税收"和"选举权换税收"之后。"决策权换税收"阶段，市场经济与产权制度在"大纳税人民主"的土壤之中已被充分锚定，而且选举权的普及一定程度上以纳税人身份的扩展为前提，这保证了整个社会在产权制度方面的共识以及一定程度上的利益共容性。也就是说，西方国家的国有化政策本身并不会过分地破坏其产权制度，也不会破坏私有资本的未来预期。但在发展中国家，由于不同的历史进程与政治经济环境，不可能经历典型意义上的"决策权换税收"以及"选举权换税收"阶段。执政阶层之执政地位的获得不是经济博弈而是政治革命的结果，选举权的普及不是自然演进而是西方移植或主动学习的结果。在这种情况下，缺少了一个企业家阶层将利益"蛋糕"做大的过程，也缺少了一个产权制度形成、扩散和锚定的过程。由此，很多发展中国家在独立后就过早地进入了一个"分蛋糕"的制度阶段。从这个方面看，发展中国家的国有化与私有化的周期性摆动，就是执政者在做大蛋糕与切分蛋糕之间的摇摆。做大蛋糕需要长期保持耐心和战略定力，而发展中国家的执政者受制于各种条件，难以长期等待。李继东（2000）认为，独立后撒哈拉沙漠以南非洲国家选择国有化作为总的发展推进力量是一个历史性的战略失误，它造成私人资本萎缩、官僚资产阶级形成、国有企业低效率、农业危机，以及政治独裁和家族化。

如果撇开其他干扰变量，仅仅从财政汲取方面考虑国有化的原因，可以说是执政者对高"贴现率"的追求导致了国有化政策。对于一些通过政变上台的非洲国家领导人来说，在自己被下一次政变推翻前尽量地积累家族财富是重要目标；而对于一些准备通过选举夺取执政地位的政客来说，通过国有化手段对投票给自己的贫民阶层提供酬劳也是迫不得已之举；而对于社会主义国家的领袖来说，

"超英赶美"式的目标促使他们要把资本主义国家几百年的发展历程压缩到十几年,自然也需要通过公有制或集体化来最大限度地实现资源汲取。因此,财政汲取博弈对于基本经济制度特别是产权制度会产生直接影响,它既可能促进产权制度走向强化保护私人产权的方向,也有可能促使其跨到相反的路子上来。至于何时走哪条路,取决于当时的政治经济背景、宏观政治环境和博弈各方的议价能力,也取决于执政者针对当时环境判断所形成的贴现率追求。所以,无论在发达国家还是发展中国家,都出现过国有化与私有化反复轮回的周期性现象。

三、当代西方国家的减税政策

2017年年底,备受关注的特朗普税改法案在美国参众两院获得通过。这次税改被认为是1986年里根税改以来美国税收制度最重大的一次变化,也使得本来就很激烈的全球税收竞争更趋白热化。

减税作为一种承载重要经济社会发展目标的政策取向,早在20世纪60—70年代就已经在西方发达经济体出现,如1964年美国肯尼迪-约翰逊政府就出台了在当时产生重要影响的减税法案。不过,减税成为各国政策设计的主流趋势,应该是1980年代以来的事。从资本主义政治经济发展进程看,近几十年来作为一种潮流或趋势的减税政策,其实是一种全新的历史现象。它不同于自由竞争资本主义时期的低税率,也不同于凯恩斯主义支配下的高税率,而是表现为从高税率状态渐次地、结构性地下调的过程。即使在经济政治制度都相对成熟的西方国家,这也是一个历史上从未出现过的动态演变的制度变迁结构。在制度还未成熟定型而且发展路径存在自身特征的发展中国家,其减税政策更是在国际竞争背景下被动应对的战略选择。可见,对任何一个国家或经济体,当前的减税趋势都是没有经验可循的新生事物。减税对未来有何影响?减税政策本身将走向何方?这些问题都存在巨大的不确定性。但有一点是肯定的,由于发展阶段、国际规则和制度成熟度方面的优势,在国际税收竞争这场博弈中,西方发达国家作为"庄家"是率先出牌的一方。

现代国家承担着繁重的应对公共风险、提供社会保障的职能,因此,减税政策不可避免地要面对财政收支失衡以及由此带来的各种矛盾激化的可能性。比如,欧债危机发生后一些南欧国家就因财政紧缩发生了大规模社会抗议浪潮。我国近几年来减税降费的力度越来越大,如何因应由此导致的财政赤字压力以及潜在风险,无疑是一个重大挑战。在西方国家,减税作为一种政策趋势已经持续了近四十年,在这期间减税政策与财政压力之间的矛盾是如何演化的?对国家治理产生了怎样的影响?回答这一问题,有助于丰富我国减税政策设计的科学性与前瞻性,对于我国积极主动应对国际税收竞争也具有重要意义。要回答这些问题,首先需要对西方国家以减税为导向的税制改革有一个深入了解。

(一)西方国家减税政策与宏观税负变化

从西方国家的主要税种税率变化情况看,减税趋势是确凿无疑的存在。以个人所得税为例,第二次世界大战前后西方主要国家的个税最高累进税率曾达70%甚至90%以上。1981年美国总统里根把个税最高税率降至50%,几年后又降至28%,随后一直保持在30%~40%。美国个税最低税率在1960年代初从20%以上降至15%左右,进入21世纪后一直保持在10%(见图9-1)。其他西方国家个税税率变化亦大抵如此。如英国在1979年将最高税率从83%降至60%,后又于1988年降至40%;最低税率从1970年代及以前的25%降至1990年代的20%,1999年后又降至10%。日本1974年以前的个税税率是10%~70%,1974年降为10%~50%,1999年后又降为10%~37%。如今全球个税最高税率的主流是30%~40%,一些国家甚至实行了单一税率。在公司所得税方面,主流税率在20世纪下半叶约为30%~40%,如今降至20%左右。

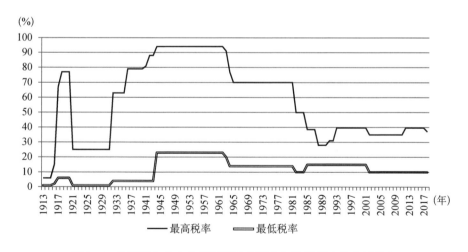

图9-1 美国百年来个人所得税最高税率与最低税率的变迁情况

数据来源:本图由作者根据多种资料汇集而成。之所以从1913年开始,是因为当年美国个人所得税正式成为永久税种。

从21世纪以来西方主要国家的减税政策看,所得税税率下调、免征额上调,抵扣范围扩大等是常用的减税手段。如美国总统小布什2003年的减税法案将个税五种级距15%、28%、31%、36%和39.6%分别下调至10%、25%、28%、33%和35%,同时将研发抵税永久化,实施小企业加速折旧等。小布什的减税法案在2010年到期,但由于2007年金融危机爆发,美国经济遭受重创,奥巴马政府为了应对危机延续了其中的大部分措施,而且在企业投资税收减免、延长研发费用和新能源投资税抵免、下调雇员工资税率等方面有所加强。21世纪以来,其他西方国家也大多经历了一到两轮减税,如英国的布朗政府减税(2008—2010年)和卡梅伦政府减税、意大利的蒙蒂税改(2011—2012年)、西班牙的萨帕特罗税改(2010—2011年)和布雷税改(2012—2015年)等,都以刺激国内投资、吸引生产要素流入为导向。少数几个增税案例的命运多舛也从反面证明了减税趋势的难以动摇。如2012年法国总统奥朗德对高收入者征收边际税率为75%的"富人税",结果导致一些精英人士携财富外迁。日本安倍政府近年来一直有意调高消费税税率以应对人口老龄化导致的社会保障支出缺口,但受制于经济形势与国内压力,税率上调计划几度推迟。所以21世纪以来,减税趋势不但得到延续并且强化迹象愈加明显。一方面,这表现为主要税种税率的持续下调。据OECD发布的《税收收入统计(2018)》,70多个税收辖区2000—2018年公司所得税法综合税率自31.7%降至24.0%。特朗普税改将美国联邦企业所得税的八档超额累进税率改为单一税率,使其公司所得税率从过去的39%左右降为25%左右。另一方面,这还表现为投资抵免范围、额度和资产折旧速率等方面的持续放宽。如特朗普减税法案规定,2017—2022年发生的资产投资成本由折旧摊销改为100%费用化,等等。

  减税政策多以吸引投资、扩大竞争优势、刺激经济增长等为目标。直观理解,减税政策能否发挥预期作用的一个前提条件就是税负是否下降。如果是结构性减税,减税政策所针对的具体行业和企业的税负应该有所下降;如果是普遍性减税,整个社会的宏观税负应该有所下降。如我国2019年政府工作报告提出,为了将减税降费政策落到实处,要"确保所有行业税负只减不增"。一旦宏观税负不下降或有所增加,人们会怀疑减税政策的有效性。如上所述,20世纪70—80年代以来减税就已经在西方国家成为趋势,21世纪以来这一趋势又有所加剧。按照常规理解,减税效应应该体现在宏观税负的变化上,也就是说宏观税负在长期趋势上应该是下降、至少是稳定的。那么,西方国家的减税是否带来了宏观税负的下降呢?

  奇怪的是,大量统计结果表明自1980年代以来,西方国家的宏观税负总体上处于上升趋势。窦清红(1992)统计了部分发达国家1979—1988年的税收经济数据发现,宏观税负平均水平由1979年的38.83%升至1988年的41.88%,且列入统计的10个发达国家宏观税负均处上升状态。与此同时,列入统计的5个发展中国家宏观税负平均水平从21.04%降至18.52%。靳东升、陈俐(2003)对20世纪90年代的宏观税负进行比较发现,在25个高收入国家中有13个呈上升趋势,高收入国家宏观税负平均水平从1990年的34.63%上升到1999年的37.29%。但中等收入国家与低收入国家的宏观税负平均水平处于下降状态。据国家税务总局《世界税制现状与趋势》课题组统计,2000—2015年,OECD国家宏观税负平均水平从33.91%升至33.99%[1]。

为了更全面、直观地观察西方国家宏观税负变化情况,图9-2列出了欧盟、欧元区17国和G7国家1995—2017年的宏观税负走势。由图可见,西方国家的宏观税负总体走势是波动上升的。欧元区17国宏观税负平均水平在2001年前多在45%~46%,2001—2011年降到44%~45%,2012年又升至46%以上,并总体上超过了2011年前的水平。欧盟各国平均水平与欧元区17国趋同。在G7各国中,除加拿大和德国外,其他国家宏观税负上升趋势都较明显。德国宏观税负走势与欧盟国家整体趋势一致,即在2001—2011年处于一个相对较低的时期,只不过2012年上升后的税负水平未超过2001年前的水平。相比较而言,美国宏观税负水平波动较大。2000年以前美国宏观税负稳步上升,到2000年已增至34.63%的历史高点。受小布什减税以及次贷危机的影响,2002—2004年和2009—2012年宏观税负有所下降。但每次下降的时间持续不长,且都很快恢复了上升趋势。将目光向前追溯若干年,能够更加直观地观察到美国宏观税负逐步走高的趋势(见图9-3)。

"瓦格纳法则"认为,随着国民收入的增长以及人均收入水平的提高,政府支出占国民生产总值的比重会不断上升。也就是说,对于现代国家而言,政府所承担的公共职能不断扩张,政府收入在国民总收入中的比重增加是历史发展的常态。所以在西方,无论是所有国家的宏观税负总体水平,还是具体国家的宏观税负水平,在近几十年来都呈现上升趋势,这并不意外。当然,从较短时期看,多数西方国家的年度宏观税负是波动的,如欧盟各国的宏观税负平均水平在2000—2004年连续下降;而且,个别国家宏观税负可能在一个较长时期出现下降,如加拿

---

[1]《世界税制现状与趋势》课题组.世界税制现状与趋势(2017)[M].北京:中国税务出版社,2018:11—19.

大宏观税负水平从20世纪末的接近45%降至21世纪初的40%以下。但从历史角度作一个总体判断,可以认为西方各国宏观税负发展趋势至今仍未突破瓦格纳法则,每一次宏观税负的下降都不过是历史的插曲。或者说在西方国家,宏观税负的下降具有暂时性,宏观税负不断上升才是"永久"趋势。

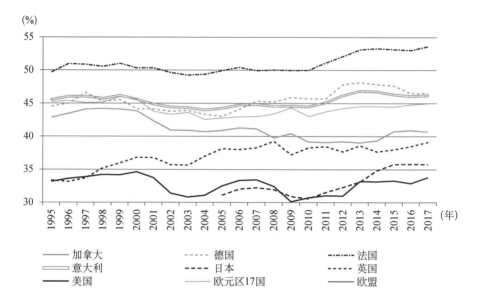

图 9-2 西方部分国家和组织宏观税负走势(1995—2017年)

数据来源:数据均来自 OECD 官方网站。网址:https://data.oecd.org/gga/general-government-revenue.htm。其中,欧盟 2001 年前、日本 2005 年前数据空缺。"宏观税负"指的是年度一般政府收入占当年 GDP 的比重。下同。

图 9-3 美国 1970—2017 年间的宏观税负走势

综上,在西方国家的经济制度变迁中出现了一种矛盾现象:一方面,频繁出台减税政策;另一方面,宏观税负仍然呈现上升趋势。如何解释这种现象？一些学者注意到,西方国家减税的主要方式是降低最高边际税率,主要税种的基本税率或者平均税率并没有大的变化。这种解释有一定道理,一般来说,最高边际税率并不具备筹集财政资金的意义,其主要功能在于调节收入分配。最高边际税率下调在给整个社会营造减税氛围的同时,政府真正付出的财政代价并不高昂。但这里又有两个问题需要解答:为什么西方国家主要采取下调边际税率而不是基本税率的手段？如何理解当代西方国家减税政策的性质？

(二) 现有理论缺陷及财政汲取博弈模型

一般认为,供给学派为 20 世纪 70—80 年代以来西方国家减税政策提供了理论基石。供给学派的经济理论继承了斯密、萨伊等人消极的税收和财政观点,认为高税率会抑制要素供给和社会生产行为,故而应该把减税作为政策核心,同时辅之以削减政府支出、控制货币投放、放松政府管制等手段,以充分发挥市场在资源配置中的作用。供给学派把供给视为经济增长的主要源泉,反对过高的边际税率是其天然立场。但从供给学派所呼吁的政策取向来看,其所反对的不仅仅是过高的边际税率,更是全社会平均的高税率,其所追求的是一种全社会的低税率,即"全面减税"政策。按照供给学派的经典模型"拉弗曲线"的原理,下调税率会带来税收总量的增加,税率提高到一定程度反而会导致税收总量的下降。减税政策与税收收入增长并不矛盾。但税收总量的增长与宏观税负的变化不是一回事。按照供给学派理论,全面减税后税收收入应该是增长的,但宏观税负理应是下降或者至少是稳定的。西方国家近几十年来宏观税负上升现象说明,这些国家的减税实践并未完全契合供给学派所提供的减税方案的预期。

事实上,供给学派的减税方案及其背后的经济学原理,从来没有在西方社会成为共识。各国的税收政策实践表现为供给学派的"涓滴效应"与凯恩斯主义的积极财政政策的糅合交汇。即使开启"里根经济学"时代的美国前总统里根,在执政时也不但没有放弃,甚至进一步强化了某些凯恩斯式的经济政策(Magazzino,2012)。在学术界,"涓滴效应"的怀疑者们认为,减税政策与经济增长之间的关系存在难以被理解的不确定性(Clements,2017)。有学者(Aghion & Bolton,1997)认为涓滴经济学仅仅是理论上存在的一种帕累托改进,在实践中其效果是不确定的。也有观点(Feldstein & Feenberg,1996)认为供给学派的减税倡导者们忽视了减税措施与生产要素供给扩大之间的时滞效应。而且,微观经济主体的预期行为的存在会造成减税效果衰减（Kydland & Prescott，1977）。在全球化与国际竞争背景下，其他国家的跟风减税措施也会削弱本国减税政策对资本的吸引力，下面的国际税收竞争理论对这一点有更充分的讨论。

国际税收竞争理论是近几十年来随着国际税收竞争加剧而产生的一种微观经济学理论。按照该理论的经典模型，经济全球化导致资本的国际流动成本下降，资本持有者可以在多个国家间"用脚投票"，世界各国不得不竞相降低税率以吸引资本，这会带来对资本征税的低税率以及公共产品供给的不足（Zodrow & Mieszkowski，1986）。显然，该理论认为减税竞争是一种"囚徒困境"（Janeba & Peters，2010）。国际税收竞争理论一定程度上解释了当今西方国家减税政策"亲资本"的特性，但其对由此造成的公共产品供给不足的预测不符合当代西方国家现实情况。该理论最大问题在于考虑国别间税收优惠政策博弈的同时，忽视了各国内部各种力量博弈对税收政策变化的影响。

上述理论都是从纯粹的微观经济学视角来推导减税政策的应然路径，得出的结论无法完整解释西方国家在减税政策实践中的实然结果。显然，减税不仅仅是一个经济问题。合理的减税政策不仅能够进一步提升国家财政汲取能力，而且在增强政治统治合法性、保障宏观调控实效性、提升财产论证规范性等方面具有明显的政治功能（虞崇胜，陶欢英，2017）。为了走出单纯经济学的局限，此处将运用本书的财政汲取博弈框架来解释减税政策频繁出台但宏观税负不断扩张的矛盾现象。

财政汲取行为无论在立法还是征收过程中都表现为征收方与被征收方的博弈。人们习惯上把国家（政府及其征税机关）与纳税人（或公民）视为税收博弈的两个参与者。但根据国家自主性理论，国家不仅仅是阶级统治的工具，执政集团还具有相对自主性。所以本书才认为，财政汲取博弈在一定条件是一种三方博弈。此处将执政者、精英阶层和平民阶层视为博弈的三个参与方，根据本书的基本模型，结合当代的全球化背景与制度环境，其博弈模型大致如图9-4所示。

下一步，只需要结合模型对博弈各方的议价能力变化情况进行分析。在第五章已经列举了影响博弈各方相对议价能力的一系列因素及约束条件。在此案例中，这些因素和条件大部分仍然适用，有的甚至发挥了决定性作用。比如"执政者对经济资源的垄断程度"，由于当代西方国家大都建立了保护私人产权的经济制度体系，国有化被严格控制在少数公共事务领域，执政者的"自产能力"相对弱化了，来自私人经济的税收成为这些国家的主要财政收入来源，这意味着执政者在获取财政资源时，必须考虑来自纳税人群体的议价要求。又如执政者对政

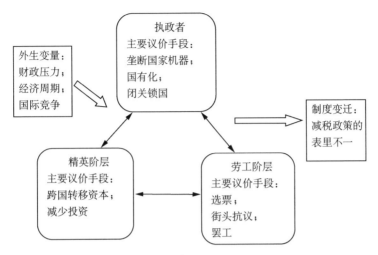

图 9-4　当代西方国家下的财政汲取博弈模型

治资源的掌握程度或者选票规模,这在西方式选票民主制度下对执政者决策往往产生极其重要的影响。为了赢得执政权力,相互竞争的党派向相关群体开出福利承诺,福利承诺规模的大小以及兑现程度,一定程度上决定了各党派能否上台执政以及执政命运。但福利承诺背后的代价是财政预算的不断扩张,人们都希望能够在福利分配中多获得一杯羹,又都不愿意缴纳更多的税收,这一矛盾是几乎所有执政者不得不面对的难题。解决这一矛盾的可行方案是向富人征收更多的税,第二次世界大战后个人所得税累进税率的流行即是此种方案的一种实践。财富多的多纳税,财富少的少纳税,穷人不但不纳税还要受到来自公共部门的接济,这种观念逐渐为大多人所接受,也使得税收成为促进社会分配公平的有力工具。

在一个相对封闭的环境中,上述分配方案似乎不存在什么问题,但如果国境是开放的,而且外部存在一个竞争性的经济主体,那么这一方案就可能面临严苛的约束条件。如第五章所述,纳税人"用脚投票"成本的下降与可行性的增加,意味着其相对议价能力的增强。在当代全球化背景下,现代国家很难对国境实行物理性封闭,资本跨国流动的途径越来越多,成本越来越低,执政者一旦对资本利得适用过高的税率,就会导致资本流向其他国家。国境开放对于执政者的财政汲取来说并非全是消极影响,在相当长的历史时间里,开放边界、鼓励通商然后收取关税,都是执政者的重要财政收入来源。但随着贸易协定的通行,零关税越来越普及,关税在大多数正常国家已经不再具备重要的财政意义。而且,西方国家的执政者除了要应对来自其他西方国家的竞争外，还要应对来自发展中国家的诸多挑战。在资本驱动下的全球地理联系建立之后，那些曾经长期生活在自我封闭甚至与世隔绝中的国家或部落，都被动地卷入了政治制度与经济实体的竞争之中。这些落后国家加入全球化网络后，一方面通过学习发达国家的制度和技术对发达国家构成挑战，另一方面其廉价劳动力比较优势又对发达国家内部的博弈格局造成了颠覆。

（三）全球化对各阶层议价能力的影响

随着国际国内环境的改变以及基本政治经济制度的演进，西方国家中执政者、精英阶层和平民阶层在财政汲取博弈中的相对议价能力时刻处于量变状态，并随着量变的积累以及一些重要事件或现象的发生而出现一定程度的质变。纵观资本主义世界的发展过程，选举权的普及和全球化是引起相对议价能力质变的两个重大历史现象。

自由竞争资本主义时期，在主要西方国家，选举权一般是与财产多寡联系在一起的，"大纳税人民主"制度下国家权力机构主要担任了为资本代言的角色。这一时期资本拥有者的议价能力要远远强于劳工阶层。到19世纪后半叶和20世纪初，西方各主要国家大多普及了选举权。这导致了议价能力分配格局的重大扭转。平民阶层凭借选票规模优势追求自身政治权利和经济利益，推动了社会保障体系的完善以及高福利社会的形成。

全球化是当今世界的重要特征。继选举权普及之后，全球化程度的不断发展再次深刻改变了西方国家的财政汲取博弈格局。从一定意义上说，全球化是资本的国际化，是资本主义的普遍化。全球化客观上加剧了西方各国内部阶层间的矛盾冲突，根源之一就是能跨越国界的群体（资本、技术持有者）与不能跨越国界的群体（低层次劳工）的不对称（罗德瑞克，2000：10）。全球化导致资本的跨国流动成本越来越低，而劳动力的跨国流动相对困难得多。这就打破了原来在相对封闭的状态下，或者说在资本外逃成本很高情况下所形成的博弈三方议价能力的相对平衡状态。资本拥有者议价能力的上升，意味着劳工阶层议价能力的相对下降。一个重要证据是劳动报酬收入比重的下降。按照"卡尔多事实"，劳动报酬收入占GDP份额具有长期稳定性（Kaldor，1961）。但无论皮凯蒂在《21世纪资本论》中的研究还是国际劳工组织的报告都显示，20世纪80年代以来，全球多数国家都经历了明显的劳动收入份额的下降。考察59个国家在1975—2012年的劳动收入份额（Karabarbounis & Neiman，2014），发现42个国家出现了明显的下降。布兰查德（Blanchard，1997）发现，由于"资本增强型"技术的进步,欧洲大陆国家自20世纪80年代后劳动收入占比出现下降。哈里森(Harrison,2002)研究发现,在全球化背景下,各国为吸引资本展开竞争,弱化了工人的谈判力量,劳动收入占比降低。

但必须看到,劳工阶层议价能力的下降是相对的或有限的。尽管发展中国家劳动力由于低成本优势,形成了对发达国家劳动力的替代效应,但发达国家劳工阶层并不愿意也没有必要以降低自身工资水平和福利诉求的方式来因应这种竞争。这是因为:其一,劳工阶层在选票规模上仍然拥有无可比拟的优势;其二,随着个人收入水平的提高,大量的平民家庭进入了个人所得税征税范围。特别是当代减税政策以下调边际税率为主要手段,真正发挥财政筹集作用的是往往是最低税率或基本税率,这意味着平民阶层特别是中产阶级事实上承担了相当大的财政份额。因此在政治斗争中,平民阶层可以通过选票以及街头抗议等手段来提出自己的议价需求。从美国的"占领华尔街"运动,到南欧各国抗议财政紧缩的浪潮,再到法国奥朗德政府失败的"富人税",都能看到这种斗争的痕迹。

平民选票规模优势的维持以及资本跨国转移成本的持续下降,导致了劳工阶层与精英阶层博弈的白热化。一方面,劳工阶层不愿放弃已经到手的高福利;另一方面,资本纷纷流向新兴市场国家。这种背景下,老牌资本主义国家纷纷出现了工业"空心化",很多传统的工业城市和工业区开始凋敝、萎缩从而成为"铁锈地带",大量夕阳产业的蓝领阶层陷入失业困境,这进一步加重了西方国家的财政负担,也给其社会治理提出了新的挑战。一方是掌握着资本的精英阶层,另一方是掌握着选票规模的平民阶层,执政者既难以承受资本大量流失的代价,也难以接受选票流失的后果。全球化导致的相对议价能力变化带来的压力,事实上更多地转移到了执政者一方。也就是说,面对精英阶层议价能力的上升以及劳工阶层议价能力的稳定,执政者的议价能力相对下降了。在公共责任和社会福利负担越来越重的约束条件下,执政者陷入了"增税不可行,减税不可能"的两难局面。

在这种背景下,西方国家执政者的税收政策不得不呈现出频繁的左右摇摆特征,有时候为回应社会呼声出台一些针对富人的增税政策,但更多时候是以减税措施来吸引或取悦资本。总体上看,在财政汲取博弈的影响下,随着多轮次减税政策的不断冲击,西方国家的税制结构、财政收入来源结构以及预算结构都发生了重大变化。

首先,在税制结构方面,边际税率不断降低,税收的贫富差距调节功能弱化。曾经高达70%以上的个人所得税最高边际税率的初衷是对高收入分配进行喝阻,以缩小初次分配时的收入差距。最高边际税率的不断下调,尽管财政意义不大,但意味着调节收入分配功能的淡化。遗产税的主要作用也是促进财富收入的代际公平而非筹集财政收入。从国际上看,有近2/3的国家和地区开征了遗产税,发达国家几乎都曾经开征遗产税与赠与税,但近年来取消遗产税正在成为趋势。特朗普税改最初的设想也是彻底取消遗产税,这一目标尽管未实现,但其税改法案仍然将起征点提高了一倍。同时,主要税种的基本税率保持稳定。仍以特朗普税改为例,将公司所得税最高边际税率从39.6%降至37%,其他档次税率也有所降低,但第一级税率10%仍然不变。

其次,在财政收入来源结构方面,个人所得税比重有所下降,货物劳务税和社保税有所上升。由图9-5可见,在OECD国家,自20世纪80年代末以来个人所得税占GDP的比重总体处于下降状态,1980年代这一比例维持在10%左右,到21世纪降至8%左右。与此同时,货物劳务税占GDP比重在1980年代中期由9%左右升至10%以上,在1995年以后的若干年份一度超过11%。社保税比重在1990年代上半叶和2010年左右经历了两次大的跃升,分别从7.5%左右攀升至8%和9%以上。一般来说,个人所得税的纳税人主要是自然人或公民个体,而货物劳务税的纳税人主要是公司法人。在现代企业制度下,公司法人在财政汲取博弈中的议价意愿与心理抗拒程度远比不上自然人。个税比重的下降与

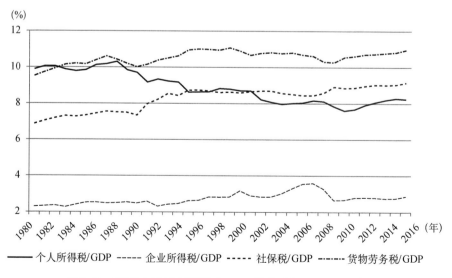

图9-5 OECD国家主要税种占GDP的比重(1980—2016年)

数据来源:数据来自OECD官方网站。网址:https://data.oecd.org/government.htm#profile-Tax。

货物劳务税比重的上升,说明执政者有意无意地通过税制调整等技术性手段规避来自公民个体的议价行为,并试图通过扩大公司法人税收比重的方式来补偿损失。这间接说明,20世纪80年代以来的减税政策背后,是财政汲取博弈各方矛盾的激化。社保税是政府凭借相关法律强制征收的,由企业主与雇员共同承担的,用于养老、医疗、失业等社会保障的专项收入。社保税比重不断上升的原因很复杂,与西方国家的人口结构(如老龄化)及社会福利的完善密切相关。在西方国家,用于社会福利的财政支出是一种刚性支出,具有不可削减性;也是一种单向度发展的支出,即一般情况下只能增长不能下降。社保税比重的上升背后,是劳工阶层选票规模支撑下议价能力的强势。

最后,向"未来人"征税以满足财政需要。既然向任何群体的增税都阻力重重,政府的公共支出又持续扩张,西方国家不得不向不会表达意见的"未来人"征税。近几十年来,西方各国的公共债务余额占GDP的比重(以下简称"公共债务占比")日益上升。图9-6显示了G7国家1995年以来的公共债务占比情况。美国的公共债务占比2007年以前基本保持在90%以下,但在2008年后持续攀升,2012年以来保持在130%以上。英、法、意、日四国公共债务占比分别由1995年的48.8%、67.3%、121.2%和94.7%攀升至2017年的116.3%、124.2%、152.4%和234.3%。德国情况稍好,但这一比例也由1995年的54.1%升至2017年的71.5%。加拿大的公共债务占比在2003—2008年一度降至100%以下,但2009年后又攀升至100%以上。在传统的"收支平衡"预算观念中,长期持续地出现年度预算赤字是不能被容忍的,甚至可以认为发生了财政危机。1991年欧共体的《马斯特里赫特条约》将公共债务余额不超过国民生产总值的60%作为加入欧盟的一项条件。所以,后来人们习惯性地将60%作为财政安全的一道警戒线。但当前西方主要国家无一例外地全部跨越了警戒线,不断攀升的财政赤字成为悬在各国头上的"达摩克利斯之剑"。这表明,在劳工阶层的选票压力与资本持有者"用脚投票"的双重挤压之下,执政者苦心经营的通过减税表象所维持的宏观税负上升的局面,仍然难以筹集到足够的收入来应对财政支出需求,从而不得不寻求通过扩大债务规模的方式来缓解燃眉之急。

综上,近几十年来西方国家频繁实施的减税政策,没有带来宏观税负的实质性下降,没有改变"瓦格纳法则"。这说明所谓的"减税",实质是西方各国执政者在新的博弈格局下不得不进行的税收制度、财政收支等方面的结构性调整。"减税"之"名",只不过是西方各国的政治家们为了安抚社会观感和相关群体心理需

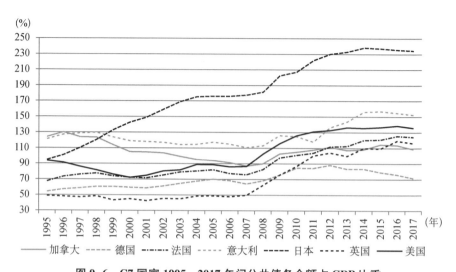

图 9-6　G7 国家 1995—2017 年间公共债务余额占 GDP 比重

数据来源:数据来自 OECD 官方网站。网址:https://data.oecd.org/gga/general-government-debt.htm。

求所刻意强调的政策变迁的一种表面特征。与此同时,财税结构性调整的其他内在特征如收入分配调节功能的弱化、政府征税手段的隐形化等被选择性地忽视了。

本部分通过构建一个简单的财政汲取博弈模型,解释了当前西方国家普遍存在的减税政策趋向与宏观税负稳定上升并存的矛盾现象。按照财政社会学的观点,各个阶层围绕财政汲取进行的博弈是形塑政治经济制度的主要矛盾或动力机制。20世纪上半叶,在工人运动、进步运动和凯恩斯主义的共同作用下,自由主义的低税率思想式微,西方各国构建了一种高税率的财政汲取制度结构。但随着凯恩斯主义需求管理政策的失效以及全球化的深入,资本和技术持有者的相对议价能力增强,西方国家的执政者不得不通过持续下调边际税率的方式来保持对资本和技术的吸引力,同时又不得不维持基本税率的稳定以保持较高水平的社会福利,从而防止来自平民阶层的选票流失。因此,减税就成为西方国家税改的一种表面特征,而其税改的真实性质可能是税收制度的结构性调整以及税收政策目标的转变,在这种调整和转变中,税收制度调节收入分配差距的功能被逐渐边缘化了。

西方国家执政者长期面临的两难局面促使其不得不"戴着脚镣跳舞"。从制度变迁的视角看,这可能意味着西方国家的政治经济制度进入了一个新的演化阶段。面对新的环境,其正在通过制度的不断调整来达到下一个阶段的均衡。

从现阶段看,在选票压力与资本外流压力的双重挤压下,执政者不得不采取两种相机抉择的措施。一是通过扩大财政赤字的方式来维持国家机制的运行,但公共债务的持续攀高又不断地对国家治理提出挑战,如何化解由此导致的财政风险是其必须面对的重大课题。二是以"挤牙膏式"下调边际税率来营造减税氛围,以此向资本和技术持有者表达亲和态度并满足其心理预期。当然,全球化影响下西方国家各方议价能力变化是一个正在演进中的进程,其最终走向何方,结局如何,在未来仍然存在不确定性。

第十章　租、利、税选择与中国国家治理现代化

提出并发展财政汲取博弈这样一个分析框架,一个重要目的是解释我国的国家治理问题。财政汲取博弈在我国近代以来特别是当代国家治理制度变革中起到了什么作用?原因是什么?对未来治理制度的演进可能会产生何种影响?中国的历史进程有着独特的轨迹,但这并非意味其能够游离于人类社会的基本规律之外。所谓独特,其实指的是一些中国历史上特有的因素,对博弈各方的议价能力造成了非同一般的影响。本章将从我国治理现代化进程的起点或原初条件开始,探讨财政汲取方式选择与国家治理制度体系之间的关系。

一、"租金国家"与难产的现代化

从战国到清末,"租金"是财政资源的主要来源渠道。由于土地的封建层级所有制结构,农民上缴的"土地税"实质上是具有一定固定性的地租。当然,到封建社会后期,土地的私人产权已经发育得比较充分,国家法令已经承认了私人土地的转让、继承等权利。特别是清代"摊丁入亩"推行全国后,土地租税的"人头税"色彩已经淡去,附着于其上的身份制度与依附关系也相应地被弱化。不过,真正决定地租向土地税转变的关键因素,是封建制的生产关系及与之相关的政治制度是不是被尘封进历史,以及土地所有者的土地权利是否已经彻底明晰。从这个角度看,在整个封建社会时期,农业生产者承担财政义务的主要物质方式一直更像是地租而非税收。也有学者根据封建时代编户齐民对君主的臣属关系,将农业税赋定义为"贡赋"。农业领域的财政义务究竟是贡赋还是地租,取决于如何定义这两个概念。因此,在这里地租与贡赋之间并不存在本质区别。在

工商业领域,国家通过垄断冶铁、盐业、酿酒等具有战略意义的物资,以及垄断手工业生产的方式来获得垄断利润。在商品经济发展到一定程度,垄断工商业全部环节难以实现时,国家在接受和承认民间力量对上述物资经营的事实的同时,通过垄断某个重要环节(生产、批发等环节)的方式来获得垄断租金。最典型的盐业专营中的"盐引"[1]制度。在无法垄断的商业领域,政府则通过"关市之赋"来汲取税收。比如,在边境地区设置"榷场"然后向商人征税,在城门或关隘向过往商人征税,在港口设"市舶司"向海外贸易征收关税,等等。关市之赋形式上虽然是税收,但这种税收无法与纳税人的利润形成等比关系,纳税人亦没有任何具有协商意义的发言权,所以它实质上是一种"战略租金",即执政者利用无法替代的地理优势向商贸从业者索取的一定数额的财政收入。因此,按照财政社会学以主要财政来源划分国家类型的做法,可以将封建时代的中国称为"租金国家"。

另一种财政汲取方案,把商业视为主要汲取对象的方案,作为一种经济思想自古以来就存在。比如,在战国时期出现的《管子》一书中,就提出了"商贸立国"的原则。但由于古代中国的地理环境、历史进程等方面的制约,农业经济相对于商业经济长期占据绝对优势。在以农业经济为基础的皇权专制体制下,执政者将商业视为社会控制体系的消解力量加以限制,"重农抑商"成为两千年间不变的政策主轴。皇权统治阶层、依附于皇权的贵族食利者阶层以及农民阶层围绕土地权利进行的斗争,构成了两千年间中国社会发展中的主要矛盾。商业经济由于被过度抑制,过分弱小,并未在博弈中占据重要地位。在当时的统治者看来,商业经济中所蕴含的财政资源的成长性与自身通过社会控制维持统治稳定性相比,在收益上不具有吸引力。这种情况一直到近代受到来自西方以工商业为基础的资本主义国家的挑战之后才逐渐有所改观。西方资本主义国家的入侵,开始改变统治者已经沿袭了数千年的成本收益估算方式。但直到19世纪末,中国的执政阶层与精英人士才意识到重商主义经济制度的重要意义,并开始系统化地提出资本主义性质的经济政策,中国的经济与制度现代化进程才开始了实质性的起步。

从历史经验看,在近代世界的环境中,一个国家要走向现代化,关键步骤是

---

[1] 盐引是宋代以后历代政府发给盐商的食盐运销许可凭证。商人向政府购买盐引,然后凭盐引进行合法贩盐。宋、明和清代,盐引制度在具体实施中存在差别,但基本原理大致相同。盐引成为政府获得财政收入的重要来源。

在社会领域完成对传统社会结构与意识形态的改造,即破除封建性、依附性人身关系对劳动力和土地等生产要素的束缚;在经济领域构建起以完善的私人产权和完整的市场竞争体系为基础的制度机制;在政治领域要实现国家权力的自主和增强对整个社会资源的整合能力。在制度体系自然演进的西方国家,其现代化进程是社会生产关系变迁促进经济制度变迁,经济制度变迁导致政治制度变化,这符合典型意义上的"生产力决定生产关系,经济基础促进上层建筑"的基本规律。但对于后发国家来说,由于全球化趋势的加深和国际竞争,若呆板地等待生产力缓慢发展来推动国家竞争力的提升,其结果只能是沦为西方国家的殖民地。因此,后发国家有效的发展顺序应该是先在政治上形成中央集权的强大国家能力,然后由国家主动开启社会结构改造、经济制度构建进程,即"资本主义性质"的改革或改良运动。

在进入近代史时空区间后,中国面对国际竞争的解决方案亦是如此。从初始条件看,古代中国的封建皇权专制发展到清代已经达到顶峰。清王朝前期的统治者在中国传统社会统御术方面是集大成者,曾经严重威胁中央集权与皇权统治的各种因素如外戚、皇族、宦官在清代统治者的努力下都几近消弭。清王朝统治者在地方治理与边疆控制等方面也成效卓著,从而形成了前所未有的全国大一统局面。与西欧民族国家短暂的历史相比,与幕府时代皇权旁落的日本相比,至少在中央权力的集中与国家能力方面,清王朝存在一定的优势。到清王朝后期,王朝的统合水平与执行能力逐渐衰弱,但其基本素质仍然存在。也就是说,当时的执政者如果具备国际视野,利用强大的皇权推行资本主义性质的制度改革,具有历史可行性和成功的可能性。

但历史的惯性、统治阶层意识形态的保守以及对近代先进智识的排斥,导致制度转向的极度困难。而且,从政治力量的对比上,皇权的过分强大以及工商业阶层力量的过分弱小,也使得改革不可能具备应有的政治和经济支撑。普鲁士及日本在19世纪上下半叶先后通过"自上而下"的改革取得一定成功,促进了自身资本主义经济发展,其重要前提条件是工商阶层事实上已经具备了一定的议价能力。比如,当时德意志各邦国资本主义经济已经有了长足发展,明治维新前日本武士阶层与工商阶层开始合流。在当时的中国,类似的条件并不具备。

清末以"洋务运动""戊戌变法"为代表的改良行动,其主要动力不是工商业阶层追求经济收益,而是统治者阶层内部的有识之士的"救亡"努力。即便如此,改良运动仍然推动工商业获得了前所未有的发展,也使得国家制度开始出现少量的现代性元素,清末的国家财政开始沾染少许现代气息。为镇压国内的农民起义和暴动,朝廷和地方政府开始向工商业汲取更多财政收入,具有工商税性质的"厘金"逐渐成为财政收入的重要来源。"厘金"的产生不可避免地与政府对工商业的横征暴敛联系在一起,但从另一方面看,厘金的产生以及政府对它的倚重,本身就证明了工商业在国民经济中地位的攀升。为了平息西北回民暴乱,清政府允许左宗棠、胡雪岩等人以关税为抵押向资本主义国家的银行借款。借款的背后是国家信用的出现,而国家信用本身也是政治现代化的一种具体表现。从岁入总量上看,在鸦片战争前的近百年中,财政收入总额一直徘徊在白银4 000万两左右。乾隆十四年(即公元1749年)为3 600万两,道光二十九年(即公元1849年)为3 700万两,百年间几无增长。但到1890年代,岁入总量增加到8 000万两以上,到1900年代增至亿两以上,光绪三十四年(即公元1908年)达2.34亿两,宣统三年(即公元1911年)达2.97亿两[1]。清末财政收入实现数量级增长的一个重要原因,是当时内忧外患环境下维持统治地位的倒逼。但与同样处于危机背景下的明末相比,清王朝统治阶层所面临的环境更有利于其在财政开源上有所作为。工商业发展提供的财政潜力,国门打开后利用海外资本的可行性,使得清王朝挺过了农民暴动的冲击,甚至开创了所谓的"同光中兴"。晚清国家治理中某些现代性色彩,是海外资本主义世界跨越国境传导的结果,虽在当时的中国缺乏足够的社会基础,但客观上促进了社会意识的转向以及统治阶层治国方略的调整。这具体表现为以追求利益增值为目标的资本法则以及以个人权利为本位的社会秩序实现了合法化,为持续了数千年的"义利之辩"画上了一个句号,同时更表现为重商主义的兴起,朝廷经济政策历史性地转向肯定和扶持工商业活动的发展(刘守刚,2020:421—427)。也就是说,来自境外资本主义国家的竞争根本性地改变了统治者过去在农业与工商业之间财政汲取选择时的成本收益函数。在商业经济对封建统治的消解作用与其蕴藏的财政潜力之间,统治者开始倾向于选择后者。

有一些学者用资本主义经济发展的"黄金时代"来形容晚清至民国时期的某些历史阶段。比如,有学者认为清王朝最后十年是中国资本主义经济的一个"黄金时代"[2]。又如,1914—1918年,由于西方列强忙于战争,无暇东顾,也由于

---

[1] 项怀诚.中国财政通史(清代卷)[M].北京:中国财政经济出版社,2006:286.
[2] 有学者认为,在甲午战争失败后,对日本的模仿、学习和移植,促使晚清中国发生了"体制革命"和"思想革命"(雷颐,1997)。"以日为师"的"新政"时期成为从思想到体制大变革的"黄金十年",而思想革命也为后来的辛亥革命做足了准备。

辛亥革命冲击了封建制度，中国的民族工业迎来了一个短暂的春天[1]。更有资格被称为"黄金时期"的应该是1927—1936年南京国民政府统治期间。在这十年中，南京国民政府着手进行了一系列财政改革，包括：设立央行、统一货币；厉行预算、统一国库收支；废除厘金、改良税制；争取关税主权；建立央地分税制；等等。无论在财政体制上还是税收制度方面，都呈现出了朝着"现代化方面迈进"（周春英，2014:195）的势头。南京国民政府继承了北洋政府的所有外债，却改变了北洋政府靠外债度日的艰难局面。自清末以来财政糜烂不堪的困局，至此有所缓解。表10-1是1927—1936年南京国民政府的主要税种收入情况。当时的财政收入来源主要是盐税、关税和统税三项。亦有其他来源，如烟酒税、印花税、矿税、交易所税、银行税、所得税等，由于在财政收入中所占比例较小，故未纳入统计。仅从数据上看，1936年的财政收入总和比1927年增长了三倍。特别是作为工商业税收的统税，增幅更是迅猛。

但即使含金量颇高的这"黄金十年"，也仍然是一个云谲波诡、暗流汹涌的时代。内有尖锐的阶级矛盾和冲突、军阀混战、国共内战，外有经济危机、日本侵略，南京国民政府并没有多少机会和精力来整合当时中国社会的各个阶层以及各个地方割据力量。从社会结构方面看，尽管国民政府试图通过保甲、乡约等制度来加强对基层的渗透，但事实上，一直没有从根本上改变以自然经济为支柱的村庄的"内生权力结构"（黄宗智，1986:252）。从政治结构方面看，"中央政府"与拥有军事力量的割据势力之间存在激烈的竞争关系。在相当长时间内，"中央政府"能够控制的范围仅限于东南沿海几个省份，财政资源的汲取受到地方势力的干扰。在"中央政府"的财政收入整体结构中，作为战略租金的关税和作为垄断租金的盐税仍然占据着规模优势（见表10-1）。而且，由于工商业发展的羸弱，农业租税仍然是地方政府的重要财源，这也成为地方军事势力进行割据的经济基础。从表10-2中可看出，1927—1936年，国民政府的财政状况正在持续改善。赤字占总支出的比例多个年份在20%以下，财政收入开始进入稳定增长的状态。到1935—1936年，军务费占总支出的比例也已经降到了30%以下。但当抗日战争爆发后，这一势头戛然而止。半壁江山的丧失使得国民政府失去了大量财源，不得不靠对经济本来落后的国统区加重征税、举借内外债和滥发货币

---

[1] 从民族资本的增长率来看，第一次世界大战至1920年的"黄金时代"约为年均11.90%，低于1895—1914年的13.37%（数据源自：白寿彝.中国通史（第20卷）[M].上海：上海人民出版社，1999:632—633）。但"黄金时代"民族工业发展的规模和含金量明显强于前一个时期。无论戊戌变法还是辛亥革命，尽管存在种种局限和不足，但在客观上都促进了资本主义经济的发展。

来苦撑战争。如以1937年上半年为基数1,到1945年12月,物价指数已高达2 126.9[1]。到抗战胜利前后,整个国统区经济已经一片萧条,处在崩溃边缘。国民政府不得不主要靠外国借款以及国内的通货膨胀来汲取财政资源。

综上,从清末到新民主主义革命胜利前,中国没有能够建立起一种良性循环的社会-经济-政治制度的动态演化结构:实现有效的权力集中→完成社会整合和改造→构建现代性的产权制度和市场体系→形成以税收为主的财政汲取体系→促进经济稳定增长→经济成长带来财政收入自然增长→政府利用财政收入进行公共建设,以促进社会更好发育和经济更快增长。从中国的现实来看,改革的关键是能不能把封建化的土地所有权制度转变为现代性的土地产权制度。通过土地制度改革,一方面,能够冲破传统的社会组织结构,改造农业自然经济下的农村内生性权力格局,实现国家与农民个体之间的直接联系;另一方面,能够促进现代性产权制度的形成,为生产要素的优化配置提供条件。显然,土地改革是国家工业化进程的必经之路。在我国,这一关键步骤由中国共产党领导的新民主主义革命完成。中国共产党领导下的人民政权通过土地改革解放了农村生产力,进而获得了丰裕的土地税收,并以此为经济基础在政权竞争中取得了胜利。

表10-1　1927—1936年南京国民政府主要税种收入情况

单位:千元

年份	关税	盐税	统税	合计
1927	107 162	119 638	4 102	230 902
1928	128 274	137 045	21 158	286 477
1929	238 109	148 366	45 375	431 850
1930	281 406	147 207	62 537	491 150
1931	385 500	157 145	79 663	622 308
1932	311 975	157 732	90 558	560 265
1933	339 524	160 693	100 839	601 056
1934	334 645	177 461	116 079	628 185
1935	315 520	185 416	118 974	619 910
1936	324 633	217 811	161 579	704 023

数据来源:南京国民政府主计部.中华民国统计年鉴[R].1948:248—250.

---

[1] 郭小东.简明中国财税史[M].广州:广东经济出版社,1997:359.

表 10-2　1927—1945 年南京国民政府财政支出及赤字情况

单位:亿元

年度	岁入(除借款外)	岁出总额	军务费支出额	军务费占总支出比例%	赤字	赤字占总支出比例%
1927	0.77	1.51	1.31	87.0	0.74	48.7
1928	3.33	4.13	2.10	50.8	0.80	19.4
1929	4.38	5.39	2.45	45.5	1.01	18.7
1930	4.98	7.14	3.12	43.6	2.17	30.3
1931	5.53	6.83	3.04	44.5	1.30	19.0
1932	5.59	6.44	3.21	49.7	0.86	13.3
1933	6.22	7.69	3.73	48.5	1.47	19.2
1934	6.38	12.04	3.87	32.2	5.65	46.9
1935	5.13	13.37	3.62	27.1	8.24	61.6
1936	12.93	18.94	5.55	29.3	6.01	31.7
1937	5.59	20.91	13.88	66.4	15.32	73.3
1938	2.97	11.69	6.98	59.7	8.72	74.6
1939	7.15	27.97	16.01	56.7	20.82	74.4
1940	13.17	52.88	39.12	70.0	39.71	75.1
1941	11.84	100.03	66.17	66.2	88.19	88.2
1942	52.69	245.11	152.16	62.1	192.42	78.5
1943	165.17	588.16	429.39	73.0	422.99	71.9
1944	362.16	1 716.80	1 310.80	76.3	1 354.73	78.9
1945	1 500.65	12 150.89	10 607.37	87.3	10 650.24	87.7

数据来源:杨荫溥.民国财政史[M].北京:中国财政经济出版社,1985.注意,1938 年仅为下半年数据。

二、改革开放:用产权换税收的重演

(一) 作为改革起点的自产国家

1949 年后到 1956 年经济领域社会主义改造基本完成之前,税收收入一度在财政收入中占据主要比重。比如 1950 年,税收收入占财政收入比重为

75.2%,到1954年这一比重仍在50%以上[1]。1956年以后,公有制经济一统天下,国营企业上缴利润成为财政收入的主要形式,我国成为典型的自产国家。

如上所述,中国作为一个后发国家,其走向现代化的一条可行道路是,通过强大的国家力量来构建现代化的产权制度和市场体系以促进经济增长,然后通过税收来获取财政收入以进行公共建设。但苏式计划经济要构建的是一个"无税"世界[2]。我国在建国初期主要学习苏联的计划经济经验,虽然后来根据自身情况有所调整,但就国家与企业的关系来看,利润上缴而不是纳税成为两者间关系的主要表现。以后来的眼光看,计划经济与我国的现代化走向存在偏离。不过,发展中国家走向现代化的一个重要前提条件是国家能力建设和对传统社会的改造,计划经济客观上在这两个方面做出了贡献。这样,计划经济就成为我国现代化建设的一个起点。

限制甚至否认私人产权,实行全面计划经济的国家直接向社会汲取利润的逻辑,是葛德雪所设计的、曾被熊彼特批判过的国家资本主义之路。葛德雪所设想的道路,是通过资源的国家所有和生产的国家组织来增强财政汲取,以应对濒临枯竭的国家财政,更好地实现国家重建。无论苏联式社会主义还是计划经济时期我国的社会主义经济制度,都比这走得更远。对于当时以"斯大林模式"为蓝本的社会主义国家建设来说,首要任务是尽最大可能由国家控制所有的经济资源,组织所有的工商业生产活动,然后根据"社会需要"进行资源分配,以克服资本主义制度下生产资料私有与生产社会化之间不可调和的矛盾,实现对资本主义制度的超越。按照基本财政类型,计划经济体制下的国家财政,当然不是封建社会的"家计财政",但也不是资本主义社会下的"公共财政",而是把近乎所有社会产出纳入国家控制的"全国家财政"。在财政支出方面,是把大量的私人事务转变为国家事务,国家对所有公民的生老病死、工作生活承担义务的"无限责任"财政。根据这种思想,国家不可能是"税收国家",因为基于私人产权的税收

---

[1] 刘佐.中国税制五十年(1949年—1999年)[M].北京:中国税务出版社,2001:888.
[2] 从逻辑上看,计划经济的财政观点发展到一定阶段就会产生"无税论"。但现实中,税收无论名义上还是实质上,在计划经济国家仍然一定程度上存在。苏联在1920年代后期完成了城市和农村的私有制改造后,国营企业和集体农庄占据了经济主导地位。与所有制形式变化相适应,苏联建立了以"周转税"和利润提成为主要手段的国营企业利润上缴方式。在当时背景下,"周转税"实质上是国营企业的一种利润上缴途径,不是真正意义上的"税收"。之所以采取税的形式进行利润缴纳,是因为单纯的利润上缴以企业盈利为前提,但税收具有固定性,并不一定以企业盈利为前提。在我国计划经济时代,尽管多次进行"利税合一"的尝试,但税收一直是国营企业上缴利润的重要方式,亦同此理。

已经没有存在的必要。国家必然是"利润国家",即企业的所有利润归国家所有。因此,计划经济下的政府,是人为建构的、完全自产的、自给但不一定自足的政府。从财政汲取博弈方面看,这种国家不可能进入"纳税人议价"状态。因为在完全计划经济中税收和纳税人都消失了,以纳税人议价为动力形成国家治理机制的可能性也不存在了。计划经济下执政者用公有资源对所有人进行分配,既不能完全平均分配,"按劳分配"又缺乏可操作性,最终很容易陷入等级化分配或酬庸式分配,这样,本来以反封建特权、反资本剥削为初衷的制度体系下又会滋生新的"特权"。

我国当时走计划经济道路确实有很多历史缘故,如优越性突出、缺陷尚未显露的"斯大林模式",西方的凯恩斯主义或国家资本主义思潮,尽早实现工业化和国家富强的理想等。从刚解放时毛泽东、刘少奇等中央领导的思路来看,一开始是相当稳健的,都认为在进行社会主义经济改造之前,有一个相当长的新民主主义建设时期,其实就是利用资本主义经济制度优势发展商品经济,为社会主义经济打基础的时期。至于"相当长的时期"有多长,中央领导在公开场合一般认为是"十五年到二十年,甚至更长的时间"[1]。之所以持这种观点,一方面,是受到当年苏俄"十月革命"后激进经济政策教训以及列宁"新经济"政策经验的影响;另一方面,也是基于对当时本国落后的生产力的客观认识。在当时,计划经济的优越性几乎是社会共识。所以尽管决策者意识到了商品经济的巨大作用,仍未阻碍我国迅速地建立起计划经济体制,而且在相当长时间里,计划经济在国家工业化方面确实展现出其与众不同的威力。

高度集中的计划经济对资源的国家控制在历史上前所未有,这种类似于"战时共产主义"的制度体系,会在一定时期内促进经济增长,但随之而来的有可能是经济增长缓慢甚至停滞。问题是当经济增长趋缓后,国家对公民们关于未来美好生活的承诺还在。一方面,经济停滞使得国家财政收入紧缩;另一方面,用于公共服务、提高公民生活水平的财政支出仍在持续增加。计划经济国家将不可避免地陷入财政危机。计划经济国家对资本主义无法摆脱经济危机的批判言

---

[1] 根据薄一波的回忆,党的七届二中全会决议的精神是"建国后继续搞一段时间的新民主主义,使工业和整个国民经济在迅速恢复的基础上得以发展,使新民主主义内部的社会主义因素逐步增加,一俟条件基本成熟,即向社会主义转变"。"这中间要有一个过渡时期。至于过渡时期的时间,当时毛主席和中央其他领导同志的估计是一致的,大约需要 10 年、15 年或者更多一点时间"。但在1952 年 9 月 24 日的中央书记处会议上,毛泽东讲了一段话,大意是:我们现在就要开始用 10 年至 15 年的时间基本上完成到社会主义的过渡,而不是 10 年或者以后才开始过渡。详见:薄一波.若干重大决策与事件的回顾[M].北京:中共中央党校出版社,1991:213.

犹在耳,自己的国家也陷入了财政危机。资本主义国家的经济危机是周期性的过剩危机,而计划经济国家的财政危机却是常态性的短缺危机。面对财政危机,社会主义国家有两种选择。一种是外向型应对。在向市场经济转轨前的东欧社会主义国家,公民的社会福利作为一种权利,"被认为是既得的、不能触犯的""其责任完全由国家承担,并且同劳动与财富的生产完全分离"(陈双苑,1994)。面对仅隔一条边境线的西欧的繁荣,东欧社会主义国家政府为了印证制度的优越性,只好采取向西方资本主义国家借债的方式来应对财政资金的短缺。事实上,在东欧社会主义国家崩溃前,多已陷入了难以自拔的债务危机。它们已经无法再从西方借到钱,因为本国经济已经丧失了成长性。没有经济增长作抵押,无人敢再借钱给它们,而且原来的债务纷纷到期。旧债还不了,新债借不到,除了答应国内民众和国外债权国政府改革政治制度的条件,已经无路可走[1]。另一种是内向化应对。东欧社会主义国家由于存在边境线外竞争对手的威胁,不得不正面回应公民的"要福利"行为。相比较而言,其他一些计划经济国家有足够的空间和环境实施内向化措施。比如,计划经济下的中国曾经自豪地宣称,既无内债,也无外债,但实际情况是必须"勒紧裤腰带过日子"。这种情况下,通过削减人民福利来节约财政资金就成为不得不采取的手段。

面对财政危机,通过内卷化方式度过危机存在巨大的风险,隐藏着潜在的颠覆性因素。但对于不愿意放弃核心利益与大纳税人交换的执政者来说,内卷化往往又是不得不因循的轨道。当然,内卷化并不一定立即导致颠覆性事件,但可以预见,内卷化支撑下的政权不可能获得长治久安。相比较之下,执政者放弃内卷化手段进而采取更加开明的应对措施,是明智的选择,也是具有历史意义的选择。从这个标准看,中国的改革开放就是这样一种选择。

---

[1] 东欧社会主义各国自1970年代起,外债开始大量增加。到1970年代末,外债由1970年代初的20亿美元增至450亿美元,到1987年又增至990亿美元(王东,1989)。在外债较重的波兰、匈牙利等国,人均外债已占人均年度GNP的一半以上。东欧国家的借款来源主要有三:一是来自西方银行的私人商业贷款,贷款条件取决于市场供求关系;二是西方政府的信贷,其条件通常比私人贷款优惠;三是世界银行和国际货币基金组织的贷款(马雷尔,1982)。西方商业机构及政府愿意贷款给东欧各国的原因,一方面是当时两大阵营间出现了缓和,另一方面是1970年代以后西方各国出现资本过剩。与此同时,东欧各国也提出了"开放经济战略"和"积极贷款政策",试图运用西方贷款和技术发展本国工业。但僵化的计划经济体制并没有带来预期的经济增长,而且东欧各国采取的提高生活水平的政策,并非"适当的工资、价格和农业政策",所以不能保证"国内对商品供需两方面的合理平衡"(马雷尔,1982)。到1980年代后期债务纷纷到期时,东欧各国不仅无力偿还外债本息,而且还需要新的贷款以维持国家运转(王东,1989)。当西方资本家和政府以经济缺少增长性、贷款本息无法保障而拒绝贷款时,东欧社会主义国家崩溃的内在逻辑已经产生了。

(二) 作为改革趋向的税收国家

以上仅仅是改革开放制度变迁的宏观背景。经过四十多年的实践探索和潜移默化,"改革开放"已经深度改变了我国官方与整个社会的话语体系。在这个话语体系中,"改革"被看成是推动经济和社会向前发展的动力[1],这种"改革动力论"成为原先"阶级斗争动力论"的替代,成为官方与社会的一个共识。不过,稍加思考就能发现,"阶级斗争"与"改革"在基本维度上并不对应,阶级斗争是社会生产关系内在矛盾的冲突表现,而改革则是执政集团的一种相对主动的重大利益调整与制度选择。也就是说,两者不是同一层次的概念。"改革"本身并不是"原动力"。"阶级斗争"似乎是一种"原动力",但不是社会发展与制度变迁的动力结构的全部,更像是一种观察、理解社会发展与制度变迁的视角。与阶级斗争能够形成对应的概念可能是"市场交换"。即作为社会发展与制度变迁原动力的阶级斗争与市场交换,分别崇尚基于强制的财富分配与崇尚自愿交换的资源配置。此处的论述只是想提出一个问题,我们普遍接受了"改革是发展的动力"这一观点,但同时还应思考:改革的动力又从何而来?

制度变迁背后的动力结构体系无疑是错综复杂的,路径依赖、意识形态、外部示范、内部压力以及领导人的意志等都是影响制度变迁的变量。按照诺思的制度变迁理论,决定制度变迁的基本原因是相对价格,制度的制定者之所以改变原来的制度,是他们认为借此获得的收益大于由此而产生的成本。因此,研究改革开放的动力,需要了解促使当时的执政者做出改革决策的关键压力。

一个有代表性的观点是,财政压力导致了我国改革开放。实行计划经济的社会主义国家承担着为所有公民提供全套福利与就业岗位的责任,全民就业、终身福利曾被认为是计划经济的"优点"。但计划经济又是短缺经济,以国营企业利润为主要来源的财政收入无法满足庞大的公共支出需要。可以认为,计划经济体制中的政府会长期处于高度的财政紧张状态,这也是"文化大革命"后期我国经济和财政状况的写照。在财政收支出现了难以克服的困难,计划经济与社会控制模式难以为继的情况下,政府通过"甩包袱"来卸掉一部分公共责任,然后"向新增财富征税"以获得较为稳定的财政收入(何帆,1998),就成为一种理性选择。

按照熊彼特的观点,只有私人部门缴纳的税收才是真正意义上的"税"。公

---

[1] 一般认为,改革动力论是邓小平理论的有机组成部分。尽管在邓小平的谈话和文稿中,尚未见到把改革与动力直接连起来的表述,但根据他对改革的本性、功能和作用等方面的大量论述,可以总结出这个结论。随后的历届中央领导人也经常在不同场合强调这一观点。

共部门向财政缴纳的收入,无论是否以税为名,本来就属于全民所有,缴纳过程并不涉及产权转移。从这个意义上说,拥有产权是纳税义务存在的根本前提。所以,在公有制一统天下的计划经济时代,不存在严格意义上的纳税人,也没有严格意义上的税收。当时计划经济理论所提倡的,确实也是个"无税"世界。从财政博弈的角度看,计划经济消灭了商品经济下的市场主体,似乎意味着个人相对于国家汲取失去了所有议价能力,这是彻底解决征纳博弈矛盾的终极方案。但按照拉弗曲线原理,当政府汲取了所有利润后,其获得的财政收入增量最终会降为零。计划经济与生产力发展之间的关系姑且不论,仅从财政收益看,政府在完全摧毁社会议价能力的同时,也不得不接受失去财政收入成长性这一高昂代价。

"文化大革命"后,由于意识形态原因,生产组织形式的改革是在不触动生产资料公有制的情况下以"承包制"的形式进行的。农民承包土地后在缴纳公粮时,缴足国家的和集体的,剩下的是自己的。此时农业税的纳税人其实是"村集体"而不是农民个人,因为农村土地归集体所有,只不过村集体在土地发包时顺便把农业税纳税义务也包出去了,农民缴纳的公粮是代替村集体缴纳的承包给自己的那一部分。与农村土地经营权相类似,在国营或集体企业中推行"承包制"也提高了经营效率,所以20世纪80年代承包制开始从农村向城市扩展。在企业与个人之间的承包关系中,承包人向企业上缴的利润或者管理费,其性质是国有生产资料的租金。对于政府来说,无论利润还是租金,作为汲取方式都存在严重不足。国营企业上缴利润的前提是必须有盈利,企业亏损就没有必要承担财政义务;租金的主要问题是,承包人会根据承包年限调整经营行为从而使政府利益受损,而且承包主要表现为企业与个人间的具体合同行为,政府作为第三人的财政收益难以得到保障。相比之下,具有固定性、强制性的税收优势很明显。与上缴利润相比,政府通过税收制度设计,可以不把企业亏损与否作为承担财政义务的前提条件,即使企业亏损仍然需要缴纳某些税种;与承包关系相比,税收征纳关系中政府是主要参与方,消除了企业与承包人通过承包合同绕开政府的可能。1983—1984年的两步"利改税"[1]的目的,就是方便政府向国营企业汲取财政资源。因此,改革开放之初,在不能突破生产资料所有制红线的情况下,通过出租公有生产资料来获得租金,成为一种过渡性的汲取方式。

---

[1] 1983—1984年的"利改税",是我国改革国家与国营企业利润分配关系的一项重大措施。核心内容是把国营企业向国家上缴利润改为缴纳税金,税后利润留归企业。利改税是打破国营企业"大锅饭"的重要一步,从此我国突破了长期以来封闭型税制的约束,转向开放型税制。详见:刘佐.国营企业"利改税"及其历史意义[J].税务研究,2004(10):27—33.

随着改革开放的深化以及社会主义市场经济的完善,我国经济制度出现了一系列重大变化。非公有制经济从公有制的"有益补充"升格为"社会主义市场经济的重要组成部分","非公经济依法受保护""公民合法私有财产不受侵犯"写入宪法,这为我国现代税收制度的建立和完善提供了基本前提。备受关注的国有企业改革,特别是以民营化为特征的地方国有企业改制,也体现了交换逻辑。地方政府把经营不善的地方国企变卖给民营企业家,一方面可以甩掉包袱,另一方面也能从盘活后的资本盈利中以税收的形式收获财政资源。从承包制到企业所有权转移,是一个从租金向税收转化的过程,政府的财政来源增长性、稳定性有了更大保证。

表10-3中的数据揭示了1970年后不同阶段我国财政收入的来源结构。从中可发现,1971—1975年,企业上缴利润占财政收入的比重超过50%,1976—1980年稍降至不足50%。随着"利改税"的推行,企业上缴利润在财政收入中的比重急剧下降,到1986—1990年已经微不足道。由于利改税后不再把企业盈利与否作为承担纳税义务的条件,这也使得国营企业的亏损无法得到弥补,因此,在税收中拿出一部分作国有企业亏损补贴就成为过渡办法。1986—1990年,国企亏损补贴占财政收入的比重将近20%,成为沉重负担。随着国企改革的推行,大量亏损国企要么进行了民营化改制,要么破产重组,剩下的国有企业也推行了现代化企业制度,国有企业亏损情况逐渐减少,亏损补贴也退出历史舞台。到目前为止,剩下的国有企业主要存在于垄断经济命脉的基础性行业,国有企业据此获得了大量的垄断利润。在社会强大呼声中,自2012年开始财政部出台了规定,中央企业要按一定比例上缴利润,这体现在"国有资本经营及国有资产有偿使用收入"一栏中。

表10-3 1970年后不同阶段我国财政收入来源结构简表

单位:亿元

年份	财政收入	税收收入	上缴利润	国企亏损补贴	非税收入		土地出让金
					国有资本经营及国有资产有偿使用收入	其他收入	
1971—1975	3 920	1 742	2 139			39	
1976—1980	5 090	2 505	2 243			342	
1981—1985	7 403	5 093	1 211	−507		1 605	
1986—1990	12 281	12 171	278	−2 325		2 157	

(续表)

年份	财政收入	税收收入	上缴利润	国企亏损补贴	非税收入		土地出让金
					国有资本经营及国有资产有偿使用收入	其他收入	
1991—1995	22 442	21 707	184	−2 060		2 611	
1996—2000	50 774	47 672		−1607		4 722	
2001	16 386	15 301		−300		1 384	
2002	18 904	17 636		−260		1 527	
2003	21 715	20 017		−226		1 924	
2004	26 396	24 166		−218		2 449	5 900
2005	31 649	28 779		−193		3 063	5 500
2006	38 760	34 810		−180		4 131	7 700
2007	51 322	45 622				5 700	12 800
2008	61 330	54 224				7 107	9 700
2009	68 518	59 522				8 997	15 900
2010	83 101	73 211				9 891	27 100
2011	103 874	89 738				14 136	31 500
2012	117 253	100 614				16 639	26 900
2013	129 210	110 531				18 679	42 000
2014	140 370	119 175			7 543	13 652	33 400
2015	152 269	124 922			11 544	15 803	29 800
2016	159 605	130 361			12 822	16 422	35 600

数据来源：表中税收收入、上缴利润、国企亏损补贴和非税收入之和，等于财政收入总额。表中数据除土地出让金外均来自历年《中国统计年鉴》，土地出让金数据来自国土资源部《中国国土资源公报》。

综上所述，改革开放前我国是典型的"自产国家"，改革开放后我国经过租金国家的短暂过渡，开始变成一定程度上的税收国家。这一过程是我国经济腾飞的过程，也是财政收入高速增长的过程。1951—1981年这三十年间，我国财政收入仅增长了9.3倍。但1981—2011年这三十年间，财政收入增长了88.3倍[1]。1985年以前，税收在财政收入中的比重仅在五成左右，"利改税"后的1986年上升到九成，近年来这一比重保持在80%以上。但必须看到，我国从

---

[1] 财政收入增长倍数按照《中国统计年鉴》中的相关数据计算得出。

自产国家向税收国家过渡是一个渐进过程。与其他国家特别是西方发达国家相比,我国财政收入中的自产部分仍然占据较大比例。以2019年为例,全年全国预算收入约为278 858亿元(其中一般预算收入190 382亿元,政府性基金预算收入84 516亿元,国有资本经营预算收入3 960亿元)。当年,国有及国有控股企业应纳税费为46 096亿元,加上国有资本经营预算收入3 960亿元,直接来自国有经济的财政收入占预算总收入的18%[1]。这部分收入的大头尽管以税收的形式表现,但本质上仍然是国企利润,本来就属于全民所有,在上缴过程中不涉及产权转移。当年国有土地出让金收入72 517亿元,占预算总收入的26%。这部分收入是典型的土地租金。综合测算,利、租、税在预算收入中的比重为18∶26∶56。所以,改革开放同时表现为从自产国家走向税收国家的漫长过程,并不意味着我国现在就是严格意义上的税收国家。在未来,我国将继续向税收国家转型,但仍会保留自产国家的特征,这将影响着我国未来的国家与社会关系(马骏,2011)。

可见,财政压力驱动的改革开放是"产权换税收"逻辑的一个经典再现。过去对马克思主义的教条化、片面化理解,以及受苏式计划经济思维的影响,在政策选择上形成了强烈的资源控制与支配意识,甚至认为走向共产主义之路就是国家控制所有资源,然后在所有个体间进行重新配给的过程。这种思想忽视了国家严格控制经济资源所付出的潜在代价。这启示我们应该更加深刻地理解财政汲取的交换性质。改革开放之初的果断放开与舍弃,换来了一片全新的天地;改革开放四十年来有序渐进的放开与调整,仍然不断地释放着红利。在改革进入深水区之后,要实现改革事业的再次突破,需要与以往一样果断地进行新的舍与得之间的交换。

从财政来源方面看,我国仍然不是完整意义上的税收国家。虽然税收国家比自产国家更有可能形成高水平治理,但这并不等同于说,在任何情况下税收在财政收入中的比重都是越高越好。改革开放是一种渐进式改革,我国从自产国家走向税收国家是一个长期的过程,如何定位各类所有制结构之间的关系,何时对财政汲取方式进行调整,取决于未来的各种形势、条件或博弈情况。不过,深入理解财政压力对于制度变迁的内在作用,有助于执政者更科学地理解经济社会发展规律,更全面地权衡各种改革措施的成本收益,从而做出更加符合时代要

---

[1] 财政部.关于2019年中央和地方预算执行情况与2020年中央和地方预算草案的报告[R].2020-05-30.

求的决策。

三、当今我国的财政收入格局及其社会基础

本书已经阐明,执政者会根据财政博弈结构中参与各方的议价能力强弱来选择自认为合适的财政汲取方式,而财政汲取方式的变化推动了国家政治、经济制度的变化。从这个方面说,财政汲取方式之间不存在好坏之分,只存在合适与不合适的区别。从现代的眼光看,税收似乎是一种对国家治理绩效有正向促进作用的汲取方式,具有其他汲取方式所不具备的优越性。但税收本身是一个很宽泛的范畴,不同的税种可能体现了不同的国家-社会关系,其产生背景及对基本制度的作用机理都存在重大差别。比如,针对个人收入征收的所得税,很早就存在于各个国家,但现代意义上的、永久性的个人所得税是随着大纳税人民主向大众民主转变而产生的。因此,个人所得税仅仅在英美等少数国家取得了巨大成功,成为这些国家的主要财政收入来源。在其他西方国家如法国、日本等,个人所得税在财政收入中所占比例远低于英美。在广大发展中国家,个人所得税一般很少占据重要地位。其原因在于,在英美国家历史上经历了选举权换税收的过程,而选举权换得的税收只能、最好是个人所得税。在后发资本主义国家,其制度构建过程是通过学习或移植而来,选举权普及与个人所得税制形成之间虽然有可能同时进行但缺少相应的共生关系,无论在社会认同还是纳税遵从方面都难以与英美国家相提并论。在发展中国家,有的独立后建立的是非民主政权,自然不可能出现成功的个人所得税制度;有的接受了西方的大众民主制度,但人们在获得选票过程中没有付出财政义务上的对价,也不可能换来成功的个人所得税制度。可见,财政博弈各方的议价能力布局是执政者的政治与政策选择的重要约束条件。对于一个合格的政治家来说,其战略选择既要立足当时的形势与环境,不能超越时代;同时又要抬头看路,明白时代发展的趋势,在关键时期作出符合历史发展要求的选择。

(一)理解国家自产性

对财政成长性的追求,促使我国走向市场经济与税收国家。但如上所述,即使改革开放四十多年后的今天,在我国的财政收入中真正的税收所占比重仍然不足六成。从发展趋势上看,将利润与租金不断地转化为税收,使税收所占比重逐渐上升,是国家治理现代化的必由之路,但也不是说从明天起就取消所有非税收入形式并代之以税收就是正确的。这条道路应该是循序渐进的,应该不断地

通过深化改革创造条件,并通过利转税、租转税的方式固化改革成果。事实上,当前我国财政收入的来源格局,与目前的社会结构、经济结构以及改革起步的初始条件等密切相关。随着社会结构、经济结构等基础条件的变化,财政收入来源结构将会随之发生变化。这一过程具备一定的自然演进特征,但在改革开放的语境下,应当结合社会发展趋势进行主动的战略选择以实现跨越式发展。

具体来看,我国在走向税收国家过程中长期保持一定程度的自产性,这与改革的初始条件、政府的公共责任定位、改革的议程设计、社会结构与意识等有关。

从改革的初始条件看,计划经济时期"以利代税"曾是制度变革的一个主轴,利润与税收之间的边界在相当长的时期、在一定条件下是模糊的。我国正常税收制度的恢复是从1980年代初开始的,一方面乡镇企业崛起对计划经济时代"以利代税"的财政汲取模式提出挑战,另一方面也需要根据商品经济发展理顺国营企业与政府之间的关系。这一时期出台的税收制度,对于乡镇企业家来说是获得国家对自己的企业经营权承认的一种交换;对于国营企业来说,是对原来上缴利润的一种代替。这就是1983年、1984年两步"利改税"的内在逻辑或直接原因。由于利改税本身是一种帕累托改进,这种转换并不存在很大阻力。在此之前,农民自发的"包产到户"也是"缴足国家的,留足集体的,剩余是自己的",农民也不否认自己所承担的农业税义务。所以,对这一过程的启动,可以看成是又一次"以产权换税收"的重演,这一点上文已有讨论。而且,在改革过程中,保持国家的整合能力一直是改革决策者的一个底线。对关系国计民生的产业保持控制力,同时逐渐放开竞争性行业,在这种改革策略之下国家自产能力得到一定程度的延续是可以理解的。

从政府的公共责任定位看,我国政府以满足人民日益增长的美好生活需要、实现共同富裕、实现中华民族伟大复兴为己任。与西方国家的"有限责任政府"相比,我国政府既承担着大量的普遍性、显性责任,也承担着一些特殊性、隐性责任。这样的政府,必然是社会渗透更广、资源掌控力更强的政府。比如,在市场经济条件下社会发展不平衡是正常现象。在西方国家,轮流上台的执政者没有必要也不可能对区域发展差异、群体收入差距等承担长期的具体责任。但我国情况不一样。造成我国城乡经济差距的重要原因,是计划经济时代为了实现工业化而设计的、改革开放后为了社会稳定所沿袭的城乡二元户籍制度;造成我国区域经济差距的重要原因,是改革开放初期推行的一部分地区先行先试的制度;造成我国群体间收入差距的重要原因,是改革开放初期"让一部分人先富起来"的策略。在中国这样一个人口众多、经济落后、地域差异巨大的国家,根据实际情况和发展阶段采取区别对待的战略是不得已而为之。但正因为政府的制度和政策在不平衡发展形成中的初始作用,政府理所当然地要承担起在未来通过制度和政策弥补不平衡发展的责任。因此,政府要实现"共同富裕"的承诺,必然要保持对经济资源的强大控制力。可见,国家自产性存在与改革的议程设计也有关联。

从近代以来各国发展的经验看,保持一定的自产性并非坏事,也存在必要性。关键在于国家的自产性收入生产过程是不是受到了有效监督。这种有效监督一般依靠现代意义上的政治制度设计,而现代性的政治制度往往产生于税收国家。从这个意义上说,国家自产性对国家治理能不能发挥正向的促进作用,很大程度上取决于是否完成了税收国家形成过程。所以,保持国家自产性本身并不可怕,可怕的是停止了面向现代化的制度改革步伐。

(二) 间接税的社会基础

财政博弈中议价能力的分布,对我国税收制度结构也产生了深远影响。改革开放至今,我国已经构建了一套比较完善、完整的复合的税制体系。其中既包括了增值税、消费税等在流转环节征收的货物劳务税,也包括企业所得税、个人所得税等所得税,还有印花税、契税、车船税等针对财产和特定行为征收的税收。与我国历史上任何一个时期相比,当前的税制体系都是最具现代性的。从国际上看,我国税制在各个基本要素方面与发达国家相比已不存在重大差别。当然,并不是说我国税制已经完美无缺了。当前,税收领域的专家学者们耿耿于怀的一个重要问题,是我国税收收入过度依赖间接税,直接税比重一直较低。

把税种划分为直接税与间接税,其区别标志是税收负担可否转嫁。纳税人缴纳税款后,能够通过某些途径将税负全部或部分转移给他人的,是间接税。比如增值税、营业税、消费税等,企业可以通过价格的方式向消费者或下游厂商转嫁,这些就是间接税。相应地,纳税人无法将税收转嫁给他人,只能自己承担的就是直接税。一般认为,所得税、遗产税以及各种财产行为税是直接税。当今,经济学家与政府决策者普遍将税收视为调节宏观经济运行、调控个体行为、促进分配公平的重要手段。税收发挥调节作用的原理,是通过税率、税目、征税范围、减免税等设计来引导、影响或限制市场主体、社会组织、公民个体等的行为收益预期。显然,间接税由于税负转嫁可能的存在,其在调节功能的发挥方面作用路径是间接的甚至扭曲的。直接税由于其难以转嫁的特点,在人的经济社会行为调节方面的作用力更强一些。特别是被人们寄予厚望的调节收入分配方面,只有直接税中的个人所得税、遗产税等,通过累进式税率的设计可以获得"累进性",从而实现"抽富济贫"的政策目标。相较之下,间接税被认为具有累退性,往往使得富裕阶层相对税负偏轻而普通民众的相对税负更重。

将税收以负担能否转嫁为标准划分为直接税与间接税,本身没有问题。但把间接税与直接税间的比重高低视为一个问题,缺乏逻辑上的严谨性。事实上,只要是从事生产经营的市场主体缴纳的税收,无论是理论定义上的直接税还是间接税,都能够实现税负转嫁。相应地,只要是自然人或公民个体缴纳的税收,无论是何税种,都难以向别人转嫁。人们对我国直接税比重过低、过度依赖间接税的担忧,其实是对企业纳税过多、自然人纳税过少的担忧。从根本上讲,所有税收负担的最终承担者都是公民个体。企业是由人们基于一定规则组建的生产经营组织,企业所缴纳的税收的最终负担,最后一定落到相应的个体头上。企业纳税行为导致了纳税人与实际负担者的分离,税收无论带来的是痛感还是荣誉感,都由企业承受,税收本应带给纳税人的感觉被截留了,通过税收来影响公民个体行为的政策作用渠道也就打了折扣。

可见,我国税制设计与税收管理中的一个核心问题,是通过企业征收的税收太多,通过自然人征收的税收太少。这影响了我国政府运用政策手段作用于社会的动力机制,不利于国家治理的现代化进程。自1994年分税制改革以来,以企业为主缴纳的增值税一直是我国税收收入的重中之重,长期占税收总收入的四成左右。作为主要自然人税收的个人所得税占税收收入的比例从未超过10%(见表10-4),低于OECD国家25%左右的平均水平[1],亦低于93个发展中国家10.92%的平均值[2]。试想,在征收同等规模税收的前提下,假定税收大部分来自自然人缴纳的个人所得税,而不是企业缴纳的增值税,我国的税收结构将大大优化,国家治理能力也将有质的提升。那么,随之而来的问题是,为什么我国长期依赖企业税收,自然人税收比重过低的局面长期没有实质性改变?

表10-4 2009—2016年我国个人所得税占税收总收入的比重

年份	个人所得税(亿元)	税收总收入(亿元)	占比%
2009	3 949	59 515	6.64
2010	4 837	73 202	6.60
2011	6 054	89 702	6.70
2012	5 820	100 661	5.78

[1] OECD. Revenue Statistics 2014[M]. Paris:OECD Publishing, 2014.
[2] 国际货币基金组织.政府财政统计年鉴[M].华盛顿特区:国际货币基金组织,2014.

(续表)

年份	个人所得税(亿元)	税收总收入(亿元)	占比%
2013	6 351	110 497	5.75
2014	7 377	119 158	6.19
2015	8 618	124 892	6.90
2016	10 089	130 354	7.74

数据来源：财政部网站历年财政收支情况或税收分析。

首先想到的是历史原因。我国现行财政收入结构是从计划经济时期以国营企业利润为主的财政收支结构转变而来，税收在相当长时期内是对国营企业利润上缴的替代。也就是说，企业税收其实来自历史上财政负担的沿袭。1983—1984年的"利改税"只不过是一种既有利益关系的替代，而不是一种新型关系的创设。但自然人纳税完全不一样。在计划经济时代，个人的工资薪金收入水平一直较低，不具有财政汲取意义，这导致我国公民个体长期以来没有形成缴纳所得税的习惯。我国个人所得税制度的创设，一开始是针对来我国工作的收入较高的外籍人员，即1980年颁布的《中华人民共和国个人所得税法》。1986年，针对富裕起来的个体经营者，为调节不同群体间的收入差距，国务院颁布了《中华人民共和国城乡个体工商户所得税暂行条例》和《中华人民共和国个人收入调节税暂行条例》，才初步形成了较完整的个人所得税体系。客观上看，我国个人所得税主要体现为一种新型国家社会关系或者国家公民关系的创设。这一关系在我国历史上没有前身、没有基础，也没有相应的习惯。我国历史上针对个人收益征税的现象虽然自古就存在，但与现代社会中的个人所得税完全不一样。比如，农民将一定比例的收成上缴政府，这是传统的"租税"。而且传统社会中的农业税以"编户齐民"与保甲制度作保证，农民逃避的空间很小。现代意义上的个人所得税，则以公民的政治权利与财政义务对价交换为合法性前提，以公民的主动申报为征管保证。这几乎就是现代政治文明背景下国家与公民间权责关系的集中表现。

在我国的个人所得税征管实践中，为了保证纳税遵从度与征收率，采取了代扣代缴的措施。能够被代扣代缴个人所得税的，一般是政府部门的公职人员以及内部控制制度较规范的大型企业的工作人员。对那些游离于政府性组织之外的或者说"体制外"的个人，当下征管手段的效率并不突出。因此，我国的个人所得税被很多人戏称为"工薪税"，没有发挥出应有的调节收入差距的作用。我国改革开放初期，在社会结构方面出现一些个体、群体对计划经济下国家控制网络的"脱嵌"现象。没有进入体制内工作的个人、国营企业的下岗人员、从农村走向城市的民工等,与政府的社会管控触角之间出现了一定程度的疏离。这部分"体制外"的个体,通过自身的努力奋斗,有的积累了一定的财富。这部分人是社会活力的创造者,是传统僵化体制的可贵的挑战者。政府如何建立与这部分人之间的符合现代精神的、能够被普遍认同的关系,是国家治理现代化的重大任务。具体来说,政府要为这个群体提供怎样的公共服务,解决什么样的难题,如何保障这些人合法权益的实现,如何让这些人认同现行体制并接受相应的法定义务,是深化改革开放、健全国家治理制度、完善社会治理体系必须解决的课题。相对于身处体制内的公务人员或"吃财政饭"的群体,这部分人在财政博弈中拥有更强的议价能力,比如,他们"用脚投票"的成本更低,甚至更有可能通过向海外移民的方式来表达倾向。针对这部分人的个人所得税征管体系长期不能有效建立,说明我国的国家社会关系在关键环节上还处在构建阶段,还没有完全成熟定型。

个人所得税并不是我国唯一的自然人税收。我国的增值税和营业税以从事生产经营、提供劳务服务的单位和个人为纳税人。也就是说,公民个体只要从事生产经营或提供劳务服务,就都是增值税或营业税的纳税人。事实上,改革开放以后,公民个体与政府及其征税机关之间围绕纳税进行的面对面的直接博弈,主要不是体现在个人所得税领域,而是体现在以增值税、营业税为主的工商税领域。20世纪80—90年代,个体工商户成为抗税行为的主体,税务人员与个体经营者之间出现肢体冲突的现象屡见不鲜[1]。在任何一种政体中,以暴力手段抗拒国家机关依法进行的财政征收行为都会被定义成违法犯罪行为,并且成为国家机器重点打击与威慑的对象。改革开放后,打击抗税行为是整顿经济秩序的重要措施。对于抗税及其处理结果,长期以来主流媒体都会加以报道,以形成对此类行为的"高压态势"。笔者以"抗税"为关键词在中国知网上查阅并统计了1980年以来的相关文献,发现中国知网收录的期刊报道的抗税案件共131起,其中1980—1989年十年间仅有7起,自1994年始数据开始激增,1994—2001年报道117起,平均每年14.6起。自2002年开始被报道的抗税数量骤降(见图10-1)。当然,这个统计是相当粗放的,大量的抗税事件可能没有被正规期刊所报道;倾向

---

[1] 据有关资料介绍,1986年福建省发生殴打税务人员事件88起。广西壮族自治区1986年1—8月发生这类事件165起,97名税务干部被打伤。问题较为严重的桂林地区1986年被殴打的税务人员达115人,占该地区税务人员总数的10%。江西省1986年发生殴打税务人员事件69起。上述数字表明,在当时殴打税务干部现象相当普遍,严重干扰了税收工作的正常进行(胡勇辉,1988)。

于报道抗税事件的期刊大多是财税部门主办的工作刊物,这些刊物在 2002 年以后因政策变化大多停办。不过,作者根据在税务部门工作多年的所见所闻可以推断,个体工商业纳税人的抗税行为自 1980 年代开始出现,到 1990 年代后半期达到高潮,然后在 21 世纪逐渐消失,基本上是一个事实。

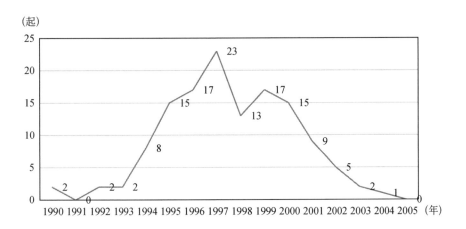

图 10-1　1990—2005 年中国知网收录期刊报道的抗税案件数量

1980 年代,个体经济和私营经济兴起,大量农民与城市待业人员投身于商业、服务业、运输业以及手工业等经营活动之中,按照当时的工商税条例,这些行为属于应税行为。税务机关开始向这部分人征税,国家机关与公民个体之间开始发生税收关系,自然也出现了相应的权责关系界定需求。但在改革开放初期,税务部门与个体工商户之间围绕征税而产生的冲突存在若干转圜空间。比如,当时的税收征管模式是税收专管员"一员进厂,各税统管",管户的税务人员掌握着比较大的权力,税务机关与纳税人之间的关系被具体化某一税务人员与其管辖的纳税人之间的关系。这种情况下很容易滋生税务人员的腐败现象,但客观上缓冲了税法刚性、税务机关执法严肃性与纳税人抵触心理之间的矛盾。在长期的面对面交往中,专管员与个体纳税人相互之间的了解不断加深并产生一定程度的共情,专管员在长期的乡土式、扎根式工作中也积累了一定的工作应对策略。在上级下达税收任务后,专管员会根据任务轻重和辖区内每一户纳税人的具体情况进行一个合理的计划安排。比如,某户纳税人本年度挣了较多的钱,某户纳税人比较"老实"不善于推托,就可以多征一些;某户纳税人家境困难,某户纳税人比较刁蛮,就少征或者躲开不征。

1992年,明确了社会主义市场经济的改革目标之后,情况发生了重要变化。在分税制改革、国地税分设完成后,到1995年,国家税务总局提出要构建一种新型的税收征管模式,即"以纳税申报和优化服务为基础,以计算机网络为依托,集中征收,重点稽查"的征管模式。这种征管模式将过去的税务人员上门收税改为纳税人主动申报纳税,从而将宪法中规定的纳税人依法纳税的义务具体化了。为了保证纳税人主动申报纳税的顺利实现,税务机关开设办税场所以接受纳税人的申报、纳税、登记等办税事务要约。通过办税场所即"办税服务厅"来向纳税人提供服务,同时实现税款的"集中征收"。为了防止纳税人虚假申报,税务部门建立起计算机网络以对纳税人申报数据进行评估,如果发现存在虚假申报的嫌疑,再进行"重点稽查"。这个征管模式最大的意义,是将政府与纳税人之间的权责边界清晰化了。依法纳税是每个公民的法定义务,既然是法定义务,公民就应该主动履行。所以过去的上门收税,其实是税务人员通过"越界"的方式替纳税人干了纳税人本应该自己去干的事。现在,纳税人要自主完成法定的义务,定期到办税服务厅进行纳税申报并缴纳税款。税务部门的职责是为纳税人提供优质服务使其申报纳税行为顺利完成。

市场导向改革的关键,是调整政府与企业、政府与市场之间的关系。新的征管模式严格界定了代表政府与纳税人之间的权力责任、权利义务关系,是符合市场经济导向的必然之举。这种征管模式也具备了一种现代化征管模式本应具备的几乎所有要素。但恰恰是新征管模式带来的征纳边界的清晰化,客观上压缩了原来征管模式中存在的征纳之间的缓冲地带。"专管员制度"被取消了,决定个体户缴纳多少税款的"税收核定权"由过去的专管员"一个人"转移到了上级税务机关即"组织"身上。税款高低是经过一系列评估、审核、审批程序确定的,变得不可协商。对于个体户来说,面对每月固定数额的税款只有两条路:一条是主动到办税厅纳税;另一条是拒绝纳税,等待税务机关的处罚。过去通过向专管员软磨硬泡、软硬兼施以"砍价"的路径行不通了。此时,尚未养成自觉主动纳税的个体纳税人普遍采取了消极的方式加以应对,长期不申报纳税的漏征漏管现象越来越严重。恰在此时,整顿经济与财税秩序成为中央政府的重点工作。1998年,国务院常务副总理李岚清在全国增收节支电视电话会议上提出了加强税源管理、减少税收流失的要求。国家税务总局随即决定,在当年的6—9月在全国范围内开展税收漏征漏管户清查工作。在全国各地,由基层政府牵头,国税、地税、财政等部门联合对漏征漏管现象进行了逐街道、逐村的拉网式清查。1999年12月,李岚清常务副总理在全国税务工作会议报告的批示中,针对当时严重的偷漏税和欠税问题,提出了"铁石心肠、铁面无私、铁的纪律、铁的手腕"的"四铁精神",对澄清当时一些地方在欠税问题上的暧昧态度、打击偷逃税起到了重要作用。

在任何一种正常社会中,偷税、骗税、抗税等违法行为都是不能被容忍的事情。但细究起来,抗税与偷逃骗税之间存在差别。后者是采取欺骗手段以达到少缴税款之目的,无论道德上还是法律上,从任何角度看都不值得任何人进行任何辩护。抗税行为更像是纳税人在特定场景下的一种负面情绪的激烈表达。抗税是一种公开抵制而非隐形欺骗,行为人一般知道其抵制措施的后果,但其仍然采取激烈反抗措施。其中,固然存在特定环境下非理性情绪的支配,但行为人通过抵制试图向税务人员进而向政府传达某些个人诉求的意愿是相当明显的。每一个具体的抗税案件都是一个悲剧,那些造成人身伤害甚至税务人员牺牲的案件是更大的悲剧。抗税者受到法律的相应惩处是应该的。但是,当在一定时期内抗税事件频频发生时,决策者就需要反思治理理念、工作策略等方面的问题,以及在国家社会关系、政府公民关系构建和处理中是否存在偏差。现代社会中的税收,已经本质上不同于传统社会的贡赋、租金以及计划经济时代的利润等汲取方式。尽管很多财政学者们仍然坚持税收具有"强制性",但从社会关系视角看,税收制度的产生以及征收行为的实现背后,蕴藏着"交换"的社会心理。公民直接纳税使得其经济利益受到直接的损伤,那么这种损伤应该换来什么?政府工作人员与纳税人个体之间在这一问题上的认知分歧,恐怕是某一时期抗税行为频繁发生的一个根源。

隐藏在抗税者心中的诉求是什么呢?一个颇具迷惑性的解释是,这种诉求中包含着政治诉求,他们追求的是一种政治性民主权利。这种解释似是而非。首先,从社会学视角看,抗税行为多发背后的直接原因,应该是一种社会转型过程中出现的"脱嵌焦虑"心态。个体工商户这一阶层的出现不是主动的。在传统社会中,人们生活在宗法、宗族和地域共同体中,接受这些共同体的风险庇护;在计划经济时代,人们生活在农村公社、国营企业社区等"单位"中,享受着单位提供的生老病死、子女养育、医疗养老等福利。但在改革开放后,国家出于"卸包袱"需要,不再对所有待业人员进行无差别吸纳。一方面,国营企业破产与改制,把原来生活在单位制庇护下的工人个体抛到了社会,农村人民公社体制的转变弱化了农民对村集体的归属感;另一方面,以国家分配制为主的计划经济时代的全员就业方式转变为有选择的录用制。自古以来,从来没有如此多的中国人成为没有共同体归属的原子化个体。国家体制与共同体庇护的"温暖"记忆犹存,人们却不得不投身于狂风暴雨中去单独奋斗。就像长期在慈父庇护下的孩子，如今突然被要求离开家庭，去从事成败未卜的所谓事业。慈父不但不再为其提供风险庇护，而且要求孩子定期缴纳保护费用。这必然导致一种社会心理的失衡，而抗税行为正是这种失衡心理的外在表现。也就是说，抗税的个体经营者的心理诉求，可能是追求一种理想化的政府或共同体的风险庇护。与其他解释相比，这种解释更符合中华文明的惯性。其次，正如本书所认为的，对国家治理制度起到良性塑造作用的"选举权换税收"，其实是"大纳税人民主"的自然延伸。实施抗税行为的纳税人绝大多数是个体经营者，他们的纳税标的一般不过几百上千元，少的仅有几十元，即使足额缴纳对于国家财政来说也不具有重要意义。当时税务机关对其征税，主要目的不是充盈国库、完成税收任务，而是维护一种严肃的税收法治秩序。客观来讲，这部分人相对于国家的财政议价能力是微弱的，假如他们想用抗税来追求政治权利，无疑是"以小博大"，不可能取得成功。但是，用抗税的方式来表达一种重新进入"体制内"或者呼唤体制庇护的诉求，则是一种舍得相当、权责相配的诉求。

事实上，上述诉求也得到了决策者的回应。进入21世纪后，我国出台了一系列惠民政策，有效缓解了因财政汲取带来的社会紧张与硬性冲突。在1993年国务院颁布的《中华人民共和国增值税暂行条例实施细则》中规定：销售货物的起征点为月销售额600～2 000元；销售应税劳务的起征点为月销售额200～800元。自2008年起，销售货物的起征点调整为月销售额2 000～5 000元；销售应税劳务的，起征点调整为月销售额1 500～3 000元。自2011年起，销售货物的，起征点调整为月销售额5 000～20 000元；销售应税劳务的，调整为5 000～20 000元。与此同时，针对服务业、娱乐业等第三产业征收的营业税的起征点也进行了大幅度上调。2005年，我国个人所得税的免征额由原来的每月800元上调至1 600元，2007年又上调至2 000元，2011年调至3 000元，2018年调至5 000元。主体税种起征点或免征额的上调，使大部分小本经营、利润微薄的小型个体工商户不必再承受税收负担，而这部分人长期以来正是税收抗议行为的主力。而且，中央政府还持续出台针对小微企业的减免税政策，包括税率下调、抵扣范围扩大、加计扣除等措施，进一步减轻了纳税人的税收负担。而且，我国政府还完善了医疗、养老、失业等社会保障体系，绝大部分公民都进入了社会福利网络，从而获得了一种"最低生活保障线"性质的风险防御外壳。一方面，自然人纳税人个体不必再与征税人员面对面议价；另一方面，他们还通过社会保障系统获得了一种安全感，从而缓解了"脱嵌焦虑"。这构成了进入21世纪后抗税事件逐渐消弭的主要原因。

相对于个体工商户，拥有资本、技术、管理技能等生产要素的精英阶层，其实是更具财政意义的自然人群体。他们的高收入也是国家通过财税政策调节收入分配差距的主要对象。但问题在于，相对于中小个体经营者，这部分人拥有更强的议价能力。比如，在国境开放以及全球化背景下，他们更有机会将生产要素转移到海外。当前的国际竞争很大程度上是对资本、技术等生产要素的竞争。各国不断采取措施优化营商环境、提供产权保护措施、完善市场体系、降低税收负担，目的都是试图吸引更多的资本、技术与人才。这个群体掌握了大规模的经济资源与财产权利，具有成为"大纳税人"的潜质。但到目前为止，这个群体通过直接税提供的财政收入在数量上差强人意。表面上看，可能是因为这些人通过会计、财务筹划等手段有效规避了个人所得税的调节。但深层原因可能有两个：一方面，这部分人由于存在"用脚投票"的可能性，政府在税收政策设计上一般都会相当谨慎；另一方面，尽管这部分人有成为大纳税人的潜质，但我国政府还远未到离开这部分人的税收就"揭不开锅"的地步。换种容易理解的方式说，精英阶层虽然掌握着议价的"撒手锏"，但执政者也掌握着足够多的资源从而不必理会这部分人的议价要约，谁也拿不到对方的"七寸"。在这种情况下，双方事实上保持了另一种均衡。

综上，我国间接税长期占据优势地位，直接税比重难以取得突破的原因十分复杂。从财政博弈视角看，与各参与方所处地位、议价能力等密切相关。以自然人缴纳为主的直接税在我国缺乏相应的社会根基，属于一种新型的国家社会关系，而构建这种新型关系需要一系列前提条件，这些前提条件对执政者或政府构成了更加苛刻的行为约束。而且，在我国财政来源渠道排序中，直接税地位虽然越来越重要，但还算不上无可替代的"必需品"，执政者没有必要为了获得一些直接税收入而接受存在不确定性风险的议价要约。在这种情况下，直接税及其背后的交换关系一时难以实现，就不难理解了。

四、关于我国财政压力的思考

对于执政者来说，其在财政博弈中的议价能力主要取决于财政压力大小以及可选方案特征。当国家自产能力足够强，可选方案足够多时，即使面对较大财政压力仍然能够从容面对，不必冒破坏既有秩序的风险接受某些群体的议价。但当执政者面对巨大威胁手中财政余粮用尽，不得不开辟新的财源时，接受某些群体的议价就成为不得不为的理性选择。本章的上述几个部分,是结合过去与当前的情况进行的分析和解释。社会总是充满着各种不确定性。在未来,社会主要矛盾的变化、"黑天鹅"事件的不期而至,都有可能导致国家财政的紧张。刘尚希(2003,2005)将政府未来拥有的公共资源不足以履行其未来应承担的支出责任和义务,以至于经济、社会的稳定与发展受到损害的可能性被称为"财政风险"。本部分将从探讨我国的财政风险开始,结合本书模型来推演重大财政压力之下可供选择的财政汲取方案,以及这些方案对国家治理能力、体系和气质可能产生的影响。

很多机构和学者对当前中国的财政风险进行过评估,得出的结论有的悲观有的乐观。一般认为中国的财政状况总体良好,债务风险总体可控,但仍然存在一些隐患。2013年,审计署对全国政府债务的审计结果发现,截至2013年6月,全国各级政府负有偿还责任的债务为20.7万亿元,负有担保责任的债务为2.93万亿元,可能承担一定救助责任的债务为6.65万亿元。按照2013年我国GDP 59.52万亿元来计算,债务占GDP的比例为50.87%,低于欧盟提出的60%的警戒线。

在现代社会,政府或国家具有双重主体身份,既是一个经济主体,也是一个公共主体。作为公共主体,政府不但拥有公共权力,也要承担相应的公共责任。这些权利与义务不仅包括法定的,也包括法律没有规定或认定,即推定的责任和义务(刘尚希,2003)。这就意味着政府在未来时期所要承担的责任是"不确定"的。它不但要承担法律明文规定的责任,还要承担一些虽然法律没有规定,但有可能影响社会稳定、国家安全、公共利益的其他隐性责任,其实是一种基于公共利益的"兜底责任"。至于这些责任到底有哪些,现在不可预测。关于公共责任的不确定性所导致的财政风险,可以用"财政风险矩阵"(表10-5)来描述(Brixi 1998;Brixi & Schick,2002)。

表10-5 财政风险矩阵

债务	直接负债	或有负债
显性(由法律规章和合同所确认的政府负债)	1. 国家主体的内债和外债(包括贷款以及政府债券); 2. 政府支出责任; 3. 法律规定的长期性支出(公职人员工资和养老金计划)	1. 国家对次级政府或其他经济实体债务的担保(国家发展银行); 2. 国家提供的各类保护性担保; 3. 其他国家担保(对私人投资、贸易和外汇以及外国政府贷款的担保); 4. 国家保险体系(存款保险、最低退休金保证、农作物自然灾害保险、战争保险等)

(续表)

债务	直接负债	或有负债
隐性（反映公众利益和利益集团诉求的政府责任）	1. 政府投资项目未来的现金流需求（项目运行与维护）； 2. 暂时未纳入保护的未来养老金需求； 3. 暂时未纳入法律的未来国民医疗和社会保障资金需求	1. 次级政府、公共实体、私营实体未担保负债的违约； 2. 私有化的债务清偿； 3. 银行破产（保险未负担的部分）； 4. 未担保的养老基金、就业基金、社保基金及中小企业保护基金的破产； 5. 中央银行债务违约（外汇合约、国际收支差额、货币保护）； 6. 私人资本外逃时的政府援助； 7. 环保、灾后重建、军费支出

资料来源：Brixi & Schick(2002)。

可以用一个不太恰当的谚语"花钱买平安"来形容当代公共财政的职能扩张现象。正是这种国家职能的扩张，将资本主义世界无法避免的经济危机所导致的社会动荡程度大大地缓和了。但也正是这种扩张，使得市场经济的在大多数情况下"分散的"过剩危机，被政府背了起来。如果政府失去了审慎的美德，那么有可能导致过剩越来越严重，最后导致集中的过剩，并转变为更严重的古典经济危机（毛寿龙，2013）。具体到我国，尽管当前整体的财政状况看起来比较健康，但从财政收入和支出未来发展的趋势考虑，其实存在很大的隐忧。一方面，随着经济增长趋缓，税收收入增长率不可避免地进入下行区间，以往动辄20%以上的增长率已经不可能持续再现（见图10-2）。另一方面，各种客观条件都决定了政府难以实行"勒紧裤腰带"式的紧缩财政。当欧美国家为了应对债务危机而不得不实施财政紧缩方案时，导致了大规模的抗议活动，我国政府不可能也无法采取同样的措施。所以，可以大胆预测，未来我国财政收入对财政支出需求的约束会越来越紧，这将成为不可逆转的趋势。从图10-3所反映的历年财政收入与支出规模及增长率趋势中可以看到，尽管绝大多数年份都是财政支出大于财政收入，但2008年以前财政收入的增长速度在大部分年份高于财政支出增长速度，2008年以后这一情况已经很少发生。从2011年开始，财政收入与支出双双进入增长率持续下降区间，很显然，财政支出的下降并非支出需求下降所导致，而是针对财政收入下降而不得不进行的人为调整。过财政"穷日子"的时代已经越来越近了。而且，政府还要时刻防范包括金融风险、地方债务风险、社会风险等在内的各种风险，足量的财政收入是应对这些风险最直接的"弹药"。线性、平缓增长的财政收入如何面对来自未来不确定性风险的支出需求，将是长期考验我国政府智慧的重大课题。

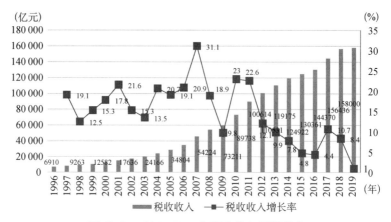

图 10-2　1996—2019 年税收收入及增长率

数据来源：《中国财政年鉴》。

图 10-3　1995—2016 年中国财政收支及增长率

数据来源：1995—2015 年数据来自《中国财政统计年鉴》，2016 年数据来自财政部网站发布的 2016 年财政收支情况。

无论从世界各国还是我国历史看，经济增长或制度改革带来的财政"富日子"的红利期，都是比较短暂的。财政运行中的"捉襟见肘""精打细算"才是持续性的常态。所以，财政收入增长的下降趋势并不可怕，关键是要进行国家治理制度改革以应对这一趋势，防止出现系统性危机，这也是一个国家治理体系和治理能力走向成熟的必经阶段。

在第五章已经提到，面对财政压力和财政危机，执政者在汲取方案上有两种路径选择：一个是开放式路径；另一个是内卷式的路径。所谓开放式路径，是指通过制度改良来提升经济绩效从而创造更充足的社会财富，以实现财政收入"水涨船高式"的增长。在这种路径下,政府从社会财富蛋糕中切走的比例没有变化甚至有所下降,但由于蛋糕成长得更大了,财政收入仍然实现了增长。所谓内卷式路径,是指不进行制度改良与创新,而是针对原有的征税范围和对象,通过加大成本投入、完善汲取技术、加强控制的严密性以实现更深比例的财政汲取。这种路径下,社会财富蛋糕规模没有增长甚至有可能萎缩,但政府通过各种手段扩大自己在财富蛋糕中所占的比重来扩充财政收入。

在税收征管中,必要的管理措施与技术运用是保证税收及时足额入库的重要手段。随着信息技术的发展,我国政府近年来采取了一些先进技术手段来缓解征纳信息不对称现象,以提高税收征收率。比如,实施"金税工程",推行税控装置,通过代扣代缴对某些税种进行源泉控管,等等。这些必要的征管手段,不是制度性变化,所以不算内卷化路径的组成部分。典型的内卷化路径主要是针对产权的非市场化的制度走向,如运用行政手段、基于财政目的侵犯私人产权,对国有资本与民间资本进行区别对待,严格限制私人资本发展,等等。

改革开放是一次较彻底的开放式制度变革。面对财政压力,沿着改革开放的基本逻辑继续深化改革,那么未来的改革方向应该是继续坚持市场化、法治化,不断深化产权保护制度,为资本、土地、劳动力、技术、管理等生产要素的优化配置创造条件,促进国民经济结构优化调整和稳定增长。国民财富的蛋糕做大了,国家财政收入自然水涨船高。比如,可以进一步明确农民的土地财产权利,实现市场经济条件下农民土地产权的流转,以此来换取一定的税收。我国的农村土地集体所有制,其实是一种不完全的所有制。从形成历史上看,它不是马克思、恩格斯所设想的,在私有制高度发达之后,作为"自由人"的农民自愿联合所形成的"联合所有制",而是借鉴苏联式集体农庄经验,通过强制、半强制手段推行农民合作化进而公社化的结果。从当前的法律规定看,所谓的集体土地所有制存在种种法律限制[1]。如今中央已经出台了《关于完善农村土地所有权承

---

[1] 《宪法》第十条规定:"农村和城市郊区的土地,除由法律规定属于国家所有的以外,属于集体所有;宅基地和自留地、自留山,也属于集体所有。国家为了公共利益的需要,可以依照法律规定对土地实行征收或者征用并给予补偿。任何组织或者个人不得侵占、买卖或者以其他形式非法转让土地。土地的使用权可以依照法律的规定转让。"《中华人民共和国土地管理法》第十四条规定:"农民集体所有的土地由本集体经济组织的成员承包经营,从事种植业、林业、畜牧业、渔业生产。土地承包经营期限为三十年。……农民的土地承包经营权受法律保护。"第十五条规定:"农民集体所有的土地,可以由本集体经济组织以外的单位或者个人承包经营,但必须经村民会议三分之二以上成员或者三分之二以上村民代表的同意,并报乡(镇)人民政府批准。"上述规定中,农村土地产权看似是明确的,但又对农村集体所有权进行了限制,一定程度上阻碍了土地权属的流动。

包权经营权分置办法的意见》,承认农民宅基地使用权、耕地承包权的财产权性质已成共识。但《意见》又对土地产权流动进行了限制:"承包农户转让土地承包权的,应在本集体经济组织内进行,并经农民集体同意;流转土地经营权的,须向农民集体书面备案。"这种规定仍然把农民束缚在"小共同体"内,仍然没有实现土地的完全财产化。这种限制或许有更深层次的顾虑,但这也意味着国家从农村土地产权优化配置中获得财政收益的空间大大缩小了。土地长期滞留在农民手中,滞留在农业经营领域,在废除农业税后的今天已经不会产生税收。如果取消土地产权流动的限制条件,那么土地就有可能进入工商业领域参与更高水平的利润创造过程,从而成为一个潜在的财政资源富矿。而且,政府还可以在土地产权转让与继承过程中征收契税。理论上,产权每转让一次,政府就可以征一次税,转让越频繁税收就越多。

  类似的逻辑也可运用到国有土地产权制度设计中。根据当前的制度设计,政府垄断了城市的土地交易市场。土地要进入交易环节,必须先由政府进行国有化征用,然后通过"招拍挂"来获得土地出让金。在这种制度下,土地出让金成为我国地方政府的重要财政收入来源渠道。但土地出让金不是一种稳定的、可持续的财政收入来源。表10-6是2004—2017年全国土地出让金合同金额,尽管总体上在增长,但受制于房地产政策的复杂多变以及其他因素,土地出让金容易大起大落。而且,国有土地使用权出让期限,居住用地一般是七十年,工业用地是五十年。对于地方政府来说,土地出让金等同于一次性租金收入。土地市场需求的下降、土地资源的减少都会造成土地出让金的枯竭。为了给地方政府找到一个稳定可靠的税收来源,大家都把目光聚焦到房产税上,即针对房屋财产权征收一种税。理论上,土地出让金与房产税不是一回事。前者的征收对象是国有土地使用权,后者的征收对象是房屋的财产权。但老百姓的直观理解是:既然已经缴纳了土地出让金,为什么还要缴纳房产税?可见,房产税实施必须跨过的一道门槛是如何化解社会上关于土地、房屋的产权疑问。要构建稳定可靠的地方财政来源,一个合理可行的方案是用定期征收的房地产税代替一次性收取的土地出让金。既然城市土地属于国家所有或者全民所有,那么所有居民基于居住需要而获得土地使用权就是天经地义的,从这个方面看,居民用地的土地出让金合理性并不充足。但居民针对自己获得的土地使用权以及在土地上建造的房屋的财产权向国家缴纳一种"房产税""地产税"或者"房地产税",其理由是充足的。因为居民的房地产权的实现受到了国家的保护,政府也为居民的居住提供了各种公共服务,为此付出一定的对价是完全可接受的,也是正当的。当然,我国的土地和房屋产权历史沿革与现行结构都比较复杂,具体情况也不一而足,这里提供的仅仅是一个"用产权换税收"的思路。

表10-6 历年土地出让金收入

年份	土地出让金(万亿元)	增长率%
2004	0.59	8.72
2005	0.55	−6.60
2006	0.77	39.46
2007	1.28	66.3
2008	0.97	−23.7
2009	1.59	63.4
2010	2.71	69.7
2011	3.15	14.6
2012	2.69	−14.7
2013	4.20	56.3
2014	3.34	−27.4
2015	2.98	−21.6
2016	3.56	19.3
2017	4.99	36.7

数据来源:国土资源部《国土资源公报》。

综上,我国面对的财政压力越来越大。要纾解财政压力,防止出现社会失范风险,最可行的方案是继续深化市场化、法治化导向的改革。

五、最后的讨论

(一) 主要观点总结

至此,本书的主要内容已经论述完毕。作为一个意犹未尽的结语,最后再次重复一下本书的主要观点。

本书所有的论述都围绕着"财政汲取博弈影响国家治理制度"这一基本命题进行。但客观地讲,无论提出还是研究这一命题都算不上什么创新。财政史之惊心动魄,预算之成为国家之骨骼,皆是人类历史的事实描述。本书只是试图在财政与国家治理之关系上,就某些耐人寻味的方面进行较深入的探讨,比如:任何一种财政汲取方式对于执政者来说,其收益是什么,其背后的代价又是什么?

在一系列无法超脱的约束条件下，博弈各方的行为会有哪些调整，从而对各方面的制度产生深远的影响？

贡赋、租金、利润与税收，这些不同的财政汲取方式，对于博弈参与方来说意味着不同的成本收益函数，也相应地影响着各方的行为选择。在社会发展中，税收代替其他各种财政汲取方式是一个基本的趋势。但从具体的历史时期看，这一替代过程充满了曲折反复。即使在现代，一些国家的政府仍然会通过国有化等手段，来实施利润对税收的反向替代。但这种曲折现象不能作为否定税收作为财政汲取主要手段的总趋势。相对于其他手段，税收作为财政收入主渠道的成长性优势是无法被替代的。即使在那些以利代税的现象中，税收仍然是国有企业上缴利润的一种重要表现形式。

税收源于私人产权的存在，没有私人产权就没有真正意义上的税收。所以，"以产权换税收"就成为制度变迁的一条基本动力机制。在传统的等级制社会，等级分封制、食邑制、基于身份的免税制等制度类型之下，财政汲取主要以贡赋的形式表现出来，而贡赋在当时的意识形态中是一种臣民向君主履行的封建化义务，或者说是君主基于神授权力向臣民进行的一种财产、劳役等的征发。其汲取的法理依据与其说是财产，不如说是身份。封建身份等级制的经济基础，是以农牧业为中心的自然经济，土地成为最主要的生产资料，土地权利也成为各等级之间关系维系的主要纽带，财政汲取的标的物当然主要也是农业产出。在这种社会结构中，执政者面对的一个主要挑战是如何与封臣或诸侯围绕农业资源进行财政汲取竞争。在古代中国，早早形成的中央集权体系保证了中央政府能够相对直接地向耕种者汲取财政收入，其主要手段是承认并保证农民对土地的有限的经营权利，以此来换取农业税租。但这一过程一直受到依附皇权的特权阶层的干扰。贯穿整个古代中国历史的土地兼并现象，并非正常的土地资源市场化流转，更像是封建特权阶层凭借政治权力进行的剥夺。在中世纪西欧，商业贸易的发展使得商业替代农业成为主要的潜在财政资源。携带着工商业先进生产方式的新兴阶层有了向执政者进行议价的能力，从而使其基本制度体系走上了另外一个方向。在这个过程中，由于商业贸易及工场手工业生产过程中解决争端的需求，自发产生了一些产权划分及问题解决机制。执政者将这些机制法定化，并有意通过认证、承认产权的方式换取财政收入，从而催生了现代意义上的产权制度。

在产权换税收之外，本书还探讨了这种经济权利交换范畴向政治权利交换的扩展的情况，即"以决策权换税收"和"以选举权换税收"。相对于产权换税收的广泛存在以及普遍适用性,后两种情况是在特定历史条件和社会环境中发生的现象。具体来说,"决策权换税收"主要指的是资本主义性质的革命在少数西方国家的成功。"决策权换税收"带来了政治上的"大纳税人民主"制度,或者说精英民主、资产阶级民主制度。这种制度强化了资本家阶层对劳工阶层的剥削。但在这种制度下,掌握政治权力的阶层同时是纳税人阶层,这种身份的重合客观上会以支持工商业发展为导向,从而会强化自由主义导向的市场体系与产权保护等经济制度。随后,在社会意识变化、政治理念进步以及工人运动的推动下,选举权逐渐从寡头、贵族向平民扩展,越来越多的平民同时获得了选民与纳税人的双重身份。在"选举权换税收"完成后,掌握资本的精英阶层与掌握选票的平民阶层与具备一定自主性的执政者之间形成了一种新的短暂的博弈均衡。在这种情况下,逐渐形成了调节财富分配的所得税制度、更加完善的社会管控制度以及更加成熟的社会福利制度等。但在这一博弈格局中,国家制度与政策变化呈现出多元复杂性。博弈结构中每两方都有可能联合起来出台针对第三方的政策。在当代西方各国,无论针对富人的减税或增税政策,还是针对中产阶级的增税或减税政策,都曾经多次出现。当然,大多数税收法案越来越倾向于中性化和技术化,同时兼顾多个政策目标,既不损害富人的投资热情,也避免伤害中产阶级及以下阶层的消费需要。总体上看,平民阶层的选票规模优势和资本家阶层的资本全球流动优势都比较强势,这导致社会福利支出不断扩张,同时又难以采取增税手段以弥补收支缺口,向无法表达意见的"未来人"征税就成为唯一可行的方案,所以当今的大多数西方国家成为"债务国家"。

以上讨论的仅仅是经典情况。进入近代社会,先行国家在资本主义经济、政治制度变革完成后,取得了相对于非资本主义政体的竞争优势。先行国家的经济压榨和军事侵略,改变了后发国家或发展中国家制度变革的初始条件。后发国家的执政者不得不通过先进制度的引进来增强自身竞争力。此时,执政者一般会改革制约商品经济发展的封建土地制度或农奴制度,同时也会进行有限的政治制度改革,通过培植大纳税人阶层以获得财政资源。但这种改革主要源于执政者或精英阶层的推动,缺少强大的社会基础。在代表旧有既得利益者或特权阶层的反对下,以及传统社会意识的阻滞下,缺少战略定力与耐性的统治者很有可能屈从于这种压力从而使得改革方向偏移,最终回到传统的社会惯性道路上。在法国大革命后,西班牙执政者接受教训停止了改革,从而失去了国际竞争力;沙皇俄国统治者念念不忘农奴制带给其社会统治的便捷性,不愿意进行彻底的改革,最终导致了革命发生;清政府回避制度改革,采取了"师夷长技以制夷"

的技术引进路线,最终导致了改良失败。

在当今国际环境下,发展中国家所面对的形势已经发生了显著变化。资本主义制度的深化发展以及全球化的深入,使得当今社会逐渐具备了"后工业""后现代"的特征。在自由资本主义时代,资本主义国家借助武力向全球进行资本输出,将全球各个文明都拉进了由资本主义国家主导的全球经济体系。现如今,在资本主义主要国家主导的国际秩序中,资本已经没有必要通过武力或战争进行扩张。越来越多的发展中国家正在打开国门,热烈欢迎国际资本的流入。更值得关注的是,在西方社会本来被视为"洪水猛兽"的大众民主,在第二次世界大战后逐渐被普及并成为社会意识中的核心成分,进而成为西方国家向发展中国家推销的主要制度产品。在这种环境中,发展中国家面临着两个选择:是要资本,还是要"民主"。当然,这里的"民主"指的是"选票民主"。这两个选择之间存在内在的冲突。在资本主义发达国家,资本与民主之间尚能"和谐相处",这是因为早在"大纳税人民主"阶段,就通过制度设计将大众民主"关进了笼子"。所以发达国家的民粹主义尚不能从根本上改变以市场化为导向的产权制度体系。但在大多数发展中国家,还没有完成对传统社会组织结构、社会意识形态的现代性改造,此时过早地引入"选票民主","选票民主"就有可能成为脱缰猛兽,使国家制度变迁方向被传统的宗教性的、宿命论的甚至充斥狭隘种族意识的社会力量所裹挟。在发展中国家的大众民主制度环境中,"做大蛋糕"与"切蛋糕"的顺序很容易被倒置,产权制度无法长期稳定维持,国民经济长期处于周期波动之中,国家财政长期无法形成稳定成长的特征,国家治理无法实现长治久安。结果,无论政治决策权力还是选举权,都没有换来长期稳定增长的税收收入。从这个方面看,当今大多数发展中国家在国家治理方面面临的主要使命,与自由资本主义时代后发国家的改革任务有相似之处。运用国家权力构建一个与国际接轨的市场经济体系,建立一个长期稳定的私人产权制度,在促进国民经济稳定增长的同时汲取税收,然后利用充裕的财政收入进行公共建设,仍然是多数发展中国家最为适用的一条道路。

当然,本书仅仅是一个初步研究,还存在诸多问题和不足。"国家治理"本身就是一个宏大的主题。国家治理体系、国家治理能力、国家治理价值、国家治理现代化……几乎所有的相关概念都值得大书特书。所以在写作过程中,感到最担心的就是无法驾驭这一恢宏主题,最后坠入泛泛而谈的陷阱。回顾写作过程,这一担心几成现实。本书所选择的因变量"国家治理制度"涵盖的范围很广,它既是国家治理体系的内容,又是国家治理能力的表现,拿出任何一项具体制度进行财政汲取动因方面的研究,都是一篇值得探讨的文章。但是,取一项具体制度来研究其与财政汲取方式之间的关系,又失去了财政社会学本身所具有的完整意义。因为财政社会学的命题就是财政汲取影响了"基本的"国家制度,而不仅仅是"具体的"国家制度。

不过,无论诺思的制度变迁理论还是财政社会学,都并不会纠缠于一些具体制度。拿财政社会学来讲,其关注的是制度背后的"国家-社会"关系。而"国家治理"与"社会管理""国家统治"的不同之处,正在于它重新界定了国家与社会、与市场、与个体之间的关系。如此看来,本书的因变量"国家治理制度"具体指的是哪些方面、哪些层级的制度,这一问题并不重要,关键在于本书所指的"制度"能不能表达、体现一定时期国家与社会、市场、个体之间的关系变迁。从这方面看,本书所涉及的基本政治制度、经济制度自不必说,即使层次较低的个人所得税制度、社会福利制度、社会管控制度,也都能够以相对微观的方式体现了特定背景下国家-社会关系的变迁。当然,其他一些有代表性、标志性的制度如预算制度、央地分权制度等没有涉及,是本书的一个遗憾,也是下一步值得研究的课题。

(二)关于"中国经验"的一个解释

有很多学者用"中国模式""中国道路"等来解释我国改革开放以来的经济增长,他们认为中国的经验为发展中国家寻求经济增长和改善人民生活提供了可资借鉴的一种"模式"。但也有人持反对意见,认为中国的成功不过是自由市场规则代替权力管制之后的必然结果,中国的发展并没有脱离一般的经济发展规律,"中国特色的道路"不过是"选择适合自己的方式去实现已经被证明了的普世原则的道路"(黄亚生,2010)。历史经验已经证明,一个强有力的政府是市场经济秩序得以扩展的先决条件。所以迄今为止中国成功的经验仍然不外乎通过一个高度权威的政府来强力推行市场经济制度。

做到这一点其实并不容易。首先需要产生一个强有力的、高权威的政府,然后需要政府接受市场经济理念并推行市场经济制度。特别是后一条,从历史与国际经验看,并不是所有掌握政治权力的执政者都能心甘情愿地接受市场经济的约束条件。市场经济必然是法治经济,其要义是限制政府权力。这不可避免地会影响执政者的社会资源控制力与财政汲取的自由度。在当今世界,一些发展中国家出于各种考虑,采取了一种与"以产权换税收"相反的路径,即通过收回、限制或否定个人产权的方式来换取租金或利润。其典型表现是限制海外资本以及国内资本在本国的活动,将矿产资源的开采、加工等环节进行国有化。这些政策背后都有维持国家主权、缩小贫富差距、缓解社会冲突等考虑，但客观上导致了国民经济活力不足，财政成长性减少，最终酿成国内生产力水平下降与社会动荡。另一种情况是一些发展中国家在没有经济权利与政治权利对价交换的情况下就学习西方的民主制度，直接赋予全民以选举权。这个路径很难对民粹主义免疫，从而对产权制度造成一定的损害。

财产权是所有权利之母。如果我们将人们不断冲破各种束缚以追求自身合法财产权利，然后基于自愿进行权利联合视为社会进步之主要表征的话，那么构建一个长期稳定的个人产权法律制度，就是国家治理现代化的一个基础性支撑。从西方发达国家经验看，这一步是通过"决策权换税收"或"大纳税人民主"来实现的。对于后发国家及发展中国家的执政者来说，有先进国家的经验在前，不必再冒风险刻意培育一个经济上的资本家阶层，而是可以通过制度学习来达到同样的效果，即通过国家权力推行现代产权制度与市场经济体系。或者说，不必经过严格的政治权利与税收的交换过程，而是直接移植这种交换所获得的制度成果。但如果社会结构仍然停留在传统社会阶段，现代意义上的产权制度很难落地生根，整个社会难以就产权制度形成基本共识。特别是加上"大多数财富掌握在少数人手中"的现实刺激，拥有选票规模优势的平民阶层要求"打土豪"，平分社会财富的呼声就一定会对执政者产生巨大压力。事实上，一些发展中国家的国有化之举，背后都有民粹主义的影子。

相比之下，中国的成功经验，很重要的一条就是其自身的政治体制有利于保持战略定力，形成一种相对稳定的产权制度与市场竞争体系。这可以避免经常在某些国家发生的、因执政权更迭导致的政策左右周期性摆动现象，从而为生产经营者提供一个稳定的心理预期。这一点对于发展中国家来说，尤为可贵。在西方国家，"选举权换税收"催生了"大纳税人民主"，从而固化了市场体系与产权制度。然后，选举权的逐步有序扩展，以"选举权换税收"的方式保持了其制度环境对私人产权的容纳与友好，执政者、精英阶层与平民阶层的三方博弈进入了一个新的均衡状态。我国由于不是资本主义制度的原生国家，对市场体系与产权制度的强化与维持主要是通过执政党的执政能力及与时俱进的"先进性"来实现。一方面，执政党通过其强大的执政能力，推行市场经济体系与产权制度，同时又防止资本利益集团化；另一方面，推行广泛的社会福利与共同富裕战略，同时又防止民粹主义对市场体系和产权制度的破坏力。这可能就是中国成功的一个秘诀。

当然，我国的成功经验在未来也面临着巨大挑战，即能不能抵御得住"诺思悖论"背后存在的国家治理内卷化的历史惯性。现代化的"国家治理",一定是"可持续发展"的或"长治久安"的国家治理。在中央重要文件与领导人的论述中,能够找到类似的观点,这说明长治久安确实是我国国家治理现代化的题中应有之义,这也意味着中国经验还需要经过更长时间的检验。在当今世界,富裕国家之所以富,并不是因为其经济增长率有多高,而是它们的增长相对平稳且可持续;穷国之所以穷,并非因为其经济增长率低,而是因为它们由于政治不稳定或社会动乱而不断经历收入缩减期(North et al.,2009)。事实上,在某一段时间内,一些发展中国家经济发展速度往往快于发达国家,但只需要一次危机、一次战乱,经济水平可能又会回到原点。

就我国来说,建设一种"市场经济"并不难,难的是如何让市场经济这种不断自我生长和自发扩展的人类合作秩序,冲破某些社会因素和社会机制的制约,不断地扩张直至改造整个社会。也就是说,要形成一种保证政府永远是"强化市场型政府"的元机制,这种机制使得无论发生何种突发事件,政府决策者都不会走上熊彼特在《税收国家的危机》中所批判和担心的道路。也就是说,在未来面对危机时,不是通过侵犯个人权利来压制矛盾,而是通过不断的深化改革和制度创新来化解危机。从国家长远利益看,这才是长治久安的根本之道,是中国走出兴衰周期率和"黄宗羲定律"不可缺少的一步。当然,实现这一步的困难超乎想象,因为国家或政府总是不可避免地倾向于财政收入最大化,总是不希望自己的征收行为受到过多的制度制约,而制约国家权力正是走向彻底的市场经济、形成长治久安模式的前提。

(三)财政汲取的"得"与"舍"

当今政治经济学领域,对税收进行"契约性(contractual)"观察已经形成了"跨学科(cross-disciplinary)"的一致性(Bang,2018;Kiser & Barzel,1991)。在所有的国家(不仅仅是西式民主国家),财政系统都是(不证自明地或明确地)基于统治者与被统治者之间的契约以及两者之间的关系来征税和用税(Kiser & Karceski,2017)。将税收理解为"社会契约论"意义上的"交换",无论在生活领域还是学术领域,都似乎已成共识。不过,本书中将财政汲取理解为广义上的"交易",这种交易比社会契约论中的以公共服务换税收的"交换"更具历史意涵。社会契约论中的交换,类似于一种"心理契约",或者说是一种社会观念。而财政汲取中的交易作为一种博弈或者权衡,在政治经济领域是客观存在的现象。

为了更好地阐明财政汲取博弈中各方的利益交换过程,不妨引入一个英语词汇 trade off。trade off 在汉语中通常被翻译成"交换、权衡、妥协"等。但遗憾的是,即使这些汉语词汇联合起来也无法准确表达 trade off 的内在意义。事实上,trade off 是一个在汉语中没有合适对应词的词汇,它集中体现了东西方文明之间的气质差异。如果非要用汉语来表达,trade off 应该是代表了一种在"鱼"与"熊掌"不可兼得情况下的"为得而舍"的行为选择。人类之所以进化出交换行为,减少了人际关系中的"掠夺"策略,就是因为交换的收益更加稳定。人们逐渐接受了交换行为,想通过交换来获得收益,也就相应地在心理上接受了交换的对价,于是各个文明中的人们不约而同地总结出"有舍方能有得""欲有得必有舍""没有免费的午餐""鱼与熊掌不可兼得"等相似的朴素道理。想要得到一样东西,就应该"心甘情愿"地付出应有的代价,这或许也是契约精神的实质。正因如此,曼昆在《经济学原理》中将"people face trade offs"作为十个原理之一,言下之意亦是"为得到我们喜爱的一件东西,通常不得不放弃另一件我们喜爱的东西"[1]。显然,财政汲取博弈的过程基本上遵循了这一原理。

总之,财政问题确是一个关系到国家兴衰、治理走向的重大问题,也是潜藏在制度变迁和社会发展背后的核心脉络。在整个社会自发运行、人们安居乐业、国家一片繁荣盛世的背后,可能只有那些执掌着国库钥匙的人才明白繁荣背后的代价以及未来的利益分食空间。所以,对于执政者以及所有社会人来说,无论何时何地、持何目标、作出何种抉择,都应该时刻扪心自问一个问题:钱从哪里来?无论采取什么手段、何种态势以及哪些途径来汲取社会资源,都应该时刻提醒自己:人往何处去?

---

[1] 曼昆.经济学原理:微观经济学分册[M].5版.梁小民,梁砾,译.北京:北京大学出版社,2009:4.

主要参考文献

著作

1. [埃及]萨米尔·阿明.自由主义病毒/欧洲中心论批判[M].王麟进,谭荣根,李宝源,译.北京:社会科学文献出版社,2007.
2. [奥]冯·哈耶克.个人主义与经济秩序[M].贾湛,文跃然,等译.北京:北京经济学院出版社,1989.
3. [奥]路德维希·冯·米塞斯.人的行为[M].夏道平,译.上海:上海社会科学院出版社,2015.
4. [澳]杰佛瑞·布伦南,[美]詹姆斯·布坎南.宪政经济学[M].冯克利,秋风,王代,等译.北京:中国社会科学出版社,2012.
5. [德]斐迪南·滕尼斯.共同体与社会[M].林荣远,译.北京:商务印书馆,1999.
6. [德]柯武刚,史漫飞.制度经济学[M].北京:商务印书馆,2000.
7. [德]马克斯·韦伯.经济与社会(下卷)[M].林荣远,译.北京:商务印书馆,1998.
8. [德]沃尔夫冈·施特雷克.购买时间:资本主义民主国家如何拖延危机[M].常晅,译.北京:社会科学文献出版社,2015.
9. [德]尤尔根·哈贝马斯.合法化危机[M].刘北成,曹卫东,译.上海:上海人民出版社,2009.
10. [俄]谢·尤·维特.俄国末代沙皇尼古拉二世:维特伯爵的回忆[M].张开,译.北京:新华出版社,1983.
11. [法]阿历克西·托克维尔.旧制度与大革命[M].冯棠,译.北京:商务印书馆,1992.

12. [法]保兰·伊斯马尔.民主反对专家:古希腊的公共奴隶[M].张竝,译.上海:华东师范大学出版社,2017.

13. [法]马克·布洛赫.封建社会[M].张绪山,译.北京:商务印书馆,2019.

14. [法]皮埃尔·卡蓝默.破碎的民主:试论治理的革命[M].高凌瀚,译.北京:生活·读书·新知三联书店,2005.

15. [加]马丁·基钦.剑桥插图德国史[M].赵辉,徐芳,译.北京:世界知识出版社,2005.

16. [美]埃莉诺·奥斯特罗姆.公共事物的治理之道:集体行动制度的演进[M].余逊达,陈旭东,译.上海:三联书店,2000.

17. [美]埃里克·弗鲁博顿,[德]鲁道夫·芮切特.新制度经济学:一个交易费用分析范式[M].姜建强,罗长远,译.上海:上海人民出版社,2006.

18. [美]查尔斯·蒂利.强制、资本和欧洲国家:公元990~1992年[M].魏洪钟,译.上海:上海人民出版社,2012.

19. [美]查尔斯·梅里亚姆.美国政治学说史[M].朱曾汶,译.北京:商务印书馆,1988.

20. [美]查尔斯·亚当斯.善与恶:税收在文明进程中的影响[M].翟继光,译.北京:中国政法大学出版社,2013.

21. [美]戴维·奥斯本,特德·盖布勒.改革政府:企业家精神如何改革着公共部门[M].周敦仁,等译.上海:上海译文出版社,2006.

22. [美]黛博拉·布罗蒂加姆,奥德-黑尔格·菲耶尔斯塔德,米克·摩尔.发展中国家的税收与国家构建[M].卢军坪,毛道根,译.上海:上海财经大学出版社,2016.

23. [美]丹尼·罗德瑞克.全球化走得太远了吗?[M].熊贤良,等译.北京:北京出版社,2000.

24. [美]道格拉斯·C.诺思.经济史中的结构与变迁[M].陈郁,罗华平,等译.上海:上海人民出版社,1994.

25. [美]道格拉斯·C.诺思.理解经济变迁过程[M].钟正生,邢华,译.北京:中国人民大学出版社,2013.

26. [美]道格拉斯·C.诺思,罗伯斯·托马斯.西方世界的兴起[M].厉以平,蔡磊,译.北京:华夏出版社,2009.

27. [美]道格拉斯·C.诺思,约翰·约瑟夫·瓦利斯,巴里·R.温加斯特.暴力与社会秩序:诠释有文字记载的人类历史的一个概念性框架[M].杭行,王亮,译.上海:格致出版社,2013.

28. [美]道格拉斯·C.诺思.制度、制度变迁与经济绩效[M].杭行,译.上海:格致出版社,1994.

29. [美]德隆·阿西莫格鲁,詹姆斯·A.罗宾逊.国家为什么会失败[M].李增刚,译.长沙:湖南科学技术出版社,2015.

30. [美]杜赞奇.文化、权力与国家:1900—1942年的华北农村[M].王明福,译.南京:江苏人民出版社,1994.

31. [美]菲利浦·T.霍夫曼,凯瑟琳·诺伯格.财政危机、自由和代议制政府(1450—1789)[M].储建国,译.上海:上海人民出版社,2008.

32. [美]弗朗西斯·福山.政治秩序的起源[M].毛俊杰,译.南宁:广西师范大学出版社,2012.

33. [美]哈罗德·M.格罗夫斯.税收哲人:英美税收思想史二百年[M],刘守刚,刘雪梅,译.上海:上海财经大学出版社,2018.

34. [美]哈伊姆·奥菲克.第二天性:人类进化的经济起源[M].张敦敏,译.北京:中国社会科学出版社,2004.

35. [美]黄宗智.长江三角洲的小农家庭与乡村发展[M].北京:中华书局,1992.

36. [美]黄宗智.华北的小农经济与社会变迁[M].北京:中华书局,1986.

37. [美]理查德·A.马斯格雷夫,艾伦·T.皮考克.财政理论史上的经典文献[M].刘守刚,王晓丹,译.上海:上海财经大学出版社,2015.

38. [美]理查德·拉克曼.不由自主的资产阶级[M].郦菁,维舟,徐丹,译.上海:复旦大学出版社,2013.

39. [美]鲁思·本尼迪克特.菊花与刀:日本文化的诸模式[M].孙志民,马小鹤,朱理胜,译.北京:九州出版社,2005.

40. [美]罗伯特·H.贝斯.分析性叙述[M].熊美娟,李颖,译.北京:中国人民大学出版社,2008.

41. [美]罗伯特·威廉·福格尔,斯坦利·L.恩格尔曼.苦难的时代:美国奴隶制经济学[M].颜色,译.北京:机械工业出版社,2016.

42. [美]罗杰·B.迈尔森.博弈论:矛盾冲突分析[M].于寅,费剑平,译.北京:中国人民大学出版社,2015.

43. [美]马克·T.胡克.荷兰史[M].黄毅翔,译.上海:东方出版中心,2009.

44. [美]玛格丽特·利瓦伊.统治与岁入[M].周军华,译.上海:格致出版社,2010.

45. [美]迈克尔·曼.社会权力的来源[M].郭忠华,徐法寅,蒋文芳,等译.上海:上海人民出版社,2015.

46. [美]曼瑟·奥尔森.国家的兴衰:经济增长、滞胀和社会僵化[M].李增刚,译.上海:上海人民出版社,2007.

47. [美]曼瑟·奥尔森.权力与繁荣[M].苏长和,嵇飞,译.上海:上海人民出版社,2014.

48. [美]穆雷·N. 罗斯巴德.人,经济与国家[M].董子云,李松,杨震,译.杭州:浙江大学出版社,2015.

49. [美]内森·罗森伯,L. E. 小伯泽尔.西方现代社会的经济变迁[M]. 曾刚,译. 北京:中信出版社,2009.

50. [美]尼古拉·梁赞诺夫斯基,马克·斯坦伯克.俄罗斯史[M]. 杨烨,卿文辉,等译.上海:上海人民出版社,2013.

51. [美]彭慕兰.大分流:欧洲、中国及现代世界经济的发展[M]. 史建云,译.南京:江苏人民出版社,2003.

52. [美]塞缪尔·鲍尔斯,赫伯特·金蒂斯. 民主与资本主义[M]. 韩水法,译.北京:商务印书馆,2012.

53. [美]威尔·杜兰.世界文明史:希腊的生活[M]. 幼狮文化公司,译.北京:东方出版社,1998.

54. [美]威廉·M. 杜格,霍华德·J. 谢尔曼. 回到进化:马克思主义和制度主义关于社会变迁的对话[M]. 张林,徐颖莉,毕冶,译.北京:中国人民大学出版社,2007.

55. [美]西达·斯考切波.国家与社会革命:对法国、俄国和中国的比较分析[M]. 何俊志,王学东,译.上海:上海人民出版社,2007.

56. [美]约翰·奈斯比特. 中国大趋势:新社会的八大支柱[M].魏平,译.北京:中华工商联合出版社,2011.

57. [美]约瑟夫·泰恩特.复杂社会的崩溃[M].邵旭东,译.海口:海南出版社,2010.

58. [美]詹姆斯·W. 汤普逊.中世纪晚期欧洲经济社会史[M].徐家玲,等译.北京:商务印书馆,1992.

59. [美]詹姆斯·奥康纳.国家的财政危机[M].沈国华,译.上海:上海财经大学出版社,2017.

60. [美]詹姆斯·布坎南.财产与自由[M].韩旭,译.北京:中国社会科学出版社,2002.
61. [美]詹姆斯·布坎南,戈登·塔洛克.同意的计算:立宪民主的逻辑基础[M].陈光金,译.北京:中国社会科学出版社,2000.
62. [美]詹姆斯·布坎南,理查德·马斯格雷夫.公共财政与公共选择:两种截然对立的国家观[M].类承曜,译.北京:中国财政经济出版社,2000.
63. [美]詹姆斯·布坎南,理查德·瓦格纳.赤字中的民主:凯恩斯勋爵的政治遗产[M].刘廷安,罗光,译.北京:北京经济学院出版社,1988.
64. [美]詹姆斯·布坎南.民主财政论[M].穆怀朋,译.北京:商务印书馆,1993.
65. [日]大岛通义.预算国家的"危机":从财政社会学看日本[M].徐一睿,译.上海:上海财经大学出版社,2019.
66. [日]速水融,宫本又郎.日本经济史1:经济社会的成立17—18世纪[M].厉以平,连湘,金相春,译.北京:三联书店,1997.
67. [英]E. E. 里奇,C. H. 威尔逊.剑桥欧洲经济史(第四卷):16世纪、17世纪不断扩张的欧洲经济[M].张锦冬,钟和,晏波,译.经济科学出版社,2003.
68. [英]大卫·李嘉图.政治经济学及赋税原理[M].郭大力,王亚南,译.北京:译林出版社,2014.
69. [英]冯·哈耶克.法律、立法与自由[M].邓正来,张守东,李静冰,译.北京:中国大百科全书出版社,2000.
70. [英]卡尔·波普尔.开放社会及其敌人[M].陆衡,等译.北京:中国社会科学出版社,1999.
71. [英]科林·琼斯.剑桥插图法国史[M].杨保筠,刘雪红,译.北京:世界知识出版社,2004.
72. [英]莱斯莉·阿德金斯,罗伊·阿德金斯.古代罗马社会生活[M].张楠,王悦,范秀琳,译.北京:商务印书馆,2016.
73. [英]雷蒙德·卡尔.西班牙史[M].潘诚,译.上海:东方出版中心,2009.
74. [英]马尔科姆·卢瑟福.经济学中的制度:老制度主义和新制度主义[M].陈建波,郁仲莉,译.北京:中国社会科学出版社,1999.
75. [英]佩里·安德森.从古代到封建主义的过渡[M].郭方,刘健,译.上海:上海人民出版社,2016.
76. [英]泰萨·莫里斯-铃木.日本经济思想史[M].厉江,译.北京:商务印书馆,2000.

77. [英]约翰·希克斯. 经济史理论[M]. 厉以平,译. 北京:商务印书馆,1987.
78. 白寿彝. 中国通史[M]. 上海:上海人民出版社,1994.
79. 陈共. 财政学[M]. 北京:中国人民大学出版社,2000.
80. 陈家刚. 协商民主与国家治理:中国深化改革的新路向新解读[M]. 北京:中央编译出版社,2014.
81. 董保民,王运通,郭桂霞. 合作博弈论:解与成本分摊[M]. 北京:中国市场出版社,2008.
82. 杜润生. 杜润生自述:中国农村体制变革重大决策纪实[M]. 北京:人民出版社,2005.
83. 范文澜. 中国通史简编[M]. 北京:人民出版社,1964.
84. 贡森,葛延风. 福利体制和社会政策的国际比较[M]. 北京:中国发展出版社,2012.
85. 何帆. 为市场经济立宪:当代中国的财政问题[M]. 北京:今日中国出版社,1998.
86. 黄天华. 中国财政制度史纲[M]. 上海:上海财经大学出版社,2012.
87. 黄亚生."中国模式"到底有多独特?[M]. 北京:中信出版社,2011.
88. 黄洋. 古代希腊土地制度研究[M]. 上海:复旦大学出版社,1995.
89. 姜守明,耿亮. 西方社会保障制度概论[M]. 北京:科学出版社,2002.
90. 金雁,秦晖. 农村公社、改革与革命:村社传统与俄国现代化之路[M]. 北京:东方出版社,2013.
91. 瞿同祖. 中国封建社会[M]. 北京:商务印书馆,2017.
92. 李炜光. 李炜光说财税[M]. 保定:河北大学出版社,2010.
93. 厉以宁. 希腊古代经济史(上编)[M]. 北京:商务印书馆. 2013.
94. 厉以宁. 资本主义的起源[M]. 北京:商务印书馆,2004.
95. 林红. 民粹主义:概念、理论与实证[M]. 北京:中央编译出版社,2007.
96. 刘守刚. 财政中国三千年[M]. 上海:上海远东出版社,2020.
97. 刘守刚. 国家成长的财政逻辑:近现代中国财政转型与政治发展[M]. 天津:天津人民出版社,2009.
98. 刘志广. 新财政社会学研究[M]. 上海:上海人民出版社,2012.
99. 刘志伟. 贡赋体制与市场:明清社会经济史论稿[M]. 北京:中华书局,2019.
100. 马金华. 外国财政史[M]. 北京:中国财政经济出版社,2011.
101. 马骏. 治国与理财[M]. 北京:生活·读书·新知三联书店,2011.

102. 马克垚. 古代专制制度考察[M]. 北京:北京大学出版社,2017.
103. 马克垚. 西欧封建经济形态研究[M]. 北京:人民出版社,2001.
104. 毛寿龙. 西方政府的治道变革[M]. 北京:中国人民大学出版社,1998.
105. 秦晖. 传统十论[M]. 北京:东方出版社,2014.
106. 秦晖,苏文. 田园诗与狂想曲:关中模式与前近代社会的再认识[M]. 北京:中央编译出版社,1996.
107. 沈汉. 资本主义史(第一卷)[M]. 北京:人民出版社,2009.
108. 施诚. 中世纪英国财政史研究[M]. 北京:商务印书馆,2010.
109. 宋丙涛. 英国崛起之谜:财政制度变迁与现代经济发展[M]. 北京:社会科学文献出版社,2015.
110. 滕淑娜. 税制变迁与英国政府社会政策研究[M]. 北京:中国社会科学出版社,2015.
111. 王绍光. 国家治理[M]. 北京:中国人民大学出版社,2014.
112. 王玉亮. 英国中世纪晚期乡村共同体研究[M]. 北京:人民出版社,2011.
113. 王云龙,陈界,胡鹏. 福利国家:欧洲再现代化的经历与经验[M]. 北京:北京大学出版社,2010.
114. [希腊]尼科斯·波朗查斯. 政治权力与社会阶级[M]. 叶林,王宏周,马清文,译. 北京:中国社会科学出版社,1982.
115. 项怀诚. 中国财政通史(清代卷)[M]. 北京:中国财政经济出版社,2006.
116. 谢识予. 经济博弈论[M]. 2版. 上海:复旦大学出版社,2002.
117. 阎照祥. 英国贵族史[M]. 北京:人民出版社,2000.
118. 杨德才. 新制度经济学[M]. 南京:南京大学出版社,2007.
119. 杨虎涛. 交汇与分野:马克思与演化经济学家的对话[M]. 北京:经济科学出版社,2010.
120. 于民. 坚守与改革:英国财政史专题研究(1066年—19世纪中后期)[M]. 北京:中国社会科学出版社,2012.
121. 俞可平. 治理与善治[M]. 北京:社会科学文献出版社,2000.
122. 张定河. 美国政治制度的起源与演变[M]. 北京:中国社会科学出版社,1998.
123. 张馨. 公共财政论纲[M]. 北京:经济科学出版社,1999.
124. 郑寅达. 德国史[M]. 北京:人民出版社,2014.
125. 郑永年. 中国模式:经验与挑战[M]. 北京:中信出版集团,2016.

析出文献

1. [美]阿曼·阿尔钦.产权:一个经典注释[M]//罗纳德·科斯,等.财产权利与制度变迁:产权学派与新制度学派译文集.刘守英,等译.上海:上海三联书店,2014:121—129.

2. [美]奥德·菲耶尔斯塔德,欧雷·特希尔德森.东非的大众税收与国家社会关系[M]//黛博拉·布罗蒂加姆,奥德-黑尔格·菲耶尔斯塔德,米克·摩尔.发展中国家的税收与国家构建.卢军坪,毛道根,译.上海:上海财经大学出版社,2016:100—120.

3. [美]巴里·温加斯特.作为治理结构的宪政:安全市场的政治基础[M]//道格拉斯·C.诺斯,等.交易费用政治学.刘亚平,编译.北京:中国人民大学出版社,2011:98—127.

4. [美]黛博拉·布罗蒂加姆.可能的能力:毛里求斯出口税与国家构建[M]//黛博拉·布罗蒂加姆,奥德-黑尔格·菲耶尔斯塔德,米克·摩尔.发展中国家的税收与国家构建.卢军坪,毛道根,译.上海:上海财经大学出版社,2016:121—144.

5. [美]哈罗德·德姆塞茨.关于产权的理论[M]//罗纳德·科斯,等.财产权利与制度变迁:产权学派与新制度学派译文集.刘守英,等译.上海:上海三联书店,2014:70—82.

6. [美]J.奥古斯都,Jr.维尼达尔.尼德兰的财政危机和宪法自由[M]//菲利浦·T.霍夫曼,凯瑟琳·诺伯格.财政危机、自由和代议制政府(1450—1789).储建国,译.上海:上海人民出版社,2008:99—143.

7. [美]玛格丽特·利瓦伊.征兵:公民的价格[M]//罗伯特·H.贝斯,等.分析性叙述.熊美娟,李颖,译.北京:中国人民大学出版社,2008:122—164.

8. [美]迈克尔·曼.国家的自主权:起源、机制与结果[M]//郭忠华,郭台辉.当代国家理论基础与前沿[M].广州:广东人民出版社,2017:49—79.

9. [美]米克·摩尔.强制与契约:对于税收和国家治理的两种竞争性诠释[M]//黛博拉·布罗蒂加姆,奥德-黑尔格·菲耶尔斯塔德,米克·摩尔.发展中国家的税收与国家构建.卢军坪,毛道根,译.上海:上海财经大学出版社,2016:32—57.

10. [美]欧文·汤普森·卡斯蒂尔:专制主义、宪政主义和自由[M]//菲利浦·T.霍夫曼,凯瑟琳·诺伯格.财政危机、自由和代议制政府(1450—1789).储建国,译.上海:上海人民出版社,2008:194—243.

11. [美]约翰·奈.关于国家的思考:强制世界中的产权、交易和契约安排的变化[M]//约翰·N.德勒马克,约翰·V.C.奈.新制度经济学前沿.张宇燕,等译.北京:经济科学出版社,2003:149—175.

期刊

1. [德]阿尔伯特·施魏因贝格尔.欧债危机:一个德国视角的评估[J].孙彦红,译.欧洲研究,2012(3):116—152.
2. [美]保罗·马雷尔.东欧各国的债务[J].上海国际经济管理学院,译.外国经济与管理,1982(11):9—13.
3. [美]彭慕兰.世界经济史中的近世江南:比较与综合观察——回应黄宗智先生[J].史建云,译.历史研究,2003(4):3—48,189.
4. [瑞士]彼埃尔·德·塞纳克伦斯.治理与国际调节机制的危机[J].冯炳昆,译.国际社会科学杂志(中文版),1999(1):91—103.
5. [英]格里·斯托克.作为理论的治理:五个论点[J].华夏风,译.国际社会科学杂志(中文版),2019,36(3):19—30.
6. 白爽.1948年英国医院国有化改革的影响及启示[J].历史教学(下半月刊),2019,138(12):42—46.
7. 白彦锋,张静.国家治理与我国现代财政制度构建[J].河北大学学报(哲学社会科学版),2016,41(1):111—118.
8. 包刚升.第三波民主化国家的政体转型与治理绩效(1974—2013)[J].开放时代,2017(1):76—95,5—6.
9. 包心鉴.以制度现代化推进国家治理现代化[J].中共福建省委党校学报,2014(1):4—10.
10. 曹海军."国家学派"评析:基于国家自主与国家能力维度的分析[J].政治学研究,2013(1):68—76.
11. 车维汉.由财政压力引起的制度变迁——明治维新的另一种诠释[J].中国社会科学院研究生院学报,2008(3):72—79.
12. 陈鹏.生产关系的博弈内涵探析[J].科学社会主义,2018(1):30—36.
13. 陈少晖,李丽琴.财政压力视域下的农村社会保障制度变迁(1949—2009)[J].福建论坛(人文社会科学版),2010(11):18—22.
14. 陈少英.论中国向"税收国家"转型[J].理论与改革,2010(3):118—121.
15. 陈双苑.东欧国家的社会福利问题[J].当代世界与社会主义,1994(2):

54—59.

16. 陈晓兰,贺立龙,谭明敏. 执政党领导的国家治理现代化:理论释义与中国实践[J]. 理论与改革,2016(3):71—76.
17. 程雪阳. 墨西哥20世纪的农村土地改革及其对中国的启示[J]. 北京社会科学,2013(5):157—162.
18. 池忠军,亓光. 中国特色的治理话语:国家治理现代化[J]. 探索,2016(3):40—45.
19. 邓力平. 对税收理论现代化相关问题的思考[J]. 税务研究,2015(10):3—6.
20. 邓力平,王智煊. 国际税收竞争模型构建评析[J]. 税务研究,2008(12):28—32.
21. 邓正来. 哈耶克方法论个人主义的研究[J]. 浙江学刊,2002(4):53—69.
22. 邓子基,略论财政的本质[J]. 厦门大学学报(社会科学版),1962(3):115—116.
23. 丁平. 探析普鲁士面临危亡而改革强国的促成因[J]. 内蒙古社会科学(汉文版),2000(S1):63—67.
24. 窦清红. 部分国家宏观税负比较资料[J]. 税务研究,1992(8):64—64.
25. 樊鹏. 西方国家高赤字发展模式是社会福利惹的祸吗?——基于财政和税收的视角[J]. 政治学研究,2012(2):3—17.
26. 冯俏彬. 论私人产权与公共财政——英、中比较研究[J]. 财政研究,2006(4):21—31.
27. 冯杨,李炜光. 赤字财政、公债货币化与税收国家的危机[J]. 南方经济,2014,32(4):1—8.
28. 冯正好. 中世纪西欧的城市特许状[J]. 西南大学学报(社会科学版),2008,34(1):184—189.
29. 高培勇. 论国家治理现代化框架下的财政基础理论建设[J]. 中国社会科学,2014(12):102—122.
30. 高培勇. 论中国财政基础理论的创新——由"基础和支柱说"说起[J]. 管理世界,2015(12):4—11.
31. 郭海涛. 拉美地区的经济发展与油气资源国有化研究[J]. 国际经济合作,2008(4):78—81.
32. 郭小凌. 古代世界的奴隶制和近现代人的诠释[J]. 世界历史,1999(6):85—99.

33. 贺蕊莉.财政社会学视角下的中国贫富差距问题研究[J].财经问题研究,2011(6):13—19.

34. 侯建新.中世纪英格兰农民的土地产权[J].历史研究,2013(4):137—152.

35. 胡若痴,武靖州,武靖国.回归与创新:论马克思所有制理论在中国的发展[J].湖南社会科学,2018(2):57—69.

36. 胡勇辉.当前偷税抗税犯罪的特点原因及对策[J].当代财经,1988(3):55—57.

37. 黄杰.中华帝国政治体系下的君主制与国家治理——一个历史社会学的分析[J].兰州学刊,2010(7):23—27.

38. 黄军甫.国家自主性困境及对策——国家与社会关系的视角[J].社会科学,2014(12):11—19.

39. 黄骏.面向国家治理现代化的政协协商民主角色建构[J].云南社会科学,2014(6):1—4,8.

40. 计秋枫.论中世纪西欧封建主义的政治结构[J].史学月刊,2001(4):69—74.

41. 贾康,龙小燕.财政全域国家治理:现代财政制度构建的基本理论框架[J].地方财政研究,2015(07):4—10.

42. 江洋.合法性危机与财政危机——美国马克思主义者对马克思经济危机理论的继承与发展[J].马克思主义与现实,2014(4):139—146.

43. 江宇.国家治理的中国道路:毛泽东的探索[J].马克思主义研究,2016(7):40—46,159—160.

44. 金重远.独立战争:西班牙19世纪的第一次革命[J].史林,2003(5):116—122.

45. 靳东升,陈琍.20世纪90年代宏观税负的国际比较——兼论我国的宏观税负[J].涉外税务,2003(5):36—40.

46. 赖勤学.纳税人主权观——新一轮税改的理念精义[J].经济体制改革,2004(5):57—61.

47. 雷俊.辨析中英政治制度变迁对我国的公共财政建设的启示[J].当代经济科学,2008,30(1):122—129,134.

48. 李汉卿.国家治理现代化:中国共产党执政的逻辑转变与战略选择[J].理论月刊,2016(1):104—109.

49. 李继东.一个历史性战略失误——非洲国有化重评[J].西亚非洲,2000(4):19—23,78.

50. 李建.社会主义协商民主推进国家治理现代化的生成逻辑[J].学术交流,2016(4):60—65.

51. 李剑鸣.美国革命时期民主概念的演变[J].历史研究,2007(1):130—157,191—192.

52. 李炜光.财政何以为国家治理的基础和支柱[J].法学评论,2014(2):54—60.

53. 李炜光,任晓兰.财政社会学源流与我国当代财政学的发展[J].财政研究,2013(7):36—39.

54. 李炜光,任晓兰.从"税收国家"到"预算国家"[J].理论视野,2013(9):41—44.

55. 李炜光.税收"三性"再认识——对《也谈税收》一文的回应[J].书屋,2007(5):69—71.

56. 李翔,许昌敏.协商民主与国家治理的内在关联与互动建构[J].江汉论坛,2015(6):61—65.

57. 梁若冰.清末新政、财政崩溃与辛亥革命[J].世界经济,2015(6):143—166.

58. 梁宇.马克思的国家治理思想探析[J].哲学研究,2015,(5):31—35.

59. 林春,谭同学.再议土地改革——中国和印度的启示[J].开放时代,2016(2):36—67,5—6.

60. 林广瑞,王彦林.论所有制与产权制度的关系[J].河北学刊,2007(6):159—163.

61. 刘景华.自治城市:欧洲政治文明试验田[J].史学理论研究,2014(2):12—15.

62. 刘丽,陈丽萍.全球治理中的非洲土地制度改革[J].国土资源情报,2014(11):30—36.

63. 刘尚希.不确定性:财政改革面临的挑战[J].财政研究,2015(12):2—11.

64. 刘尚希.财政风险:一个分析框架[J].经济研究,2003(5):23—31.

65. 刘尚希.财政改革、财政治理与国家治理[J].理论视野,2014(1):24—27.

66. 刘尚希,李成威.大国财政:理念、实力和路径[J].地方财政研究,2016(1):9—14.

67. 刘尚希.论政府的公共主体身份与财政风险的两个层次[J].现代财经—天津财经大学学报,2005,25(6):3—7.

68. 刘世定,邱泽奇."内卷化"概念辨析[J].社会学研究,2004(5):96—110.

69. 刘守刚.国家的生产性与公共产品理论的兴起——一个思想史的回溯[J].

税收经济研究,2019,24(3):85—95.

70. 刘守刚,郝煜华. 政党政治的财政基础——政党财政类型的比较分析[J]. 上海财经大学学报,2008,10(6):17—23.

71. 刘守刚. 家财型财政的概念及其运用[J]. 经济与管理评论,2012(1):123—127.

72. 刘天旭. 清末湖北财政危机与武昌起义的爆发[J]. 江西社会科学,2011,31(1):137—142.

73. 刘瑜. 公民社会促进民主稳固吗?——以第三波民主化国家为例[J]. 开放时代,2017(1):51—75,5.

74. 刘志广. 财政社会学视野下的财政制度变迁与社会经济转型——兼论20世纪末社会经济转型的实质及其发展趋势[J]. 经济与管理研究,2007(2):27—31.

75. 刘志广. 民生与财政:一个财政社会学研究框架[J]. 上海行政学院学报,2013(1):92—99.

76. 马骏. 从财政危机走向财政可持续:智利是如何做到的?[J]. 公共行政评论,2014,7(01):23—51,178—179.

77. 马骏,温明月. 税收、租金与治理:理论与检验[J]. 社会学研究,2012(2):86—108.

78. 马骏. 中国财政国家转型:走向税收国家?[J]. 吉林大学社会科学学报,2011(1):18—30.

79. 马克垚. 说封建社会形态[J]. 历史研究,2000(2):9—10.

80. 毛翠英. 财政压力视角下的中国农村合作医疗制度变迁[J]. 中南财经政法大学学报,2008(4):49—53,58.

81. 毛锐. 二战后英国国有化运动述评[J]. 探索与争鸣,2007(3):58—61.

82. 毛寿龙. 经济危机与政府治理之道[J]. 学术界,2013(12):5—14.

83. 毛寿龙. 经济学的秩序维度[J]. 学术界,2017(2):39—44.

84. 毛寿龙. 现代治道与治道变革[J]. 江苏行政学院学报,2003(2):86—92.

85. 毛悦. 印度土地改革的结果分析:利益集团的视角[J]. 当代世界社会主义问题,2012(2):72—80.

86. 孟天广,田栋. 群众路线与国家治理现代化——理论分析与经验发现[J]. 政治学研究,2016(3):25—35,125—126.

87. 牛先锋. 从"虚幻的共同体"到"自由人联合体"——马克思国家理论及其对

国家治理现代化的启示[J]. 天津社会科学,2016(4):19—24.

88. 齐明山. 试论行政体制的结构与政府机构改革的动力[J]. 云南行政学院学报,1999(2):4—8.

89. 清华大学社会学系社会发展研究课题组,孙立平. "中等收入陷阱"还是"转型陷阱"?[J]. 开放时代,2012(3):125—145.

90. 邱实,赵晖. 中国国家治理现代化的困境分析及消解思路[J]. 科学社会主义,2016(6):111—116.

91. 申端锋. 财政下乡:现代国家的基层财政建设[J]. 中国农业大学学报(社会科学版),2014,31(1):63—69.

92. 史成虎. 国家治理现代化与中国共产党的执政转型[J]. 中共天津市委党校学报,2016(1):11—18,30.

93. 宋丙涛. 公共财政、民主财政与经济危机——一个公共经济学视角的分析[J]. 河南大学学报(哲学社会科学版),2012,52(3):65—73.

94. 宋林泽. 马克思主义国家理论与国家治理现代化[J]. 理论月刊,2016(5):18—22.

95. 苏全有. 横向与纵向:从新政看清末财政危机中的政府应对[J]. 江汉论坛,2011(3):94—101.

96. 孙岩,王瑶. 国家治理现代化与党的执政能力:中国的逻辑[J]. 广西社会科学,2016,(6):32—35.

97. 孙拥军. 不同视域中的权利——简评马克思所有制理论与西方产权理论[J]. 理论学刊,2010(7):50—53.

98. 唐皇凤. 新中国60年国家治理体系的变迁及理性审视[J]. 经济社会体制比较,2009(5):24—32.

99. 唐亚林,郭林. 从阶级统治到阶层共治——新中国国家治理模式的历史考察[J]. 学术界,2006(4):61—68.

100. 汪丁丁. 哈耶克《感觉的秩序》导读[J]. 社会科学战线,2009(1):277—282.

101. 王宝磊. 国家自主性概念及其发展路径探析[J]. 湖北社会科学,2015(1):22—27.

102. 王东. 东欧国家债务负担加重的原因及其教训[J]. 世界经济研究,1989(1):38—41.

103. 王慧芝. 1948年阿根廷铁路国有化原因探析[J]. 历史教学,2015(5):57—61.

104. 王静. 从土地改革看印度民主制度的绩效[J]. 南亚研究季刊,2015(3):83—90,5.
105. 王浦劬. 国家治理、政府治理和社会治理的含义及其相互关系[J]. 国家行政学院学报,2014(3):11—17.
106. 王清. 地方财政视角下的制度变迁路径分析——以当代中国城市户籍制度为例[J]. 武汉大学学报(哲学社会科学版),2011,(3):90—97.
107. 王绍光. 从税收国家到预算国家[J]. 读书,2007(10):3—13.
108. 王绍光. 国家汲取能力的建设——中华人民共和国成立初期的经验[J]. 中国社会科学,2002(1):77—93,207.
109. 王绍光. 国家治理与基础性国家能力[J]. 华中科技大学学报(社会科学版),2014(3):8—10.
110. 王绍光,马骏. 走向"预算国家"——财政转型与国家建设[J]. 公共行政评论,2008(1):1—37,198.
111. 王旺胜. 国家治理现代化背景下参政党协商能力建设[J]. 社会主义研究,2016(3):84—88.
112. 魏风劲. 试论中国税负的合理性——从"税收国家"走向"预算国家"[J]. 统计与决策,2009(22):119—121.
113. 温强. 西欧、日本封建等级制度比较[J]. 西南大学学报(社会科学版),1998(2):113—117.
114. 文红玉. 孙中山的土地思想与南京国民政府的土地政策[J]. 华中科技大学学报(社会科学版),2009,23(3):29—36.
115. 吴英. 对马克思国家理论的再解读[J]. 史学理论研究,2009(3):20—29,158.
116. 武靖国. "权力说""契约说"与税收的本质和性质[J]. 辽宁税务高等专科学校学报,2008(2):32—35.
117. 谢江平. 马克思恩格斯视野中的国家自主性[J]. 理论月刊,2016(7):27—31.
118. 熊芳芳. 从"领地国家"到"税收国家":中世纪晚期法国君主征税权的确立[J]. 世界历史,2015(4):24—36.
119. 薛实.《拿破仑法典》与法国资本主义所有制的巩固和发展[J]. 历史研究,1975(5):74—80.
120. 燕继荣. 现代国家治理与制度建设[J]. 中国行政管理,2014(5):58—63.

121. 杨白冰. 从产权视角看税收制度的本质[J]. 地方财政研究,2015(12):61—64+72.
122. 杨共乐. 罗马"债务奴隶制"考略[J]. 世界历史,1998(1):112—114.
123. 杨晶,陶富源. 论列宁的社会主义国家治理思想及其当代启示[J]. 江汉论坛,2016(1):69—74.
124. 杨卫东. 国有化与私有化研究——西方国企进退的历史轨迹[J]. 武汉大学学报(哲学社会科学版),2012,65(1):100—105.
125. 杨祖功. 法国的国有化[J]. 法国研究,1984(4):68—74.
126. 叶成城,唐世平. 第一波半现代化之"帝国的黄昏"——法国与西班牙的改革之殇[J]. 世界经济与政治,2016(3):122—154.
127. 《英法历史比较与借鉴》课题组. 从英法两国历史看财政与民生、革命、文明演进——世界潮流、利益固化和变革成本与方略的比较[J]. 财政研究,2013,(9):8—24.
128. 于殿利. 古巴比伦社会存在债务奴隶制吗?[J]. 北京师范大学学报(社会科学版),2004(4):71—76.
129. 于金富. 构建马克思主义制度经济学的科学范式——马克思主义经济学与新制度经济学比较研究[J]. 经济纵横,2008,274(9):26—32.
130. 俞可平.现代化进程中的民粹主义[J].战略与管理,1997(1):88—96.
131. 虞崇胜,陶欢英. 国家能力视阈下减税的政治功能分析[J]. 湖北社会科学,2017(10):27—36.
132. 虞崇胜,闫明明. 准确把握国家治理现代化的中国语境[J]. 理论视野,2015(6):17—20.
133. 郁建兴,周俊. 马克思的国家自主性概念及其当代发展[J]. 社会科学战线,2002(4):63—72.
134. 岳嵩,邱实. 国家治理现代化视阈下中国共产党执政理念创新[J]. 南京师大学报(社会科学版),2016(5):18—23.
135. 张爱东. 俄国农业资本主义的发展和村社的历史命运[J]. 北京大学学报哲学社会科学版,2001(S1):82—86.
136. 张成福,党秀云. 马克思主义的国家治理观[J]. 教学与研究,2016,(4):12—20.
137. 张德敬. 论农奴制改革后俄国经济政策的性质[J]. 江西社会科学,2002(12):61—64.

138. 张富强.论税收国家的基础[J].中国法学,2016(2):166—183.
139. 张广翔.俄国村社制度述论[J].吉林大学社会科学学报,1997(4):62—68.
140. 张环.日本明治维新制度模仿成功原因分析[J].生产力研究,2009(12):34—36.
141. 张景华.税收与治理质量:跨国实证检验[J].财贸经济,2014(11):13—22.
142. 张艳娥.从嵌入吸纳走向协商治理:中国国家治理模式的一种演进逻辑[J].理论月刊,2016(5):5—10.
143. 张勇,杨光斌.国家自主性理论的发展脉络[J].教学与研究,2010(5):46—52.
144. 赵聚军.福利民粹主义的生成逻辑及其政策实践——基于拉美地区和泰国的经验[J].政治学研究,2015(6):59—75.
145. 赵汀阳.深化启蒙:从方法论的个人主义到方法论的关系主义[J].哲学研究,2011(1):90—93.
146. 赵永胜.冲突与调适:缅甸土地改革与土地政策[J].亚太经济,2018(3):70—76,150.
147. 郑永年.国际发展格局中的中国模式[J].中国社会科学,2010(2):20—28.
148. 中共天津市委党校党建研究所课题组.国家治理现代化与改革完善党的领导方式和执政方式[J].中共天津市委党校学报,2016(1):3—10.
149. 周瑞金.中国改革动力的历史考察[J].中国改革,2009(9):28—31.
150. 周雪光.从"黄宗羲定律"到帝国的逻辑:中国国家治理逻辑的历史线索[J].开放时代,2014(4):108—132,7—8.
151. 周业安.关于当前中国新制度经济学研究的反思[J].经济研究,2001(7):19—27.
152. 朱孝远.宗教改革与德国领地国家的发展[J].世界宗教文化,2013(4):55—61.

英文文献

1. Aghion P, Bolton P A. Theory of Trickle-Down Growth and Development [J]. Review of Economic Studies, 1997, 64(2): 151-172.
2. Bang P F. Tributary empires and the new fiscal sociology: Some comparative reflections [M]//Org Z. Fiscal Regimes and the Political Economy of Premodern States. Cambridge: Cambridge University Press,

2015: 537-556.
3. Bates R H, Lien D D. A Note on Taxation, Development, and Representative Government[J]. Politics Society, 1985(14): 53-70.
4. Bell S, Hindmoor A, Mols F. Persuasion as Governance: A State-centric Relational Perspective[J]. Public Administration, 2010, 88(3): 851.
5. Besley T, Persson T. The Origins of State Capacity Property Rights, Taxation, and Politics[J]. The American Economic Review, 2009, 99(4): 1218-1244.
6. Besley T, Burgess R. Land Reform, Poverty Reduction, and Growth: Evidence from India[J]. The Quarterly Journal of Economics, 2000, 115(2): 389-430.
7. Bishop C F. History of elections in the American colonies[M]//History of Elections in the American Colonies Volume 3. Columbia: Columbia College, 1970.
8. Blanchard O. The Medium Run: Brookings Papers on Economic Activity[R]. 1997: 89-158.
9. Bornhorst F, Gupta S, Thornton J. Natural Resource Endowments and the Domestic Revenue Effort[J]. European Journal of Political Economy, 2009, 25(4): 439-446.
10. Braddick M. The Nerves of State: Taxation and the Financing of the English State, 1558 - 1714 [J]. Journal of British Studies, 1997, 28(1): 376.
11. Bräutigam D, Knack S. Foreign Aid, Institutions, and Governance in Sub-Saharan Africa[J]. Economic Development & Cultural Change, 2004, 52(52): 255-285.
12. Buchanan J M, Tullock G. The Calculus of Consent: Ann Arbor [J]. Australian Quarterly, 1962(4): 111-113.
13. Burbank J, Cooper F. Empires in World History: Power and the Politics of Difference[M]. Princeton: Princeton University Press, 2010.
14. Busse M, Groening S H. Does Foreign Aid Improve Governance? [J]. Economics Letters, 2009, 104(2): 57-60.
15. Campbell J L. An Institutional Analysis of Fiscal Reform in

Postcommunist Europe[J]. Theory and Society, 1996, 25(1): 45-84.
16. Campbell J L. The State and Fiscal Sociology [J]. Annual Review of Sociology, 1993, 19(4): 163-185.
17. Chaudhry K A. The price of Wealth: Economies and Institutions in the Middle East[M]. NY: Cornell University Press, 1997.
18. Clements R J. Trump's Big-League Tax Reform: Assessing the Impact and Constitutionality of the President's Proposed Changes[J/OL]. Social Science Electronic Publishing, 2017, 11[2017-02-15]. https://paperity.org/p/98323640/trumps-big-league-tax-reform-assessing-the-impact-of-corporate-tax-changes.
19. Cohen J M. Decision-Making in Ethiopia: A Study of The Political Process [J]. Endocrinology, 1972, 32(291): 340-344.
20. Collier P, Hoeffler A, Collier P, et al. Democracy and Resource Rents [J]. Economics, 2005(8): 1-25.
21. Conway M M, Feigert F B. Motivation, Incentive Systems, and the Political Party Organization[J]. American Political Science Review, 1968, 62(4): 1159.
22. Dahir A. Preface to Dmocracy[M]. Chicago: The University of Chicago Press, 1956.
23. D'Arcy M. Taxation, Democracy and State-Building: How Does Sequencing Matter?[R]. Quality of Government Institute, 2012.
24. Dornbusch R, Edwards S. Macroeconomic Populism in Latin America [M]//The Macroeconomics of populism in Latin America. Chicago: University of Chicago Press, 1991: 7-13.
25. Dyer C. The English Medieval Village Community and Its Decline[J]. Journal of British Studies, 1994, 33: 407-429.
26. Feldstein M, Feenberg D. The Effect of Increased Tax Rates on Taxable Income and Economic Efficiency: A Preliminary Analysis of the 1993 Tax Rate Increases[J]. Tax Policy and the Economy, 1996, 10: 89-117.
27. Fryde E, Harriss G L. King, Parliament and Public Finance in Medieval England to 1369[J]. Economica, 1976, 43: 315.
28. Clifford G. Agricultural Involution: The Process of Ecological Change in

Indonesia[M]. Berkeley: University of California Press, 1963.
29. Ghatak M. Land Reform[M]//Basu K, ed. The Oxford Companion to Economics in India, New Delhi: Oxford University Press, 2007.
30. Gupta S, Clements B, Pivovarsky A, et al. Foreign Aid and Revenue Response Does the Composition of Aid Matter? [R]. IMF Work Paper, 2003.
31. Polakova H and Schick A. Government at Risk: Contingent Liabilities and Fiscal Risk[R]. TheWorld Bank, 2002.
32. Polakova H. Contingent Government Liabilities: A Hidden Risk for Fiscal Stability[R]. The World Bank, 1998.
33. Harrison A. Has Globalization Eroded Labor's Share? Some Cross-country Evidence[R]. UC-Berkeley and NBER Working Paper, 2002.
34. Harriss J, Hunter J, Lewis C M. The New Institutional Economics and Third World Development[M]. London: Routledge, 1997.
35. Helm P J. England under Yorkists and Tudors, 1471-1603[M]. NY: Humanities Press, 1968.
36. Hoffman P T, Norberg K. Fiscal Crises, Liberty, and Representative Government, 1450-1789[J]. The Journal of Modern History, 1996, 48(2): 151-155.
37. Hofstadter R. Great Issues in American History[M]. London: Vintage Books, 1982.
38. Berlin I. Generations of Captivity: A History of African-American Slaves [M]. Cambridge: The Belknap Press of Harvard University Press, 2003.
39. Berlin I. Many Thousands Gone: The First Two Centuries of Slavery in North America [M]. Cambridge: The Belknap Press of Harvard University Press, 1998.
40. Isham J, et al. The Varieties of Resource Experience: Natural Resource Export Structures and the Political Economy of Economic Growth[J]. Middlebury College Working Paper, 2003, 19(2): 141-174.
41. Jacobs D. Corporate Economic Power and the State: A Longitudinal Assessment of Two Explanation[J]. The American Journal of Sociology, 1988, 93(4): 852-881.

42. Janeba E, Peters W. Tax Evasion, Tax Competition and the Gains from Nondiscrimination: The Case of Interest Taxation in Europe[J]. Economic Journal, 2010, 109(452): 93-101.
43. Johnson G W. Sharing Power: Public Governance and Private Markets [J]. American Political Science Association, 1994, 88(2): 477.
44. Johnson S, Mcmillan J, Woodruff C. Property Rights and Finance[J]. American Economic Review, 2002, 92(5): 1335-1356.
45. Kaldor N. Capital Accumulation and Economic Growth[M]//Lutz F A, Hague D C, eds. The Theory of Capital. NY: St. Martin Press, 1961: 177-222.
46. Karabarbounis L, Neiman B. The Global Decline of the Labor Share[J]. The Quarterly Journal of Economics, 2014, 129(1): 61-103.
47. Karl T L. The Paradox of Plenty: Oil Booms and Petro-State [M]. Berkeley: University of California Press, 1997.
48. Kiser E, Karceski S M. Political Economy of Taxation[J]. Annual Review of Political Science, 2017, 20(1): 75-92.
49. Kiser E, Barzel Y. The Origins of Democracy in England[J]. Rationality and Society, 1991, 3(4): 396-422.
50. Kiser E, Kane J, Revolution and State Structure: The Bureaucratization of Tax Administration in Early Modern England and France [J]. The American Journal of Sociology, 2001, 107(1): 183-223.
51. Knack S. Aid Dependence and the Quality of Governance: Cross-Country Empirical Tests[J]. Cross Country Empirical Tests' Southern Economic Journal, 2001, 68(2): 310-329.
52. Krueger A O. The Political Economy of Controls: American Sugar[J]. Social Science Electronic Publishing, 1991.
53. Kydland F E, Prescott E C. Rules Rather Than Discretion: The Inconsistency of Optimal Plans[J]. Journal of Political Economy, 1977 (3): 473-491.
54. Leite C A, Weidmann J. Does Mother Nature Corrupt? Natural Resources, Corruption, and Economic Growth [J]. Social Science Electronic Publishing, 1999.

55. Levi M, Chen T. Modeling Complex Historical Processes with Analytic Narratives[J]. China Economic Quarterly, 2010, 43(5-6): 541-552.
56. Loewenstein G F, Thompson L, Bazerman M H. Social Utility and Decision Making in Interpersonal Context[J]. Journal of Personality & Social Psychology, 1989, 57(3): 426-441.
57. Lyon B A. Constitutional and Legal History of Medieval England[M]. NY: W W Norton & Co, 1980.
58. Magazzino C. The Economic Policy of Ronald Reagan: Between Supply-Side and Keynesianism[J]. European Journal of Social Sciences, 2012, 27(3): 319-334.
59. Marsh D, Lewis C, Chesters J. The Australian Mining Tax and the Political Power of Business[J]. Australian Journal of Political Science, 2014, 49(4): 711-725.
60. Martin I W, Mehrotra A K, Prasad M. The Thunder of History: The Origins and Development of the New Fiscal Sociology[J]. Social Science, 2009(33): 120-124.
61. Mathias P F, O'Brien P K. Taxation in Britain and France, 1715-1810. A comparison of the Social and Economic Incidence of Taxes Collected for the Central Governments[J]. Journal of European Economic History, 1976(5): 601-650.
62. Migdal J. Strong Societies and Weak States: State-Society Relations and State Capabilities in the Third World[M]. Sage Publications, 1988.
63. Moore M. Programme 3: State Capacity. How Does Taxation Affect the Quality of Governance?[C]. IDS Working Paper, 2007(280).
64. Mudde C. Populist Radical Right Parties in Europe[J]. Populist Radical Right Parties in Europe, 2007, 7(3): 330-337.
65. North D C, Wallis J J, Weingast B R. A Conceptual Framework for Interpreting Recorded Human History[J]. Social Science, 2006, 17(1): 201-205.
66. North D C, Wallis J J, Weingast B R. Violence and the Rise of Open-Access Orders[J]. Journal of Democracy, 2009, 20(1): 55-68.
67. North D C, Wallis J J, Webb S B, et al. Limited Access Orders in the

Developing World: A New Approach to the Problems of Development[C]. Policy Research Working Paper, 2007.

68. O'Brien J. Political Economy of British Taxation, 1660-1815[J]. Ageing and Society, 1981, 1(3): 453.

69. OECD. Concepts And Dilemmas of State Building in Fragile Situations: From Fragility to Resilience[R]. OECD Journal on Development, 2009, 3(9): 64-152.

70. Pricesmith A T. The Health of Nations: Infectious Disease, Environmental Change, and Their Effects on National Security and Development[M]. Cambridge: The MIT Press, 2001.

71. Prichard W. Taxation and State Building: Towards a Governance Focused Tax Reform Agenda[C]. IDS Working Papers, 2010(341): 1-55.

72. Prichard W. The Politics of Taxation and Implications for Accountability in Ghana 1981-2008[C]. IDS Working Papers, 2009(330): 1-44.

73. Qian Y, Weingast B R. Federalism as a Commitment to Preserving Market Incentives[J]. Journal of Economic Perspectives, 1997(11): 83-92.

74. Randeree K. Workforce Nationalization in the Gulf Cooperation Council States[J]. SSRN Electronic Journal, 2016.

75. Rodrik D. Has Globalization Gone Too Far?[J]. Challenge, 1998, 41(2): 81-94.

76. Ross M L. Does Taxation Lead to Representation?[J]. British Journal of Political Science, 2004, 34(2): 229-249.

77. Sala-I-Martin X, Subramanian A. Addressing the Natural Resource Curse: An Illustration from Nigeria[M]//Collier P, Soludo C C, Pattillo C A. Economic Policy Options for a Prosperous Nigeria. London: Palgrave Macmillan, 2008: 570-615.

78. Schumpeter, J A. The Crisis of Tax State [M]//The Economics and Sociology of Capitalism. Princeton: Princeton University Press, 1918: 99-140.

79. Singer T, Seymour B, O'Doherty J, et al. Empathy for Pain Involves the Affective but not Sensory Components of Pain[J]. Science, 2004, 303

(5661): 1157-1162.

80. Skocpol T, Tilly C. The Formation of National States in Western Europe [J]. Contemporary Sociology, 1976, 5(3): 81-574.

81. Skocpol T. Bringing the State Back In: Strategies of Analysis in Current Research[M]//Evans P B, Rueschemeyer D, Skocpol T, eds. Bringing the State Back In. Cambridge: Cambridge University Press, 1985: 3-38.

82. Smith A R. The Government of Elizabethan England[M]. NY: W W Norton & Co, 1967.

83. Stein S J, Stein B H. Apogee of Empire: Spain and New Spain in the Age of Charles III, 1759-1789 (review)[M]//Apogee of Empire. Washington DC: The Johns Hopkins University Press, 2003: 480.

84. Tarschys D. Tributes, Tariffs, Taxes and Trade: The Changing Sources of Government Revenue[J]. British Journal of Political Science, 1988, 18(1): 1-20.

85. Tavares J. Does foreign aid corrupt?[J]. SSRN Electronic Journal, 2001, 79(1): 99-106.

86. Thies C G. State-Building, Interstate and Intrastate Rivalry: A Study of Postcolonial Developing Country Extractive Efforts, 1975 – 2000 [J]. International Studies Quarterly, 2004, 48(1): 53-72.

87. Wood E M. The Origin of Capitalism: A Longer View[M]. London: Verso Books, 2002.

88. Zewde B. A History of Modern Ethiopia 1855-1991[M]. 2nd ed. Oxford: James Currey, 2002.

89. Zodrow G R, Mieszkowski P M. Pigou, Tiebout, Property Taxation, and the Underprovision of Local Public Goods [J]. Journal of Urban Economics, 1986, 19(3): 356-370.

90. Zolberg A. Strategic Interactions and the Formation of Modern States: France and England[J]. International Social Science Journal, 1980, 32(4): 687-716.

文 丛 后 记

筹划已久的"财政政治学文丛"终于问世了,感谢丛书的顾问、众多编委和复旦大学出版社帮助我们实现了这一愿望。

"财政政治学文丛"是"财政政治学译丛"的姊妹丛书。自 2015 年"财政政治学译丛"在上海财经大学出版社陆续出版以来,再出一套由中国学者作品组成的"财政政治学文丛"就成为周边很多朋友的期待。朋友们的期待就是我们的使命,于是我们设想用一套"财政政治学文丛"作为平台,将国内目前分散的、从政治视角思考财政问题的学者聚合在一起,以集体的力量推进相关研究并优化知识传播的途径。"财政政治学译丛"的许多译者成了"财政政治学文丛"的作者,我们还希望能够继续吸引和激励更多的学者加入这一行列,以共同推进财政政治学的发展。

无论对国内学界还是对国外学界来说,"财政政治学"(fiscal politics)都不算是一个主流或热门的概念,甚至到目前为止都没有人专门考证过这个概念的提出者、提出的具体时间及其使用意图。从财政学发展史的角度看,至少早在 19 世纪 80 年代,意大利财政学者就将财政学划分为三个密切相关的分支学科:财政经济学(economia finanziaria)、财政政治学(politica finanziaria)和财政法学(diritto finanziario)。就今天来说,财政政治学在思想上主要源于财政社会学(fiscal sociology,译自德文 Finanzsoziologie),甚至可以说它和最初的财政社会学就是同义词。学界公认,美国学者奥康纳(James O'Connor)是 20 世纪 70 年代推动财政社会学思想复兴的重要代表,但他非常明确地在自己 1973 年出版的《国家的财政危机》一书中提倡"财政政治学",而他所说的财政政治学可以说就是财政社会学,因为他在谈到财政政治学时提及的学者就是财政社会学的创立者葛德雪和熊彼特,而其引用的也主要是熊彼特在1918年所发表的《税收国家的危机》这篇财政社会学的经典文献。无独有偶,在国际货币基金组织2017年出版的《财政政治学》(Fiscal Politics)论文集的导论中,主编也明确地将书名溯源到熊彼特1942年出版的《资本主义、社会主义与民主》和1918年发表的《税收国家的危机》,这实际上也是将财政政治学的思想上溯到财政社会学,因为《税收国家的危机》一文不仅是财政社会学的创始文献之一,也是《资本主义、社会主义与民主》一书的思想源头。

在这里,我们有必要明确强调,初创时期的财政社会学之"社会学"和当前的财政政治学之"政治学"之间并无实质性区别。虽然在今天社会学和政治学分属两个独立的学科,但我们不能根据今天学科分化的语境想当然地将财政社会学作为社会学的子学科或将财政政治学作为政治学的子学科,尽管很多人往往顾名思义地这样认为,甚至一些研究者也是如此主张。无论从社会学思想史,还是从创立者的研究目的来说,财政社会学的"社会学"更应该被看作是社会理论(social theory)而非社会学理论(sociological theory)。前者试图理解、解释或识别大规模社会变迁,关注的是起源、发展、危机、衰落或进步等主题,因而特别重视制度和长历史时段分析;后者主要是建立一个能系统地将实证研究结果组成对现代社会的综合理解的框架,因其集中关注的主要是那些经济学、政治学、管理学遗漏的地方,甚至被人称作是"剩余科学"。在今天,西方学术界自称或被称为"财政社会学"的研究中,事实上既包含财政社会学初创时期所指的社会理论的内容,又包含当前社会学学科所指的社会学理论的内容,而我们所说的财政政治学跟初创时期的财政社会学基本一致。

"财政是国家治理的基础和重要支柱",我们理解的财政学就是揭示财政与国家治理的关系和后果,以及利用财政工具优化国家治理、推动政治和社会进步的学问。在此前提下,作为财政学分支的财政政治学,探讨的主要就是财政与国家之间的理论关系,就像熊彼特评论财政社会学时所说的,"它可以让我们从财政角度来考察国家,探究它的性质、形式以及命运"[1]。根据我们对财政政治学的理解以及试图实现的研究目标来说,财政政治学的"政治学"所体现的主要不是现代政治学的英美传统而是欧洲大陆传统。前者以英美的科学传统为基础,强调政治研究中的行为主义视角和量化方法;后者以欧洲的人文主义传统为

---

[1] 熊彼特.税收国家的危机[M]//哈罗德·M.格罗夫斯.税收哲人:英美税收思想史二百年.刘守刚,刘雪梅,译.上海:上海财经大学出版社,2018:183.

基础,强调政治研究中跨学科研究和质性研究的重要性。就欧洲社会科学研究传统而言,遵循欧洲大陆传统的政治学可作为今天的社会理论的组成部分,事实上,当政治学研究传统上溯至亚里士多德时,它本身就是我们今天所说的社会理论。

因此,尽管名称有差异,但财政政治学与财政社会学实际上并不是两类不同性质的研究,只不过财政政治学指的是财政社会学初创时期所指的社会理论范畴。考虑到国内普遍流行的是社会学理论而非社会理论,为避免将财政社会学研究局限于实证或"剩余科学"的范围内,同时也为了进一步突出并传播"财政是国家治理的基础和重要支柱"这一重要理念,我们的译丛和文丛都特别选择财政政治学为名。也可以说,"财政政治学"这一名称选择,它以英美用法为名,但以欧洲大陆传统为实。

在财政学研究传统的划分中,一种更为合理的标准是区分为交换范式财政学和选择范式财政学,这种区分与曾经流行的欧洲大陆传统-英美传统、旧式财政学-新式财政学、德语财政学-英语财政学等划分标准能够基本形成对应关系,但表述更为准确,既能突出不同研究传统的内核,也能够有效避免以地域、时期、国别、语言等为分类标准所带来的困难。财政社会学产生于第一次世界大战后期关于欧洲各国战后怎样重建的辩论之中,是交换范式财政学研究传统的典型代表,它与曾流行于欧洲大陆的官房学(cameralism)在思想上有很深的渊源,后者兴盛于政治碎片化下民族国家形成的历史过程之中。无论对财政社会学来说,还是对官房学来说,国家都被置于分析的中心,甚至官房学后来在德国的发展还被称为国家学(Staatswissenschaft)。在欧洲大陆,财政学被认为起源于官房学,而财政社会学也曾被认为就是财政学本身。但长期以来,对英美社会科学思想史来说,官房学都是被遗忘的篇章,后来在官房学被译介到英美时,按照其时下的学科划分标准,即经济学主要研究市场问题,政治学主要研究国家问题,而社会学主要研究社会问题,官房学者因为其研究的中心问题是国家而被看作是政治学家而非经济学家或社会学家。事实上,一些研究者也将选择范式财政学研究传统的思想追溯到官房学,但与今天选择范式下基于各种假设条件的虚幻选择不同,官房学中的选择是真实的选择,因为官房学者必须为其选择承担责任,有时甚至会付出生命的代价。从根本上说,官房学着眼于民族国家的实际创立、生存、竞争与发展,更能反映着眼于国家治理的财政科学的完整萌芽,它与我们理解的主要探讨财政与国家关系的财政政治学取向是一致的。阳光之下无罕事,我们并不需要假装财政政治学主张具有原创性,它并不是要构建出一个全新的出发点,而是对财政学思想史中已有传统的新的思考与拓展。周期性地追根溯源及重新阐述研究任务,似乎正是推进社会科学发展的常规做法,而官房学显然可以成为财政政治学发展的重要思想源头。

"财政政治学文丛"的选题范围与财政政治学译丛并没有太大区别,其覆盖面同样广泛,既涉及财政与国家的基础理论研究,也涉及此领域的历史及其实证研究。当然,探讨中国的财政与国家关系、国家治理优化过程中财政工具的运用、从财政推动政治发展等内容,是其中最为重要的组成部分。这些研究是依主题的相似而不是方法的相同而聚合在一起的,研究中各自采用的方法主要依据研究内容而定。它们所要传递并深入研究的基本思想,实际上是葛德雪和熊彼特在其财政社会学的经典论著中所总结并奠定的。

虽然财政政治学还是一个比较新的边缘性的提法,但这恰恰是其意义与价值所在,因为对社会科学研究来说,正是新的边缘性概念及其发展为理论的创新与发展提供了前提条件。更何况,从思想源头上说,财政政治学所代表的财政学思想传统,曾经是财政学本身或财政学的主流,那就是"以国家为中心"。遗憾的是,在中国目前的财政学研究中,恰恰丢掉了国家。正如葛德雪强调的,"财政学主要关心的是国家的经费问题,但它从未停止过询问,谁才是国家?"[1]因此,与政治学界以斯考克波为代表的学者呼吁"找回国家"[2]相应,"财政政治学"的发展实际上就是在财政学领域"找回国家"的知识努力。这种知识的发展和深化,将使我们能够拨开各种迷雾,更好地洞见在有国家的社会中财政制度安排对塑造国家治理体系、治理能力以及背后的社会权利-权力结构的基础性作用。

需要指出的是,财政政治学在当前还不是一个学科性概念,我们愿意遵循熊彼特当年对财政社会学的定位,仍将财政政治学看作是一个特殊的研究领域,它涉及一组特殊的事实、一组特殊的问题以及与这些事实和问题相适应的特殊的研究方法。奥康纳在 2000 年为其《国家的财政危机》再版所写的序言中反复强调了财政政治学研究是政治经济学和政治社会学的结合,而国际货币基金组织出版的《财政政治学》论文集的主编也强调财政政治学试图复兴一种在政治经济学中将经济、社会和政治过程看作共同决定和共同演进的传统。正是在这种研究取向中,我们可以努力地去实现马斯格雷夫对财政学发展的反思性主张,他认为,主流财政学满足于帕累托最优而忽略了公平正义、个人权利以及有意义的自

---

[1] 马斯格雷夫,皮考克.财政理论史上的经典文献[M].刘守刚,王晓丹,译.上海:上海财经大学出版社,2015:263.
[2] 埃文斯,鲁施迈耶,斯考克波.找回国家[M].北京:生活·读书·新知三联书店,2009.

由概念等对一个国家的重要意义[1]。主流财政学的不足主要在于其研究所依赖的方法或技术导致人为地割裂了财政与国家间的历史性与制度性联系,从而使其研究偏离了财政学的真正研究主题。我们想要做的,就是努力使财政学重新回到对国家具有重要意义的议题的关注之上,并重塑其对社会的理解力和指导力,这一重塑是出于一种迫切且共同的需要,也就是在新的时代更恰当地去理解并推动国家治理优化与中国政治的发展。

当然,我们在此处并不是在否定财政政治学今后走向独立学科的可能性,事实上,我们正在为此做准备。但这需要一个很长的努力过程,需要有更多人能够积极且静心地投入进来。当我们能够从更多的研究确立的各项解释原则的相互关系中发现财政政治学的学科统一性时,建立财政政治学学科所要探讨的问题,将像罗宾斯在重新定义经济学时所说的一样"由理论统一中的缺口和解释性原理中的不足来提示"[2]。但对财政政治学的发展,最令人期待的结果并不在于形成像现代主流财政学那样统一且标准化的理论以对世界进行技术性或工具性控制,而在于通过财政政治学这种多元、开放的思想体系吸收和转化不同学科的研究成果,并将这种独到的综合性思考成果不断地融入所要分析的主题,实现对国家治理和政治发展的更深层次、更广范围的反思性对话,从而促进优良政治与美好社会建设。我们也并不在意符合这里所说的财政政治学研究目的的研究是否都被冠以财政政治学之名,在"有名无实"和"有实无名"之间,我们会毫不犹豫地选择后者,因为这才是我们真正的追求。

因此,对本文丛感兴趣的研究者和读者,不必在意是否满意于"财政政治学"这一名称,也不必纠结于财政政治学是否有一个明确的定义,关键在于志同道合,即我们试图发展一个能让我们更好地理解历史与现实并指导未来的财政学,"财政政治学"就是我们的"集结号"!我们希望拥有更多的读者,也希望有更多研究者能够加入这一研究团队,共同使"财政政治学文丛"不断完善并成为推动财政学科发展的一支重要力量,进而贡献于国家治理的优化与政治的现代化。

刘守刚　上海财经大学公共经济与管理学院
刘志广　中共上海市委党校经济学教研部
2019年8月

---

[1] 布坎南·马斯格雷夫.公共财政与公共选择:两种截然不同的国家观[M].类承曜,译.北京:中国财政经济出版社,2000.
[2] 罗宾斯.经济科学的性质和意义[M].朱泱,译.北京:商务印书馆,2000.

"财政政治学文丛"已出版书目

1. 中国古代治国理财经典阐释(刘守刚　林矗　宋浩天)
2. 县治的财政基础——基于县级基本公共服务提供的视角(陶勇)
3. 参与式治理的兴起——地方人大公共预算监督问责的模式与实践(王逸帅)
4. 超越控制的秩序——分税制产生的政治学分析(杨红伟)
5. 追寻教育公平——教育政策偏向与我国教育机会不平等(温娇秀)
6. 福利中国的初曙——近代养老金制度的建立与发展(林矗)
7. 西方国家的驯化——基于财政思想史的视角(刘守刚)
8. 撬动地方——1978—1988年中国财政包干制研究(汤艳文)
9. 为"得"而"舍"——财政汲取博弈形塑国家制度的机理研究(武靖国)

图书在版编目(CIP)数据

为"得"而"舍":财政汲取博弈形塑国家制度的机理研究/武靖国著. —上海:复旦大学出版社,2024.8
(财政政治学文丛)
ISBN 978-7-309-16473-2

Ⅰ.①为… Ⅱ.①武… Ⅲ.①财政管理-关系-国家-行政管理-研究 Ⅳ.①D035②F810.2

中国版本图书馆 CIP 数据核字(2022)第 194530 号

为"得"而"舍"——财政汲取博弈形塑国家制度的机理研究
武靖国 著
责任编辑/方毅超

复旦大学出版社有限公司出版发行
上海市国权路 579 号　邮编:200433
网址:fupnet@fudanpress.com　http://www.fudanpress.com
门市零售:86-21-65102580　团体订购:86-21-65104505
出版部电话:86-21-65642845
江阴市机关印刷服务有限公司

开本 787 毫米×1092 毫米　1/16　印张 21.75　字数 379 千字
2024 年 8 月第 1 版
2024 年 8 月第 1 版第 1 次印刷

ISBN 978-7-309-16473-2/D·1136
定价:78.00 元

如有印装质量问题,请向复旦大学出版社有限公司出版部调换。
版权所有　侵权必究